ライブラリ 経営学コア・テキスト=12

# コア・テキスト
# イノベーション・マネジメント

### 新訂版

## 近能 善範・高井 文子

### 新世社

# ライブラリ編者のことば

　経営学は常識の学問である。経営学はいまや現代人にとっての基本的なリテラシーの一部である。最新ニュースのほとんどに企業や組織がからみ，この世のほとんどすべての問題は，経営の問題として読み解くことができる。経営学はまさに現代社会の常識なのである。

　経営学は常識の学問である。経営学は科学であり，個々の理論やモデルが正しいかどうかはデータと事実が決める。しかもその検証作業は，一部の研究者たちだけの占有ではない。広く一般の人々も日々の実践の中で検証を繰り返し，その結果生き残った経営理論だけが，常識として広く世の中に定着していく。

　経営学は常識の学問である。経営学は常識にもかかわらず，学問としての体系をもっている。そこが普通の常識とは異なる。体系的に学び，体得することができる。実際，現代ほど学問として体系的な経営学の教科書が渇望されている時代はない。高校生から定年退職者に至るまで，実に多くの人から「経営学の良い教科書はどれか」と質問される。

　それでは，良い教科書の条件とは何か。第一に，本当に教科書であること。予備知識のない普通の人が，順を追って読み進めば，体系的に理解可能な本であること。第二に，学問的に確からしいことだけが書かれていること。もちろん学問には進歩があり，それまで正しいとされていたものが否定されたり，新しい理論が登場したりすることはある。しかし，ただ目新しくて流行っているというだけで根拠もなく取り上げるビジネス書とは一線を画する。そして第三に，読者がさらに学習を進めるための「次」を展望できること。すなわち，単体として良い本であるだけではなく，次の一冊が体系的に紹介され，あるいは用意されていることが望ましい。

　そのために，このライブラリ「経営学コア・テキスト」が企画された。経営学の「核となる知」を正しく容易に理解できるような「良い教科書」群を体系的に集大成する試み。そのチャレンジに，いま21世紀を担う新世代の経営学者たちが集う。

高橋　伸夫

# 新訂版へのはしがき

　初版の『コア・テキスト イノベーション・マネジメント』を出版してからすでに13年が過ぎました。幸いにして初版は多くの読者を得て，10刷に達しました。全国の大学や大学院で教科書として指定されただけでなく，自習用の参考書としても広くご利用いただきました。

　しかし，変化の激しい時代において10年以上の年月が経過したことにより，本書の内容にも修正が必要となってきました。スマートフォンが急速に普及し，世界中の人々がいつでもどこでもネットでつながる「ユビキタス時代」（今や死語となりました）が到来したことを背景に，社会も人々の意識や行動パターンも大きく変化しました。また，それに伴って，イノベーション・マネジメントの論点の変化や理論・実証の進展も見られました。このような状況を考慮して，このたび新訂版として，主に以下の3つのポイントについて大幅な加筆を行うことにしました。

　第1は，「革新的な新製品の開発マネジメント」（第11章）と「オープン・イノベーションのマネジメント」（第13章）という，2章を新たに付け加えたことです。この2つは，学部・大学院を問わず学生の関心が非常に高いテーマであるにもかかわらず，（提唱者の原著や多数の研究書・論文はあるのですが）初学者・初級者向けの適切なテキストがなかったため，筆者らが授業を行う上で不便を感じており，今回の改訂では最優先で追加しました。

　第2は，第14章にプラットフォーム・ビジネスとビジネスエコシステムに関して説明する節を補論として付け加えたことです。このテーマではすでに初学者・初級者向けの適切なテキストがありますが，ユビキタス時代のビジネスモデルを説明する上で欠かせない部分であるため，今回の改訂で追加しました。

　第3は，第6章に，コア技術戦略に関して説明する節を付け加えたことです。このテーマは，初版の際には字数の関係で除外したのですが，特に技術系の社会人の関心が非常に高いテーマであるため，今回の改訂で追加しました。

　このように新規に追加する内容が増えたことから，既存の章の記述において冗長な部分はなるべく削りました。また，時代の変化に即して，一部の記述・表記の変更や，事例の入れ替えも行いました。ただし，最新の事例もすぐに古くなっ

*i*

てしまうということを考慮し，古い事例であっても概念やフレームワークを説明する上で適切だと思われるものについては，そのまま残しました。

　以上のような大幅な改訂は行ったものの，初版の「初学者・初級者であってもストレスを感じることなく通しで読めて，そのままイノベーション・マネジメント全体を理解することのできるテキスト」，「論理の筋道，説明の丁寧さ，事例にこだわるテキスト」というコンセプトは，そのまま維持するように心がけました。本新訂版が引き続きイノベーション・マネジメントの定番テキストとして読まれ，この分野に興味を持つ幅広い皆さんの学習の手助けとなることを願ってやみません。

　最後に，新世社編集部の御園生晴彦氏と菅野翔太氏には，大変お世話になりました。心より厚く御礼申し上げます。

　　2024 年 7 月

　　　　　　　　　　　　　　　　近能善範・高井（近能）文子

# 初版へのはしがき

本書は，イノベーション・マネジメントについての，おそらく日本で初めての本格的な入門書です。本書は，イノベーション・マネジメントをはじめて学ぶ大学の学部学生，および企業の中で日々実務に携わってはいるがイノベーション・マネジメントについての予備知識はないビジネスパーソンを，主たる読者として想定しています。

1990年代以降，イノベーション・マネジメントが企業経営にとって最大の関心事となってきた一方で，イノベーションに関わる研究の蓄積も内外で進んできました。そのため，日本でもいくつかの素晴らしい教科書が出版されるようになっています。しかし，学部学生が使いやすい，あるいは初学者のビジネスパーソンが独学で基本理論を身につけることができるような内容で，イノベーション・マネジメントに関して必要とされるトピックを網羅しているテキストは，これまで存在していませんでした。
　たとえば筆者たちが，学部学生向け，および社会人大学院修士課程の学生（初学者）向けにイノベーション・マネジメントの少人数教育を行う場合，延岡（2006）と一橋大学イノベーション研究センター編（2001）をメインのテキストに据え，トピックに応じて，Utterback（1994），榊原（2005），山田（2004b），藤本（2001b），桑嶋（2006），加護野・井上（2004）などの一部の章を用いています（各テキストのタイトルや出版社などについては，巻末の参考文献をご覧ください）。しかし，これらのテキストは，初学者よりはもう少し上のレベルの層を主たる読者として想定しており，よほど意欲の高い人たちを除いて，予備知識に乏しい普通の学生には，やや敷居が高い面があります。しかも，各テキストごとに文章のテイストや難易度に差があり，なおかつ根底にある問題意識や説明ロジックの体系も異なっているため，配布したテキストを学生が通して読めばほぼイノベーション・マネジメント全体を理解できる，という理想からはほど遠い状況でした。
　筆者たちは，こうした状況を解消し，初学者であってもストレスを感じることなく通しで読めて，そのままイノベーション・マネジメント全体が理解できる，というテキストを目指して本書を執筆しました。必ずしもすべてが理想通りというわけではありませんが，かなりの程度，目的は達成することができたと自負しています。

本書の執筆に際しては，特に3つの点に注意を払いました。1つめは，一貫した視点から，体系的に説明を行うということです。
　本書では，イノベーション・プロセスのモデルを最初に提示し，その流れに沿って，

組織論・戦略論をベースに，イノベーション・マネジメントの全体像を体系的に説明しています。お読みいただければ分かると思いますが，単なる「寄せ集め」にならないように，全体としての統一性やロジックの流れを保つことに最大限の努力を払っています。

2つめは，理論を紹介する場合に，結論だけを説明するのではなく，できるだけ論理の筋道を丁寧に説明するということです。

経営学全般に言えることですが，最近では，ページ数が多いと「難しいのではないか」ということで読者に敬遠され，そもそも手に取ってもらえないということで，なるべく記述を薄くする傾向が強まっています。ただ，その一方で，記述を薄くすることが理論の結論のみを記述することにつながって，それによってかえって初学者が理解しづらくなっているケースが散見されます。筆者たちの講義経験からは，論理の筋道をきちんと説明し，納得し理解してもらったほうが，ただ単に理論の結論だけを説明する場合よりも聞き手の頭に残るし，その後の応用も効きます。そのため，論理の筋道については，できるだけ手を抜かないで説明したつもりです。

3つめは，新しい理論や用語が出てくるごとに，その内容や意味をすぐに説明した上で，できるだけ具体的な事例によって補強するということです。特に，事例の記述にはこだわりました。

学部生を対象とした筆者たちの講義経験からは，一部の学生を除き，講義内容のうちで試験・レポートが終わった後でなお覚えているのは，ほとんどの場合にケースだけです。実際のところ，大多数の学生たちは，ケースを通じてのみイノベーション・マネジメントを学んでいる，あるいはケースだけしか学んでいない。これが現実です。

そこで本書では，なるべく筆者たち自身が面白いと思うケースを取り上げて，その面白さが読み手に伝わるように，しかもケースを読むことによって理論や用語の理解が進むように，できるだけ厚い記述を心がけて書きました。読者の皆さんには，「なにか難しい理論や用語が出てきたな」と思っても，ひるまないで，そのままどんどん先へ読み進めて欲しいと願っています。理論や用語と具体例とを，頻繁に往復しながら説明を積み重ねているので，読み進むうちに自然と理解が進むはずです。

また本書では，読者のさらなる学習を手助けするために，参考文献リストをできるだけ充実させるように努めました。ただし，入門レベルの学習が終わったばかりの皆さんが次の段階にスムーズに進めるよう，できる限り日本語で読める書籍や論文を優先的に取り上げて，英文だけでしか読めないものについては，できる限り必須文献だけを紹介するにとどめました。それでも，内外の数多くの先行研究を，できるだけ最新のものまで含めて紹介してありますので，イノベーション・マネジメントに興味をもった方々は，ぜひこれを活用して学習を進めていただきたいと思います。

本文の構成は，以下の通りです。前半の第1章から5章までは，イノベーション・

マネジメントについて具体的に考えていく上での前提となる，イノベーションの定義や，プロセスのモデル，普及・発展パターン，イノベーションが企業の競争力に与える影響などの諸点について，説明を行っています。後半の第6章から第12章までは，具体的なイノベーション・マネジメントについて，イノベーション・プロセスのモデルに沿って説明しています。

大学の学部生を対象とした通年授業（4単位）で用いる場合には，基本的に1章を2回のペースで，分量の多い章を3~4回かけて実施し，途中でビデオ教材などを適宜交える，といったかたちで進めていくのがよいでしょう。

また，第1章から順に読んでいくことを想定して全体の流れを作り上げていますが，時間に余裕のないビジネスパーソンの読者も想定し，各章を独立の章としても読めるよう，できる限り工夫してあります。忙しい方は，興味のある章だけを読んで，特定のトピックに関して手早く理解を深めていただきたいと思います。

なお，本書は，章ごとの分担は行わず，全章を著者2人が共同で執筆しました。近能と高井は，調査対象業界は異なるものの研究の分野は同じで，生活をともにしているのですが，（あるいはそれゆえに）普段はほとんど研究の話はしません。その意味で，本書の執筆にあたってアイデアを交換したり，徹底的に意見を戦わせたりできたことは，とても良い経験になりました。


本書の上梓に当たっては，数多くの方々にお世話になりました。

まず，東京大学大学院経済学研究科の高橋伸夫先生には，筆者たちが大学院在籍中にご指導・ご助言いただいただけでなく，本書を「ライブラリ　経営学コア・テキスト」の一冊として出版する機会をいただきました。ここに，深く御礼を申し上げます。

また，近能の博士課程の指導教官である藤本隆宏先生，高井の博士課程の指導教官である新宅純二郎先生には，本当にお世話になりました。心より感謝申し上げます。それから，筆者たち2人の学部時代の指導教官で，2人が大学院へ進学するきっかけを作っていただき，退官されるまでの間，修士課程のご指導をいただいた梅沢豊先生にも，心より御礼申し上げます。

東京大学大学院経済学研究科のその他の先生方，そして先輩，同僚，後輩の皆さまにも，本当にお世話になりました。また，東京大学ものづくり経営研究センターの特任研究員やスタッフの方々にも，大変お世話になりました。それから，職場や学会，研究会を通じて，数多くの先生方からご指導・ご助言を賜りました。お名前のリストを延々と書き連ねることは避けますが，お一方だけ，下川浩一先生には，公私とも大変お世話になりました。ここに記して，深く感謝申し上げます。皆さまとの実りの多い議論が，多少なりとも本書の中に反映されていることを切に願っております。

本書の執筆過程では，東京大学経済学部の高橋ゼミの学生の方々に草稿を輪読していただき，非常に鋭い，数多くの貴重なコメントをいただきました。また，近能が所

属する法政大学経営学部や大学院経営学研究科（法政ビジネススクール）の学生と，高井が所属する東京理科大学経営学部や大学院経営学研究科の学生には，授業でのやり取りを通じて貴重な気付きや示唆を数多くいただきました。特に，法政大学大学院経営学研究科博士課程の中村哲也さんには，実務家の観点から数多くの貴重なコメントをいただきました。皆さまに厚く御礼申し上げます。ありがとうございました。

　また，調査や研究会などを通じて知り合い，企業マネジメントの実際について教えていただいたビジネスパーソンの方々にも，心より感謝申し上げます。皆さまのご厚意なくしては，筆者たちが研究を進めることはできず，本書が日の目を見ることもなかったと思います。お名前を挙げて一人ひとりに謝意を表明することは致しませんが，ご本人に意が伝わることを願いつつ，感謝の気持ちをここに記しておきます。

　それから，かつての職場の上司や先輩，同僚，後輩の皆さま，そして顧客の皆さまにも，本当に心から感謝申し上げます。近能は地方銀行での，高井はコンサルティング会社での勤務経験を通じて，マス（集合）としてではない，生きており個性を持った存在としての個人や企業の実態と，彼らの意図や行動が全体としてどのように経済のダイナミックな動きに結びついていくのかという道筋を，圧倒的な密度で体験学習することができました。そうした現場レベルでの企業活動の躍動感，肌感覚の臨場感が，多少なりとも文面から伝わっているようであれば，筆者たちにとって望外の喜びです。

　さらに，新世社編集部の御園生晴彦氏には，本当に言葉に尽くせないほどお世話になりました。本書の執筆には非常に苦労して，正直な話，途中で何度もギブアップしようかと思い悩みました。しかしこの間，御園生氏には，予定を大幅に超過し，それでも執筆が遅々として進まない筆者たちを，あたたかく，そして辛抱強く励ましていただきました。それだけでなく，構成，内容，図版など，さまざまな面で有益なコメントやアドバイスをいただき，丹念な本づくりの作業を担ってくださいました。氏のご尽力なしには，本書の完成はありえませんでした。本当に，心から厚く御礼申し上げる次第です。


　最後に，私事で恐縮ですが，会社を辞めて研究者の道へ進むことを許していただき，その後も，陰に日向に常に筆者たちを支え続けてくれている両親たちに，心から感謝を申し上げます。そして，本書の執筆中に生まれた筆者たちの2人の可愛い子供たち（善斗と舞有）にも，感謝の意を表することをお許しいただきたいと思います。

　2010年9月　2人の子供たちが寝静まった後の自宅の食卓にて

近能善範・高井（近能）文子

# 目　次

## 第1章　イノベーションとは何か　　*1*

1.1　イノベーションとは何か ———————————————— *2*
1.2　イノベーション・マネジメントの重要性と特徴 ——————— *11*
　　●演習問題　*19*

## 第2章　イノベーションのプロセス　　*21*

2.1　イノベーションのプロセス ——————————————— *22*
2.2　イノベーション・プロセスの関門：
　　「魔の川」・「死の谷」・「ダーウィンの海」————————— *23*
2.3　イノベーションの「種」：
　　「テクノロジー・プッシュ」対「ディマンド・プル」———— *25*
2.4　研究・技術開発のマネジメントと「魔の川」———————— *28*
2.5　製品開発のマネジメントと「死の谷」——————————— *33*
2.6　事業化のマネジメントと「ダーウィンの海」———————— *39*
　　●演習問題　*44*

## 第3章　イノベーションのパターン　　*45*

3.1　イノベーションの普及と技術進歩のパターン ——————— *46*
3.2　産業発展とイノベーションの発生頻度の推移パターン——— *59*
3.3　ラディカル・イノベーションの発生 ——————————— *71*
　　●演習問題　*77*

vii

## 第4章 企業の競争力への影響①：ラディカル・イノベーションと既存大企業の不適応 79

4.1 はじめに ——————————————————————— 80
4.2 イノベーションの連続性と企業の競争力 ————————— 80
4.3 既存大企業にラディカル・イノベーションへの不適応が
生じる理由 ——————————————————————— 83
● 演習問題　101

## 第5章 企業の競争力への影響②：3つのタイプのイノベーションと企業の競争力 103

5.1 はじめに ——————————————————————— 104
5.2 能力破壊型イノベーションと既存大企業の競争力 ———— 104
5.3 アーキテクチャル・イノベーションと既存大企業の競争力 —— 109
5.4 破壊的イノベーション ————————————————— 114
● 演習問題　126

## 第6章 研究・技術開発のマネジメント①：コア技術戦略と技術ロードマップ 127

6.1 はじめに ——————————————————————— 128
6.2 用語の整理 —————————————————————— 128
6.3 コア技術戦略 ————————————————————— 131
6.4 研究・技術開発戦略の策定と技術ロードマップ ————— 144
6.5 産業レベルでの技術ロードマップの活用 ———————— 154
● 演習問題　160

## 第7章 研究・技術開発のマネジメント②： 業界標準のマネジメント　161

7.1 はじめに ——————————————————————— 162

7.2 業界標準とは何か ————————————————————— 165

7.3 規格間競争：デファクト・スタンダードを確立するための
戦略 ————————————————————————————— 170

7.4 業界標準の世代交代に伴う戦略 ————————————— 181
●演習問題　189

## 第8章 製品アーキテクチャのマネジメント　191

8.1 はじめに ——————————————————————— 192

8.2 製品アーキテクチャの分類軸 ————————————————— 193

8.3 モジュラー型とインテグラル型の特徴と
メリット・デメリット ——————————————————— 199

8.4 モジュラー化の進展 ————————————————————— 207

8.5 モジュラー化が進んだ産業での収益確保 ————————— 212
●演習問題　216

## 第9章 新製品開発のマネジメント①： 製品開発プロセスのマネジメント　217

9.1 はじめに ——————————————————————— 218

9.2 新製品開発活動のプロセス ————————————————— 219

9.3 新製品開発プロセスの第1段階：製品コンセプトの開発 —— 223

9.4 新製品開発プロセスの第2段階：事業収益性の評価・検討 —— 236

9.5 新製品開発プロセスの第3段階：（狭義の）製品開発 ——— 239

9.6 新製品開発プロセスの第4段階：市場導入 ———————— 244
●演習問題　248

## 第10章　新製品開発のマネジメント②：組織マネジメント　　249

| | | |
|---|---|---|
| 10.1 | はじめに | 250 |
| 10.2 | 新製品開発のパフォーマンス | 251 |
| 10.3 | 組織デザインのマネジメント | 252 |
| 10.4 | プロジェクト・マネージャのリーダーシップ行動 | 264 |
| 10.5 | コンカレント・エンジニアリング | 271 |
| | ●演習問題　275 | |

## 第11章　新製品開発のマネジメント③：革新的な新製品の開発マネジメント　　277

| | | |
|---|---|---|
| 11.1 | はじめに | 278 |
| 11.2 | リーン・スタートアップ | 279 |
| 11.3 | デザイン思考 | 285 |
| 11.4 | リーン・スタートアップとデザイン思考の統合モデル | 289 |
| 11.5 | 革新的新製品の開発におけるユーザーの役割 | 292 |
| 11.6 | 革新的新製品開発の組織マネジメント | 295 |
| | ●演習問題　304 | |

## 第12章　企業間関係のマネジメント　　305

| | | |
|---|---|---|
| 12.1 | 企業間関係のマネジメントとは | 306 |
| 12.2 | 分業構造のマネジメント | 309 |
| 12.3 | 企業間分業の境界線決定のマネジメント（Make or Buy decision） | 317 |
| 12.4 | 企業間連携のマネジメント | 324 |
| 12.5 | 企業間連携のマネジメントのあり方とアライアンスの成果 | 327 |
| | ●演習問題　337 | |

## 第13章　オープン・イノベーションのマネジメント　　*339*

13.1　オープン・イノベーションとは何か ————————— *340*
13.2　OI の事例 ————————————————————— *349*
13.3　OI の促進要因と阻害要因 ——————————————— *355*
13.4　OI の実践 ————————————————————— *364*
　　●演習問題　　*368*

## 第14章　ビジネスモデルのマネジメント　　*369*

14.1　はじめに ————————————————————— *370*
14.2　ビジネスモデルとは何か ——————————————— *371*
14.3　ビジネスプロセスの工夫 ——————————————— *373*
14.4　収益モデルの工夫 ————————————————— *383*
14.5　常識にとらわれない柔軟な発想を ——————————— *387*
補論　プラットフォーム・ビジネスのビジネスモデル ————— *390*
　　●演習問題　　*399*

参考文献 —————————————————————————— *401*
索引 ——————————————————————————— *414*

本書に記載している製品名は各社の登録商標または商標です。本書では®と™は明記しておりません。

# 第1章

# イノベーションとは何か

　本書は，タイトルにある通り，イノベーション・マネジメントについて説明していく教科書です。

　では，そもそもイノベーションとは何なのでしょうか。そして，なぜイノベーションが重要であり，どうしてマネジメントしていかなければならないのでしょうか。

　本章では，これらの問題について議論しながら，イノベーション・マネジメントこそが現代の日本企業にとって最大の課題の一つであることを，皆さんに理解していただきたいと思います。

○*KEY WORDS*○
イノベーション，技術革新，
シュンペーター，ドラッカー，
イノベーションのプロセス，
社会実装，
経済のグローバル化，地球環境問題

# 1.1 イノベーションとは何か

そもそも，イノベーションの語源はラテン語の "innovare" であり，「何かを新しくする」ということを意味していました。このような意味での「イノベーション」は，今では教育，芸術，政治，スポーツなど，あらゆる分野で用いられるようになっています。

このうち本書では，製品やサービスの開発・生産・流通に関わるイノベーションに焦点を当て，そのなかでも特に，何らかの形で技術に関連したものについて取り扱うことにします。つまり，一般に「イノベーション・マネジメント（Innovation Management）」や「技術経営論（Management of Technology）」と呼ばれる分野のテーマやトピックを扱います。

ただし，それでも一冊の教科書では説明しきれないほどの内容があります。現代社会において，技術にまったく関わりなく，製品やサービスの開発・生産・流通等で何かを新しくすることは稀だからです。

また本書では，上記のうちで，国家の政策レベルでのマネジメントについては基本的に対象から外し，主として企業レベルでのマネジメントについてのみ議論を進めていくことにします。

最初に，議論の前提として，イノベーションに関わる代表的な先行研究による定義を検討し，本書で用いるイノベーションの概念を明確にしておきます。その上で，イノベーションをマネジメントすることの重要性や意義について説明することにしたいと思います。

## ○ シュンペーターの定義

イノベーションを最初に体系づけて理論化したのは，オーストリアの経済学者シュンペーター（J. A. Schumpeter）です。

彼は著書『経済発展の理論（第2版）』のなかで，イノベーションとは，「新しいものを生産する，あるいは既存のものを新しい方法で生産すること」であると定義づけています（Schumpeter, 1934）。ただし，ここでの「生産」は，「物を作り出すこと」という一般的な意味だけでなく，「利用可能な物や力（materials and forces）を結合すること」という，より広い意味を含んでいます。

そして彼はこの定義を，よりイメージしやすいように，以下の5項目に分けて説明しています。

第1が，新しい財や，財の新しい品質の開発です。第2が，新しい生産方法と，財の商業的取り扱いに関する新しい方法の開発です。第3が，新しい販路の開拓です。第4が，原材料ないし半製品の新しい供給源の獲得です。そして最後の第5が，新しい組織の実現です。また彼は，この5つの新たな組み合わせもイノベーションであるとしました。

必ずしも学術的な用語ではありませんが，これらを現代的な用語で意訳すれば，それぞれ，①プロダクト・イノベーション（画期的な新製品・サービスの創出），②プロセス・イノベーション（画期的な新しい開発・生産・流通プロセスの創出），③マーケット・イノベーション（新しい市場や流通チャネルの創出），④マテリアル・イノベーション（画期的な新しい部品や材料の創出），⑤システム・イノベーション（画期的な新しいビジネスモデルの創出）ということになるでしょう。

かつて日本では，イノベーションが「技術革新」と訳されていた時代がありました。しかしシュンペーター自身は，上記のように，イノベーションというものをかなり広がりを持つ現象として捉えていました。その概念が包含しうる範囲は非常に幅広く，狭い意味での技術革新にとどまらない意味を持っていたのです。

さらに重要な点は，組み合わせが新しければすべてが新しい必要はないということです。そうした意味をこめて，シュンペーターはイノベーションを「新結合（new combination）」と呼びました。

彼は，イノベーションが，単なる空想や思いつき，あるいは単なる発見や発明ではないと明確に否定した上で，イノベーションこそが経済の非連続的発展をもたらし，ひいては長期的な経済発展の原動力になるのだと主張しました。その意味で彼は，イノベーションとは，具体的な製品やサービスに結実し，市場に受け入れられ，社会にインパクトを与えてはじめて実現するもの，と捉えていたのだと言えるでしょう。

つまり，シュンペーターが唱えるイノベーションとは，単なる技術革新ではなく，かといって，新しければ，あるいは何か変化しさえすれば，それがイノベーションというわけでもありませんでした。シュンペーターは，あくまでも市場に受け入れられ，経済成長をもたらすものこそがイノベーションであると考えていたのです。

## ○ ドラッカーの定義

1960年代に入ると，イノベーションを経済成長の推進力という側面から研究するだけではなく，企業成長の源泉として捉えて研究しようとする動きが活発になりました。前者が，国家レベルや産業レベルでの分析に主眼を置いた，経済学的アプローチからのイノベーション研究だとすれば，後者は，企業レベルやプロジェクトレベルでの分析に主眼を置いた，経営学的アプローチからのイノベーション研究だと言えるでしょう。

こうした経営学的アプローチからのイノベーション研究の端緒を作ったのが，経営学者のドラッカー（P. F. Drucker）です。彼は，シュンペーターの議論をもとに，企業マネジメントのなかにイノベーションの概念を取り込みました。

ドラッカーは，企業の目的は最大利潤の追求ではなく，顧客の創造にあるとしました（Drucker, 1954）。顧客が製品・サービスに代金を支払わなければ，企業は存在しえないからです。

その上で彼は，企業が顧客を創造するために行う最も基本的な活動がイノベーションであるとして[1]，それを「製品・サービスの革新，および製品の生産・販売・サービスの提供に必要な技能や活動の革新」であると定義しました。そして，企業マネジメントとしてのイノベーションの本質は，より優れた，あるいはより経済的な製品やサービスを創造することを通じて新たな顧客を獲得することにある，としたのです。

このように，イノベーションが企業成長の重要な源泉となる活動だとすれば，企業にとって次の大きな課題は，イノベーションをいかにマネジメントするか，ということになります。マネジメントすることができなければ，企業の成長を計画的に推進することは不可能だからです。

この点に関してドラッカーは，「イノベーションは，事業のあらゆる局面で行

---

1 正確には，ドラッカー（Drucker, 1954）は，顧客を創造する上で不可欠となる基本的活動は，「イノベーション」と「マーケティング」の2つであると述べています。上で述べたように，彼は「イノベーション」を，「製品・サービスの革新，および製品の生産・販売・サービスの提供に必要な技能や活動の革新であり，企業のあらゆる活動に関わりを持つ」とし，「マーケティング」を「販売活動に限定されることなく，市場の求める製品・サービスを作るという事業全体に関わる重要な活動である」としています。ただし，イノベーションが顧客創造を目的とした活動である以上，「市場の求める製品・サービスを作るという活動」は「製品・サービスの革新」のなかに包含されることになります。つまり，彼の言う「イノベーション」は，「マーケティング」を包含した，より上位の概念だと考えられるのです。

われるべき活動であり，したがって，企業内のあらゆる部門がそのマネジメントに関わってくる」とした上で，「企業は，イノベーションを目指して自らを組織化し，その計画と実行，評価に取り組む必要がある」と述べています。

　以上のように，シュンペーターが提唱したイノベーションの概念を企業活動のなかに取り込み，それが企業の存続と成長のために不可欠な存在であり，マネジメントしなければならない活動であると捉えたドラッカーの主張は，イノベーションの経営学的な研究の，現在にいたる方向性を決定づけたものとして重要だったと言えるでしょう。

## ◯ 本書でのイノベーションの定義

　以上の議論を踏まえて，本書ではイノベーションを，「新しい製品やサービス，新しい生産や流通の手段，新しい技術，新しいビジネスの仕組み，あるいはそれらの新しい組み合わせなどのうちで，顧客にこれまでにない新しい価値をもたらして新規需要を創出するもの」と定義することにします。もっと簡単には，「新しい顧客価値を実現し，新規の需要や新しい市場を創出すること」と言い換えることができます。たとえば，パソコンやスマートフォン，SNSなど各種のインターネット・サービスなどは，こうして定義されるイノベーションの身近な事例です。

　この定義では，イノベーションをあくまでもアウトプット（成果である製品やサービスなど）として捉えています。そのため，そうしたアウトプットを生み出すためのプロセス（製品やサービスといった成果を生み出すまでの過程）については，以後，「イノベーションのプロセス」と呼ぶことにします。

　また，企業マネジメントにとって，新市場を創出した後でいかに経済的成果（利益）を獲得するのかは非常に大きな課題ですが，この定義では，経済的成果の獲得はイノベーションの必須要件とはしていません。この点については，イノベーションのプロセスの議論のなかで，主としてビジネスモデルのマネジメントに絡めて検討することにします。

　最後に，企業が生み出す財（goods）のうち，有形なものが製品（product），無形なものがサービス（service）で，両者は本質的には同じであると考えられるので（藤本，2001b），以下，特に断らない限り，製品とサービスを両方含めて「製品」と表記することにします。

## ◯ イノベーションの定義に関わる注意点

### 〈1. イノベーションは単なる技術革新ではない〉

　「イノベーション」という言葉や概念が日本に本格的に紹介され，広く知られるようになったのは1956年度の『経済白書』だとされますが，その際イノベーションには「技術革新」との訳語があてられました。そのため古い本だと，イノベーションが技術革新と訳されている場合があります。しかしイノベーションは，必ずしも技術の革新だけにとどまるものではありません。これが，1つ目の注意点となります。

　実際，イノベーションが生じると，人々の意識や行動パターンが変わり，社会のあり方にも変化が生じます。たとえば，スマートフォンが普及し，誰もがSNSなどを通じてリアルタイムのコミュニケーションをとるのが当たり前の世界に暮らす現代の大学生にとって，インターネットも携帯電話も普及していなかった1980年代後半〜90年代前半（筆者らの大学時代）の大学生の生活がどのようなものだったのかは，なかなか理解し難いでしょう。スマートフォンのイノベーションといった場合には，スマートフォンの登場によって引き起こされた人々のこうした意識や行動パターンの変化，あるいは社会のあり方の変化といったものまですべて含めて捉えるべきであり，技術の変化はイノベーションの一部を構成するにすぎません。

### 〈2. 新しければすべてイノベーションというわけではない〉

　注意点の2つ目は，新しければすべてイノベーションというわけではない，ということです。

　まず，空想や思いつき，単なるアイデアや構想は，イノベーションではありません。たとえばレオナルド・ダ・ヴィンチは，現在のヘリコプターのような乗り物を構想し，スケッチなどを残していますが，彼が生きていたルネサンス時代には，彼の構想を実現するための空力学上の知識や材料等の技術は十分ではありませんでした。つまり，言葉は悪いですが，彼のアイデアは実現性の乏しい単なる構想の域を出ておらず，イノベーションには該当しなかったのです。

　また，単なる発明・発見も，イノベーションには該当しません。たとえばワイヤレス充電の技術を応用した「自動車が走りながら充電できる道路」は，本書の執筆時点（2024年2月）ではいくつかの研究グループが実証実験を行っており，技術的に「発明されている」と言えるのですが，しかしまだ実用化されて人々に

よって広く利用されるまでには至っていません。研究開発によって得られた知識や技術，製品やサービスが，世の中で広く活用されるようになることを「社会実装」と言いますが，この技術はまだ社会実装されていないのです。

　こういった社会実装されていない技術や製品は，将来的にはイノベーションになる可能性があります。しかし現段階では，イノベーションそのものではありません。

　それから，たとえばある企業から画期的な新製品が発売されて人気が出ると，よく「うちの会社でも試作品までは作っていた」とか，「うちの会社はもっと早くに市場に投入していた（がまったく売れなかった）」などと言う企業が出てきます。恐らく，そのこと自体は事実なのでしょうが，そういったケースも，世の中で広く利用されるようにはなっておらず，新しい需要や市場が生み出されているわけでもないので，やはりイノベーションには該当しません（むしろ，失敗したイノベーションに該当することになります）。

　このように，たとえどれだけ魅力的なアイデアであったとしても，どれだけ画期的な発明・発見であったとしても，あるいはどれだけ素晴らしい製品ができ上がっていたとしても，実際にそれが市場に投入され，顧客に受け入れられ，新しい需要や市場が生み出されていかなければ，それはイノベーションではないのです。

### 〈3．イノベーションは「新結合」である〉

　注意点の3つ目は，シュンペーターが強調していたように，イノベーションとは新結合であり，あくまでも組み合わせの新しさ，あるいはコンセプトの新しさが問題であって，あらゆる要素が新しい必要はないということです。

　たとえば，アップル[2]から2001年に発売されて大ヒットした携帯用デジタル音楽プレーヤーの「iPod[3]」は，そこで使用されている技術はすべて既存のものであり，特に新しくはありませんでした。しかし，自分の音楽コレクションのすべてを1台に収納して持ち歩き，「好きな曲をいつでもどこでも楽しめる」という新しい顧客価値を実現し，新たな市場を切り拓きました。その意味で，iPodはイノベーションの典型事例だと言えます。

---

2 同社の名称は，1977年の創業から2007年まで「アップル・コンピュータ（Apple Computer）」でしたが，2007年から「アップル（Apple）」に変更しているため，以下では「アップル」に表記を統一します。
3 iPodは，2022年5月に販売終了となりました。

## ◯ 初代 iPhone の事例[4]

　以上，イノベーションの定義に関わる説明をしてきましたが，抽象的で少し分かりにくいかもしれないので，スマートフォンの事例で説明したいと思います。

　アップルから 2007 年に発売されたスマートフォンの（初代）「iPhone」は，そこで使用されている技術がすべて既存のものであり，特に新しくはありませんでした。電話として使えるだけでなく，音楽が聴けて，カメラが使えて，メールをやり取りすることができ，インターネットを簡単に使いこなすことができる機器としては，日本企業が当時競争力を有していた携帯電話（ガラケー）がありました。また，それとは別にスマートフォンと呼ばれるデバイスもすでにあり，タッチパネル方式で操作するものも，1990 年代にはすでに登場していました。そうした先行する機器と iPhone との技術的な違いは，単に操作方法がオールタッチパネル方式だったかどうか，ということだけでした。

　しかし iPhone には，組み合わせとしての新しさ，コンセプトの革新がありました。消費者に対して，新しい顧客価値を提案していたのです。

　それまでのスマートフォンは，もっぱらビジネスユースを想定していました。忙しいビジネスパーソンにとって，携帯電話は必需品だし，パソコンも常に持ち歩いて，出先であっても仕事をしないといけません。であれば，この 2 つを 1 つにしたら便利になるだろう，という発想で作られた製品でした。でも実際には，2000 年代半ばのスマートフォンは，不格好だし，片手で持つには大きすぎて重すぎるので，電話として使うなら普通の携帯電話の方が便利でした。また，モニターも入力デバイスも小さいので，パソコンとして使うならノートパソコンの方が便利でした。つまり，想定顧客であるビジネスパーソンからすると，スマートフォンを 1 台持って行くよりも，携帯電話とノートパソコンの 2 台を両方とも持っていった方が，よほど便利で使いやすかったわけです。

　しかし，iPhone は違っていました。初代 iPhone のコンセプトは，"Your life in your pocket" "The Ultimate Digital Device" というものでした。iPhone は，学生も，家庭の主婦も，そしてビジネスパーソンも含めたありとあらゆる人が，ありとあらゆる用途・シーンで使うことのできるコミュニケーション・ツールを志向していました。つまり，趣味で使ってもいいし，時間つぶしに使ってもいいし，もちろんビジネスで使ってもいい。生活の中のさまざまな場面でこの機器を使用

---

4 以下の記述は，ガロ（Gallo, 2010, 2011）などを再構成したものです。

することで，あなたの生活のすべてが彩られます，これまで以上に楽しく充実したものとなりますというメッセージが，初代 iPhone のコンセプトにはこめられていました。

　こうした新しいコンセプトを実現するためにカギになったのが，入力方法でした。それまでのスマートフォンは，パソコンや携帯電話（ガラケー），PDA（Personal Digital Assistant）と呼ばれる携帯情報端末の入力方法を引きずっていました。忙しいビジネスパーソンがビジネスユースで使う以上，文字入力が容易でないといけない。だから，キーボードや物理的な入力キー，あるいは専用のタッチペンでの入力が必須だ，というわけです。しかし，物理的な入力キーは場所をとるので，これを備えるとどうしても大きく不格好になってしまいます。折りたたみ方式にしたり，スライド方式にしたりと，さまざまな工夫をこらすのですが，でもどうしても不格好になってしまう。それを避けて専用のタッチペンで入力する方式を採用しても，ペンをすぐになくしてしまうなど，別の問題が生じてしまう。また，キーボードや物理的な入力キーは，たとえば音楽を聴きたいときやカメラとして使いたいときには向いていません。そのため，こうしたものをつけてしまうと，格好悪いだけではなく，使い勝手も悪くなってしまいます。

　こうした問題を解決するのが，オールタッチパネル方式でした。メールとして使いたいときには，キーボード入力モードに切り替えます。音楽を聴きたいときには，iPod と同様のインターフェイスに切り替えます。カメラを使うときには，シャッターやピント合わせが簡単にできるインターフェイスに切り替えます。このように，それぞれの用途に合わせた最適なインターフェイスに切り替えることが可能になり，その操作はタッチパネルを指でシュッとスワイプし，使用するアイコンをタップするだけとなったことで，操作性は断然良くなりました。また，キーボードや物理的な入力キーが無くなり，全面がタッチパネルになったので見た目も良くなり，大きさもコンパクトになりました。

　こうして生まれた iPhone は，これまでのガラケーや PDA，あるいはこれまでスマートフォンと呼ばれていたデバイスとはまったく異なるタイプの新しいデバイスとして消費者から熱狂的に受け入れられ，後継機種も含めた iPhone の累計販売台数は，2011 年に 1 億台，2014 年に 5 億台，2016 年に 10 億台，2021 年には 20 億台を超えるまでになりました。さらに，Android など，後続の規格や企業によるスマートフォンも相次いで発売されたことから，市場規模はさらに急激に拡大を遂げ，全世界のスマートフォン契約数は 2022 年に 64 億件を超えました。

　しかも，スマートフォン上で使用するアプリ，ゲーム，コミック，音楽，動画

など，さまざまなコンテンツを提供するサービスが生まれ，LINE や X（旧 Twitter），インスタグラムや TikTok など，スマートフォン上でやり取りされるさまざまな SNS のサービスが生まれ，iPhone に付属するさまざまなアクセサリーが販売されるようになったという具合に，関連する多くの新しい市場が生まれました。

一方，そうしてスマートフォンや関連するサービスが普及するにつれて，片時もスマートフォンを手放せない人も多くなり，「歩きスマホ」「スマホ中毒」といった社会問題も生じるようになりました。また，他者からの「いいね」を求めて，「インスタ映え」「○○してみた」などといった形で，皆が四六時中情報を発信するようになりました。こうして，人々の意識が変わり，行動パターンが代わり，そして社会のあり方も変わっていったのです。

長くなったので，以上をまとめます。イノベーションとは，単なる技術革新ではありません。iPhone の場合でも，最終的には人々の意識の変化や行動パターンの変化，社会のあり方の変化を伴っていました。

また，そこで用いられている技術のそれぞれは，特に新しくはありませんでした。しかし，組み合わせ，あるいはコンセプトはまったく新しいものでした。

さらに，新しければすべてイノベーションかというと，そういうわけでもありません。iPhone 以前にもスマートフォンと呼ばれるデバイスはいくつもあり，当時の最先端の技術が盛り込まれていたのですが，一部のマニア以外にはあまり売れませんでした。一方の iPhone は，技術的には特に新しくはなかったのですが，顧客に広く受け入れられ，関連する製品やサービスを含め，膨大な新しい市場を生み出しました。世の中を変えるインパクトは，それ以前のものと比べて，iPhone の方がはるかに大きかったわけです。

その意味で，スマートフォンのイノベーションといえば，やはり真っ先にあげるべきなのは iPhone だと言えます。本書で取り上げるイノベーションは，こうした特徴を持った現象なのだという点は，ぜひ理解していただきたいと思います。

## 1.2 イノベーション・マネジメントの重要性と特徴

　では，「イノベーションをマネジメントする」ことには，どのような意義や価値があるのでしょうか。

　言い換えるなら，イノベーションについて深く知り，イノベーション・マネジメントの基礎的な理論や概念，考え方の枠組みを身につけることが，なぜ重要なのでしょうか。

　この点は本書の存在意義にも関わる重要事項なので，以下で少し詳しく述べておくことにします。

### ○ イノベーション・マネジメントの重要性

#### 〈1. イノベーションは経済成長の原動力になる〉

　第1に，イノベーションは経済成長の原動力になります。

　すでに述べたように，シュンペーターは，イノベーションによる創造的破壊こそが資本主義の本質であるとしました。彼は，経済発展には，人口増加や資本の供給増加といった要因よりも，企業による創造——すなわちイノベーション——が主要な役割を果たす，としています（Schumpeter, 1934）。すなわち，個々の製品や産業は，遅かれ早かれ，いずれ成熟化の途をたどるので，この限界を乗り越えるように絶え間なく登場する新製品や新産業こそが，持続的な経済成長，ひいては資本主義発展のエンジンになるというのです。

　こうしたシュンペーターの主張は，現在では広く認められており，イノベーションこそが国家間の競争において優位に立つための源泉であるとして，各国はイノベーションを促進するための政策で競い合っています。以下，主要な国と地域における具体的なイノベーション政策について見てみましょう。

　アメリカでは，大統領府がイノベーション政策の基本的な方向性と優先課題の提示を行います。たとえば2021年に発足したバイデン政権では，公衆衛生／新興感染症への対応，気候変動対策，先端技術の確保，科学技術成果の社会還元，科学技術エコシステムの長期的な健全性の確保という5つの優先課題を提示し，

積極的に取り組んでいます。

EUでは，加盟国を対象とした複数年にわたる研究開発助成プログラムである Framework Program（FP）が設けられ，現行では，2021年から2027年までの7年間を対象とする Horizon Europe（FP9）が施行されています。この Horizon Europe の政策的優先事項は，グリーン化，デジタル移行，開かれた戦略的自律性の確保となっており，その達成に向けて EU 加盟国全体で取り組んでいます。

中国では，共産党主導のもと，五ヶ年計画に基づいて国家全体が総合的に戦略を推進しています。現行の第14次五ヶ年期間（2021-2025年）は，2049年の中国建国100周年に向けた重要な段階として位置づけられており，新しい理念（革新，協調，グリーン，開放，共有）を徹底することを目指しています。中国では近年，研究開発費と研究者数がともに増加を続けており，アメリカに次ぐイノベーション大国へと成長していることから，その政策には世界中から注目が集まっています。

日本も21世紀に入ってから，イノベーションを重要な政策課題と捉え，継続的な取り組みを強化しています。まず，2001年に「科学技術担当大臣」と「総合科学技術会議」が設置されました。そして，2007年に「イノベーション25」という長期的戦略指針が策定されて以降は，イノベーション政策の位置づけや社会的な注目度も高まりました。2014年には「総合科学技術会議」が「総合科学技術・イノベーション会議」に改組され，以降は毎年「科学技術・イノベーション総合戦略」の改定が行われています。

さらに，2021年4月に改正された「科学技術・イノベーション基本法」により，科学技術とイノベーションの推進は一段と強化されています。また，この法改正に伴い，2021年から2025年までの「第6期科学技術・イノベーション基本計画」が新たに策定されています[5]。この計画では，「Society 5.0」の実現を目指し，自然科学と人文・社会科学を融合した「総合知」の活用によってさまざまな社会課題に取り組むとされています。

〈2．イノベーションは生活や社会を変える〉

第2に，イノベーションはわれわれの生活を根底から変え，社会のあり方まで

---

5 「科学技術基本計画」は，1995年に制定された「科学技術基本法」に基づき，政府が5年ごとに策定する科学技術政策に関する中長期的な方針を示していました。科学技術基本法が2021年より科学技術・イノベーション基本法に改正されたことに伴い，この計画も科学技術・イノベーション基本計画へと改称されました。

変えてしまいます。

　たとえば，鉄道，電信，電話，自動車，飛行機，化学繊維，プラスチック，ペニシリンなどの人造医薬品，ラジオ，テレビ，レコードや CD，ビデオや DVD，Blu-ray，冷蔵庫，洗濯機，電子レンジ，エアコン，コピー機，デジタルカメラ，ファックス，パソコン，スマートフォン，宅配サービス，インターネット，SNSなど，イノベーションによってわれわれの生活が根底から変わってしまった事例は，あげればきりがありません。こうしたものがない生活を想像してみると，われわれの日常生活が，イノベーションによってどれだけ大きく変わってきたかが分かるでしょう。

　また，イノベーションは，人々の意識や行動パターン，社会のあり方まで変えてしまいます。たとえば，インターネットが普及したことで，パソコンやスマートフォンを通じて，いつでもどこでも世界中とコミュニケーションをとれるようになり，それによって人々の意識や行動パターンが変わり，人と人とのつながり方や社会のあり方までが劇的に変わってしまいました。

　一方で，現代のわれわれは，世界人口の急速な増大，環境問題，資源・エネルギー問題，食糧問題など，地球の持続可能性を脅かしかねない数多くの深刻な問題に直面しています。イノベーションには，こうした問題を解決し，安全・安心な上に便利で，一人一人が真の豊かさを感じられるような社会を築き上げていくための，起爆剤や牽引役としての役割も期待されているのです。

## 〈3．イノベーションは企業の競争力を決定する〉

　第3に，イノベーションは企業の競争力を左右します。

　イノベーションをきっかけに成功し，成長し，地位を築いていく多くの企業がある一方，磐石の地位を築いていた巨大企業であっても，新たなイノベーションを携えて登場した新興企業に敗れ去り，市場からの退出を余儀なくされることがあります。市場における主役交替はさまざまな理由によって生じますが，イノベーションは，そのきっかけとして最も重要なものの一つです。

　また，ときには大きなイノベーションによって，市場そのものが一気に消えてしまうこともあります。たとえば，コンパクトディスク（以下「CD」）の普及によりレコードやレコード用機器の市場が，携帯電話の普及によってポケットベルの市場が，デジタルカメラの普及によってフィルムカメラや写真用フィルムの市場が，それぞれほぼ完全に消えてしまいました。しかも最近では，その CD の市場が iTunes や Apple Music，Spotify といった音楽配信サービスによって代替さ

れ，コンパクト・デジタルカメラの市場がスマートフォンによって代替され，急速に市場規模が縮小しています。

このように，たとえ現在は栄華をきわめている企業であっても，その地位から転落しないためには，イノベーションに備えることが必要不可欠になります。そのため，新興企業にとっても既存企業にとっても，イノベーション・マネジメントは，競争上最も重要なマネジメントの一つであると言えるのです。

この第3の点は，本書のメインテーマでもあります。

加えて，経済発展や企業成長の牽引役としてのイノベーションの役割は，現在の日本および日本企業にとって，ますますその重要性を増しています。

その理由としては，以下の3点があげられます。

## 〈4. 経 済 の 停 滞〉

第1に，日本経済は長期にわたる停滞に苦しんでおり，イノベーションには，こうした停滞を打破し経済発展をもたらす牽引役としての役割を果たすことが求められています。

図1.1は，国の経済力を表す名目 GDP の推移です。1968 年以来，40 年近くにわたって日本は米国に次ぐ世界第2位の地位を占めていたのですが，2010 年に中国に抜かれ，図には記載されていませんが 2023 年にはドイツに抜かれ，4位に転落しました。さらに IMF によれば，2025 年にはインドが日本を追い抜く見通しだとのことです。

一方，内閣府の「国民経済計算」のデータによれば，日本の（為替レートの影響を受けない）実質 GDP 成長率は，バブル崩壊後の 1991 年度から 2022 年度までの成長率は平均で約 0.8%，しかもこの間 8 回にわたってマイナス成長を記録するなど，30 年以上にわたって低成長が常態化しています[6]。

しかも日本は，2011 年以降は人口が連続して減少しており，今後ますます人口減少のペースが加速していくと見込まれています。2020 年国勢調査による日本の人口（確定値）は1億 2,615 万人ですが，国立社会保障・人口問題研究所が 2023 年に公表した「日本の将来推計人口」の出生中位・死亡中位推計によれば，2056 年には日本の人口が1億人を割り込む（外国人入国者を除くと 2048 年に割り込む）見込みとなっています。

---

6 以上は 2008SNA・2015 年（平成 27 年）基準，1995 年度以前は簡易的な遡及方法による参考系列の数値。データ出典は，内閣府 HP の「国民経済計算（GDP 統計）」より。

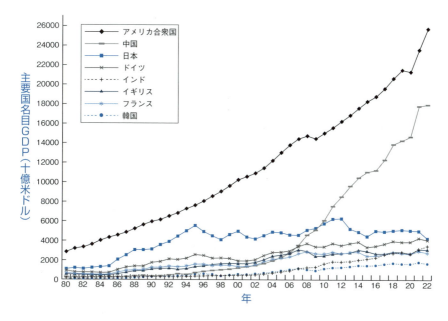

(出所) United Nations「National Accounts Main Aggregates Database」より，筆者作成

図 1.1　主要国名目 GDP の推移（米ドルベース）（1980〜2022 年）

　さらに日本は，世界的にも，そして歴史的にも，類を見ない超高齢化社会を迎えています。総人口に占める 65 歳以上人口の割合（高齢化率）は，2020 年に 28.6％でしたが，上記推定によれば，早くも 2027 年には 30％，2040 年には 35％を突破し，2070 年には 38.7％へと上昇する（外国人入国者を除くと 2057 年に 40％を突破する）見込みとなっています。

　経済学の視点からは，一国の経済成長は，生産要素である資本か労働の投入量が増加するか，あるいは生産性が上昇するか，そのいずれかによって実現することになります。このうち，生産性の上昇とは，同じ資本と労働の投入量で，より多くの生産物ができるようになることを意味しており，主にイノベーションによって可能になります。

　日本のこれからを考えると，少子高齢化によって生産人口が長期的に減少する中で，（積極的な移民政策などを通じて）労働投入量を増やしていくことは難し

いと考えられます。そうなると，資本の投入量を増やすか，生産性の向上が求められることになるのですが，実証的には後者の方が経済成長へのプラスの効果が大きいとされています。

このように，日本経済の長期的な成長にとっての頼みの綱は生産性の向上なのですが，これまでのところ，その伸び率は長期にわたって停滞しています[7]。これを持ち直すために求められているのが，イノベーションによる生産性の底上げです。その意味で，まさにイノベーションこそが日本の持続的成長を実現するためのカギとなっているのです（吉川，2016）。

### 〈5．国際競争力の低下〉

第2に，日本企業の国際競争力が低下しているという点があげられます。

1980 年代後半以降，貿易の自由化，各国市場の規制の撤廃，情報化の進展，国際的な物流網の発展などを背景に，経済のグローバル化がこれまで以上に進展しました。また，1990 年代に入ると，それまでは米国・西欧・日本など総人口10 億人あまりの先進国中心で回っていた市場経済に，東欧諸国やロシアなどの旧社会主義国家，ASEAN 諸国や中国，あるいはインド，ブラジル，アフリカの一部の国々などの（当時の）発展途上国が本格的に組み込まれるようになってきました。それに伴ってローカルな競争が終焉を迎え，各国・各地域のチャンピオンとして生き残ったグローバル巨大企業同士の競争が激化しました。

このように，グローバルな大競争時代を迎えるなかで，1980 年代後半以降，韓国や台湾，中国などの（当時の）新興国が急速に技術力を高め，多くの分野ですでに日本企業のプレゼンスは失われてしまいました。

一方，1990 年代以降の一部の欧米優良企業は，自らは高付加価値の分野に特化し，それ以外は積極的に外部の企業に任せることによって，日本や新興国の企業が容易に追いつけないような技術的先進性やブランド力，ビジネスの仕組みの面での卓越性を確立していきました。その結果として多くの日本企業は，今なお将来に向けた成長戦略を描きにくい状況にあります。

こうした苦境から立ち直るためには，グローバルな市場においても，顧客にとっての新しい価値をもたらすような製品を開発・生産したり，それを顧客に届けて収益を確保するまでの新しい仕組みを生み出すことを通じて競争優位を確立することが――すなわちイノベーションによる競争優位の確立が――，以前より

---

[7] たとえば，公益財団法人日本生産性本部が毎年発表している「日本の労働生産性の動向」を参照のこと。

はるかに重要となってきたのです。

## 〈6．地球環境問題への対応〉

第3に，日本企業が地球環境問題に対処するためにも，イノベーションへの取り組みが不可欠だという点があげられます。現代社会は多くの深刻な課題に直面していますが，そのなかでも気候変動や資源の過剰消費などの環境問題は，社会的かつ世界的な喫緊の課題です。

近年は世界的に異常気象が頻発しており，地球温暖化の主な要因である二酸化炭素（$CO_2$）などの温室効果ガス排出の削減が進まなかった場合，水不足，海面上昇，洪水，生態系の損失などのリスクがさらに高まるとされています。この温室効果ガス削減に向けた取り組みに関連して注目されている概念に，カーボンニュートラル（CN：Carbon Neutral）とグリーントランスフォーメーション（GX：Green Transformation）があります。

CN は，気候変動の影響を最小限に抑えるために，温室効果ガスの排出と吸収とを均衡させることを意味します。CN の実現には，森林を守る活動に加えて，GX が必要とされます。GX とは，温室効果ガスを発生させる化石燃料の使用を最小限に抑え，太陽光発電，風力発電，地熱発電などのクリーンエネルギーへの転換を進めるだけでなく，そうした取り組みを通じて経済社会システム全体を変革し，生態系と調和した持続可能な経済成長へとつなげることを目的とした活動のことを意味します。政府や企業などがイノベーションを推進し，省エネ技術の導入や，クリーンエネルギーの活用促進，温室効果ガスを大気中から回収・除去する技術の研究開発などを進めることは，CN や GX に貢献するだけでなく，産業競争力の向上や経済成長にもプラスの効果を及ぼすと考えられます。

一方，大量生産・大量消費・大量廃棄を前提とする現在の経済システムは，気候変動だけでなく，資源枯渇や生物多様性の喪失，プラスチック汚染，貧困や格差など，世界的な規模でさまざまな問題をもたらしています。サーキュラーエコノミー（CE：Circular Economy）は，廃棄物の削減と資源の循環的な利用を促進し，すべての人々がプラネタリーバウンダリー（地球の環境容量）の範囲内で生活していく経済社会システムのことを意味します。たとえば，製品の設計を工夫してプラスチックや金属など有限な資源を最大限に再利用することによって，地球環境への負荷を減らすことができます。この CE を推進し，新しい循環型の製品デザインやビジネスモデルを生み出すためにも，イノベーションが不可欠となります。

こうした環境や経済の持続可能性の課題は，世界中の国々や企業が等しく直面している問題ではありますが，特に日本の政府や企業にとっては，さらに一層切実な問題となっています。日本は，2020年10月に「2050年までのCN実現」を宣言し，2021年4月には温室効果ガスの排出量について「2030年度に2013年度比46％減」との目標を掲げました。しかし日本は，現状では火力発電の比率が高いなどの理由から化石燃料への依存度が大きく，温室効果ガス排出量でも世界第三位に着けており，上記目標を実現することは容易ではありません。

ただし，「必要は発明の母」という面もあります。また日本は，過去に2度のオイルショックを経験するなかから世界に誇る省エネ技術を確立した経験も有しています。世界が脱炭素の大競争時代に突入したことを認識した上で，この分野でイノベーションを牽引し，世界の市場を獲得していくことは，美しい地球環境を維持し未来の世代に受け継いでいく上でも，そして日本企業にとっての成長戦略としても，非常に重要だと考えられるのです。

## ◯ いまや，企業経営の核心は「イノベーション」の創出にある

このように，世界中の国や地域，そして企業にとって，とりわけ現在の日本や日本企業にとって，イノベーションのマネジメントはきわめて重要なものだと言えます。

そのため最近では，国の競争力向上の観点から国家レベルでのイノベーション・マネジメント（一般に「ナショナル・イノベーション・システム」と呼ばれる）の研究が，また，企業の競争力向上の観点からは企業レベルでのイノベーション・マネジメントの研究が，それぞれ急速に発展を遂げています。

このうち本書では，あくまでも後者の企業レベルのイノベーション・マネジメントを対象とし，前者の国家レベルでのイノベーション・マネジメントについては基本的に取り扱わないことにします。

このように本書では，製品やサービスに関わるイノベーションのマネジメントを，企業レベルに限定して説明していくわけですが，それでも対象となるトピックは幅広く，また企業マネジメントにとって大きな意義があります。それは，厳しい競争環境のもとで戦う現在の企業にとって，従来とまったく同じようなやり方を続けていたのでは成功が難しいばかりでなく，変わらないこと自体がリスクになりうるからです。

実際，企業が現在提供している製品は，いつか必ず成熟化・陳腐化します。ま

た現在では，ひとたび成功したとしても，必ず他社（外国企業を含む）からの模倣・追随を受けることになります。

よく，「ナンバーワンよりオンリーワン」などと言われますが，仮に一時的にオンリーワンの地位を築くことに成功したとしても，そこに安住していればいつかは必ず追いつかれます。ですから，どの業界のどのような企業であっても，もはや立ち止まり続けることは許されず，企業が競争力を維持していくためには，新しい需要を次々と切り拓いていくことが必要とされるのです。

ただし，単に目先だけを変えた底の浅い新製品や，仕組みの部分での工夫を伴わないような足腰の弱い新サービスでは，競合他社よりも優位に立つことは難しく，仮に立てたとしても，それは一時的なものに終わってしまうことになるでしょう。

つまり，競争において優位を保っていくためには，顧客に新しい価値をもたらすようなイノベーションを絶えず追求し，そこから経済的成果を獲得できるような仕組みを築き上げ，なおかつ優位性を常にグレードアップし続けることが，すなわちイノベーションの創出と絶えざるグレードアップが，必要不可欠なのです。

## 演 習 問 題

1.1　自分たちの身の回りにあるイノベーションの事例を，いくつでもあげてください。その上で，そうしたものがない生活を想像し，イノベーションがもたらすメリットとデメリットについて考えてください。

# 第 2 章

# イノベーションのプロセス

　イノベーションのマネジメントについて考えていく上では，その前提条件として，イノベーションが何をきっかけにして生まれ，どのような段階（フェーズ）を経て，どうやって最終的な成果獲得に結びついていくのかというイノベーションのプロセスと，そのプロセスのなかでどのような困難が待ちかまえているのかという点について知らなければなりません。

　そこで本章では，イノベーションのプロセスをモデル化した上で，当該プロセスの各段階におけるマネジメント上の困難について，具体例を交えながら詳しく説明していきたいと思います。

○KEY WORDS○

イノベーションのプロセス，
研究・技術開発活動，製品開発活動，事業化活動，
魔の川，死の谷，ダーウィンの海，
テクノロジー・プッシュ，ディマンド・プル，
ビジネスモデルのマネジメント

## 2.1 イノベーションのプロセス

　イノベーションのプロセスは，非常に単純化して言えば，「研究・技術開発活動」，「製品開発活動」，「事業化活動」という3段階（フェーズ）を経て進んでいきます。

　このうち，研究・技術開発活動とは，新しい製品を実現するための基礎となる重要な要素技術（ベースとなる基本的な技術）を生み出していく活動であり，次の製品開発活動とは，実際に市場で販売するための，具体的な新しい製品を生み出していく活動です。また，事業化活動とは，開発された新しい製品を市場に投入し，その市場を開拓・拡大し，収益を安定的に確保するための仕組みづくりを行っていく活動です。

　ここまでの活動をうまく成し遂げてはじめて，企業はイノベーションからの成果を獲得し，高いパフォーマンス（売上高／利益／キャッシュフロー／成長率などの成果）を享受することができるようになります[1]（図2.1）。

　このモデルに従えば，イノベーション・マネジメントとは，研究・技術開発活動から製品開発活動，事業化活動を経て，最終的に成果獲得にまでいたる一連のイノベーション・プロセスのマネジメントについて，その原理・原則を学ぶ学問分野ということになります。言い換えれば，技術を開発し，それを市場ニーズと結びつけて製品化し，その市場を開拓・拡大し，競争相手との戦いに勝ち残り，そこから成果を上げるための方法論を学ぶ学問だと言えるでしょう。

　むろん，このモデルは読者の理解を容易にするために現象を過度に単純化・抽象化したフィクションであり，現実がこのプロセスの通りに進むわけではありません。現実の世界では通常，各段階は反復的かつ同時並行的に進むものであり，一定の方向だけに連続的に進むことはほとんどないからです[2]。

　また，このプロセスのすべてを一社が手がける必要があるわけではなく，実際には，このうちの一部のフェーズだけを自社で手がけ，後は他社に任せることが

---

1 このモデルおよび概念図は，ロスウェル（Rothwell, 1994），バーゲルマンら（Burgelman, Christensen, and Wheelwright, 2004），ブランスコム（Branscomb, 2004）をベースに，大幅に修正を加えたものです。

2 イノベーションのプロセスがあたかも一方向に進むかのように捉える考え方は，「リニアモデル（直線モデル）」として批判の対象となってきました。詳しくは，クラインとローゼンバーグ（Klein and Rosenberg, 1986）やロスウェル（Rothwell, 1992）などを参照下さい。

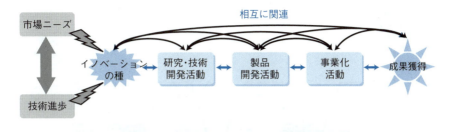

図2.1　イノベーション・プロセスの概念図

ほとんどです。そのため，むしろ，プロセスのどのフェーズをどの程度自社で行い，どのフェーズをどの程度他社に任せるのかという意思決定が，イノベーション・マネジメントでは重要になってきます。

さらにまた，任せる相手も企業だけとは限らず，特に研究・技術開発活動の基礎的な部分は，大学などの公的研究機関が担うこともしばしばです。

こうした留保条件を念頭に置いた上で，これからは，理解を容易にするための概念的道具として，このモデルに基づいて議論を進めていくことにします。

## 2.2　イノベーション・プロセスの関門：「魔の川」・「死の谷」・「ダーウィンの海」

上記のプロセスには，「魔の川」，「死の谷」，「ダーウィンの海」という，乗り越えなければならない3つの大きな関門があります。

魔の川とは，研究・技術開発段階から製品開発段階へ移行する際に生じる大きな困難のことです。また死の谷とは，製品開発段階から事業化段階へ移行する際に生じる大きな困難のことです。そしてダーウィンの海とは，事業化段階へと移行した後，成果獲得にいたるまでの間に生じる大きな困難のことを指しています[次頁3]（図2.2）。

より具体的に言えば，研究・技術開発活動において，資源を投入した割に優れた技術を生み出せなかったり，あるいは，せっかく優れた新技術を開発すること

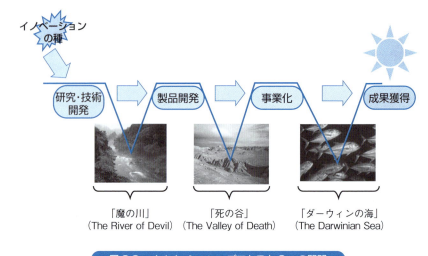

図2.2 イノベーション・プロセスと3つの関門

ができても、それを有効活用して新しい製品の開発への道筋をつけられなければ、次の製品開発活動へ進むことはできません。これが「魔の川」の障壁です。

また、仮にこの障壁を突破することができたとしても、資金や人的問題など、製品開発活動を進めるにあたって立ちはだかる難関を乗り越えられず、具体的な新しい製品を開発することができなかったり、あるいは、市場ニーズとのミスマッチが生じてせっかく開発した新しい製品が顧客に受け入れられなかったりすれば、次の事業化活動へ進むことはできません。これが「死の谷」の障壁です。

さらに、仮にここまでの障壁を2つとも突破し、無事に市場を立ち上げて拡大することに成功したとしても、その後に続々と参入してくる競合他社との厳しい競争に勝ち残り、収益を安定的に確保するための仕組みを作り上げることができなければ、成果を獲得することはできません。これが「ダーウィンの海」の障壁です。

こうした観点からすれば、日本企業に依然として根強い、「良い技術さえ開発

---

3 それぞれ、「魔の川」は東北大学客員教授であった出川通氏の、「死の谷」はアメリカの下院議員（下院科学委員会副議長）であったバーノン・エラーズ（Vernon Ehlers）氏の、「ダーウィンの海」はハーバード大学教授であったルイス・ブランスコム（Lewis Branscomb）氏の造語ですが、本書での定義は、オリジナルのものとは若干異なっています。

していれば，自ずと事業が成長し，収益を上げることができる」という認識は，間違いであると言えるでしょう。

　イノベーションからの経済的成果を手に入れるためには，技術力はもちろん重要ですが，それ以上に，そうした技術力をいかに市場ニーズと結びつけて製品化し，事業を成長させ，競争相手との戦いに勝ち残って収益を確保できるような仕組みを作り上げるのかという点が，より重要となります。すなわち，イノベーション・プロセスのマネジメントは，きわめて戦略的なマネジメントなのです。

　こうした理解を前提として，以下では，イノベーションは何をきっかけにして，どのように生まれるのか，そして，そうしたプロセスのどこにマネジメント上の大きな困難が潜んでいるのかについて，上記3つのフェーズと障壁に沿って詳しく説明していくことにします。

## 2.3　イノベーションの「種」： 「テクノロジー・プッシュ」対「ディマンド・プル」

　最初に，そもそもイノベーションの「種」は何なのか，すなわち「イノベーションはどのようなきっかけから生み出されるのか」という点について，説明していきます。

　イノベーションを生み出す上で最も重要な誘因は何かという点については，昔から，供給サイド（企業側）である技術を重視する考え方と，需要サイド（消費者側）である市場ニーズを重視する考え方という，2つの大きく異なる考え方があります。前者は「テクノロジー・プッシュ（technology-push approach）」，後者は「ディマンド・プル（demand-pull approach）」と呼ばれています。

### ○ テクノロジー・プッシュ

　テクノロジー・プッシュとは，「技術の進歩が新しい製品の開発を刺激し，結果としてイノベーションが生じる」という考え方です。つまり，「（市場ニーズがあるから）この技術を実現できれば儲かる」といった動機ではなく，技術者の純粋な探究心やあくなき好奇心などがイノベーションの原動力になる。そのような

経路を想定するのが，ここで言うテクノロジー・プッシュの考え方です。

こうした，「イノベーションの引き金は，技術進歩によってもたらされる技術的機会（技術的可能性）である」という考え方は，イノベーション論の元祖の経済学者，シュンペーターにまで遡ります。

シュンペーターは，イノベーションが完結するためにはニーズが充足されなければならないことを認めた上で，しかし，技術の革新こそがイノベーションの端緒であり，市場ニーズは後から付いてくると主張しました（Schumpeter, 1934）。

## ⃝ ディマンド・プル

一方のディマンド・プルとは，「市場のニーズが端緒になって研究・技術開発活動が刺激され，その結果としてイノベーションが生じる」という考え方です。

たとえば，人口構成や所得水準の上昇など，市場の何らかの変化が新しい製品の誕生を促す。また，労働，設備，原材料など投入要素市場の変化が新しい製品の誕生を促す。あるいは，これまで満たされていなかった市場ニーズが見出され，それを実現するために新しい製品が商品化される。そういった，いわゆる「必要は発明の母」タイプの経路を想定するのが，ここで言うディマンド・プルの考え方です。

こうした，「市場のニーズがイノベーションの引き金となる」という考え方は，1950 年代から 60 年代にかけて活躍したイノベーション論の初期の権威の一人である経済学者，シュムクラー（J. Schmookler）にまで遡ることができます。

彼は，市場ニーズか技術かの一方だけでイノベーションが完結することはなく，いわばそれは「ハサミのどちらの刃で紙を切ったか」の議論に等しいと指摘した上で，強いて言えば市場ニーズが先であると主張しました（Schmookler, 1966）。

## ⃝ どちらが重要か

実は，この両者のどちらの立場に立脚するのかによって，そこから導かれる政策的含意が大きく異なってきます。

すなわち，テクノロジー・プッシュの立場に立つのであれば，イノベーションを促進するためには，研究・技術開発活動に重点的に資源配分を行い，たとえば知的財産権（特許権など）の整備を行うなど，その成果をなるべく保護する政策をとることが重要となります。一方，ディマンド・プルの立場に立つのであれば，

イノベーションを促進するためには，たとえば太陽光発電設備購入に補助金をつけるなど，新技術に対するニーズを創出するための政策をとることが重要となります。

そうした問題意識を背景に，「イノベーションの誘因として，技術と市場ニーズは，強いて言えばどちらが重要なのか？」という議論に対する実証的な検討が，20世紀後半を通じて盛んに行われてきました。その結果分かったことは，当たり前ではありますが，技術も市場ニーズもどちらも重要であり，両者は相互に影響を与え合っているので，この2つを明確に区分することは難しいということでした（Mowery and Rosenberg, 1979）。

すなわち，実際には，技術の進歩によってもたらされる技術的機会（可能性）に関する情報と，市場ニーズに関する情報の双方が，相互に影響し合いながら並行的に明確化・具体化していくなかからイノベーションが誕生していくことがほとんどであり，一方的なテクノロジー・プッシュや一方的なディマンド・プルのケースはほとんどない，ということが明らかになってきたのです（Freeman, 1982；Coombs et al., 1985）。現在では，純粋なテクノロジー・プッシュと純粋なディマンド・プルを信じる研究者は，ほとんどいないと言ってもいいでしょう（沼上，1999）。

実際，企業が何らかの利潤動機を持って事業活動を展開している以上，企業が主として担う研究・技術開発活動が，市場ニーズとまったく無関係に進められるケースはまずありえません。仮に，現時点で具体的な用途までは想定されていない新技術であっても，「いずれ何かに使える」と考えて研究・技術開発が進められているはずです。

また，どれだけ画期的な新技術が発明・発見されたとしても，十分な市場ニーズが見出されなければ，その技術の性能の向上やコストの低減などに向けた研究・技術開発活動に十分な資源が投入されることはなく，その後の発展が停滞してしまいます。

つまり，もし仮に技術の進歩がイノベーションの引き金になったとしても，それが市場ニーズと結びつかない限りは，イノベーションが実現することは稀だと考えられるのです。

しかしその一方で，どれだけ市場ニーズが大きくても，技術的基盤が十分に整わなければ，そうした市場ニーズを満たす具体的な製品を世の中に送り出すことはできません。

たとえば，遠く離れた人とコミュニケーションをとりたいというニーズは大昔

からありました。しかし，ただ単にニーズがあるというだけでは，電信，電話，ファックス，電子メール，オンライン会議システムといった新しい製品を実現し，普及させることはできません。市場ニーズが牽引したにせよ，「電気信号をやり取りする技術」が飛躍的な発展を遂げることによってはじめて，上記のようなイノベーションが実現したのです。

すなわち，もし仮に市場ニーズがイノベーションの引き金になったとしても，それが技術の進歩と結びつかない限りは，イノベーションが実現することは稀だと考えられるのです。

このように，市場のニーズも技術の進歩もイノベーションの必要条件であり，きっかけや誘因になるとしても，それ単独では十分条件とはなりません。市場ニーズと技術がうまくかみ合って，相互に刺激し合うことによってはじめて，イノベーションが実現するのです。

> ## 2.4　研究・技術開発のマネジメントと「魔の川」

さて，こうして生まれたイノベーションの種が成果にまで結実していくプロセスの，最初に位置するのが，研究・技術開発活動の段階（フェーズ）です。

### ◯ 研究・技術開発活動

すでに述べたように，研究・技術開発とは，新しい製品を実現するための基礎となる，重要な要素技術を生み出していく活動です。

ここで要素技術とは，製品を構成する要素（部品や原材料など），および製品や製品を構成する要素の生産に関わる技術のことを意味しています。たとえばパソコン（以下「PC」）を例にとると，ディスプレイ，CPU（Central Processing Unit：中央演算処理装置），メモリ，ハードディスク・ドライブ（以下「HDD」），入出力装置（キーボードとマウス）などが構成要素であり，PCの要素技術には，それぞれの要素の性能や品質を高めたり，コストを低減したりするための技術が広く含まれます。こうした要素技術があらかじめ生み出されていないと，性能や品質が向上した，あるいはコストが低減された，新しいPCを世に送り出すこと

はできません。

　ただし，一口に要素技術と言っても，実際には細かく見ていくと何層にも分かれており，その裾野は非常に幅広くなっています。たとえば，PC の要素技術の一つであり，パソコンやスマートフォンのほか，デジタル家電などにも広く利用されている半導体メモリの一種の DRAM を例にとって見てみましょう。

　2024 年現在広く流通している 8 ギガバイトの容量を持つ DRAM では約 80 億個のトランジスタが，16 ギガバイトの容量を持つメモリでは 160 億個のトランジスタが，それぞれ 1cm 四方程度の小さなシリコンチップのなかに組み込まれています。ちなみに，バイト＝8 ビット＝半角 1 文字を記録できる容量であり，ギガ＝10 億なので，16 ギガバイトのメモリならば 160 億文字分も記録することができます。

　こうした膨大な数のトランジスタから構成される回路を，わずか 1cm 四方程度の小さなシリコンチップのなかに組み込むためには，DRAM 内の回路を 10 〜 20nm（ナノメートル）といった細さで描き込まなければなりません。さらに，スマートフォンやパソコンに CPU などとして搭載され，電子機器の「頭脳」の役割を担う最先端のロジック半導体では，2024 年 2 月現在，微細化は 3nm 相当にまで進んでいます。ちなみに，「ナノ」は「10 億分の 1」の意味の接頭語であり，1nm は 10 億分の 1m（メートル）＝100 万分の 1mm（ミリ）です。想像しにくい数字ですが，人間の髪の毛の太さは約 0.1mm なので，10nm だとその 1 万分の 1 という細さです。

　これを実現するためには，たとえば，半導体の原材料となるシリコンの純度を，99.999999999 ％（イレブン・ナイン），すなわち，小数点以下に 9 が 9 つも続くレベルにまで高めなければなりません。これは，1,000 億個のシリコン原子のなかに紛れ込んでいる他の原子がたった 1 個，ということを意味しています。

　また，半導体の回路を焼き付けるシリコン・ウエハーでは，シリコン・ウエハーを東京ドームに置き換えたときの高低差が 0.01mm，「毛細血管 2 本分」以下にまでに磨き上げられなければなりません。さらに，半導体の回路を焼き付けるための半導体露光装置（ステップアンドスキャン方式露光装置）では，ウエハーをステージに載せて逐次移動する際の移動精度で，±1nm 以下の精度が達成されなければなりません。これは，「東京―シカゴ」あるいは「東京―マルセイユ」間の距離にあたる 1 万 km あたり，わずか 1cm の誤差しか許されない精度で移動を制御しなければならないということを意味しています。

　加えて，半導体製造工程では，どんな微細なチリであっても取り除くために，

半導体を洗浄するための水や，クリーンルームに送り込む空気にも，最高度の処理が施される必要があります。たとえば，現在の最先端の半導体工場で必要とされる空気清浄のレベルは 1 立方フィート（28.3 リットル）あたり 100nm の粒子が 1 個であり，これはおおよそ「山手線内に仁丹が 1 個までしか許されないレベル」で粒子を排除しなければならないことを意味しています。

このように，PC の要素技術のうちの一つである DRAM だけを見ても，そこで必要とされる要素技術は，われわれの想像をはるかに超えるレベルで著しく高度化しています。また，こうした事情は，ディスプレイや CPU，HDD，SSD（ソリッド・ステート・ドライブ）など，他の構成要素についても同様です。こうした要素技術の創出と技術進歩を担う活動が，ここでいう研究・技術開発活動なのです。

## ○ 魔 の 川

この研究・技術開発段階をクリアーして無事に次の製品開発段階へと進むためには，「魔の川」を越えなければなりません。この障壁は，大きく次の 2 つの関門に分けることができます。

### 〈有望技術の創出〉

まず第 1 が，「投資に見合っただけの有望技術を生み出すことが難しい」という問題です。

一つの製品の性能を向上させたりコストを低減させたりするための要素技術は，細かいものまで含めると膨大な数が存在しています。しかも多くの場合に，要素技術の間では複雑な相互関係が網の目のように張り巡らされています。

そのため，どれかたった一つの要素技術の開発で想定外の問題が生じたために，連鎖的に他の非常に数多くの要素技術の開発に影響が及び，開発プロセスの進行が当初予定より大幅に遅れてしまったり，あるいは開発コストが当初予定を大幅に上回ってしまうことも稀ではありません。

こうした，複雑に絡み合った膨大な数の要素技術のうちのどれに，どれだけの資源を投入すればよいのか，その結果としての成果が得られるまでに要する期間（リードタイム）がどれくらいになるのかを正確に判断することは，決して容易なことではありません。

そのため，適切な資源配分に失敗し，「資源を投下した割に，思ったほど有望

な技術が出てこない」という事態が生じてしまうことが多いのです。

## 〈新技術の評価〉

　第2の問題は，仮に有望な新技術が生み出されたとしても，それを活かして新しい製品の開発に結びつけていくことに失敗してしまうケースが多いということです。

　研究・技術開発によってせっかく生み出された有望な新技術であっても，事業性についての高い評価を得て，次の製品開発段階への移行の意思決定を受けなければ，日の目を見ることなくお蔵入りとなってしまいます。つまり，評価を見誤れば，せっかくの価値ある新技術も活用されることなく死蔵され，企業は利益を実現する機会を失ってしまうのです。

　たとえばゼロックスのパロアルト研究所の事例は，有望な新技術の評価で失敗した非常に有名な例です[4]。1960年代にオフィス向けコピー機のビジネスで莫大な利益を手にしたゼロックスは，1970年にカリフォルニア州シリコンバレーの地に「パロアルト・リサーチ・センター（Palo Alto Research Center：通称「PARC」)」というコンピュータ・サイエンスの研究所を設立しました。この研究所は，潤沢な研究資金を背景に全米から優秀な研究者を集め，レーザー・プリンタ，LANネットワークを介した電子メール・システム，ビットマップ方式のディスプレイ，オブジェクト指向プログラミング，ページ記述言語のポストスクリプト，マルチ・ウィンドウ，マウスとアイコンを用いたコンピュータの操作方法であるグラフィカル・ユーザー・インターフェイス（Graphical User Interface：通称「GUI」）など，現在のコンピュータ・通信技術の中核をなす先駆的な技術を数多く開発しました。

　しかもPARCの研究者たちは，1973年には上記の技術を結集して「Alto」というGUIパソコンのデモ機まで作り上げました。ただし，Altoを市販したり，Altoのコストを下げて商品化する試みは行われませんでした。ゼロックスの経営陣は，自社研究所であるPARCで開発されたAltoの技術の価値を適切に評価できず，そのまま死蔵させてしまったのです。

　こうしてお蔵入りとなったAltoのGUIの価値に気づき，商品化を行って成功を収めたのが，アップルの共同創業者であるスティーブ・ジョブズとスティー

---

4 以下の記述は，Chesbrough（2003），相田・大墻（1996a）などを再構成したものです。

ブ・ウォズニャックでした。1979年，ジョブズとウォズニャックの2人はPARCの研究成果を見る機会を与えられ，Altoのデモ（実演）を一目見るなりすぐにGUIの重要性を理解し，ゼロックスにライセンス貸与を申し出ました。しかしゼロックスに断られたため，PARCでGUIの開発に携わっていた技術者を引き抜き，自社で開発を進め，実用化に成功しました。

　GUIを搭載した世界初のパソコン「Lisa」は，1983年にアップルから発売され，その革新性ゆえに高い評価を受けたものの，あまりにも値段が高かったためにほとんど売れませんでした。しかしアップルはGUIの使い勝手を向上し，低コスト化を進めて，1984年に「Macintosh」を発売しました。このMacintoshは，GUI技術を搭載した本格的なパソコンとしてセンセーションを巻き起こしました。また，Lisaを見たマイクロソフトもGUIの重要性に気づき，アップルと同様にPARCの研究者を引き抜いてGUIの開発を進め，1985年に発売された「Windows 1.0」にGUIを搭載したのを皮切りに，その後徐々に性能を改善したWindowsのシリーズを発売し，1992年発売の「Windows 3.1」および1995年発売の「Windows 95」にてPC用OSで圧倒的な地位を築くことに成功しました。

　PARCで開発されたにもかかわらず，ゼロックスの経営陣から技術の価値を適切に評価してもらえず，結局は他の企業で実用化されて日の目を見た技術は，GUIだけではありません。PARCをスピンオフした研究者が中心となり，PARCで生まれた技術を実用化するために設立された会社の数は30社をくだらないとされます。文書管理ソフトで有名なアドビ・システムズ（現在はアドビ），LANで大成功を収めたスリーコム（2010年にヒューレット・パッカードによって吸収合併）などもその一例です。

　ゼロックスは，真に革新的な新技術を数多く生み出しながら，それらをまったくといっていいほど自らの手では製品化しませんでした。もし仮にPARCが開発した技術をすべて自らの手で製品化していたならば，ゼロックスはコンピュータ業界においてIBMやマイクロソフトを凌駕する巨人になっていた可能性が高いとされます。ゼロックスは「魔の川」につまずき，あまりにも巨大なチャンスをみすみす逃してしまったのです。

　日本企業も，決して例外ではありません。たとえば日本総合研究所が2013年1月に実施したアンケート調査では，「研究開発成果が事業化・実用化に結びついた確率はどれくらいでしょうか？」との質問に対し，全体平均で約39％（事業化・実用化に結びつかない確率は約61％），5年以上の中長期の研究開発では平均約18％（事業化・実用化に結びつかない確率は約82％）との回答となって

おり，「魔の川」の障壁がかなり深刻であることがうかがえます[5]。

　以上見てきたように，自社が手がける膨大な数の要素技術の開発活動のうち，どれにどれだけの資源を投入するのかを正確に判断することは容易ではなく，そのため「資源を投下した割に，思ったほど有望な技術が出てこない」という事態が生じてしまうことが多くなってしまいます。

　また，仮に有望な技術が出てきたとしても，その事業性を適切に評価することも容易ではなく，そのため「せっかくの価値ある新技術が活用されることなく死蔵されてしまう」という事態が生じることも多くなってしまいます。

　しかしそれゆえに，適切なマネジメントによって「魔の川」を越えることができれば，持続可能な競争優位がもたらされる可能性が高くなるのです。

## 2.5　製品開発のマネジメントと「死の谷」

　研究・技術開発段階を無事にクリアーすると，イノベーションのプロセスは次に製品開発のフェーズに移ることになります。

　すでに述べたように，製品開発とは，顧客に売って利益の出る具体的な新しい製品を生み出していく活動ですが，この製品開発段階をクリアーして無事に次の事業化段階へと進むためには，「死の谷」と呼ばれる障壁を越えなければなりません。この「死の谷」は，大きく次の2つの問題に分けることができます。

### ◯　製品開発のリスク

　第1が，「いくら優れた要素技術があっても，それらをまとめ上げて具体的な新しい製品を生み出していくことは難しい」という問題です。言い換えると，具体的な新しい製品を開発すること自体に失敗するリスクが，無視できないほど高いというものです。

---

5 『中長期的視点に立った日本版イノベーションシステム構築に向けた調査』（2012年度）報告書より。同調査は，日本総合研究所が経済産業省の委託を受けて実施したアンケート調査です。研究開発に関係する企業4,179社を対象とし，回答企業584社，回収率14％でした。

## 〈試行錯誤の連続〉

近年では，多くの分野で，1つの製品を開発するために必要とされる要素技術が高度化・複雑化しています。そのため，それらをまとめ上げて，目標の期限（リードタイム）や予算の範囲内で，目標の性能や品質，コストを達成する具体的な新しい製品を生み出していくことは，ますます難しくなっています。

技術や製品の開発は，それが画期的なものであればあるほど不確実性が高く，したがって失敗のリスクも高くなります。ここで「不確実性が高い」というのは，「何をどれだけ行えばどの程度の見返りがあるのかを予想しにくい」ということです。

技術とは，膨大かつ複雑な要素から構成される知識の体系ですが，新しい技術の開発には，既存の知識体系では説明できないような新しい知識体系の発見や構築が求められます。こうした未知の知識体系を探索し構築していくためには，数多くの実験や試行錯誤を繰り返すことが必要不可欠であり，その結果，必然的に，思った通りの結果が得られないといった事態がほとんど日常的に生じるのです。

常に不確実性が付いて回るのは，製品開発のフェーズに移った後も同様です。すでに述べたように，イノベーションのプロセスでは，各フェーズが反復的かつ同時並行的に進んでいきます。要素技術の開発の場合も，製品開発のフェーズに入った後に，引き続き同時並行的に進められていくのが一般的です。

ところが，具体的な製品の開発を進めていく過程で，たとえば，そのままではコストが高すぎて使えないので，生産コストを下げるために新たな量産技術の開発を行わなければならなくなったり，使用条件が想定以上に厳しくなることが分かり，耐久性を向上させるための技術開発を行わなければならなくなったりする事態がよく起こります。

また，大規模な生産設備を必要とする製品では，「スケールアップ問題」（小規模な実験設備では問題が生じなかったのに，量産化のために設備の規模を大きくした途端にトラブルに見舞われてしまうという現象）がしばしば生じます。

こうした問題を解決するためには，さらなる追加の技術開発が求められることになりますが，この際，思った通りの結果が得られないといった事態が日常茶飯事に生じてしまいます。

また，仮に追加の技術開発が必要ないとしても，決して失敗のリスクがなくなるわけではなく，たとえば製品設計において，既存の知識（設計ルールなど）をいくら組み合わせても，それだけで望み通りの製品設計にたどり着けるわけではありません。試行錯誤が必要不可欠です。

さらには，とりあえず製品の試作機（プロトタイプ）ができ上がった後も，今度はさまざまなテストを通じて問題点を洗い出し，修正を繰り返しながら完成度を高めていく必要がありますが，この過程でも予期せぬ失敗が繰り返し起こり，開発者を悩ませることが多いのです。

## 〈製品開発の大規模化・複雑化と製品ライフサイクルの短縮〉

　また，製品開発のフェーズでは組織のマネジメントも複雑になるので，それだけ失敗のリスクが高まります。

　製品開発プロジェクトでは，多様な部門から専門を異にする多数の技術者たちが関与することになります。しかも，現代の新しい製品の多くは，もはや1つの企業だけで開発することは不可能であり，世界中から技術や部品を調達したり，世界中の企業と共同で技術を開発したりすることが求められます。

　開発業務では，一般に，こうした数多くの企業や，多くの専門分野にまたがる膨大な人々を巻き込んで共同作業を進めていく必要があるので，そのマネジメントは必然的に複雑になります。そのため，コミュニケーション不足などが原因のトラブルは頻繁に起こり，計画通りに開発プロジェクトを進めることは至難の業です。

　にもかかわらず，コンピュータから家電，自動車，食料品にいたるまで，多くの製品分野で製品のライフサイクルが短縮しています。そのため，そうした製品分野で戦っている企業には，製品開発プロジェクトの期間（開発リードタイム）を大幅に短縮する強いプレッシャーがかかっています。

　このように，製品開発のフェーズでは，ますます不確実性が高まり，計画通りに開発プロジェクトを進めていくことがきわめて困難になっている一方で，求められる要件はますます厳しくなっており，したがって失敗のリスクはかつてないほどに大きくなっているのです。

## 〈事例：航空機エンジンの開発〉

　英国のロールスロイスが航空機用ジェット・エンジンの開発でトラブルに見舞われて倒産したケースは，こうした製品開発のリスクの大きさを示す典型例です[6]。

　ロールスロイスは，1968年にロッキードから大型ジェット旅客機「L-1011ト

---

6　以下の記述は，ニューハウス（Newhouse, 1982）などを再構成したものです。

ライスター」用のエンジン（後の「RB211エンジン」）の開発と製造を受注しました。このエンジンの開発計画は，数々の新技術を一挙に採用し，これまでにない革新的な設計を実現しようとする野心的なものでした。

この RB211 エンジン開発計画の革新性の一つが，高温・高圧の燃焼ガスにさらされ，しかも高速回転させる必要があるため強い遠心力や振動にも耐えなくてはならないタービン・ブレード（航空機エンジンのタービンに組み込まれている羽根）の材質に，当時まだ十分に実用化されていなかった炭素繊維強化プラスチックを採用することでした。

ロールスロイスは，この炭素繊維強化プラスチック製のタービン・ブレードの技術開発になんとかめどをつけ，試験運転の実験に進むことになったのですが，この際に実施された「バードストライク実験」（鳥がエンジンに吸い込まれてタービン・ブレードに衝突した場合の耐衝突性能を調べる実験）で，なんと粉々に砕け散ってしまい，材質をチタン合金に変更せざるをえなくなりました。

ところが，振動特性や重量の違いなどから，タービン・ブレードの材質を変更しただけでは済まず，エンジンのすべての設計を一からやり直すことを余儀なくされました。しかも，この設計変更が，採用予定だった他の新技術に関連した新たなトラブルを連鎖的に引き起こしてしまいました。

その結果，開発プロセスは予定より大幅に遅れ，開発コストが当初予算の2倍を超えて膨らみ，大幅な資金不足が生じて，1971年についにロールスロイスは倒産してしまいました。

その後，ロールスロイスの航空機エンジン部門は一時国有化され，英国政府の支援を受けながら開発が進められた結果，当初予定より1年遅れでようやくRB211 エンジンは完成しました。しかし，航空機に搭載され，実際の使用に供されるようになってからも，その信頼性はまだまだ不十分でした。L-1011 トライスターに装着された RB211 エンジンは故障の連続で，次々に改修を実施しなければならず，このシリーズのエンジンが信頼できるレベルにまで改善されたのは，就航後5〜6年経ってからのことであったとされます。

このように，製品開発には，それが画期的なものであればあるほど，大きなリスクが伴うことになります。技術や製品の開発に大きな不確実性が伴い，組織マネジメント上の困難が立ちはだかるなかで，企業は多大な投資を決断し，新製品の開発をスタートしなければなりません。しかも，開発プロジェクトのほとんどすべてが，非常に厳しいタイム・スケジュールのもとで進められることになります。

その上，開発の途中で思わぬトラブルに見舞われることは日常茶飯事であり，そうなると，企業の存続さえ危うくなる事態に陥ってしまうことも稀ではないのです。

## ◯ 顧客ニーズとの整合性

製品開発フェーズにおける第2の問題は，仮に具体的な新しい製品を生み出すことができたとしても，顧客ニーズとの乖離が生じ，市場で売れないで失敗してしまうケースが多いということです。

近年では，モノが日常的に溢れているので顧客の目が肥え，顧客が製品に対して期待する価値が単純ではなくなっています。たとえば顧客は，製品に対して，ある場合には価格水準の絶対的な安さを求め，またある場合には値ごろ感を求め，価格は多少高くても許容します。さらに，基本的な機能だけ備えていれば十分だという場合もあれば，基本的な機能だけでなくプラスアルファの価値を求める場合もあるといったように，顧客が製品に対して求めるニーズも非常に捉えにくくなっています。しかも近年，そうした顧客ニーズが，流行によって速いペースで劇的に変化してしまう傾向が強まっています。

このように，顧客ニーズが非常に複雑化し，なおかつ変化が激しくなっていることから，顧客ニーズに適合した製品を開発することは，このところますます難しくなっているのです。

### 〈事例：ソニーの「QUALIA」〉

たとえば，ソニーが展開していたAV機器の高級ブランドである「QUALIA（クオリア）」のケースは，顧客ニーズを捉え損なって失敗した典型例です[7]。

ソニーは2001年5月，「感動価値を創造するものづくりに挑戦する」「人間の感性に訴える数値化できない価値を製品として具現化する」というコンセプトのもとに，技術の粋を集め，一つ一つ手で丁寧に仕上げるなど，極限まで作りにこだわった，非常に高価なAV機器の製品群を顧客に提供していくと発表しました。

ところが，その後，このQUALIAプロジェクトでは，約4年間に10あまりの新製品が発売されましたが，どれもほとんど売れず，2006年の3月末には完全撤退が発表されました。

---

7 以下の記述は，『日経ものづくり』（2005年3月号，74-77頁）や各社プレスリリース資料などを再構成したものです。

たとえば，2003 年 6 月に発売されたテレビ受像機「QUALIA 015」は，本体価格 84 万円（専用リモコン付属），別売りの専用スピーカーが 21 万円，専用フロアスタンドが 31 万 5 千円で，セットで揃えると 136 万 5 千円もする高額商品でした。しかも，当時すでに液晶やプラズマといった薄型テレビに人気が集まっていたにもかかわらず，この製品は 36 型のブラウン管テレビで，そのため，奥行きは 66.1cm，重量は本体だけで 96kg もありました。ちなみに，半年以上前の 2002 年 10 月にシャープが発売した 37 型の液晶テレビ（ホームシアター・タイプの最高級機「LC-37BT5」，スタンドやスピーカーなどは付属）の価格は 100 万円，奥行きはスタンドを含めても 45cm，本体重量は 45.4kg でした。

　また，同じく 2003 年 6 月に発売されたデジタルカメラ「QUALIA 016」は，大人の手のなかにすっぽり入る超小型サイズ（幅 6.9cm×奥行き 1.7cm×高さ 2.4cm，ただし本体のみ），さまざまな付属品が付いている（オプションではなかった）とはいえ，ズームなし，210 万画素で，なんと価格が 38 万円もする高額商品でした。ちなみに，同じソニーが 1 ヶ月前の 2003 年 5 月に発表したデジタルカメラ（サイバーショット「DSC-P92」）は，510 万画素，光学 3 倍ズームで，実売価格は 4 万 9 千 800 円でした。

　これらの製品は，「技術の粋を集める」とうたいながらも，当時すでに人気が凋落していた旧世代技術のブラウン管テレビの製品を投入したり，超小型サイズのカメラなのに質感にこだわったり，とにかく値段が高すぎたりと，あまりにも顧客ニーズとかけ離れた製品でした。結局，鳴り物入りで市場に投入されたにもかかわらず，正確な数字は不明ですが，どちらの製品も数百台が売れただけであったとされています。

　こうした顧客ニーズとの乖離による失敗は，必ずしもマーケティング・リサーチを入念に行えば防げるというものではありません。ほとんどすべての消費者は，潜在的な必要性やニーズを自覚していないし，また，現に存在していない製品が生み出すベネフィットを具体的に想像することも困難だからです。

　それゆえに，消費者の意見を真面目にヒアリングし，最大限にそれを取り入れて製品開発を行ったとしても，生み出された製品が本当に顧客ニーズに適合して売れるとは限りません。そもそも現に存在していないような画期的な新製品の場合，需要予測を間違えるほうがむしろ当然なのです。

　以上のように，画期的な新製品を開発することは容易ではなく，また，単に「技術的に素晴らしい」製品にとどまらない，顧客が実際にお金を払って買って

くれるような魅力ある製品を開発することも容易ではありません。

　しかし，それゆえに，適切なマネジメントによって「死の谷」を越えることができれば，持続可能な競争優位がもたらされる可能性が高くなるのです。

## 2.6　事業化のマネジメントと「ダーウィンの海」

　製品開発段階を無事にクリアーすると，イノベーションのプロセスは次に事業化のフェーズに移ることになります。

　すでに述べたように，事業化活動とは，新しい製品の市場を開拓・拡大すると同時に，収益を安定的に確保するための仕組みづくりを行っていく活動ですが，この事業化段階を無事にクリアーして成果を獲得するためには，「ダーウィンの海」と呼ばれる障壁を越えなければなりません。

### ○　熾烈な生存競争

　この「ダーウィンの海」とは，端的に言えば，「新たに参入してくる競合他社との競争に勝ち残っていくことが難しく，さらには，そうした激しい競争のなかで収益を確保することも難しい」という問題です。

　ひとたび製品が世の中で認知されるようになると，競合する製品や類似の製品が次々に登場し，その製品が事業として有望であればあるほど市場を巡る競争は激しくなり，まさにダーウィンの進化論における選択淘汰の戦いと同様の，生き残りを賭けた熾烈な生存競争が繰り広げられることになります。

　こうした激しい戦いのなかで生き残ることは難しく，収益を確保することはさらに至難の業です。そのため，他社との厳しい生存競争に生き残り，なおかつ安定的な収益を確保するためには，優れた「ビジネスモデル」の構築が重要となります。なお，ここで言うビジネスモデルとは，顧客に製品を提供し，そこから収益を得るまでに必要とされる一連の活動の，全体としての「体系」や「仕組み」のことを意味しています[8]。

---

8「ビジネスモデル」に関する定義については，第14章を参照ください。

画期的なイノベーションとして知られるものの背後には，多くの場合にビジネスモデルのイノベーションが伴っています。それは，こうした，顧客に製品を提供してそこから収益を確保するためのトータルな仕組みがしっかりしていないと，そもそも新しい製品の市場を開拓することが難しいし，仮に新製品の市場開拓に成功したとしても，競合他社との厳しい競争に生き残り，安定した収益を確保することが難しいからです（伊丹，2009）。

　このことを示す古典的な事例として，次に，ゼロックスによる普通紙コピー機（Plain Paper Copying machine：以下「PPC」）のイノベーションを紹介することにしましょう。

## ○ 事例：ゼロックスによる普通紙コピー機の イノベーション[9]

　1950年代の後半，ゼロックス[10]は，カールソン（Chester F. Carlson）のゼログラフィー技術[11]に基づいたPPCの開発を進めていました。しかし，資金不足に悩んだゼロックスは，IBM，コダック，GEといった大企業に，このPPCの特許の売却をもちかけました。

　このうちIBMは，大手コンサルティング会社のアーサー・ディー・リトル（Arthur D. Little：以下「ADL」）に依頼して市場調査を行ったのですが，その結論は，「市場をすべて支配できたとしても，コピー機産業への参入に必要な投資コストを回収することはできない」というもので，IBMはこの調査結果を受けてPPCの特許取得を断わりました。

　コダックとGEも同様の結論にいたり，特許の売却が不調に終わったため，やむなくゼロックスは自社のみでPPCの製品開発を続行し，ついに1959年秋に世界初のPPC「Xerox　914」（以下「モデル914」）を完成。翌年3月から市場での

---

9 以下の記述は，ハマーとチャンピー（Hammer and Champy，1993），チェスブロウ（Chesbrough，2003），榊原（2005）らを再構成したものです。

10 同社の名称は，1906年の創業から1958年までハロイド（Haloid Photographic），1958年から1961年までハロイド・ゼロックス（Haloid Xerox），1961年からゼロックス（Xerox）と変更していますが，以下では「ゼロックス」に表記を統一します。

11 ゼログラフィー（xerography）技術とは，静電気を帯電した感光ドラム上に複写すべき文書の像を投影して「電子の像」を作り出し，それにトナーを付着させた後に，普通紙に転写して熱で定着させる技術です。このゼログラフィー技術は，従来までの感光紙を使ったコピー技術に比べて，はるかにきれいなコピーを，はるかに速い速度で作ることのできる画期的な新技術でした。

販売を開始し，たちまち大成功を収めました。

今となって振り返ってみれば過度に悲観的なADLの予測は，当時世の中に出たばかりであったジアゾ式コピー機（ジアゾ化合物が塗布された専用の感光紙を使ったコピー機）の機能やビジネスモデルをベースとした，コピー機の将来市場規模予測を前提としていました。

当時のジアゾ式コピー機は，1枚のコピーをとるのに2～3分もの時間がかかり，しかも，現像後の複写紙の発色が青色であり（そのため俗に「青焼きコピー（blue print)」と呼ばれた)，薬品臭が強く，コピー画像の質も良くありませんでした。そうした理由から，当時のコピー機は，ごく限られた数の職場で，1日当たり15～20枚程度のコピーを作成するためだけに用いられており，実際，90％のコピー機は，月当たり100枚以下しかコピーを行っていなかったとされます。

一方，ゼログラフィー技術を用いたPPCは，普通の紙を用いて（専用の感光紙を用いず)，それまでよりも高い品質のコピーを，短時間で作ることができる画期的な製品になることが見込まれました（後に完成したモデル914では，1分間に6枚のコピーをとることができました)。

とはいえ，コピー1枚当たりの費用は当時のジアゾ式コピー機とほぼ同等になると想定されたものの，原理が複雑で技術的に高度なため，1台当たりの販売価格が，最低でも2,000ドルに達すると想定されました。当時の典型的なコピー機は1台当たりの販売価格が300ドルだったので，これは初期導入コストがざっと6倍以上になることを意味していました。

以上の理由からADLは，いくら品質が高くコピー速度も速いとはいえ，月100枚程度しか使わないコピー機に，従来のコピー機の6倍以上もする金額を払う顧客などほとんど存在しないと考えて，「PPCに将来性はない」と結論づけたのです。

こうして，やむなく自社でPPCの製品化に取り組まざるをえなくなったゼロックスは，ようやく開発に成功した世界初のPPCを市場に投入するにあたり，この問題に対する解決策として，コピー機の初期導入コストを劇的に下げるための新たなビジネスモデルを考案しました。同社は，コピー機を買い取り方式ではなくリース方式で提供した上で，基本料金（リース料金）とコピー枚数に応じた従量料金とを組み合わせ，利用度に応じた使用料金体系を作り上げたのです。

ゼロックスの新しい料金体系では，顧客は，基本料金として月95ドルを支払いさえすれば，初期費用が実質ゼロでモデル914を導入することができ，毎月2,000枚を超える場合にのみ，追加で1枚当たり4セントを支払うことになって

いました。

　リース料金のなかには，トナーなどの消耗品の補給，スペアパーツの交換，保守・点検や修理など，顧客がコピー機を使用していく上で必要とされるサポート・サービスの費用がすべて含まれていました（ただし用紙は別売り）。つまり顧客は，毎月一定額さえ支払えば，消耗品や故障のことを心配することなく，また初期投資も実質ゼロで，従来のジアゾ式コピー機よりも高品質のコピーを迅速に行うことのできる PPC を導入することができるようになったのです。また顧客は，15 日前の事前通告でリースを解約することが可能でした。

　むろん，月 2,000 枚以上コピーすれば追加の費用が発生するのですが，コピー枚数に応じた課金であるため，使い方次第で節約も可能であり，しかも当時のコピー機 1 台の月当たりコピー枚数は 100 枚以下が普通であったため，さほど問題とは認識されませんでした。

　このビジネスモデル（コピー機業界では俗に「カウンター課金」と呼ばれる）によって，顧客は，導入に際して余計なリスクや手間を負担することなく，コピー機というモノを購入するのではなく，コピーというサービスだけを，基本的に消費したサービスの量に応じた代金を負担するだけで購入できるようになりました。これはたとえて言えば，今までは買って利用するのが当たり前であった自動車を，走行距離に応じた代金を負担するだけで各種サポート・サービス込みで利用できるようになったというようなことを意味しており，過去に類例のない，まったく新しいビジネスモデルでした。

　顧客は，PPC のコピーの質の高さと便利さ，導入に際しての手軽さを評価しました。モデル 914 は，官公庁や大企業を中心に急速に普及が進み，いったんオフィスに設置されると，顧客はすぐに平均して 1 日当たり 2,000 枚以上のコピーをするようになりました。こうして顧客が大量にコピーをしてくれるようになったおかげで，ゼロックスはリースして 2 日目から利益を上げることができたとされます。

　また，このカウンター課金型のビジネスモデルは，単にコピー機を売り切るタイプのビジネスモデルと比べ，顧客との関係が継続するという点でも非常に優れていました。

　ゼロックスは，コピー機をリースしてサポート・サービスを提供するための自社流通網を，いち早く全米中に張り巡らせました。コピー機には継続的なメンテナンスが必要とされるので，ゼロックスのセールス・エンジニアは，そのたびごとに顧客のもとを訪れてはコピー機の状態を把握し，必要なタイミングで買い替

え需要を促すことができました。また，頻繁な訪問を通じて顧客との人的なつながりを深めることで，コピー機の機能の改善に関するニーズや，新たなビジネスチャンスについての情報を入手することも可能になりました。

　こうしたサポート・サービスの提供を通じた顧客との継続的な取引関係は，他社による模倣が困難であり，600件以上にも及ぶ鉄壁の特許網とともに，他社の参入を阻む防御壁としての役割を果たしました。実際，1970年代になってIBMやコダックが独自技術によるPPCで市場に参入した際にも，全米中に張り巡らされたこうした顧客との継続的な取引関係は，ゼロックスが両社を撃退する上での強力な武器の一つになりました。

　このビジネスモデルは，ゼロックスが1960年以降10年以上にわたって年平均40%以上もの売上げ伸び率を維持する原動力となり，1960年には年商約4,000万ドルにすぎなかったゼロックスは，1970年代初頭には年商30億ドルの世界的な大企業へと成長しました。

　このように，ADLやIBM，コダック，GEが見捨てたPPC（およびそれを可能にしたゼログラフィー技術）という画期的な新技術は，新たなビジネスモデルと組み合わせられることで，何十億ドルものビジネスチャンスへと化けたのです。

　逆に，もし仮にゼロックスがこうした新しいビジネスモデルを創造できなければ，ADLが予想した通り，PPCは，ごく一部の超ハイエンド市場でひっそりと使われるだけのニッチ（隙間）製品で終わった可能性が高いでしょう。その意味で，カウンター課金のビジネスモデルは，ゼログラフィー技術と並ぶゼロックスの一大発明でした。

　言い換えると，ゼロックスは，技術面での画期的な発明を成し遂げただけでなく，ビジネスモデルの面でも画期的な発明を成し遂げることによって，PPCというイノベーションからの経済的成果を手にすることができたのです。


　以上の事例から分かるように，技術革新を達成しても，それだけで高い収益構造を持ったビジネスが成立するわけではありません。画期的な新技術は，それ自体として収益獲得を保証するわけではないのです。

　このように，「ダーウィンの海」を越えてイノベーションからの果実を得るためには，新技術がもたらす価値の増分の多くを自社のものとして取り込むための仕組みづくりが必要とされるのです。

## 演 習 問 題

2.1　優れた技術を備えていたにもかかわらず，イノベーションからの経済的成果を獲得できなかった事例を，いくつでもあげてください。その上で，各々の事例について，本章のイノベーション・プロセスのどの段階（フェーズ）で，どのような理由によって失敗したのかを考えてください。

# 第3章

# イノベーションのパターン

　いったん生まれたイノベーションは，どのように普及し，発展・
進化していくのでしょうか。また，それに伴って，産業の特性や企
業間の競争構造はどのように変化していくのでしょうか。
　本章では，こうした問題を考える上で有用なモデルをいくつか取
り上げて，具体例を交えながら詳しく説明していきたいと思います。

○*KEY WORDS*○

製品ライフサイクル，普及曲線，キャズム，
技術進歩のS字曲線，A-U モデル，生産性のジレンマ，
ドミナント・デザイン，シェイクアウト，機会の窓，
インクリメンタル・イノベーション，
ラディカル・イノベーション，脱成熟

# 3.1 イノベーションの普及と技術進歩のパターン

新しい製品やサービスといったイノベーションは，多くの場合，まずは時間をかけて徐々に市場に浸透していきますが，その後，途中から普及のペースが加速し，やがて減速していくというパターンを示します。

このパターンについて説明するにあたって，まずはマーケティング論で有名な「製品ライフサイクル（product lifecycle）」の理論から紹介していくことにしましょう。

## ◯ 製品ライフサイクル

製品ライフサイクルの概念は，「生き物と同じように製品にも一生があり，似たようなライフサイクルをたどる運命にある」という考え方を出発点にしています。

ライフサイクルの形状は，一般に，経過時間を横軸に，製品の売上高を縦軸にとって，図3.1のようにS字型の曲線で表されます。

この製品ライフサイクルの理論では，製品のたどる段階を，「導入期（introductory stage）」・「成長期（growth stage）」・「成熟期（maturity stage）」・「衰退期（decline stage）」という4つに分けて捉えます。各期の特徴は，以下の通りです（Kotler, 2000；和田他, 2006；沼上, 2008）。

### 〈1. 導入期〉

導入期とは，新製品が市場に登場しはじめた段階のことで，通常は，新製品が市場で発売された直後から，売上高が成長しはじめるまでが該当します。

この段階では，企業には，新製品の市場を創造し，より拡大することが求められます。多くの消費者は，その新製品のベネフィット（便益）や使用方法はもより，その存在にすら気づいていません。そのため企業は，積極的な広告・宣伝活動を行って新製品の知名度を高め，流通業者に取り扱ってもらうよう働きかけなければなりません。

また，製品を構成する基本技術がまだ確立されていない場合が多く，さらには

*46*

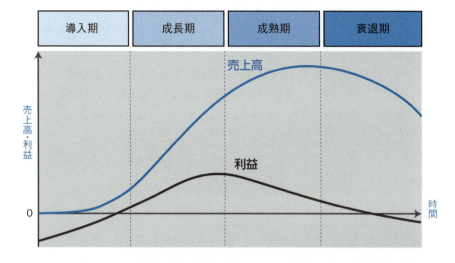

| 特徴 | 導入期 | 成長期 | 成熟期 | 衰退期 |
|---|---|---|---|---|
| 売上高 | 低い | 急成長 | 低成長 | 低下 |
| 利益 | マイナス | ピークへ | 低下へ | 低水準 |
| キャッシュフロー | マイナス | プラスへ | 高水準 | 低水準 |
| 競合企業 | ほとんど無し | 増加 | 多い | 減少 |

| マーケティング戦略 | | | | |
|---|---|---|---|---|
| マーケティング目標 | 市場拡大 | 市場浸透 | シェア維持 | 生産性の確保 |
| マーケティング支出 | 高水準 | 高水準 | 低下 | 低水準 |
| マーケティングの重点 | 製品認知 | ブランド確立 | ブランド・ロイヤルティ | 選択的 |
| ターゲット顧客 | 革新的採用者・初期少数採用者 | 前期多数採用者 | 後期多数採用者 | 採用遅滞者 |
| 製品戦略 | 基礎開発 | 改良/ライン拡大 | 差別化 | 合理化/ライン縮小 |
| 流通戦略 | 限定的 | 拡大・強化 | 集中・強化 | 選択/限定 |
| 価格戦略 | 高水準 | 低下 | 最低水準 | 上昇 |
| コミュニケーション戦略 | 教育・啓蒙的 | 特徴の強調 | 実利的 | 効果の減退/縮小 |

（出所）Kotler, P.（2000）*Marketing management*（10th ed.）. New Jersey: Prentice Hall. （恩藏直人監修，月谷真紀子訳『コトラーのマーケティング・マネジメント：ミレニアム版』，ピアソン・エデュケーション，2001年，p.379, p.396）を一部修正

図3.1 製品ライフサイクル

製品に対する顧客ニーズも明確になっていないことが多いので、企業としては、製品のさまざまな使用可能性を求めて次々と新機軸を提案し、それに対応した技術も次々と開発していく必要があります。そのため、どうしても研究開発投資の額が大きくなりがちです。

この導入期には市場規模はまだ小さく、市場の成長率も低く、競争相手の数も少ないので、競争はそれほど激しくありません。その競争相手にしても、市場シェアを奪い合う「ライバル」というよりも、むしろ、協力し合って市場全体を大きくしていく「仲間」という側面のほうが強いと言えます。

その一方で、売上高が小さく、研究開発や広告・宣伝などに大きな出費が必要となるので、通常は利益のマイナス状態が続きます。

## 〈2. 成 長 期〉

成長期とは、製品に対する需要が急成長する段階で、通常は、新製品の売上高が本格的に伸びはじめた直後から、それが鈍化しはじめるまでが該当します。

この段階では、市場が急成長する一方で、競合企業もこのチャンスを捉えようと続々と参入してきて、導入期には市場立ち上げの「仲間」だった他社が、この成長期になると新規顧客を奪い合う「ライバル」になります。そのため、自社製品に顧客の関心をひきつけ、急成長する市場でのシェアを拡大していくことが最重要課題となります。

また成長期には、市場規模が拡大して各社の生産・販売規模が伸びるとともに、規模の経済性や経験効果によって製品の総コストが低下します。それは競争の激化と相まって、価格下落の傾向を生み出すことになります。

しかしその一方で、この段階では市場全体の成長が価格下落による影響を吸収するため、ほとんどの企業が等しく売上高を伸ばすことが可能です。そのため、ライバル企業同士は、お互いに競争しながらも、市場の成長が急速なので、顧客を奪い合うよりもむしろ、次々に増えていく新しい顧客を自社製品にいかにひきつけていくかに追われ、本当の意味での「殴り合いの戦い」にはなりにくい傾向にあります。

この成長期には、市場シェアの維持・拡大が最重要課題となるため、研究開発や生産規模の拡充、流通網の整備、広告・宣伝などで引き続き大きな出費が必要となります。しかし、それでも通常は売上高の伸びが製品の総コストの伸びを上回るため、多くの場合に利益が黒字に転じ、その後も拡大していくことになります。

## 〈3. 成熟期〉

　成熟期とは，製品に対する需要が鈍化し，ピークを迎える段階です。

　この段階では，新規購入の需要よりも，買い替えや買い増し需要が主流となり，市場規模が成長しなくなります。市場規模が成長せず一定であるという状態は，誰かが売上高を高めれば，その分，他の誰かの売上げが落ちてしまうということを意味しています。

　自社の売上げを伸ばすためには相手の顧客を奪うしかありませんが，競争相手の企業もそう考えているので，成熟期の前半では，まさに本当の意味での「殴り合いの戦い」が展開されることになります。その結果として，利益確保がだんだんと難しくなり，市場から撤退する企業も相次ぐようになります。

　一方，成熟期の後半に入ると，比較的大規模な少数の企業だけが市場に残り，いわゆる寡占競争の状態になっていきます。こうなると，お互いに，それぞれの強みを活かした戦略的なポジショニング（位置取り）を行って激烈な競争に陥ることを回避する傾向が強くなり，競争の圧力は緩和されることになります。

　また，成熟期には製品技術や生産技術に画期的な変更が起きる可能性が小さくなり，企業間の技術水準が平準化しやすくなります。そのため，技術的に見た製品間の違いは小さくなり，その代わりに外観や広告・宣伝などの副次的な部分での差別化が進められることになります。

　しかし，改めて大規模な製品開発を行ったり，あるいは生産面や販売面で大規模な新規投資を行ったりする必要性は低くなります。そうした結果，売上高は伸びなくとも，製品の総コストはさらに小さくなるので，利益の黒字幅がむしろ大きくなることも少なくありません。

## 〈4. 衰退期〉

　衰退期とは，需要が減少する時期で，通常は，市場が飽和し，逆に成長率がマイナスに転じはじめてからが該当します。

　たとえばブラウン管テレビが液晶テレビに，フィルム式カメラがデジタルカメラに，携帯電話（ガラケー）がスマートフォンに取って代わられたように，多くの場合，価格や機能面で消費者ニーズにより合致した代替製品が登場し，製品市場の衰退が生じることになります。その他，衰退にいたる大きな原因としては，社会的なトレンドや政府の規制の変更などもあります。

　この段階では，多くの企業が撤退し，新規投資が行われることはほとんどなく，したがって，製品の総コストはさらに小さくなります。一方，売上高がそれ以上

に減少するため，多くの場合に，利益も減少することになります。

　以上のような製品ライフサイクルの考え方は，すでに20世紀前半から広く知られていました。もちろん，図3.1のようなS字型の美しい製品ライフサイクルの曲線は現実にはほとんどなく，非常に長い導入期を経る場合もあれば，短い導入期の後に一気に成長期に入る場合もあります。また，成熟期から衰退期に入ったと見えた後で，再び第2の成長期に入る場合もあります[1]。

　とはいえ，急速な売上成長を経験している製品もやがては成熟してしまう，という程度のラフなパターンを描くことが多いのも事実です。このように，製品の一生が，たとえラフではあっても一定のパターンを描く可能性が高いのであれば，企業は事前に準備をすることができ，それぞれの段階に合わせたさまざまな施策を適切に打ち出すことができます。そのため，マーケティングの世界では，教科書に必ず記載されるべき重要概念として，この曲線が位置づけられているのです。

　では，製品ライフサイクルで見られるこうした製品売上高のS字型のパターンは，どのような理由からもたらされるのでしょうか。その理由としては，大きく分けて，需要サイド（市場）の事情と供給サイド（技術）の事情があります。以下では，まずは市場側の事情について説明し，次に技術側の事情について説明することにしたいと思います。

## ◯ イノベーションの普及曲線

　市場のなかにはさまざまなタイプの消費者が存在しており，新製品の普及が進むにつれて，当該製品を新たに購入する顧客のタイプやニーズが変化していきます。

　たとえば電卓は，当初は科学者とエンジニアに向けて売り出されましたが，やがて事務職や大学生・大学院生が仕事や課題を処理するために購入するようになり，さらには家庭の主婦が家計簿の計算用に，あるいは子供が宿題用にと，1人1台で購入するようになっていきました。また，それに伴って市場も爆発的に拡大していき，やがて市場の伸びが鈍化していきました。

　このように需要サイド（市場）で新たに購入する顧客のタイプやニーズが変化していくのに伴って，製品ライフサイクルの段階もまた変化していくことになり

---

1 S字型ではない製品ライフサイクルの代表的な形状については，たとえばコトラー（Kotler, 2000）や網倉・新宅（2011）などを参照してください。

ます。

　こうした新製品の普及に伴う顧客タイプの変化について，ロジャーズは，『イノベーション普及学』という本のなかで，新製品の普及がどのような過程をたどるのかをモデル化し，採用（購入）決定の時期によって採用者のカテゴリー分けを行いました（Rogers, 1982）。

　新しい製品やサービス，アイデアや行動様式などが時間をかけて次第に世のなかに受け入れられていく現象は，一般に「イノベーションの普及（diffusion of innovation）」と呼ばれます[2]。ロジャーズは，多くの事例研究に基づき，①グラフの横軸に経過時間をとり，縦軸に累積の採用者数の度数分布（百分率（％））をとれば，プロットされた曲線は典型的にはＳ字を描く，②横軸に経過時間をとり，縦軸に一定期間ごとの新規採用者数の百分率（％）をとれば，プロットされた曲線は典型的には正規分布の形状を描く，というイノベーションの普及モデルを提起しました[3]（図3.2）。

　このうち①のＳ字型の曲線は，一般に「普及率曲線」と呼ばれます。一方，②の正規分布の形状の曲線は，どれだけの人が，どの段階で，当該新製品を採用（購入）するにいたったのかという観点から新しい製品の普及過程を図示したもので，「普及曲線（diffusion curve）」と呼ばれます。繰り返しになりますが，この図では，横軸に経過時間，縦軸に新製品の新規採用者数の百分率（％）をとって，普及の経過が吊り鐘型のグラフに表されています。

　その上でロジャーズは，新製品採用（購入）までに要する時間に応じて，顧客を５つのカテゴリーに分類しました。彼は，最も採用時期が早い2.5％を「革新的採用者（innovators）」，次に採用する13.5％を「初期少数採用者（early adopters）」，その後で採用する34％を「前期多数採用者（early majority）」，さらにその後で採用する34％を「後期多数採用者（late majority）」，最後になってようやく採用する16％を「採用遅滞者（laggards）」と命名し，それぞれの採用者層の性格を論じました[次頁4]。

────────────

2 ロジャーズが『イノベーション普及学』という本のなかで取り上げた「イノベーション」には，「飲み水の煮沸」「家族計画」「一代雑種トウモロコシの種子の利用」など，相当に幅広いものが含まれています。しかし，そのままの用語法で用いると読者の混乱を招きかねないので，以下では彼の本の「イノベーション」を，「新しい製品やサービス，新しい生産方法」などの第１章で定義した意味に限定して読み替えて，「新製品」と表記することにします。
3 数学的には，②の正規分布の形状の曲線は，①のＳ字型の累積採用者数の度数分布を表す曲線（普及率曲線）を経過時間で微分したものです。

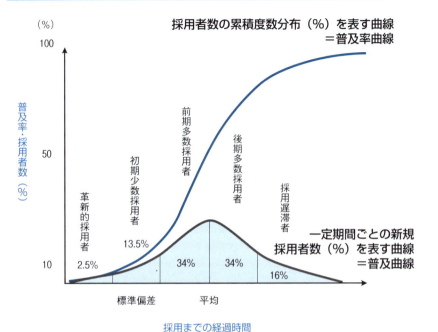

(出所) Rogers, E. M. （1982） *Diffusion of innovations* (3rd ed.). New York: Free Press. （青池愼一・宇野善康監訳『イノベーション普及学』，産業能率大学出版部，1990年，p.350，p.356）を一部修正

図3.2 普及の推移と採用者カテゴリーの分類

各カテゴリーの特徴を，その後の研究の成果も踏まえて説明すると，以下のようになります（Moore, 1991；山田, 2004b；沼上, 2008）。

〈1．革新的採用者〉

革新的採用者とは，新製品が出たらとりあえず購入する，一言で言えば「マニ

---

4 ロジャーズは，正規分布の平均値（$\bar{X}$）と標準偏差（$\delta$）とを用いて，採用者のカテゴリー分けを行いました。すなわち，$\bar{X}-2\delta$（≒2.5%）より以前の時期に採用した人々を革新的採用者，$\bar{X}-2\delta \sim \bar{X}-\delta$（≒13.5%）の時期に採用した人々を初期少数採用者，$\bar{X}-\delta \sim \bar{X}$（＝50%）の時期に採用した人々を前期多数採用者，$\bar{X} \sim \bar{X}+\delta$（≒84%）の時期に採用した人々を後期多数採用者，$\bar{X}+\delta$より後の時期になって採用した人々を採用遅滞者と，それぞれ分類したのです。

ア」タイプの人たちで，市場全体の 2.5％を占めるにすぎません。

　彼／彼女らは技術的知識が深く，新しいモノはとりあえず試してみるという好奇心旺盛なマニアであり，不完全な製品を掴んで損失を被るリスクをいといません。だからこそ，まだほとんど知られていない製品を，自らの判断で探索・評価し，購入するのです。

　もう少し具体的には，たとえば製品カタログを技術仕様の欄から読み，PC（パソコン）で言えば，システムクロック数，データ転送方式，バスインターフェイスなど，（筆者も含めた）一般の人が理解できないような数字や用語に敏感に反応し，ある技術仕様で世界初となれば相当に高い価格であっても購入してしまうような人たちをイメージするとよいでしょう。こうしたタイプの革新的採用者が，製品ライフサイクルの導入期の顧客に該当します。

　一般に，こうした人たちの間では密度の濃いコミュニケーションが交わされますが，他のカテゴリーの潜在的消費者とのコミュニケーションは希薄だとされます。先にも述べたように，彼／彼女らは基本的にマニアタイプであり，強い意志を持った独立志向の強い人たちなので，周りの普通の人たちからすると，ちょっと風変わりで「特殊な人」と思われてしまいがちなのです。

　したがって，彼／彼女らの動向がマーケットのその後の成り行きを決めることは稀だとされます。


## 〈2．初期少数採用者〉

　次の初期少数採用者は，マニアではないけれども情報の感度が非常に高く，流行に先んずる，あるいはむしろ流行を作り出していくタイプの人たちで，割合にして市場全体の 13.5％を占めています。

　革新的採用者はマニアックすぎて，一般消費者からすると自分の生活のモデルにはしにくい人たちです。その点でこの初期少数採用者は，その分野に精通しており，豊富な知識や情報を持っている一方で，社交性があって，職場や学校のなかで中心的存在だと周囲から一目置かれるような人たちです。

　彼／彼女らは，周りの人間の購買行動に影響を及ぼすような，「オピニオン・リーダー」や「インフルエンサー」としての性格を強く有しています（以下ではオピニオン・リーダーに統一します）。彼／彼女らが当該製品を使用している姿を周りの人々が見たり，その製品に関して周りの人々からの相談に乗ったり，あるいは自主的に周りの人々に口コミで評価を流していくことを通じて，当該製品に対する社会的な評価が固まっていくことになります。

ちなみに，こうしたオピニオン・リーダーは，友人・知人に限られるわけではありません。たとえばファッションやスポーツ用品などの場合，それらの製品を使う著名人が，オピニオン・リーダー的役割を担うこともしばしばです。

革新的採用者が，製品カタログを技術仕様の欄から読むようなタイプの人たちであるのに対して，この初期少数採用者は，技術仕様よりも，その製品を使用することによってどのようなベネフィットがもたらされるのかを判断して購入の意思決定をするタイプの，「スマートな（賢い）」消費者たちです。

もう少し具体的には，市場に新しく登場したこのスマートウォッチを利用すると，自分の仕事のスタイルはどう変わるのか，オフの生活はどう変わるのかなどと考えて，メリットが大きいと思えば率先して使いはじめるような，いわゆる「デキる」人たちをイメージするとよいでしょう。こうしたタイプの初期少数採用者が，製品ライフサイクルで導入期から成長期に移行する段階の顧客に該当します。

したがってこの時期，企業にとっては，新製品を市場投入した最も早い時期に購買する顧客たち（すなわち革新的採用者）の要望を聞きすぎることなく，訴求のポイントを「技術そのもの」よりも「その技術によってどのような顧客価値が実現できるのか」という点に置き，オピニオン・リーダー的なユーザーをいかに先行して取り込んでいくのかということが最重要課題となります。

こうした観点から，最近では，オピニオン・リーダーになりうる人たちに頼んで，自社製品の開発段階から参加してもらうケースも増えています。

### 〈3．前期多数採用者と後期多数採用者〉

次に続く前期多数採用者は，情報感度は比較的高く，流行には敏感なものの，新しい製品やサービスの採用にはやや慎重なタイプの人たちで，市場全体の34％を占めている多数派です。この人たちに受け入れられるようになると，市場は本格的に急成長を遂げることになります。

さらにその次の後期多数採用者は，流行に疎く，新しい製品やサービスの採用には相当に慎重なタイプの人たちで，同じく市場全体の34％を占めている多数派です。

前期多数採用者と後期多数採用者は，流行の最先端を行くのは怖いし，かといって遅れた人だと思われるのも嫌だと感じるような，一般消費者によくいるタイプの人たちです。ただ，そのなかでも，比較的早い段階で流行に乗るタイプの人たちが前者で，世の中で半数以上の人が購入するようになってから流行に乗るような慎重なタイプの人たちが後者です。

初期少数採用者は，自分にとっての価値を重視して，新製品のメリット・デメリットを検討し，リスクも理解した上で，納得づくで購入に踏み切るタイプの人たちです。価値さえあれば，多少の不便は我慢するし，多少のトラブルに見舞われることもいといません。

一方の前期多数採用者や後期多数採用者は，自分にとっての価値があるだけではダメで，使い勝手がよく，サポート・サービスも充実しているなど，不安感やストレスなしに利用できることを重視します。新製品を購入することでリスクを負いたいなどとは露ほども思っていないので，自分と同じような普通の人たちのなかでの採用事例を重視します。こうした傾向は，前期多数採用者よりも後期多数採用者で特に強く見られます。

もう少し具体的には，職場の「エース」の○○さんが颯爽とスマートウォッチを使いこなしているのを見るだけでは，消費意欲は喚起されるものの，自分が使いこなせるかどうか不安でなかなか購入に踏み切れないのですが，電子機器にあまり詳しくないはずの△△さんも使ってるとなると，安心して購入に踏み切ることができる。そうした，どこにでもいるタイプの人たちをイメージするとよいでしょう。

このように，初期少数採用者と，市場の多数を占める前期多数採用者・後期多数採用者の志向はまったく異なっており，両者の間の断絶は「キャズム（chasm：溝）」と呼ばれることもあります（Moore, 1991）。

この時期，企業にとっては，いたずらに機能の向上や充実を追うよりも，とにかく使い勝手の向上やサポート・サービスの充実に力を注ぎ，普通の人たちが新製品を購入するにあたって感じるであろう心理的障壁を取り除くことに全力を尽くす必要があります。

## 〈4．採用遅滞者〉

最後の採用遅滞者は，非常に保守的な人たちで，周りのみんなが全員買ってからようやく自分もその製品を試してみるとか，情報に疎く，この頃になってはじめてその製品の存在を知った，などといったタイプの人たちです。

周囲のほとんどすべての人がLINEなどのメッセンジャーアプリを使うようになって，なおもそうしたものは一切使わない主義を貫いているといった，とにかく新しいモノ嫌いの人をイメージすればいいでしょう。

この採用遅滞者は市場全体の16％を占めますが，企業にとってはマーケティング施策を行っても費用対効果が低いので，特別な働きかけはしないことが多い

ようです。

　製品ライフサイクルの衰退期になってはじめて購入を行うようなこの層まで購買するようになれば，普及過程は終了することになります。

　以上，普及曲線と採用者カテゴリーの5分類に関するロジャーズのモデルを見てきましたが，製品ライフサイクルの曲線がそうであったように，普及曲線の形状も常に正規分布型となるわけではなく，製品によって分布の形状は大きく異なります。

　その最大の理由は，製品や地域や時代ごとに，買い手の行動様式やその背後にある社会構造，社会的信念，文化などのありようが異なっており，それによって全体的な普及パターンが違ってくるためです。要するに，普及曲線のようなパターンは，その背後にある社会の特徴が異なれば，やはり違ったものになるということなのです。

　ですから，企業のマネージャにとっては，自社製品が対象とする市場の社会的特徴がどのようなものであるのかを理解し，その結果，製品普及のプロセスがどのように進行すると予想されるのかを，まず押さえておくことが重要になります。

　その上でさらに，他人の購買行動に影響を与え，製品の普及の歯車を回す役割を果たすオピニオン・リーダーを把握し，ときにはそれを演出していくことも重要になるのです。

## ○ 技術進歩のS字曲線

　一方，新製品を背後で支える技術の改善・改良のスピードも，新製品の売上高の推移と歩調を合わせて変化していきます。

　たとえば先に述べたように，元来は科学者やエンジニア向けの特殊な製品であった電卓は，事務職や大学生・大学院生，主婦や子供にまで購買層を広げて市場を拡大し，やがてその伸びが鈍化していきました。その背景には，電卓を裏方で支える技術（特に半導体技術と高密度実装技術[5]）が進歩して，製品の小型・軽量・薄型・低価格化が急速に進み，その後に技術進歩のペースが鈍化するという，供給サイド（技術）の事情も存在していました。

　たとえば，1964年にシャープから発売された「コンペット CS–10A」は，横幅

5　高密度実装技術とは，抵抗やコンデンサやトランジスタ，あるいは半導体チップなどの各種電子部品を，プリント基板上に高密度で装着する技術のことです。

42cm，奥行き44cm，高さ25cm，重量が25kg，消費電力90ワットで，まさに卓上に置いて使用するための計算機でした。20桁の計算能力を持つとはいえ，価格も，当時の大卒初任給が9万円程度だった時代に，53万5千円と高額でした。一方，同じシャープから1973年に発売された「エルシーメイトEL-805」は，横幅7.8cm，奥行き11.8cm，厚さ2cm，重量が195g，消費電力が20ミリワットと，完全にポケットのなかに収まるサイズで，しかも単三電池1本で100時間連続使用可，8桁の計算ができて，価格も2万6千800円（この時点ではむしろ割高）と，個人が気軽に持ち歩いて使用できる製品へと進化していました。この間，わずか9年あまり。その間に，重量で約130分の1，容積で約14万分の1，消費電力で約4,500分の1，価格で約20分の1にまで低減されたのです（相田，1992）。

その後も，電卓の小型・軽量・薄型・低価格化はさらに進みましたが，1982年頃から太陽電池で動く名刺サイズの製品が5千円弱で市場に出回るようになると，電卓の技術進歩のペースは急速に落ちていきました（沼上・淺羽・新宅・網倉，1992）。

このように，新製品を背後で支える技術の改善・改良のスピードは時期によって変化し，それに伴って，製品ライフサイクルの段階もまた変化していくことになるのです。

こうした技術の改善・改良のスピードの変化に関して，フォスターは，ある一つの製品を取り上げて，技術開発のために投入された時間（より正確には技術開発への資源の累積投入量）を横軸にとって，当該製品のパフォーマンス（たとえば処理スピード，信頼性，耐久性，特定の機能スペックなど）を縦軸にとると，当初は緩やかなペースでしか進まない技術進歩が，やがて加速し，しばらくすると再び天井に近づくように鈍化していくというパターンが見られると主張しました（Foster，1986）。

こうした技術進歩のパターンは，経時的に追っていくとアルファベットのSの字に似た形状を描くことが多いため，「技術進歩のS字曲線（S-curve）」と呼ばれます（図3.3）。

技術進歩の初期の段階では，当該技術の基礎になる知識が確立されておらず，また補完的な技術に関する知識も十分に蓄積されていません。そのため試行錯誤が不可避であり，その結果，資源や努力を投入した割に技術進歩のペースは遅々としたものになります。この段階は，製品ライフサイクルにおける導入期に該当します。

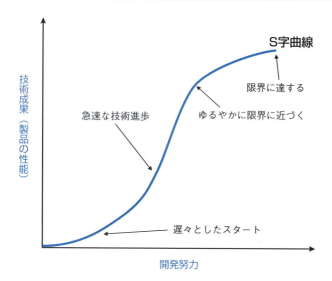

（出所）Foster, R. N.（1986）*Innovation: The attacker's advantage.* New York: Summit Books.（大前研一訳『イノベーション：限界突破の経営戦略』，TBSブリタニカ，1987年，p.28）を一部修正

**図3.3　技術進歩のS字曲線**

　ところが，知識が蓄積され，挑戦すべき問題と解決の方向がはっきりしはじめ，補完的な技術も整備されるようになるにつれて，開発は効率的になり，技術進歩のペースが加速するようになります。この段階は，製品ライフサイクルにおける成長期に該当します。

　しかし，やがて基盤になる技術が自然法則に起因する限界に近づくようになると，改善のペースは落ち，こうなると追加で資源や努力を投入しても，技術的な成果はほとんど得られなくなります。この段階は，製品ライフサイクルにおける成熟期と衰退期に該当します。

　このようにして，技術進歩の軌道はS字型のパターンを描くことになります。むろん，製品ライフサイクルの曲線がそうであったように，S字の全体的な形状や，サイクルの全体にどれぐらい時間がかかるのかは，事例によってさまざまです。とはいえ，急速な技術進歩を経験している製品も，やがては技術進歩のペースが衰えてくる，という程度のラフなパターンを描くことが多いことも事実です。

実際にフォスターは，帆船，プロペラ・エンジンの飛行機，人工心臓，タイヤコードなど，さまざまな製品分野でこうしたパターンが観察されたとしています。なお，具体的なS字曲線の事例については，後の3.3節で紹介します。

## 3.2 産業発展とイノベーションの発生頻度の推移パターン

### ○ A-Uモデル

上の3.1節で見てきたように，新製品の普及率がS字型のパターンをとり，新製品を支える技術もS字型のパターンで進歩を遂げていくことから，製品売上高の推移もまたS字型のパターンを描くことになります。

一方，こうしたS字型の産業発展のパターンの背後では，どれだけの数のイノベーションが生まれるのかというイノベーションの発生頻度もまた，時間的な経過に伴って変化していきます。

そこでこの節では，この点について詳しく説明していくことにしましょう。

アバナシーとアッターバックは，イノベーションを「製品イノベーション（product innovation）」と「工程イノベーション（process innovation）」の2種類に分けて捉えました（Abernathy and Utterback, 1978）。このうち，製品イノベーションとは，製品そのもの，およびそれを背後で支える各種の要素技術に関する技術進歩をもたらすタイプのイノベーションです。一方の「工程イノベーション」とは，そうした製品を生産するための工程（プロセス），およびそれを背後で支える要素技術に関する技術進歩をもたらすタイプのイノベーションのことを意味しています。

その上で，ある製品分野における製品イノベーションと工程イノベーションを1セットの組み合わせとして見ていくと，一般に共通した発展のパターンを観察できることを発見しました。

彼らは，上記2つの種類のイノベーションの発生頻度の変化の組み合わせによって，産業は「流動期（fluid stage）」・「移行期（transitional stage）」・「固定期（specific stage）」という3つの段階を経て変化していくと論じました。このプロ

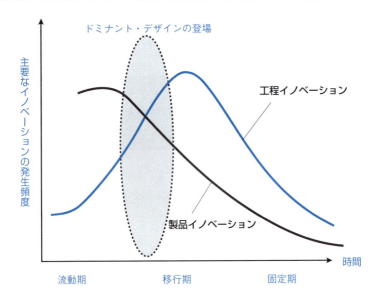

(出所) Abernathy, W. J.（1978）*The productivity dilemma: Roadblock to innovation in automotive industry.* Baltimore, MD: John Hopkins University Press, p.72 を一部修正

図3.4　A-U モデル

セスは，提唱者の名前をとって「A-U モデル（Abernathy-Utterback model）」と呼ばれます。

その各時期の特徴を説明すると，以下のようになります（図3.4）。

〈1. 流動期〉

流動期とは，産業が新たに立ち上がったばかりの時期で，製品ライフサイクルにおける導入期に該当します。

この段階は，イノベーションの発生頻度の観点からすると，製品イノベーションの発生頻度が非常に高く，工程イノベーションの発生頻度が非常に低いという特徴を有しています。

この段階では，製品がそもそもどういうものであるか（製品コンセプト）が固まっていません。製品として重視すべき機能は何か，それを実現する最適な技術は何かが不確定で，顧客も製品を評価する明確な基準を持たず，多様な製品を多

様な軸で，試行錯誤しながら評価していきます。

　このような状況のもとでは，基盤となる製品技術がそもそも確定しないので，生産工程（プロセス）には柔軟性が不可欠であり，高度に自動化された生産プロセスを導入するとか，そのための高価な機械設備の購入に踏み切るといったことは，あまりにもリスクが高いため，通常は避けられます。そのため，人の技能に依存した，かなり労働集約的な生産方式が中心となり，その結果，技術開発の主たる努力は製品イノベーションに向けられ，工程イノベーションはほとんど生まれません。

　ところが，企業の側でも顧客の側でも製品に関する理解が蓄積されていくと，やがて支配的な製品デザイン（設計）である「ドミナント・デザイン（dominant design)」が登場します。この段階ではじめて，製品として持つべき主たる機能と，そのための主要な要素技術，全体としてのデザインが明らかになるのです。

## 〈2. 移 行 期〉

　このドミナント・デザインが登場すると，移行期がはじまります。

　移行期は，製品ライフサイクルにおける成長期に該当します。この段階は，製品イノベーションの発生頻度が中程度にまで落ちて，工程イノベーションの発生頻度が非常に高くなるという特徴を有しています。

　移行期がはじまると，製品イノベーションの面では，主たる開発努力の焦点が確立されたドミナント・デザインのもとで特定の機能を向上することに移るので，実現される製品イノベーションは技術的に小幅なものが中心となっていきます。

　一方，製品普及のテンポが早まり，増加する需要に応じられる効率的な生産プロセスを実現していくことが戦略的な課題になるので，工程イノベーションの重要性は飛躍的に増大します。材料はより特化したものになり，高価な専用の機械設備が開発・導入され，生産プロセスの自動化も追求されるようになります。

　そして，こうした活発な工程イノベーションの結果，いわゆる大量生産システムが確立され，その一方で，生産プロセスの柔軟性は失われていくことになるのです。

## 〈3. 固 定 期〉

　こうした状態がさらに進むと，3つ目の段階である固定期に入ることになります。

　固定期は，製品ライフサイクルにおける成熟期と衰退期に該当します。この段

階は，製品イノベーションの発生頻度も工程イノベーションの発生頻度も，両方とも非常に低くなるという特徴を有しています。

この固定期になると，すでに確立された大規模で効率的な大量生産システムの維持が大前提となり，その抜本的な変更をもたらしかねないような大きな製品イノベーションや工程イノベーションは，あまりにも大きなコストを伴ってしまうために避けられるようになります。したがって，努力はもっぱら品質とコストの改善に向けられ，生産性は向上していくものの，イノベーションの頻度はますます減っていくことになります。

このような，「生産性向上」と「イノベーション生起」の間に生じるトレード・オフの関係（「あちらを立てればこちらが立たず」の関係）は，「生産性のジレンマ（productivity dilemma）」と呼ばれます（Abernathy, 1978）。

## ○ ドミナント・デザインの登場

以上のプロセスのなかで最も重要となるのが，ドミナント・デザインの登場です。

すでに簡単に触れましたが，ここできちんと定義しておくと，ドミナント・デザインとは，「当該産業において確立される，その後の技術的基準となる製品デザイン」のことを意味しており，通常は，それまでに個々に導入されてきた複数の要素技術のイノベーションを，1つの製品デザインとしてまとめあげたものとして登場します。

たとえば，後で述べる自動車における「T型フォード」や，スマートフォンの「iPhone」などが，代表的なドミナント・デザインの例です。

ドミナント・デザインが登場するまでの段階では，そもそも製品の評価基準が定まっておらず，どのような要素技術によってどのような製品を具現化していけばよいかが不明なままです。また，顧客の側でも，その製品はどのような場面でどのように使用すべきものなのか，どのような機能を持っているべきなのかという，製品の本質的価値や使用スタイルをまだ理解していません。

そのため企業の側では，製品において重視すべき機能は何であるのか，それを実現する最適な技術や方法が何であるのかといった根本部分でさえも，試行錯誤を繰り返しながら探っていく必要があります。

一方，顧客の側でも，さまざまな企業が提供する多種多様な製品を購買し，使用経験を積み重ねていくなかから，その製品はどのような場面でどのように使用

すべきものなのか，そのためにはどのような機能を備えているべきなのかといった評価基準を，次第に確立していくことになります。

そして，こうした混沌としたプロセスを経て，企業の側でも，顧客の側でも，製品の中核的なコンセプト（core concept）が1つに定まり，ドミナント・デザインが登場します。ここまでの段階の競争環境はきわめて流動的であり，不確実性に満ちたものとなります。

一方，ドミナント・デザインが登場した後は，製品イノベーションの重要性は低下し，逆に工程イノベーションの重要性が増していきます。もちろん差別化も図られますが，それはあくまでも確立したドミナント・デザインの範疇での話であり，製品コンセプトそのものを変えてしまうような大きな変化は，ほとんど生じなくなってしまいます。

製品イノベーションは，確立されたドミナント・デザインの枠内で生じる小規模なものが中心となり，その産業における製品の評価基準は，製品技術からコスト（価格）へと移行していくことになります。また，顧客ニーズが明確になり，研究開発における目標の不確実性が減少することから，より大規模な合理化投資が重視されるようになります。

## ○ 事例：米国における自動車産業の発展

こうしたパターンについて具体的なイメージを持っていただくために，次に19世紀末から1920年代頃までの自動車産業の事例について詳しく説明することにしましょう[6]。

### 〈1. 流 動 期〉

19世紀後半になって開発・実用化されるようになった自動車は，最初は「お金持ちの遊び道具」でした。

自動車の最初の動力源は蒸気でしたが，次いで登場した実用車は電気を動力源としており，ガソリンを動力源とする自動車が生まれたのはその後でした。ガソリン自動車の発明は，1886年頃，ドイツのG. ダイムラーとK. ベンツがほぼ同時に成し遂げたとされます。しかしその後も，ガソリン自動車だけではなく，電気自動車や蒸気自動車の開発も盛んに行われていました。

---

6 以下の記述は，アバナシー（Abernathy, 1978），アバナシーら（Abernathy et al., 1983），藤本（2001b），榊原（2005）などを再構成したものです。

実際，1900 年までの米国での自動車の売上げの大部分は，電気と蒸気の 2 つの方式が占めていたとされています。

たとえば，1900 年に米国で生産された自動車のうち約 40％は電気自動車であり，販売台数でトップシェアを占めていました。当時の電気自動車は，1 回の航続距離が 30 キロほどでした。しかし，当時の自動車は，金持ちが単に自らの権勢を誇示するためのものであって，彼らはもっぱら自分の邸宅から町中にある社交場などに行く際にだけ用い，郊外に長距離移動するための手段とは考えていなかったため，そうした難点は特に問題にはなりませんでした。

蒸気自動車は，当時，販売台数で第 2 位につけていました。ジェームズ・ワットによる発明以来，すでに 100 年以上の技術蓄積を有する蒸気機関は，ボイラーで水を熱して蒸気を発生させる必要があるため，発車するまでに相当な時間と手間がかかるのが難点でした。しかし，いったん発車した後は非常に効率的でパワーがあり，カーレースでは連戦連勝でした。そのため，スピードを誇示したい金持ちにとってはうってつけでした。また，当時自動車を所有する金持ちは住み込みの運転手を抱えており，出発前の準備や整備を自分で行う必要はなかったため，蒸気機関の難点も特に問題にはなりませんでした。

一方のガソリン自動車は，長らく，電気・蒸気に続く「劣勢の三番手」（a poor third choice）の位置にとどまっていました。こうした状況を覆し，米国でガソリン自動車が主流になったのは，1900 年にシカゴで行われたカーレースで，ガソリン車がはじめて勝った「事件」が契機になったと言われています。とはいえ，その後も電気自動車や蒸気自動車の開発は盛んに行われ，後に述べる T 型フォードの登場で最終的な決着がつけられるまで，この争いは続いたのです。

このように，初期の自動車産業では，電気・蒸気・ガソリン自動車が並立していました。また，三輪車も四輪車もあり，エンジンの方式や搭載箇所も車によって異なり，ハンドルも丸いものや船の舵のような形のものがあったりと，各企業は試行錯誤しながら，それぞれ独自の製品を市場に投入していました。つまり，「自動車とはいったいどういうものであるべきなのか」という根本部分においてさえ，企業も消費者も一致した理解を持っていなかったのです。

一方，自動車に組み込まれる部品については，今日まで続く技術の多くが，ガソリン自動車が発明されてから 20 年ほどの時期に集中して現れました。現在の自動車では当たり前の，空気入りタイヤ，プロペラシャフト，アクセルペダル，スピードメーター，ショック・アブソーバ，バンパー，ヘッドランプ，電動スターターなどは，いずれもこの時期に開発されています。

それから，生産面では，初期段階の自動車は，少量生産されるにとどまっていました。たとえば，1895年のベンツ（当時の世界トップクラスの自動車メーカー）の年間生産量は135台にすぎなかったとされます。また，1900年に米国全体で生産された自動車は約4千台でしたが，これでも米国は当時世界第2位の自動車生産国だったとされます。その後，1904年に米国は台数でフランスを抜いて世界一の自動車生産国になりましたが，それでも米国の生産台数の合計は，1907年当時で約4万台にすぎなかったとされています。

　初期段階の自動車はほとんど手作りの工芸品とも言うべきものであり，職人が注文を受けてから必要な部品を買い集め，一部は自分たちの機械職場で作り，修理工場のようなところで車台（車体やエンジンを載せるフレームの部分）を1ヶ所に定置し，そこに部品を運んでは組み付けるという，「定置組立方式」と呼ばれるやり方で生産されていました。

　また，当時の自動車産業は参入が比較的容易であり，産業構造も流動的でした。実際，この時代の米国では，現在では存在しない群小自動車メーカーが全国各地に林立し，それぞれユニークな車を少量生産していました。彼らの生産量はおおむね年間数百台以下，同一モデルは数十台以下が一般的でした。

　こうした米国の初期の自動車メーカーは，多産多死でした。実際，T型フォードが発売された翌年の1909年の段階では，確実に確認できる（比較的大手の企業）だけで69もの自動車メーカーが存在していましたが，その後わずか7年間で半分にまで減ったとされます。

## 〈2．流動期から移行期へ〉

　以上のような，自動車産業の初期段階の混沌とした状況に終止符を打ったのが，ヘンリー・フォードによる1908年のT型フォードの発売と，その後の同モデルの圧倒的な大量生産・大量販売でした。

　T型フォードは，それまでに積み重ねられてきた要素技術のイノベーションの成果を総合的な製品デザインに結晶させた優れた製品で，価格が安く，使いやすくて頑丈，軽量・高馬力，機構が単純で修理がしやすい車でした。

　当初からよく売れたため，フォードは翌年にはその他のモデルの生産を中止して生産をT型フォードのみに一本化，しかも色を黒一色に限定し，分業を推し進めることで生産効率の向上に努めていきました。

　そして，1910年にハイランドパーク工場を建て，生産を既存工場から順次移転し，さらに大量生産による生産効率の向上を推し進めていきました。1913年

に移動式組立ライン（ベルトコンベア方式）の導入に成功すると，1914年には，移動式組立ライン，部品互換性の徹底，作業の細分化・高度化，専用工作機の使用などから構成される，有名な「フォード生産方式」を確立しました。

　この結果，T型フォードの1台当たりの組立時間は，定置組立方式時代の平均12時間27分から，フォード生産方式が一応の完成を見た1914年には1時間33分へと，飛躍的に短縮されました。

　またフォードは，1919年，デトロイト郊外のリバールージュに製鉄所やガラス工場などを含む新しい超一貫生産工場を建設し，鉄鉱石の高炉投入から自動車組立終了までおよそ48時間という，現在の自動車メーカーでもとても考えられないほどの驚異的な生産効率を実現しました。

　一方でフォードは，こうした自動化された生産ラインの活用と単一車種戦略をてこに価格を急速に低下させ，膨大な規模の新たな需要を創造していきました。

　T型フォードの年間生産台数は，1914年の30万台から，ピークの1923年には200万台以上にまで増加し，1908年から27年にかけての累計販売台数は実に1,500万台にも達しました。その間，T型フォードの価格は何度も下げられ，1908年には850ドル以上していたのが，1913年に550ドル，1916年には360ドル，1922年には300ドルを割る水準まで急激に低下しました[7]。

　こうした「生産性向上→コストダウン→販売価格の低下→販売増加→生産性向上→…」という好循環を繰り返していくことで，米国の自動車市場は急拡大を遂げ，それまで金持ちの遊び道具にすぎなかった自動車は，「大衆のための便利な輸送手段」へとその意味合いを変化させたのです。

## 〈3．移行期から固定期へ〉

　しかし，こうしたフォード方式にも弱点がありました。事実上，すべての生産設備をT型フォード専用にしたため，モデルチェンジに対する柔軟性がまったく失われてしまったのです。

　すでに固定期に入っていた1920年代半ば頃，米国の自動車市場はほぼ飽和状態となり，新規需要中心から買い替え需要中心へと市場ニーズが変化していました。また，これに伴って，米国の一般消費者は，自動車を単なる「移動のための手段」ではなく，「自己表現の手段」と考えるようになっていました。

　こうした市場の変化にいち早く対応したのは，フォードではなく，アルフレッ

---

7　1926年にはなんと50ドルにまで価格が下げられましたが，これは売れ行き不振を打開するための原価割れのキャンペーン価格だったとされます。

ド・スローン率いるゼネラル・モーターズ（GM）でした。最高級車の「キャデ
ラック」から最廉価車の「シボレー」にいたるまで，消費者の所得に応じたフル
ラインの車種モデル（ブランド）を展開し，自己表現の手段として自動車を購入
しようとする顧客層を急速に取り込んでいったのです。

　その結果，1926年にGMがついにフォードの売上げを抜くと，さしものヘン
リー・フォードもT型フォードをあきらめ，1927年に次のA型へとモデルチェ
ンジを図りました。

　ところが，工場の生産設備のほとんどすべてがT型専用となっていたため，
これをA型用に切り替えるにあたって，約15,000台の機械装置を入れ替え，
25,000台以上の機械装置を改修する必要がありました。結果として，当時のお金
で2億ドル以上のコストと，実に半年以上の工場閉鎖を必要としました。その間
にGMとの差はさらに開き，その後もフォードは販売台数でGMの後塵を拝し
続けることになってしまったのです。

### 〈4．A-U モデルによる説明〉

　以上，米国を中心とした，初期の自動車産業のおおまかな歴史を見てきました。
このような歴史的経緯をA-Uモデルの観点から説明すると，T型フォード（1908
年発売）以前の自動車産業創生期が流動期，T型フォードがドミナント・デザイ
ン，その後のフォード生産方式の確立期が移行期，そして，リバールージュ工場
以降の徹底した自動化・量産化の時期が固定期であったと考えられます。

　こうした自動車産業のイノベーションの進行において，決定的に重要なポイン
トは，T型フォードの登場＝ドミナント・デザインの登場であったと言えるで
しょう。

　こうしたドミナント・デザインの出現によって，製品デザインは，ガソリン・
電気・蒸気自動車が拮抗し合う，いわば本命なき群雄割拠の時代から脱して急速
に安定化・収斂化へと向かい，その結果，企業は安心して効率のよい専用設備に
投資できるようになり，これがフォード生産方式の出現につながりました。この
ように，ドミナント・デザインの出現は，工程イノベーションを加速化したので
す。

　しかし，工程イノベーションのペースが収まるにつれて，生産設備の専門化と
自動化，部品・原材料の専用化と内製化，作業者の単能化と脱熟練化が進み，全
体として生産プロセスの効率化が進む一方で，硬直化も進みました。

　言い換えれば，T型フォードの末期には，生産プロセスはT型という特定の製

品に特化し，その結果，専門化と自動化の進展などによって生産性は極限まで高まっていましたが，同時に製品デザインの変化に対する柔軟性を完全に失ってしまいました。生産性の向上がイノベーションの生起を阻害しており，まさに「生産性のジレンマ」が発生していたと考えられるのです。

## ○「シェイクアウト」と「機会の窓」

さて，A-Uモデルが示すように，ドミナント・デザインの確立の前後では競争環境が非連続的に変化します。そのため新しく立ち上がった産業においては，当初の段階で大量の企業が参入し，途中でそのほとんどが撤退をしてしまう「シェイクアウト（shakeout）」と呼ばれる現象が，しばしば生じることになります。たとえばクレッパーとグラディは，アメリカの主要な46の産業を分析したところ，大半の産業でこうしたシェイクアウトが生じており，実に参入企業の9割以上が撤退した事例もあったと報告しています（Klepper and Graddy, 1990）（図3.5）。

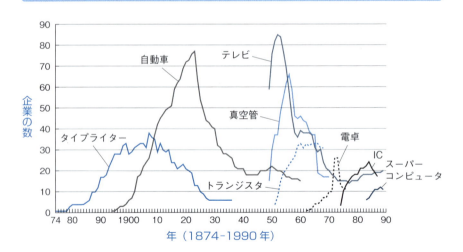

（出所）Utterback, J. M., and F. F. Suarez (1993) "Innovation: Competition and industry structure," *Research Policy*, Vol. 22(1), pp. 1-21.

図3.5　産業の企業数推移とシェイクアウト

ドミナント・デザインが確立する以前の段階では，アイデア次第で大成功を収められる可能性が高いので，新市場に急成長の可能性を見出した新興企業や既存企業の新規事業部門等による参入が相次ぎます。一方，ドミナント・デザインが確立すると，市場は急速に成長のペースを速め，開発や生産，流通等の規模を一気に拡大することが求められるようになるので，投資リスクを恐れて新規参入企業の数は急速に減少します。また，規模の経済や経験曲線効果が強く作用するようになるので，投資余力の大きな企業が優勢になる一方，そうでない企業は容赦なく振い落とされ，市場から退出する企業の数も一気に増えます。この結果，シェイクアウトが生じることになるわけです（Utterback and Suarez, 1993; Suarez and Utterback, 1995; Klepper, 1996; Klepper and Simons, 1997）。

ちなみに，ドミナント・デザインが確立する直前の時期に参入した企業は，シェイクアウトによって市場からの退出を迫られる可能性が低くなるとされます。そのためこの期間を，「機会の窓（windows of opportunities）」と呼ぶことがあります（Christensen, Suarez, and Utterback, 1998）。

ドミナント・デザインが確立するずっと以前の時期の経験や，そこで得られた知識や能力は，ドミナント・デザイン確立後に役立つとは限りません。たとえば，iPhone の登場によってオールタッチパネルでの操作方法がスマートフォンのドミナント・デザインとして確立した後に，キーボードや物理的な入力キーでの操作方法を採用した初期スマートフォンを開発・製造していた企業の過去の知識や経験，能力がどれほど活かせたのかは疑問です。一方，ドミナント・デザインが確立して以降は参入が遅れれば遅れるほど参入障壁が高くなってしまい，手遅れになってしまうリスクが高まります。

このため，新市場への参入が早すぎてはあまり意味がなく，かといって遅すぎると不利に働くので，ドミナント・デザインが確立するちょうど少し前の，機会の窓が開いているわずかな期間の間に，ジャストのタイミングで参入すると生存確率が上がるというわけです。

この点でアップルのスティーブ・ジョブズは，PC のアップルⅡ，携帯用デジタル音楽プレイヤーの iPod，スマートフォンの iPhone，タブレット端末の iPad と，人生でなんと 4 回（GUI PC の Machintosh を入れると 5 回）もドミナント・デザインを打ち立てるという偉業を成し遂げました。彼は，どのような状況になったら機会の窓が開くのか，その時点で不足している部分が何であり，どうすればドミナント・デザインを確立することができるのかといったようなことを洞

察するための方法論を，（言語化できていたのかどうかは不明ですが）ある程度は確立していたのではないでしょうか。

## ◯ さまざまなタイプのA–Uモデル

以上，A-Uモデルとそのインプリケーションについて詳しく見てきましたが，このA-Uモデルは主に量産タイプの組立型の製品をイメージしたものであって，どのような製品であっても常に当てはまるというものではありません。

たとえば鉄鋼や化学製品などの素材型の産業では，移行期において，生産プロセスの連続化などによる大きな工程イノベーションが重要な役割を果たすことがしばしばあります（Utterback, 1994）。また，一時期の半導体のように，工程イノベーションが先行して製品イノベーションを牽引していく場合もあります。

とはいえ，製品イノベーションの発生頻度は市場の創生期に最も高く，この時期には互いにまったく異なる製品コンセプトが並立することもよく起こるのですが，やがて支配的な製品コンセプトや製品デザインが現れ，それとともに製品イノベーションの発生頻度は低下して工程イノベーションのそれが上昇する時期を迎え，最後には製品イノベーションも工程イノベーションも発生頻度が停滞する時期を迎える，という程度のラフなパターンを描くことが多いことも事実です。

実際にアッターバックは，電球，タイプライター，テレビ，PCなど，さまざまな製品分野でこうしたパターンが観察されると主張しています（Utterback, 1994）。

また，「製品」を「サービス」に，「工程」を「プロセス」に読み替えれば，議論の精度が劣るかもしれませんが，ある程度はサービス業にもA-Uモデルの議論を適用することが可能です。

たとえば「ネット証券」を例にとると，製品イノベーションに該当するのは，顧客に提供する個々の商品やサービスの内容，および商品やサービスの集合体としてのパッケージの構築です。具体的には，取扱商品のラインナップの決定，手数料体系および金額の決定，情報提供の内容および幅の決定など，提供する商品やサービス自体に関わる種々の取り組みがこれに該当します。

一方，工程イノベーションに該当するのは，これらの商品やサービスをいかに効率的・安定的・低コストで顧客に提供するのかという，システム面やオペレーション面での種々の取り組みです（高井，2018）。

いずれにせよ，イノベーションの発生頻度が，幅広い業界で，たとえラフでは

あっても一定のパターンを描く可能性が高いのであれば，企業は事前に準備をすることができ，それぞれの段階に合わせたさまざまな施策を適切に打ち出すこともできるのです。

## 3.3 ラディカル・イノベーションの発生

### ◯ インクリメンタル・イノベーションと ラディカル・イノベーション

ここまで述べてきたことは，いったん誕生したイノベーションが，その後に続く革新性の程度が相対的に小さい，累積的・連続的なイノベーションの積み重ねによって進化を遂げていく場合についての議論でした。

こうした，革新性の程度が相対的に小さい，イノベーションとイノベーションが一定のパターンでつながり合いながら進展していく（あるいは変化の方向が制約を受ける）というタイプの漸進的・累積的・連続的なイノベーションは，「インクリメンタル・イノベーション（incremental innovation）」と呼ばれます。

しかし，イノベーションのなかには，そうした連続的なものではなく，より非連続的なものもあります。たとえば，馬車から蒸気機関車，そしてディーゼル機関車や電気機関車への転換，真空管からトランジスタ，そして集積回路（IC）への転換などが，その事例としてあげられるでしょう。

こうした，革新性の程度が相対的に大きく，既存の製品に類を見ないようなタイプの急進的・画期的・非連続的なイノベーションは，「ラディカル・イノベーション（radical innovation）」と呼ばれます。

ラディカル・イノベーションが生じると，その後は累積的・連続的なインクリメンタル・イノベーションが続くのですが，あるとき再びラディカル・イノベーションが生じ，これを契機にまた新たなイノベーションのプロセスがはじまることがあります。以下，この点について説明することにしましょう。

### ◯ ラディカル・イノベーションと S 字曲線のシフト

本章の 3.1 節で説明した通り，ある技術が S 字曲線に沿ってインクリメンタ

71

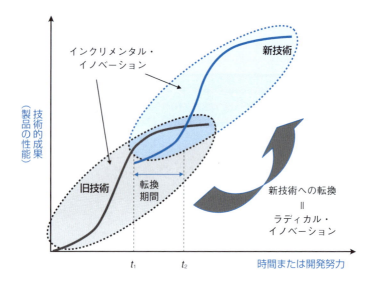

（出所）Foster, R. N.（1986）*Innovation: The attacker's advantage.* New York: Summit Books.（大前研一訳『イノベーション：限界突破の経営戦略』，TBS ブリタニカ，1987年，p.96）を大幅修正

**図3.6 S字曲線とラディカル・イノベーション**

ル・イノベーションを積み重ねてパフォーマンスを向上させていくと，やがては技術的限界に近づくことになります。そうなると，製品改良のための投資も，コスト低下のための投資も，それに見合うだけの効果を得られにくくなります。

しかしこうした限界は，製品や工程に関するまったく新しい技術が開発・導入され，画期的な機能向上やコスト低下がもたらされることによって打破され，新しいS字曲線が誕生することがあります。ラディカル・イノベーションは，旧来技術のS字曲線が，こうした新技術のS字曲線へと非連続的にシフトする動きとして理解することが可能です（Foster, 1986）。

とはいえ，そうした画期的な新しい技術を用いた製品（以下「新製品」）は，その初期においては，特定の機能だけは優れているかもしれませんが，他の機能の面では旧来の技術を用いた製品（以下「旧来の製品」）に劣っていたり，そのコスト（価格）が旧来の製品よりもはるかに高かったりすることがほとんどです。

というのも，旧来の製品は，長年にわたってさまざまな技術的改良を積み重ね，

総合的に優れた製品としての完成度を高めているからです。そのため初期においては，新製品の需要は，ごく一部のニッチな市場セグメントに限られるのが普通です。

ところが，技術が改良され，大部分の機能やコストの面で旧来の製品を上回るようになるにつれて，新製品を需要する市場セグメントが増えていき，やがて，ほとんどの市場セグメントが新製品にとって替わられるようになります。

こうしたラディカル・イノベーションに伴う新旧製品の世代交代プロセスを，S字曲線を用いてモデル的に示したのが図3.6です。この図において，$t_1$は新しい技術を用いた新製品が出はじめた時点であり，$t_2$はその新製品のパフォーマンスが旧来の製品のパフォーマンスを超え，代替のスピードが一気に加速しはじめる時点です。

2つの時点の差，すなわち$t_2$と$t_1$の差である転換期間は，イノベーションの世代交代に要する時間の長さを示しています。新製品は，まずは旧来の製品のパフォーマンスよりも低い水準で登場し，その状態がしばらくの間続いた後に，旧来の製品のパフォーマンスに追いつき，追い越していくのです。この転換期間の長さは事例によってさまざまです。旧来の製品のパフォーマンスの優位性が短期間に消滅する場合もあれば，長期にわたって維持される場合もあります。

## ○ 事例：タイヤコードの技術進歩

S字曲線を提唱したフォスターは，こうした新旧S字曲線のシフトを，（データの出所と正確性に疑問の余地があるものの）1930年代後半から1970年代半ば頃までのタイヤコードの技術進歩のケースで具体的に描き出しています（Foster, 1986）。次にこれを紹介しておきましょう。

ここで言うタイヤコードとは，タイヤの接地面（トレッド面）の内側にゴムに覆われて入っている繊維のことで，タイヤの骨格にあたり，タイヤの性能にきわめて大きな影響を及ぼす部分です。このタイヤコードの性能の限界は，その素材として何を選択するかによって異なり，歴史的には，綿，レーヨン，ナイロン，ポリエステルの順番で市場に登場し，それぞれが以前の素材の限界を打破してきました。

このタイヤコードの技術進歩のパターンを描き出すにあたって，フォスターは，横軸に，累積の研究開発努力の代理変数として，物価変動分を除いた実質ベースの研究開発投資額を用いました。一方，縦軸には，技術パフォーマンスの代理指

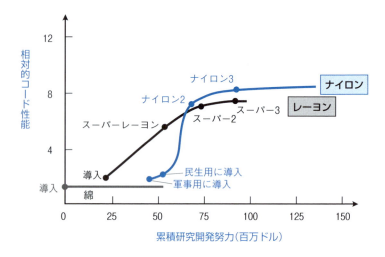

(出所) Foster, R. N.（1986）*Innovation: The attacker's advantage.* New York: Summit Books.（大前研一訳『イノベーション：限界突破の経営戦略』，TBSブリタニカ，1987年，p.117）を一部修正

**図3.7 タイヤコード素材の技術進歩**

標（分析のために用いる指標）として，タイヤコードの相対的な性能を用いました[8]。フォスターは，この2軸を横軸縦軸として，タイヤコードに用いられたレーヨンとナイロンの性能の軌跡をプロットし，図3.7のようなほぼS字型の曲線を描き出しました。

タイヤコードに採用された最初の合成繊維は，レーヨンでした。レーヨンは綿より丈夫なので，タイヤの厚さを薄くすることができ，また，綿のようには腐食しないので，タイヤの耐久性が増しました。

タイヤコード用の繊維としてまたたく間に綿を代替したレーヨンには，技術改良のための研究開発資金が累計で1億ドル以上投入されたと見られていますが，

---

[8] タイヤコードには一般に，強靱性，耐熱性，粘着力，疲労特性などといった性能が求められます。ここでの総合的な性能特性は，タイヤコードの上記のような各機能について，消費者がタイヤに求める乗り心地，耐久性，パンク防止，低価格などの要件を実現する上で，それぞれがどれだけの重要性を持つか，という見地からウエイトづけされ，それらを足し合わせて導き出されています。また，こうしたタイヤコードの総合的な性能特性値は，最初にタイヤコードに使われた繊維である綿の最大性能を1単位とする相対尺度に変換されています。

投入された研究開発資金は，タイヤコードの性能の向上に一様の成果をもたらしたわけではありませんでした。最初の6,000万ドルは，レーヨン導入時に比べ300％の性能向上をもたらしましたが，次の1,500万ドルでは25％，その次の2,500万ドルの投資はわずか5％の性能向上をもたらしたにすぎなかったのです。理由は，その時点でレーヨン技術が限界に近づいていたからでした。

一方，タイヤコード用の合成繊維として次に登場したのが，ナイロンです。初期のナイロン製タイヤコードは，レーヨン製の製品に対して，耐久性では著しく優れていましたが，柔軟性では劣っていました。また，初期段階では，ナイロン製のほうがレーヨン製よりも高価でした。つまり初期時点では，総合的に見て，旧来技術であるレーヨンのほうが，新技術であるナイロンよりも優れていたのです。図において，ナイロンのＳ字曲線がレーヨンのＳ字曲線よりも初期の時点で下に描かれているのは，この状況を示しています。

そのためナイロン製のタイヤコードは，まずは軍事用の車両に導入され，次いでトラックや大型の建設機械用車両など，特に耐久性が求められるニッチ市場から浸透していきました。

しかしナイロンは，その後の改良によって総合的な機能でレーヨンを上回るようになり，レーヨン製のタイヤコードを急激に代替していきました。これは，レーヨンよりもナイロンの技術限界点のほうが高かったため，同じ研究開発努力を投じたとしても，ナイロンの性能向上のスピードの方が速かったからだと考えられます。


フォスターは，以上のような議論を踏まえ，Ｓ字曲線に基づいて技術進歩の将来的な可能性を予測し，必要であればラディカル・イノベーションにあらかじめ備えて新技術の開発へと重点をシフトしておかなければ，競争に敗れ去ることになるだろうと述べています。

ただし，Ｓ字型の進歩のパターンは，事後的には当てはまっても，限界レベルにどの時点で到達するかを事前に予測することは難しいと言えます。というのも，技術進歩は決して自然法則のみで規定されるわけではなく，企業の戦略や，その技術に関する社会的に構成された信念などが関わってくるからです。

たとえば半導体製造装置の光学式露光装置の分野では，1980年代初頭，その当時予想されていた技術的な限界から，10年以内にエックス線か電子ビームに取って代わられるというのが「常識」でした。しかし実際には，光源がg線，i線，KrF線，ArF線，極端紫外線（Extreme Ultraviolet：EUV）と進化し，関連

する要素技術も予想を上回る進歩を遂げ，また使い手のノウハウもレベルアップしたことなどを背景に，光学式の性能は当初の限界を超えて進歩し，未だに主役の座を譲っていません（Henderson, 1995）。

このように，ある時点で一見客観的に見える技術的限界も，実は当事者の思い込みや努力不足に基づいている可能性があり，決して絶対的なものではありません。その意味で，S字曲線は有益ではありますが，場合によっては危険な道具ともなりうるのです。

## ラディカル・イノベーションとA–Uモデル

一方，こうしたラディカル・イノベーションの発生は，A-Uモデルに従って説明することもできます（図3.8）。

提唱された当初（1978年当時）のA-Uモデルでは，産業が成熟すると，技術革新の余地はなくなり，市場も飽和するので，その産業の発展は技術面でも市場面でも停滞すると想定されていました。

しかしその後の研究で，成熟産業であっても，新しい技術の導入によって再びイノベーションが競争の焦点になり，市場の拡大も伴って産業全体が再び活性化

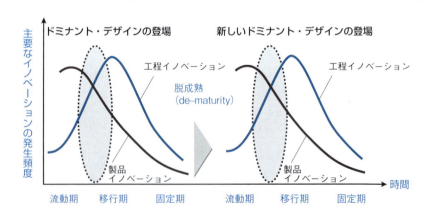

(出所）新宅純二郎（1994）『日本企業の競争戦略：成熟産業の技術転換と企業行動』，有斐閣，p.6を一部修正

**図3.8　A-Uモデルと脱成熟**

し，固定期から再び流動期に突入する場合がありうることが分かってきました。

　こうした，産業の成熟化がいわばリセットされる現象は，「脱成熟（de-maturity)」と呼ばれます（Abernathy et al., 1983）。この脱成熟が起きると，従来の成熟化の過程で精緻に確立された製品や工程に関する技術体系は陳腐化し，改めてイノベーションが競争上のカギになり，産業は再び活性化し，新しい産業発展がはじまることになります。

　脱成熟によってもたらされた新しい成熟化過程は，従来の成熟化過程と区別するために「再成熟化過程」と呼ばれます。このような再成熟化過程では，新技術への変化にどのように対応したかによって，その後の企業の競争力は著しく異なってきます（新宅，1994）。

　たとえば，カラーテレビにおける真空管からトランジスタ，IC への変化，また時計における機械式ウォッチからクオーツ式ウォッチへの変化，計算機における機械式から電卓への変化，（テレビ）モニターのブラウン管から液晶への変化などは，新しい技術，具体的には新しい半導体技術の導入によって再成熟化過程が生じ，企業の競争力にも大きな変化が生じた事例だと言えます。

## 演 習 問 題

3.1　現在，製品ライフサイクルで「導入期」「成長期」「成熟期」「衰退期」にあると考えられる産業を 1 つずつあげてください。その上で，それぞれの産業が，普及曲線，技術進歩の S 字曲線，A-U モデル上のどの時期にあると考えられるのかを，その理由とともに説明してください。

3.2　ラディカル・イノベーションだと考えられる事例を，いくつでもあげてください。その上で，どれか 1 つの事例を取り上げて，その事例における新旧製品の世代交代プロセスが，図 3.6 のような新旧 S 字曲線のシフトとして描けるかどうかを確認してください。

# 第 **4** 章

# 企業の競争力への影響①：ラディカル・イノベーションと既存大企業の不適応

　本章と次章の2つの章では，「イノベーションが企業の競争力に与える影響」について，詳しく説明していきます。

　まず本章では，ラディカルなイノベーションが発生した際に，なぜ少なからぬ既存大企業が適応に失敗してしまうのかを，①チャレンジ精神の喪失，②組織的な柔軟性の喪失，③過去の資産の負債化，という大きく3つの切り口から説明していきます。

○*KEY WORDS*○

既存大企業，新興企業，企業家（アントルプレヌール），

サンク・コスト，

カニバリゼーション，

オーバーシュート

# 4.1 はじめに

イノベーションは，企業にとって大きなチャンスであると同時に，大きな脅威でもあります。

もし，首尾よくイノベーションを成し遂げることに成功すれば，多大な利益を得ることができます。たとえば，インテルやマイクロソフト，アップル，グーグル，メタ（旧フェイスブック）といったIT業界の世界的企業の多くは，最初は小規模なベンチャー企業にすぎませんでしたが，イノベーションをきっかけとして急成長を遂げ，今日の地位を築き上げました。

他方，イノベーションへの対応に失敗すれば，市場からの退場を迫られかねません。実際，イノベーションをきっかけに業界のリーダーが取って代わられたり，市場から駆逐されたりするケースは，少なからず存在しています。企業が淘汰されてしまう理由は他にも多くあるのですが，イノベーションが重要な理由の一つであることは間違いありません。

このように，イノベーションは企業の競争力に大きな影響を与え，ときには主役交替をも演出します。こうした「イノベーションが企業の競争力に与える影響」についての問題は，イノベーション研究のまさに中核的なテーマとして，この分野の研究の発展の推進力となってきました。

そこで，本章と次章の2つの章では，この問題について詳しく説明していくことにしたいと思います。

# 4.2 イノベーションの連続性と企業の競争力

## ○ イノベーションを主導するのは大企業か？ 新興企業の企業家か？

イノベーションが企業間競争へ与えるインパクトについては，長い間にわたって，業界内の既存大企業と新興企業を対比させながら議論が行われてきました[次頁1]。そのきっかけは，そもそもイノベーション論の創始者であるシュンペー

ター自身が、「イノベーションを主導するのは既存大企業なのか、あるいは新興企業なのか」という点について、異なる2つの議論を行ったことにありました。

彼は、初期の著書においては、新興企業の企業家（entrepreneur：アントルプレヌール）がイノベーションの重要な担い手である、ということを強調していました。イノベーションの登場で、旧来の製品やサービス、旧来のやり方といったものの優位性が破壊され、イノベーションを主導した新興企業が中枢へと躍り出る。初期のシュンペーターは、この事実のなかに資本主義経済発展の原動力を見出しました。こうした既存大企業と新興企業との間のダイナミックな入れ替わり、新陳代謝こそが経済発展のダイナミズムの源泉だ、と考えたのです。

ところが、彼は米国への移住を機に途中でその主張を変え、後の著書では、独占的な地位を占めている既存大企業がイノベーションを担う存在である、と論じました。独占的な地位を占めた大企業でなければ、将来性が不透明で大きなリスクを伴う技術開発には十分な資源を投入できない、というのがその理由でした。こうして後期のシュンペーターは、現代の資本主義経済では、イノベーションは大企業組織のなかに制度化され、企業家はその使命を失うと予測したのです。

後にフリーマンは、こうしたシュンペーターの議論の変遷を整理し、企業家の役割を重視する初期のモデルを「シュンペーター・マークⅠ」、大企業内部でのイノベーションの役割を重視する後期のモデルを「シュンペーター・マークⅡ」と分類しました（Freeman, 1982）。

この2つの仮説のどちらがより妥当であるのかは、研究者にとってだけでなく、政策担当者にとっても、大企業の独占に対する政策（独占禁止法）やベンチャー企業への支援策を考える上で非常に重要な意味を持っていました。そのため、主に経済学の産業組織論の分野で、企業規模や市場の集中度（独占の程度）とイノベーションの関係について多くの実証研究が行われました。

しかし、その結果はまちまちで、これまでに決定的な結論は出ておらず、大企業や独占的な市場のほうがイノベーションを生み出しやすいとも、出しにくいとも言える状況にはありません（後藤, 2000）。

---

1 既存研究での「新興企業」には、一般に、文字通り当該業界に新規に参入した企業だけでなく、既存企業ではあるが従来は業界の中心的な存在ではなかった、いわゆる業界下位企業も含まれています。一方、既存研究での「既存企業」や「既存大企業」には、業界下位企業は含まれておらず、新たなイノベーションが起きる前まで業界を牽引してきた、業界上位企業だけを指す言葉として用いられています。本書でも、記述の煩雑化を避けるため、こうした慣例に従って表記することにします。

## ◯ イノベーションの連続性と新旧企業の競争力

一方，経営学の分野では，「タイプの違いによって，イノベーションが既存大企業と新興企業の競争力に与える影響はどのように異なるのか」という点に，議論の焦点が置かれてきました。

イノベーションを類型化する上で最も重要な要因は，革新性の程度（レベル）です。それによって，前章でも述べたように，一般的に，漸進的・累積的・連続的なインクリメンタル・イノベーションと，急進的・画期的・非連続的なラディカル・イノベーションの，大きく２つに分けられます。こうした２種類のイノベーションは，素朴に考えても，企業の競争力に対して異なる影響を与えることが予想されます。

インクリメンタル・イノベーションが進む局面では，その連続的な性格からそれまでの蓄積が活きる可能性が高いので，一般的には経営資源の豊かな既存大企業が優位に立てると言えるでしょう。一方，ラディカル・イノベーションが生じた場合には，その非連続的な性格のため，それまでの蓄積が活きない可能性があるので，経営資源が豊かといっても，既存大企業が必ずしも優位に立てるとは限らないでしょう。

つまり，一般的に言って，インクリメンタル・イノベーションでは既存大企業が優位であり，ラディカル・イノベーションでは相対的に既存大企業の新興企業に対する優位は劣る，という傾向が見られると予想されます。

こうした仮説を検証しようとすると，ラディカル・イノベーションとインクリメンタル・イノベーションの概念を客観的指標としていかに操作化するのか，サンプルとなる業界や企業を偏りなく抽出するためにはどうすればよいのか，といった点が大きな問題になってきます。そうした事情から，十分に厳密な実証研究があるわけではありませんが，クーパーとシェンデル（Cooper and Schendel, 1976），フォスター（Foster, 1986），クーパーとスミス（Cooper and Smith, 1992），アッターバック（Utterback, 1994）といった諸研究が，この仮説を支持する結果を得ています。

それにしても，ラディカル・イノベーションが生じた場合，それまでの蓄積が活きない可能性があるとは言っても，既存大企業が新興企業に負けてしまうことが少なからずあるというのは，いかにも不思議な話に思われます。

というのも，既存大企業は，ヒト・モノ・カネ・情報のすべての面で圧倒的な

経営資源を有しているので，大規模な研究・技術開発や製品開発への投資を行うだけの十分な余裕があり，したがって，他社に先駆けて画期的な新技術や新製品を創出できる可能性が高いはずだからです。

また，仮に研究・技術開発や製品開発で遅れをとったとしても，他の補完的技術や，生産や物流の設備，販売チャネル，ブランド力など，豊富な経営資源を活かして巻き返すチャンスも大きいはずです。

さらに既存大企業は，失敗を許容できるだけの余裕があるという点でも有利なはずです。新興企業であれば命取りになりかねない失敗であっても，大企業なら持ちこたえることができ，仮に失敗しても次があるので，そこで得られた成果や教訓を別の関連したイノベーションで活かすことも可能でしょう。

それにもかかわらず，確固たる地位を確立した既存大企業が，無視できないほどの頻度で，ラディカル・イノベーションをきっかけに主役の座から転落するような事態が起こりうるのだとすれば，そこにはむしろ，「持てる者」であるがゆえの大きな「落とし穴」が存在するのではないかと考えられます。

そこで本章の以下の部分では，こうした問題意識のもとに，ラディカルなイノベーションが発生した際に，なぜ少なからぬ既存大企業が適応に失敗してしまうのかを，

（1）チャレンジ精神の喪失
（2）組織的な柔軟性の喪失
（3）過去の資産の負債化

という，大きく3つの切り口から説明していくことにしたいと思います。

## 4.3　既存大企業にラディカル・イノベーションへの不適応が生じる理由

### ○（1）チャレンジ精神の喪失

大企業になればなるほど「チャレンジ精神」が失われてしまうといった話は，日常的によく耳にします。また，これが既存大企業がラディカルなイノベーションへの適応に失敗する理由になるのだと言われれば，なるほどと，すぐに納得できるでしょう。

それでは，なぜ，大企業になればなるほどチャレンジ精神が失われてしまうの
か，そのことがなぜ，ラディカルなイノベーションに適応することを困難にする
のかを，ここではもう少し掘り下げて説明したいと思います。

### 〈理由①　心理的エネルギーの喪失，知恵と工夫の欠如〉

　既存大企業がラディカルなイノベーションに適応することを妨げる理由の第1
番目としては，逆説的ですが，あり余るほどの経営資源の存在があげられます。

　ヒト・モノ・カネ・情報という経営資源の存在は，事業の遂行にとって必須の
ものであり，一般論として言えば，それらの不足は決して望ましいものではあり
ません。しかし，一方で，あり余るほどの経営資源は，困難にチャレンジする心
理的エネルギーを喪失させ，知恵や工夫を働かせる余地を奪ってしまうという意
味で，イノベーションを阻害してしまう側面があるのです。

　思想家のケストラーは，「創造とは過剰な心理的エネルギーからもたらされ
る」と述べています（Koestler, 1964）。新興企業では，現状に対する不満足が，
イノベーション創造のための心理的エネルギーをもたらすことになります。現状
にとどまればじり貧なので，もとより保守性などとは無縁だし，仮に失敗したと
しても失うものが小さいので，冒険ができるのです。

　他方，既存大企業では，成功がもたらした満足と豊かさそのものが，イノベー
ションから遠ざかる原因となってしまいます。成功すればするほど，事業に対す
る情熱が薄れ，関心が事業以外のもの，社会的な名誉や地位などの方向に向かっ
てしまうからです。こうなると，イノベーション創造のために割ける心理的エネ
ルギーが，どんどん小さくなってしまいます。

　また，豊かな経営資源を持っていれば，あまり知恵を使わないで従来のやり方
を踏襲していても，ある程度の成功を収めることができます。一方，新興企業は，
経営資源の不足を補うために，資源を持っている企業以上に徹底して知恵を使わ
なければなりません。しかし，常識を破壊するような創造的なアイデアや画期的
なイノベーションは，多くの場合に，何もかもが不足している状況に直面し，そ
れを解消するアイデアを苦労して考え出すなかから創造されるものです。これを，
「ダブル・バインド（二律背反）の状態が創造性の源泉である」と表現している
研究者もいます（Nonaka and Takeuchi, 1995）。

　たとえば，かつて世界の名だたる学者や企業が研究・開発競争に参加しながら
も「20世紀中には実現不可能」と言われていた青色発光ダイオード（Light-Emit-

ting Diode：以下「LED」）を世界ではじめて量産化したのは，もともと主に照明器具用の蛍光体材料を製造販売していた徳島県の中堅化学メーカー，日亜化学工業でした。また，その会社で技術開発の中核を担っていたのは，地元の徳島大学の修士課程を修了した（博士号を持たない）中村修二氏という，当時無名の技術者でした。

彼は日亜化学工業に入社後，ほぼ独力で赤外線 LED と赤色 LED を製品化することに成功したのですが，その際，会社が開発予算を十分につけてくれなかったので，社内から必要な部品をかき集めて，実験装置をほとんどすべて自作しなくてはならなかったと言います（中村，2001）。

また，社内に LED のことが分かる営業担当者がいなかったため，自分が製品化した製品を，自分で売りに歩く必要がありました。その際，営業先では，サンプルによる品質試験には合格するのですが，会社の実績のなさ，知名度の低さ，品質保証体制への不安などを理由に，なかなか製品を購入してもらえず，悔しい思いをしたということです。

さらに中村氏は，1987 年から 1 年間，客員研究員としてフロリダ州立大学へ留学したのですが，修士号しか持っておらず，執筆論文もまったくなかったため，研究者（researcher）と見なしてもらえず，技術者（engineer）もしくは職人（technician）として低く扱われたことに屈辱を感じたと言います。

1989 年，中村氏は会社から青色 LED 開発プロジェクト立ち上げの許可をもらうと，開発の予算や人員が十分ではないという逆境をものともせず，逆に，自らの手で実験装置の改造を手がけられるという利点を活かし，超高速サイクルで実験を繰り返していきました。

当時，大手企業の研究者たちのほとんどは実験装置の改造を外注していたので，装置を改造するのに優に 1 ヶ月以上はかかり，良いアイデアが浮かんでもなかなか実験で試すことができませんでした。一方，中村氏は装置の改造を自分で手がけていたので，1 つのアイデアを試してその結果を得るのに，せいぜい 1 日か 2 日程度あれば十分でした。実際，中村氏は，前の晩に考えたアイデアをもとに午前中に装置の改造をし，午後に実験を開始するなどして，多いときには 1 日に 5 回も実験を行ったと言います。

中村氏が開発を開始してから青色 LED の製品化まで約 4 年かかっていますが，この間，中村氏は寝食を忘れて実験に没頭したということです。世界で誰も成し遂げたことのない技術の開発を手がけているという高揚感だけでなく，先に述べたような屈辱感が逆にバネとなり，「絶対に世間を見返してやる」という反骨心

が，中村氏のモティベーションを根底部分で支えていたことは間違いありません。

　このように，地方の中堅企業である日亜化学工業が，世界の名だたる企業に先んじて青色 LED を量産化することに成功した背景には，経営資源の不足ゆえに開発者の知恵や工夫が促進され，また，不遇ゆえの反骨心が「過剰な心理的エネルギー」を供給したという事情があったと考えられるのです。

　多くの企業は，二律背反の状態で挫折しますが，ごく一部の企業は，この二律背反を高次のレベルで解消し，それをイノベーションへとつなげていきます。それができるのは，皮肉なことに，豊かな経営資源に恵まれた既存大企業よりも，むしろ経営資源に乏しい新興企業なのです。

## 〈理由②　慢心や奢り，過度の楽観〉

　既存大企業がラディカルなイノベーションに適応することを妨げる理由の 2 番目として，慢心や奢り，過度の楽観が生じがちだという点があげられます。

　たとえば，新しい技術が現れたとき，新しいライバルが新たな顧客サービスの方法を見つけたとき，新しい政策，ないし社会的出来事が競争環境を大きく変化させたときなど，自社を苦境に追い込みかねないこうした不吉な兆候が出てきても，既存大企業の社員はもっぱら企業の内側にばかり目を向け，居心地のよい現状にあぐらをかいてしまいがちなものです。トップやマネージャを含め，多くの人が，自分たちの会社は変化とは関係ないとか，変化があってもたいしたことはないと高を括ってしまうのです。

## 〈理由③　成功体験の呪縛〉

　既存大企業がラディカルなイノベーションに適応することを妨げる理由の 3 番目として，過去の成功体験の蓄積が，かえって新たなイノベーションへの適応を妨げる足かせになってしまうという点があげられます。

　企業のかつての成功パターンは，「基盤となるものの考え方」として企業のなかに定着し，社員の思考や行動を支配してしまうため，それを変えることは容易ではなくなってしまいがちです。

　既存大企業は，勝ち戦を続けてきたからこそ大企業なのであって，その結果，特にトップ・マネジメント層には，若い頃に自分が体験してきた成功パターンがすり込まれています。ですから，ラディカルなイノベーションの登場によって競争環境が大きく変わりかねなくなったとしても，かつてと同じやり方でしか発想できないという事態が生じやすいのです。

あるいは，「従来のやり方が通用しなくなってきたようだ」と頭では気づいていても，これまでの成功パターンを否定するということは，これまでの自分自身の経験を否定することにもなりかねないので，それを言葉や態度に出せないという場合もあるでしょう。

どちらにしても，そのようなトップ・マネジメントが経営の中枢を担う限り，すでに有効ではなくなった，かつての成功パターンが繰り返されることになってしまいます。

また，同じようなことは現場レベルでも生じます。組織論では一般に「コンピテンシー・トラップ（competency trap；能力の罠）」と呼びますが，ある特定のやり方を繰り返し用いることによってその習熟度が高まると，そのことがさらにそのやり方への依存度を高め，結果として他のより良いやり方への転換が困難になるという現象が生じてしまうのです（Levitt and March, 1988；Levinthal and March, 1993）。

「平時」はこれで問題ないかもしれませんが，イノベーションによって旧来のやり方の優位性が失われかねないような場合には，こうしたコンピテンシー・トラップが生じると，環境変化への適応失敗をもたらす恐れが大きくなってしまいます。

こうした「成功体験の呪縛」とでも言うべき現象は，洋の東西，業界の別を問わず，一般的に見られます。

たとえばソニーは，自らが困難を乗り越えて開発した世界初の「トリニトロン技術」によって，世界のブラウン管テレビの市場で確固たる地位を築き上げました。1995年には家庭用カラーテレビ市場で世界のトップシェアに躍り出て，1997年には世界初の平面ブラウン管型テレビ「ベガ」を発売し，さらに市場シェアを伸ばしました。しかし，それゆえに慢心が生じ，過去の成功体験に胡座をかいて，薄型テレビへの転換に遅れをとってしまったのです。

同じ1990年代後半，有力他社は薄型テレビの開発に資源を大幅にシフトし，シャープは液晶で，パナソニック（当時は松下電器）はプラズマディスプレイ（PDP）で，次第に確固たる地位を築きつつありました。しかしソニーは，薄型テレビの開発では有力テレビメーカーのなかで最も遅れをとってしまいました。

当時のトップは，2005～06年になってもまだ，薄型パネルよりもブラウン管が優勢だろうと考えていました。また，他社の後追いをせず，世界初の困難な技術の開発に挑み実現していくことが「ソニーらしさだ」という自負もありました。そのため，依然としてブラウン管技術の改善に取り組むとともに，薄型パネルの

技術としては液晶やPDPよりも大型化が難しく，寿命も短いため，テレビとして利用するには技術的な難度の高い有機EL（organic electro-luminescence）の開発に力を注いでいたのです[2]。

確かに当時は，1インチ当たりのコスト，応答速度，コントラスト比，視野角など，多くの技術的な側面でブラウン管は液晶やPDPよりも優れていました。しかし，液晶やPDPの技術はソニーの甘い予想をはるかに超えるペースで進歩し，消費者の圧倒的な支持を得て，瞬く間にブラウン管に取って代わり，同社のテレビ事業の凋落を招いてしまったのです。

ソニーは2002年度に世界で約300万台のテレビを販売しましたが，その9割以上がブラウン管方式でした。しかし，2003年度の日本の国内市場におけるテレビ出荷金額は，液晶およびPDPの薄型テレビがブラウン管テレビを上回り，ソニーのブラウン管テレビの売上げは急激に低下して，同社のテレビ事業は2003年9月中間決算期に27億円の営業赤字に陥りました。

この点について出井伸之元会長は後に，自社のトリニトロン技術での成功体験が逆に奢りを生んでいたのかもしれないと認めています（山田，2004a）。

### 〈理由④　リスク回避の傾向〉

既存大企業がラディカルなイノベーションに適応することを妨げる理由の4番目として，大企業になればなるほど新規プロジェクトへの投資を評価するための仕組みや組織が整備されていくことになるのですが，一般に，このことが一層のリスク回避の傾向をもたらすことになる，という点があげられます。

たとえば，新規事業を評価する際には，一般的に割引キャッシュ・フロー法（Discount Cash Flow：DCF）が用いられますが，この手法自体がラディカル・イノベーションへの投資を正当化する上での障害となりかねません。

割引キャッシュ・フロー法とは，ある投資によって得られる将来のキャッシュを利子率で割引いて現在の価値に引き直し，すべてを足し合わせて投資の現在価値を求める方法です。この考え方自体は合理的なのですが，実際には，近い時点で得られると予想されるキャッシュの確率を高く評価し，遠い将来において得られると予想されるキャッシュの確率を不確実性があるとして低く見積もりがちになります。

---

[2] なお，ソニーは2007年に世界ではじめて有機ELテレビを販売しましたが，2010年3月，わずか2年あまりで市場からの撤退を決めました。世界累計販売台数は1万台以下と見られています。

したがって，割引キャッシュ・フローの手法は，長期間に及ぶ，これまでに経験がない，問題を多くはらむラディカルなイノベーションへの投資よりも，投資コストとそれに対するキャッシュがより確実に予測できる，インクリメンタルなイノベーションへの投資を好意的に評価することになりがちです。

また大企業では，新規プロジェクトへの投資を評価するための組織的仕組みとして，企画部門や調査分析部門などに専門のスタッフが置かれることが多く，彼らは提案されたプロジェクトがもたらすであろう予想収益とリスクを数量化し，トップ・マネジメントが意思決定を行うための判断材料を提供する役割を担っています。しかし，彼らは職業柄，新しいことを創造するというよりもむしろ，既存事業を守る者としての役割を果たすようになりがちです。

というのも，革新的なプロジェクトを承認して成功を収めたとしても，経営トップやそのプロジェクトの推進者はヒーローになれるかもしれませんが，プロジェクトを評価する立場のスタッフはさほど褒められることはありません。その一方で，承認したプロジェクトが万が一にでも大失敗すれば，彼らは間違いなく責任を負わされることになります。

このように，プロジェクトを評価する立場のスタッフに課せられたインセンティブがそもそも後ろ向きであるため，彼らは何かと言えば「リスクが高すぎる」「市場が小さすぎる」「利益率が低すぎる」と言って，ハイリスク・ハイリターン型の新規プロジェクトへの投資提案を却下しがちになるのです。

実際，革新的な試みの多くは失敗に終わります。したがって，新規プロジェクトの評価に対してリスク回避的な態度をとることは，彼らにとってはいたって合理的だと言えるでしょう。しかし，こうした傾向は，既存大企業を変化への抵抗者へと変えてしまうのです。

### 〈理由⑤　事業評価のハードルの引き上げ〉

既存大企業がラディカルなイノベーションに適応することを妨げる理由の5番目として，大企業になればなるほど，一般に，新規プロジェクトが越えなければならない事業評価のハードルが高くなりがちだということがあげられます。

たとえば，ある重工業メーカーではかつて，社内で提出する事業報告書では，売上高と利益額の指標として「億円」が用いられており，その中の表の記入欄に「億円」という単位があらかじめ印刷されていたということです（山田，2004a）。このような報告書の場合，既存部門ならば，たとえば「今年度の売上高目標は2,000億円，営業利益目標は100億円」と記入すればよいのでしょうが，当初見

込める市場規模が小さな新規事業の場合には，たとえば「今年度の売上高目標は0.7億円，営業利益目標は0.005億円」などと記入しなくてはならなくなります。

こうした報告書は，事実上，立ち上がり当初から数十億円以上の売上高が見込めないような新規事業は手がけるなと言っているに等しいでしょう。これでは，小さくスタートして大きく育てるタイプの事業は，なかなか社内で評価されません。

また，事業規模や利益率といった目に見えやすい部分ばかりでなく，「品質へのこだわり」といった，もっと目に見えにくいソフトの部分が，既存大企業における新規事業の取り組みを阻害することもしばしばです。

こうしたすでに確立された既存事業のビジネスを反映した価値基準は，既存大企業が新規事業を手がける場合に，その新規事業が越えなければならないハードルを高める方向で作用しがちです。それゆえに既存大企業は，いつの間にか，ラディカルなイノベーションがもたらす競争環境の激変に対する適応力を失ってしまうことになるのです。

## ○ （2）組織的な柔軟性の喪失

大企業になればなるほど組織的な柔軟性が失われてしまうという主張も，日常的によく耳にしますし，それが既存大企業がラディカルなイノベーションへの適応に失敗する理由となるというのも，直感的に分かりやすい話です。

ここではなぜ，大企業になればなるほど組織的な柔軟性が失われてしまうのか，そして，そのことがなぜ，ラディカルなイノベーションに適応することを困難にするのかを，もう少し掘り下げて説明することにしましょう。

### 〈理由⑥　セクショナリズムの蔓延〉

既存大企業がラディカルなイノベーションに適応することを妨げる理由の6番目としては，セクショナリズム，つまり，自分たちの部署の利害得失を最優先し，他の部署のそれを顧みないような独善的傾向が生じがちで，そのために競争環境の変化に柔軟に対応することが難しくなるという点があげられます。

一般的に，企業規模が大きくなると細分化された分業制をとることになりますが，組織内で分業構造が発達するにつれて，異なる部署に所属している人々の間でコンフリクト（争い）が生じやすくなっていきます。

各部署の担当者は，一般に，自らが担う部分の業務遂行に対してだけ責任を問

われて評価されることになるので，往々にして自分の責任だけを守ろうとする風潮が蔓延し，「部門のタコツボ化」（英語では "silo(s)"（「サイロ化」））に陥ってしまうことになります。また，部署ごとにそれぞれ独自の価値観が形成され，思考パターンや話す「言葉」まで異なってしまうことも生じがちで，こうなると部署間でコミュニケーションをとることもままならなくなって，ラディカル・イノベーションがもたらす競争環境の変化に柔軟に対応することは，一層困難になってしまいます。

たとえば，一橋大学「組織の〈重さ〉プロジェクト」では，「ミドルによる現場レベルでの調整活動を困難にする組織の劣化現象」を「組織の重さ」と命名し，その現状を日本の大企業18社のデータで検証しました（沼上他，2007）。

その結果，たとえば，主力商品のモデルチェンジに要する日数は平均で454日（約1年3ヶ月），新規事業開発に要する日数は平均で659日（約1年10ヶ月），撤退に要する日数は平均で420日（約1年2ヶ月）でした。また，調整に費やされている時間が全体に占める比率は，それぞれ約36%，44%，52%でした。

このように，周期的に巡ってくるモデルチェンジでさえ，全体の3分の1以上の時間が組織内調整に費やされており，新規事業開発や撤退などでは，全体の実に半分近い時間が調整に費やされていました。この事実は，日本の大企業における調整業務の負荷の重さを示唆しています。

しかも，調査対象となった18社は日本を代表する優良企業であり，平均的な日本の大企業における現状はもっと「重い」可能性が高く，これは筆者たちの実務経験からの実感とも一致します。

これに対して，規模が小さい企業は，一般にコミュニケーションの伝達効率が良く，組織構造も過度に細分化されておらず，職務遂行の手続や規則が大企業ほど厳密ではないので，一般に競争環境の変化を機敏に捉え，迅速かつ柔軟に対応することが可能です。

規模の小さい企業がすべてそうだというわけではないにせよ，他の条件を等しくして比較する限りにおいては，大企業よりもラディカル・イノベーションがもたらす競争環境の変化に柔軟に対応することが可能だと考えられるのです。

### 〈理由⑦　政治的パワーを持った既存事業部門の抵抗〉

既存大企業がラディカルなイノベーションに適応することを妨げる理由の7番目として，大企業になればなるほど，一般に，政治的パワーを持った既存事業部門の抵抗が強くなり，その分だけ競争環境の変化への適応が難しくなるというこ

とがあげられます。

　ラディカルなイノベーションをもたらすような新技術への投資は，多くの場合，人材を含めて，旧技術からの大幅な資源シフトを伴うことになります。しかし，旧技術を基盤とした既存事業部門は，社内で強大な政治的パワーを持っていることが多いので，しばしばそうした大幅な資源シフトに対する抵抗勢力と化してしまうのです。

　実際，売上高，収益，キャッシュ・フローが大きい既存事業部門は，多くの場合に社内の有力ポストをその事業部門の出身者で占めています。そうなると，企業内の組織構造や管理システム，資源配分のルールといったものも，その部門の経営が最もやりやすいように構築されることになりがちです。

　たとえば，優秀な人材は優先的にその事業部門に配置されます。その部門から提案されたプロジェクトは，比較的承認されやすくなります。他の部門の人たちは，全社会議で，その事業部門に反対する意見を表明しにくくなっていきます。こうして，主要製品を抱える部門の経営のやり方は社内で正当化され，一層強化されていき，次第に当該部門は不可侵の存在になっていくのです。

　そうした政治的パワーは，特定の事業部門だけではなく，特定の機能部門にも生じます。たとえば，技術系の部門が支配的な企業では，一般的にマーケティング系の部門の政治的なパワーは限られたものとなってしまいがちです。逆に，マーケティング系の部門が支配的な企業では，技術者たちはおそらく，社内で無意識のうちに下方に位置づけられることになるでしょう。

　「わが社ではそんなことはない」と考える人もいるかもしれませんが，たとえば日本の多くのエレクトロニクス企業では，工業デザイナーたちが自分たちは製品設計の技術者に比べてステータスが低いと感じています。また，日本の多くの自動車メーカーでは，ソフトウェアの開発技術者が，同じ製品設計部門のなかでも，自分たちはエンジンやボディなどのハードウェア設計の技術者に比べてステータスが低いと感じています。

　企業内の従業員が無意識のうちに共有しているこのような部門間のステータスの違いは，決して無視することはできません。仮にラディカルなイノベーションによって技術や市場の面で大きな変化が生じ，大幅な資源シフトを伴うような社内改革が不可避な情勢になったとしても，そうした動きが社内ステータスの高い者たちから政治的なパワーを奪いかねない場合には，経営幹部はこれを変更するような提案に抵抗しがちです。その結果，新しい提案はしばしば却下されたり骨抜きにされたりして，改革の動きが止まってしまうことになるのです。

たとえば日本の携帯電話メーカーの多くは，2000年代前半，当時は後発だったサムスン電子やLG電子といった韓国の携帯電話メーカーがデザインを重視した製品で世界シェアを拡大しているのを見て，同様の戦略で対抗しようとしました。しかし，製品デザインを優先して製品設計を行う（製品デザインを前提条件にして，それに合わせて製品設計で機能を大胆に削っていく）という考え方や体制になかなか転換できず，どうしても機能優先の製品設計となってしまい，「機能は優れているがデザイン的にいまひとつ」で「しかも価格が高い」製品を作り続け，世界シェアを落としていきました。

　その理由の一つは，「自分たちのほうがステータスが上だ」と感じている製品設計技術者たちが，「デザイナーの下に立つ」ことに（無意識のうちにであれ）反発し，なかなか社内の意識改革が進まなかったからだったとされます。

## ○（3）過去の資産の負債化

　栄華を誇った大企業が没落したり，倒産などにまで追い込まれたりした理由を説明する際に，「競争環境が大きく変化したために，企業のこれまでの強みが逆に弱みに転じてしまった」と語られることは少なくありません。

　ここでは，既存大企業がラディカルなイノベーションに適応することが困難な理由を，ラディカルなイノベーションに伴う競争環境の変化が，大企業のどのような強みをどのような弱みに変えてしまうのかという点を中心に，もう少し掘り下げて説明することにしたいと思います。

### 〈理由⑧　新市場の将来性軽視〉

　既存大企業がラディカルなイノベーションに適応することを妨げる理由の8番目として，既存大企業はラディカルなイノベーションが生む新市場の将来性を軽視しがちだという点があげられます。

　一般に，まだ存在していない市場の将来的な規模や成長性を予測するのはとても困難なことで，ラディカルなイノベーションが実際に現れた後であってさえも，初期段階で，はたしてそれが大きなインパクトをもたらすものになるかどうかを予測するのは難しいものです。

　その上，ラディカルなイノベーションと言われるものも，その中身を見てみると，個々の構成要素は既存のものの流用にすぎず，単に「組み合わせ」や「パッケージ」，「コンセプト」が新しいだけということが少なくありません。また新技

術にしても，それが登場した時点では，重要な指標で既存の技術に比べて劣っていることが多く，それゆえに「スジの悪い技術」「劣悪な技術」と受け取られることが多くなります。

そのため，既存技術でトップクラスの技術力を誇る既存大企業は，ラディカルなイノベーションがはじめて出現したときに，「何も新しいものはない」「たいしたことはない」と考えて，それを無視したり軽視したりすることが多くなってしまうのです。

たとえばPC（パソコン）が登場した際，IBMやDEC（デジタルエクイップメント）といった既存のコンピュータ・メーカーは，PCが「スジの悪い技術」であると見なしてしまいました[3]。

PCが世に出たのは1970年代半ばのことでしたが，当初のPCで使われていた部品は，インテルのCPUをはじめとしてすべて市販のものであり，なんら新しい技術は含まれていませんでした。

また当初のPCは，その頃主流であったメインフレーム・コンピュータ[4]やミニコンピュータ[5]に比べて，多くの点で明らかに劣っていました。当時のコンピュータで重視されたのは，スピード，メモリ，入出力処理能力，プログラムサイズ，プログラム言語，FLOPS（1秒間に実行可能な浮動小数点演算回数）当たりのコストなどであり，これらの指標のいずれをとってみても，PCには取り柄がなかったのです。

このため，大手コンピュータ・メーカーの経営者は，PCを「ハンデを背負ったマシン」（a handicapped machine）と呼び，「このようなマシンを家庭で買う人などいるはずがない」と公言していました。インテルの創業者の一人であるゴードン・ムーアですら，その回想のなかで，同社のCPU「8080」が今のPCのような製品に使えるという社内提案を冷たくあしらったことを認めています。

一方，アップルや，コモドール，タンディなどの新興の企業群は，PCには巨大な可能性があると考え，この分野にいち早く情熱を注ぎ，急成長を遂げていきました。

彼らの大成功の陰には，もちろん，彼ら自身の努力や実力，優れた戦略があっ

---

3 以下の記述は，榊原（2005）などを再構成したものです。

4 メインフレーム・コンピュータとは，企業の基幹業務システムなどに用いられる大型コンピュータのことです。

5 ミニコンピュータ（ミニコン）とは，1960年代半ば以降に登場した，当時としては「小型」のコンピュータのことです。当時のメインフレームは一部屋全体を占めるほどのサイズでしたが，ミニコンの本体は家庭用冷蔵庫くらいのサイズでした。

たことは疑いないでしょう。しかし、もし仮に IBM や DEC といった既存のコンピュータ・メーカーが PC 市場を軽視して参入を手控えることがなかったとしたら、彼らが急成長を遂げるだけの時間的余裕を得ることは難しかったと考えられます。

このように、ラディカル・イノベーションが生み出す新市場の将来性を予測することは誰にとっても難しいのですが、特に既存大企業は、旧来の製品、旧来の技術、旧来のやり方といったものの尺度で眺めてしまいがちなので、ラディカルなイノベーションがはじめて現れたときに、それを無視したり軽視したりする傾向が強くなります。そのため、新興企業に致命的な遅れをとってしまう恐れも大きくなるのです。

### 〈理由⑨　サンク・コストの回避〉

既存大企業がラディカルなイノベーションに適応することを妨げる理由の9番目として、サンク・コストを回避したいという意識が先に立つため、ラディカルなイノベーションへの投資を後回しにしがちだという点があげられます。

サンク・コスト（埋没費用）とは、事業に投下した費用のうち、事業の撤退や縮小を行ったとしても回収できない費用のことを意味します。サンク・コストは、本来、将来の投資の意思決定の際に含めて考えてはなりません。これは、経済学的にも管理会計学的にもよく知られた基本原則ですが、それにもかかわらず、既存大企業には、それができないことが多いのです。

既存大企業は、人材、設備、工場、流通チャネルなど、その技術に関連するあらゆるものに対して莫大な投資を行ってきています。そのため、それが無駄になりかねない事業領域への投資を決断することには、どうしてもためらいを感じてしまい、その恐れが大きいイノベーションに対しては、どうしても取り組みが鈍くなってしまいがちです。

一方の新興企業にとっては、守るべき既存の基盤があるわけではなく、失うものはほとんど何もありません。むしろ、既存のやり方を覆すだけの「経済的な動機」を持っているので、ラディカルなイノベーションに積極的に投資することが可能です。

たとえば、1984年、テキサス大学オースティン校の学生であった19歳のマイケル・デルによって設立されたデル・コンピュータ（以下「デル」）は、「ダイレクト・モデル」と呼ばれる、卸売業者や小売店を介さず、FAX や電話、インターネットを通じて顧客に直接に販売し、出荷後のサポートも基本的には電話や e

メールを通じて24時間直接に対応するというサービスで，法人顧客の圧倒的な支持を集めて急速な成長を遂げ，2001年にはPC業界のトップメーカーにまで上り詰めました[6]。

とはいえ，デルのダイレクト・モデルは，少なくとも1990年代半ば頃までは必ずしも先進的で複雑なものとは言えず，当時もっと規模の大きかったIBMやコンパックなど既存のPCメーカーが模倣することは十分に可能でした。実際，直販も手がける既存大企業はいくつも現れました。

しかし既存のPCメーカーは，その当時すでに，全米中に代理店網や流通網を整備していました。そのため，直販という新たな流通のやり方に本格的に取り組むことになれば，せっかくこれまで築き上げてきた既存の代理店網や流通網を切り捨てることにつながり，これまでの投資が無駄になってしまうというジレンマに立たされました。

この足かせゆえに，既存大企業はデルのダイレクト・モデルを真似することを躊躇しました。直販を手がけた企業にしても，既存の代理店網や流通網も残したままにしたため，すべて中途半端な取り組みに終わってしまい，デルとの差が開く一方になってしまったのです（青島・加藤，2003）。

### 〈理由⑩　カニバリゼーション（共食い）への恐れ〉

既存大企業がラディカルなイノベーションに適応することを妨げる理由の10番目として，カニバリゼーションを回避したいという意識が先に立つため，投資を後回しにしがちだという点があげられます。

「カニバリゼーション（共食い）」とは，自社の売上げや利益率の高い製品を，自社の売上げや利益率の低い別の製品が代替してしまうことを意味します。

3.1節のS字曲線のところで説明したように，一般にラディカルなイノベーションによって生み出される新市場の売上げや利益率は，少なくとも当初は，既存市場のそれに比べて小さく低いことが多いとされます。こうした状況のもとで，カニバリゼーションの発生が危惧される場合，すなわち新市場の拡大が既存市場を侵食する恐れが大きい場合，既存大企業の取り組みは鈍くなりがちです。これは，新市場の開拓に本格的に取り組めば取り組むほど，低い売上げや利益しか生み出さないような自社の新製品が，高い売上げや利益をもたらしてくれている自社の既存製品を代替してしまい，全社の売上げや利益が低下してしまう恐れが高

---

6 デルのダイレクト・モデルについての詳細は，第14章で紹介しています。

いからです。

このように，カニバリゼーションへの懸念は，ラディカル・イノベーションに対応する上で不可欠となる改革への取り組みを鈍らせることになります。

1990年代末以降，インターネットを利用したオンライン販売という新たな流通チャネルが発展するなかで，こうしたカニバリゼーションへの恐れから，既存大企業がオンライン販売に積極的に取り組まず，新興企業が成功を収めるケースが増えました。

たとえばネット証券業界では，野村證券，大和証券，日興証券（現SMBC日興証券）といった既存の大手証券会社をおさえて，イー・トレード証券（現SBI証券），DLJディレクトSFG証券（現楽天証券），松井証券，マネックス証券，カブドットコム証券（現auカブコム証券）といった新興のネット証券専業会社5社が主要プレーヤーとなりました[7]。

ネット証券市場の規模は，1999年4月にはゼロに近い状況だったにもかかわらず，2009年3月の段階では，個人の取引に限れば9割を超える規模へ，機関投資家を含めた全取引に占める割合でも見ても2割を超える規模へと，急速な成長を遂げました。そして，個人取引の売上高（個人株式委託売買代金）に占める上記の新興ネット証券専業会社5社のシェアは，2000年4月の段階では5％を切っていたにもかかわらず，2009年3月の段階では7割強にまで達しました。

この7割強という数字は，大手・準大手を含む全証券会社の営業店での店頭販売を含めた場合の数字であり，新興のネット証券専業会社が，ネット証券市場の競争で大手証券会社をまったく寄せ付けなかったことを如実に物語っています。

とはいえ，ネット証券へ参入した時期は既存の大手証券会社のほうが早く，大和証券は業界のトップを切って1996年4月に営業を開始，日興証券は業界2番目の1996年7月に営業を開始，野村證券も業界4番目の1997年1月に営業を開始していました。

一方，松井証券のネット証券事業開始は1998年5月，DLJディレクトSFG証券の営業開始は1999年6月，イー・トレード証券とマネックス証券は1999年10月，カブドットコム証券の前身である2社（日本オンライン証券とイー・ウイング証券）の営業開始はそれぞれ2000年の2月と4月と，決して早くありませんでした。

---

7 以下の記述は，高井（2018）を再構成したものです。

このように，当初はオンライン取引へ積極的に取り組む姿勢を見せた既存の大手証券会社でしたが，彼らの狙いは，従来型の店舗営業の中心顧客であった中高年の富裕層以外の，これまで証券取引の経験がなかったような一般層の取り込みを図ることにありました。そして，あくまでも中高年の富裕層が主な収益源である以上，店舗営業では彼らに対してこれまでと同様に手厚い投資助言などの高度なサービスの提供を続け，オンライン取引では利便性を武器に新たな顧客層を呼び込み，店舗営業とオンライン取引とで顧客層の棲み分けを図ろうと考えました。そのため，店頭営業の顧客がオンライン取引へ移行してしまう可能性を踏まえて，カニバリゼーションを防ぐために，店頭営業とオンライン取引とで手数料にほとんど差をつけませんでした。

しかし，新興のネット証券専業各社は，業界への参入こそ既存大手証券会社より後でしたが，そもそも店舗営業との間でカニバリゼーションが発生する恐れがなかったため，当初から積極果敢な手数料の引き下げに走りました。

一方，ネット証券部門を別会社化せずに参入した既存大手証券会社，準大手・中堅会社のほとんどは，カニバリゼーションを恐れるあまり，そうした動きに追随することは難しく，手をこまねいている間に反撃の機会を失ってしまったのです。

その結果，競争開始から四半世紀が経過した現在，上記ネット証券専業会社5社の個人売買の取引シェアは実に9割を超えています。また，ネット証券専業会社シェア1位のSBI証券は，個人取引にとどまらず，IPO（新規上場株）主幹事を数多く務めるなど法人向けサービスも広く提供し，その事業規模は三大証券に次ぐほどに成長しています。

このように既存大企業は，カニバリゼーションへの恐れゆえに，ラディカルなイノベーションがもたらす変化に対して迅速に対応することが困難です。一方，そうした恐れと無縁な新興企業は，ラディカルなイノベーションに対して積極的に投資を行うことが可能です。

そのため，市場への浸透を図り，ビジネスモデルの完成度を高め，ブランドイメージを強化する時間的余裕を得ることができれば，新興企業であっても，既存大企業が後から本気になったとしても逆転不可能なほどの差をつけることが可能なのです。

〈理由⑪　オーバーシュート〉

既存大企業がラディカルなイノベーションに適応することを妨げる理由の11

番目として，既存顧客の声を聞きすぎてしまうために「オーバーシュート」を起こしがちだという点があげられます。

オーバーシュートとは，製品が提供するベネフィット（機能や価値）のレベルが，平均的な顧客ニーズを上回ってしまう現象のことを意味します。

世間ではあまりにも繰り返し「顧客のニーズを把握することが大切だ」と唱えられているので，「顧客の声に耳を傾けすぎるということはない」と考える人もいるかもしれません。しかし，製品の機能が，多くの顧客が「もう十分だ」と考える水準を上回るようになっても，当該製品の主要顧客たち（特にヘビーユーザーたち）や，技術者は，さらに高度な水準を求め続けることが多いものです。そうした声に耳を傾けすぎると，製品のスペックが，しばしば普通の顧客が求める水準を上回って進歩しすぎてしまうことになります。

こうしたオーバーシュートが生じると，その後にシンプルで安価な製品が登場して爆発的な人気を博し，一気に価格破壊が進むことが多いとされます（Christensen and Raynor, 2003；延岡他，2006）（図4.1）。

たとえば，据え置き型の家庭用ゲーム機業界では，1990年代後半から2000年代前半にかけて，データ処理のスピード，グラフィックス，サウンド，動画再生，メモリの容量など，コンピュータとしての処理性能を競う風潮がありました。これはゲーム機の性能が，スピード感，グラフィックスの美しさ，サウンドの臨場感，動画再生の滑らかさなど，提供できるゲームソフトの質を規定し，それゆえに消費者の購買を左右するという面が強かったからです[8]。

しかしその一方で，操作やストーリーがあまりにも複雑化して，初心者が気軽に遊んで楽しめるようなものではなくなってしまった結果，ゲーム機に「ゲーマー（ヘビーユーザー）が独りでのめり込んでプレーする」「暗い」というイメージが定着してしまいました。

また，ゲームソフトの開発コストが増大を続けたことから，販売価格が値上がりして，小中学生がお小遣いで気軽に買えるような値段ではなくなり，そのことがさらに，確実に需要が見込めるゲーマー（そのほとんどが高校生以上）のニーズを取り込むことをますます重視する傾向を生み，オーバーシュートをもたらしました。

すなわち，「もうこれ以上のグラフィックスやサウンドの性能向上は必要ない」「もっと気軽にゲームを楽しみたい」「みんなでゲームを楽しみたい」といっ

---

[8] 以下の記述は，井上（2009），安部・池上（2008）などを再構成したものです。

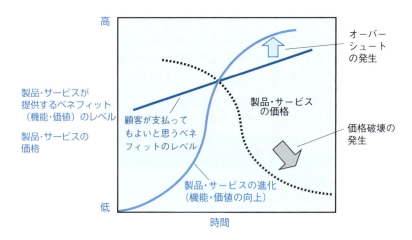

(出所）延岡健太郎・伊藤宗彦・森田弘一（2006）「コモディティ化による価値獲得の失敗：デジタル家電の事例」，榊原清則・香山晋編著『イノベーションと競争優位：コモディティ化するデジタル機器』（NTT出版），p.37 を参考に，筆者作成

**図4.1 オーバーシュートと価格破壊**

た，ヘビーユーザー以外のニーズは取り残されてしまったのです。

　2006年11月に発売されたソニーの「プレイステーション3」（以下「PS3」）は，従来と同様にヘビーユーザー重視の路線の延長線上に開発されたゲーム機でした。前世代のゲーム機で一人勝ちを収めたPS2の後継機種として期待を集めたPS3は，スーパーコンピューターなみの処理能力を備え，実写と見間違うほど美しく動きが滑らかなグラフィックス，圧倒的な臨場感を誇るサウンド，よく練られ，精緻に組み立てられたストーリーを備えた大作ゲームソフトがプレーできることを最大の訴求ポイントとしていました。

　しかしその一方で，前々世代のゲーム機でPSに，前世代でPS2に完敗した任天堂が翌12月に発売した「Wii」は，機能こそPS3より圧倒的に劣っていましたが，初心者でも直感的に遊べるよう，リモコン型のコントローラーで操作できるゲーム機とソフトウェアを提供していました。

　たとえばテニスなら，まるでラケットを振るようにリモコンを振るだけでボールを打つことができ，一度もゲームをしたことがない人がはじめて触っても十分に楽しむことが可能でした。またWiiでは，テレビCMなどで，たとえば恋人

同士がテニスを，夫婦がゴルフを，親子がボウリングをするといった具合に，さまざまなシチュエーションでゲームを誰かと一緒に遊ぶ姿を流しました。

　任天堂は，こういった Wii の機能の作り込みやプロモーション展開を通じて，ゲーム機から「ゲーマーが独りでのめり込んでプレーする」「暗い」というイメージを払拭し，「みんなで楽しく遊ぶためのツール」「コミュニケーションのためのツール」というゲーム機の新たな価値を訴求し，累積売上台数で PS3 に圧倒的大差をつけて，この世代のゲーム機での勝利を収めたのです。

　このように，オーバーシュートが生じると，「もうこれ以上の機能の向上は必要ない」と考える消費者たちの声が置き去りにされ，そこに「市場の隙間」が生まれて，ノーフリル（実質本位）だったり，文字通りのローテク技術を用いたりした製品が爆発的な人気を博する余地が生まれます。

　こうした際，固定的なヘビーユーザーを最も手厚く抱え，技術力も優れる既存のリーダー企業は，チャンスを活かす上では，むしろ不利なことが多いのです。

## 演習問題

　4.1　イノベーションをきっかけに，業界のリーダー企業が新興企業（新規参入企業や業界下位企業）にその地位を奪われてしまった事例を，いくつでもあげてください。その上で，各々の事例について，本章で紹介した「既存大企業がラディカル・イノベーションに適応することを妨げる要因」のどの項目が該当し，どの項目が該当しないのかを調べてみてください。

# 第 5 章

# 企業の競争力への影響②：
# 3つのタイプの
# イノベーションと企業の競争力

　本章では，既存大企業の競争力に対して負の影響を与えるイノベーションとして，①能力破壊型イノベーション，②アーキテクチャル・イノベーション，③破壊的イノベーション，の3タイプを取り上げて，これら3つのタイプのイノベーションがどのようなものなのか，なぜ既存大企業の競争力に負の影響を与えるのかを，詳しく説明していきます。

○KEY WORDS○
能力増強型イノベーション，能力破壊型イノベーション，
アーキテクチャル・イノベーション，
持続的イノベーション，破壊的イノベーション，
イノベーターのジレンマ

## 5.1 はじめに

　前章では，ラディカル・イノベーションが生じた際に，少なからぬ既存大企業が適応に失敗するのはどうしてなのかについて説明してきました。一言で言えば，確固たる地位を確立した既存大企業であっても，あるいは，そうした既存大企業だからこそ，ラディカル・イノベーションをきっかけに，「持てる者」であるがゆえの大きな「落とし穴」にはまってしまうのです。

　しかしそうなると，今度は，たとえば「あらゆるタイプのラディカル・イノベーションが，既存大企業の競争力に負の影響を及ぼすのだろうか？」，あるいは「インクリメンタルなイノベーションであっても，既存大企業の競争力に負の影響を及ぼすことはないのだろうか？」といった，別の疑問が湧いてきます。このような疑問に突き動かされる形で，イノベーション研究は進んできました。

　そこでこの章では，こうした研究の成果を受けて，既存大企業の競争力に対して強い負の影響を与えるイノベーションとして，①能力破壊型イノベーション，②アーキテクチャル・イノベーション，③破壊的イノベーション，の3タイプを取り上げて，イノベーションと企業の競争力の関係について，さらに突っ込んだ議論をしていきたいと思います。

## 5.2 能力破壊型イノベーションと 既存大企業の競争力

### ○ 既存大企業は，なぜ能力破壊型イノベーションに 対応することが困難なのか

　既存大企業の競争力に対して負の影響を与えるタイプのイノベーションの第1番目は，能力破壊型イノベーションです。

　前章で述べた通り，イノベーションが企業の競争力に与える影響力は，技術そのものというよりも，むしろ，人間や組織に関するもののほうが大きいと言えます。ですから，イノベーションが企業の競争力へ及ぼすインパクトの程度は，単

に技術の革新性が高いか低いかということよりも，むしろ，企業の競争力のもととなっている資源や能力にどのような影響を及ぼすのかということで左右されると考えられます（Abernathy and Clark, 1985）。

こうした観点から，イノベーションを，過去に蓄積した資源や能力（特に知識やノウハウ）がそのまま有効に活用できるタイプの「能力増強型イノベーション（competence enhance innovation）」と，それらがまったく役に立たなくなってしまうタイプの「能力破壊型イノベーション（competence destroy innovation）」とに分類したのが，タッシュマンとアンダーソン（Tushman and Anderson, 1986）です。

彼らによれば，前者「能力増強型」のタイプのイノベーションが起こった場合には，製品や生産に関してそれまでに蓄積した知識やノウハウが役に立つので，先行している既存の企業が優位に立ちやすいのですが，後者「能力破壊型」のタイプのイノベーションが起こった場合には，技術体系の根本的（ラディカル）な転換が生じてしまうので，過去の知識やノウハウは役に立たなくなります。それだけではなく，これまでは強みであった過去の蓄積が，逆に「過去のしがらみ」としてマイナス要素に転じてしまうこともあるため，新興企業のほうが有利になる，と論じています。

このような仮説に基づいて，アッターバックは，46のラディカルなイノベーションの事例を取り上げ，それぞれのイノベーションが能力増強型と能力破壊型のどちらに分類されるのか，そして，そのイノベーションを既存大企業と新興企業のどちらが主導したのかを実際に調べてみました（Utterback, 1994）。

その結果，17件の能力増強型のイノベーションの事例のうち，新興企業が主導したケースは4件（24%），既存大企業が主導したケースは11件（65%）で，残りの2件はイノベーションの発生前に産業が存在していなかったため分類不能でした。

それに対して，29件の能力破壊型のイノベーションの事例のうち，新興企業が主導したケースは23件（79%），既存大企業が主導したケースは4件（14%），残りの2件はイノベーションの発生前に産業が存在していなかったため分類不能でした。

イノベーションのタイプと主導する企業のタイプの間には1%水準で統計的に有意な相関があり，（サンプルの選定にバイアスがかかっている可能性は否定できませんが）能力増強型イノベーションでは既存大企業が，能力破壊型イノベーションでは新興企業が，それぞれ主導する傾向が強いことが明らかになったので

5.2

能力破壊型イノベーションと既存大企業の競争力

す[1]。

## ◯ 能力破壊型イノベーションの事例

　自動車技術を例にとると，トヨタの「プリウス」などに代表されるハイブリッド車は「能力増強型イノベーション」であり，一方，米国のテスラや中国のBYDオート（比亜迪汽車）などが手がける電気自動車は，「能力破壊型イノベーション」だと考えられます。

　たとえばトヨタのプリウスでは，「シリーズ・パラレル型」と呼ばれる，非常に複雑・精密なハイブリッド・システムを採用しています。この方式では，発進時と低速時には電動モーターのみを用い，通常走行時にはガソリンエンジンのみ，そして高速加速時には両者を併用するという具合に，3通りの走行モードを使い分けています。そのためには，車載コンピュータ（Electronic Control Unit：通称「ECU」）が，車内外の無数のセンサから集められた情報を通じて車の走行状況を判断し，リアルタイムにモーターとエンジンの最適な切り替えを行わなければなりません。

　こう書くと簡単そうですが，実際の制御はきわめて高度，かつ複雑です。たとえば，ハイブリッド車用ECUのプログラムには，速度や加速・減速，道路の状況（勾配や舗装，路面の状態），乗車人数（重量），バッテリ電圧，外気温など，車の走行に影響を及ぼすありとあらゆる要因の，発生しうるすべての条件の組み合わせのもとで正常に動作し，最適な切り替え制御を行うことが求められます。しかも，PC（パソコン）などと違い，切り替え制御にわずかでも不具合があったり，リアルタイム処理がほんのちょっとでも遅れたりすれば，最悪の場合，人命に関わる事故を引き起こしかねません。

　また，制御プログラムの開発は，ガソリンエンジン車で培ったエンジン制御の技術や走行制御技術の蓄積なしには実現不可能です。たとえば，車内外のセンサから集められた情報がどうであれば車がどのような状況のもとにあるのか，それを正確に判断するには，過去の膨大なデータの蓄積が必要になります。エンジン回転数，エンジン冷却水温度，吸入空気温度，吸入空気量，燃料圧力，混合気の酸素濃度などが，どのような値のパターンを描くときに，ガソリンエンジンの燃料消費効率が最適範囲内に入っているのか。最適範囲内からどの方向に，どの程

---

1　この結果は，アッターバック（Utterback, 1994）の245〜246頁のデータを用いて，筆者が再分析を行ったものです。

度逸脱したら，何をどう操作して最適な範囲内に戻すべきなのか，あるいはモーターへの切り替えを行うべきなのか。そうしたことを瞬時に判断するプログラムを備えていなければ，最適な制御はできません。そのようなノウハウを，新規参入者が一朝一夕に身につけることは到底できないのです。

このように，シリーズ・パラレル型のハイブリッド車は，既存のガソリンエンジン車で培った知識やノウハウを開発に活かせるタイプの能力増強型イノベーションであり，トヨタのような既存大企業が対応するのに有利なタイプの技術変化であると言えます。

一方，電気自動車の構造は，通常のガソリンエンジン車とは比較にならないほど単純で，その主要な構成要素はモーター，インバータ（モーターをコントロールする装置），電池だけであり，非常にシンプルです。

もともと，モーターの動作原理や機構は，ガソリンエンジンよりもはるかにシンプルです。さらに，4つの車輪の内部にそれぞれモーターを搭載して直接駆動する（インホイールモーター）方式を採用すれば，ガソリンエンジンのような，動力を車輪にまで伝達するための大掛かりな装置（トランスミッションやプロペラシャフトなど）が一切必要なくなり，構造はさらにシンプルになります。ですから，電気自動車では部品点数が大幅に減少し，開発コストも削減されます。また，主要部品のモーターとバッテリは汎用性が高いため調達は容易で，各部品を手に入れて組み合わせれば，簡単に車が完成します。

このように，電気自動車は「能力破壊型のイノベーション」であり，大手自動車メーカーがガソリンエンジン車で培ってきた既存の知識やノウハウは，それほど必要とされません。新興企業であっても，既存大企業と同じスタートラインに立つことが可能なのです。そのため電気自動車には，新興企業の参入が相次いでいます。

たとえば，2003年に設立された米国のベンチャー企業「テスラ・モーターズ」（2017年に「テスラ」に社名変更）は，電気自動車の高級スポーツカーである「ロードスター」を2008年3月に発売。その後も，2012年に「Model S」，2015年に「Model X」，2017年に量産型の「Model 3」，2020年に「Model Y」を発売。設立以来，販売台数は右肩上がりに成長しており，2023年の年間販売台数は180万台を突破しました。また，2020年には時価総額でトヨタを抜き，自動車メーカーで世界一位の座に上り詰めました。

同社CEOのイーロン・マスク氏はIT業界出身で，自動車業界の経験はまったくありませんでした。そのためもあって，①車両重量を犠牲にして大量の電池

を積み込み，（それほど高くない性能の電池で）高馬力を実現する，②ソフトウェアアップデートで購入後も車の性能が向上していく仕組みを作り上げる，③巨大アルミ合金鋳造設備「ギガプレス」を導入し，従来70個の部品で構成されていたボディ部位を1個にまとめて一体成形するといった，既存の自動車メーカーからすると「非常識」な新しい方法を導入し，大きな成果を上げています。

　中国でも，1995年に設立された中国最大手の携帯電話用電池メーカーの「BYD（比亜迪）」が，2003年に中国の中堅自動車会社を買収して「BYDオート（比亜迪汽車）」を立ち上げ，2008年12月に世界初の量産型プラグイン・ハイブリッド車（PHEV）の「BYD F3DM」を発売しました。その後もPHEVを中心に順調に販売を伸ばしていましたが，中国政府が推進する新エネルギー車（New Energy Vehicle: NEV）の普及支援を追い風に2021年頃から電気自動車の販売台数を急速に拡大し，2023年10～12月期には電気自動車の販売台数（PHEVを含む）で世界トップに立ちました（2位はテスラ）。中国では他にも，「Li Auto（理想汽車）」，「Xpeng（小鵬汽車）」，「NIO（上海蔚来汽車）」といった，2014～15年創業の新興電気自動車メーカーが急成長を遂げています。

　一方，日米欧の既存の自動車メーカーは，電気自動車の開発には早い段階から取り組んできました。しかしこうした企業にとっては，電気自動車へのシフトを進めることはあえて自らの強みを放棄することにつながりかねず，またカニバリゼーションを引き起こしかねないというジレンマがあり，なかなか本腰を入れにくいという事情がありました。

　現在では，世界各国で2030～40年頃までにガソリン車の新車販売を停止し，新エネルギー車の販売のみとするといった規制の制定が相次いでいるため，多くのメーカーがガソリン車から電気自動車への大胆なシフトを目標に掲げて取り組んでいます。ただし，口ではともかくとして，実際の取り組みでは，新興の電気自動車メーカーに比べると積極性に欠けることは否めません。この先，ガソリン自動車が急速に代替される状況になった場合には，新興企業の方が既存大企業よりも有利に戦いを進めていける可能性は高いと考えられます。

## 5.3 アーキテクチャル・イノベーションと既存大企業の競争力

### ◯ アーキテクチャル・イノベーションを巡る問題

〈アーキテクチャル・イノベーションとは〉

　既存大企業の競争力に対して負の影響を与えるタイプのイノベーションの第2番目は，アーキテクチャル・イノベーションです。

　ここで言う製品アーキテクチャとは，製品を構成する個々の部品や要素の間のつなぎ方，製品としてのまとめ方のことを意味しています（Baldwin and Clark, 2000）。

　一般的に言って，製品の設計とは，個々の部品や要素と，それがどのように構成されるのかというアーキテクチャの両方から成り立っています。そのため，イノベーションにも，（1）ある製品システムを構成する個々の部品や要素が「個別に」どの程度変化するのか，（2）ある製品システムを構成する個々の部品や要素の間のつなぎ方，製品としてのまとめ方——アーキテクチャ——が「全体として」どの程度変化するのかという，2つの技術変化の次元がありえます。

　このうち，後者の（2）の軸で革新的な技術変化が生じる場合を，本書ではアーキテクチャル・イノベーションと呼ぶことにします。

〈既存企業の製品開発能力形成〉

　こうしたアーキテクチャル・イノベーションが生じる場合，既存大企業は対応に苦労することになります。それは，こうしたアーキテクチャに革新をもたらすような技術変化は，既存大企業がこれまで培ってきた製品開発能力を根こそぎ破壊してしまうからです（Henderson and Clark, 1990；田路, 2005）。

　アーキテクチャ——部品や要素の間のつなぎ方や製品としてのまとめ方——が安定的な場合，それを前提に製品開発を繰り返しているうちに，企業の製品開発プロセスも組織構造も，そのアーキテクチャに合致したものになっていくことになります。

　たとえば，実験中，当初の設計の際には想定していなかったような原因不明の振動に見舞われた場合，担当技術者は，そうした事態を引き起こしうるすべての

選択肢を検証し直すのでなく，まずは過去の問題解決に役立った方法から試してみるものです。

ベテランの技術者であれば，「〇〇が原因ではないか。そうであれば△△を施せば大丈夫なはずだ」といった処方箋がすぐに，それも20も30も思い浮かぶので，それらを経験上考えられる優先順位にしたがって検証していく，というのが普通のやり方です。そして，そのような「発生事象→処方箋→対策を施した結果」という経験が積まれていくにつれて，設計の際に守るべきルールが整備されていきます。

また，「部品Aの設計を変えるたびに部品BとCの設計も変更せざるをえなくなる」といった経験が積み重なると，それが「部品Aの設計を変更する際には，その担当者は部品BとCの設計担当者とあらかじめ相談する」という非公式のコミュニケーション・パターンに反映されるようになります。

それがさらに繰り返されれば，「部品Aの設計を変更する際には，その担当者は部品BとCの設計担当者に報告し，その上司からあらかじめ承認を受けなければならない」というルールができ，最終的には「部品A，B，Cの設計担当者を同一の部署に配置する」という具合に，企業の組織構造にまで反映されることになります。

さらには，この部品A，B，Cの設計の担当部署と，部品A，B，Cとの相互依存関係が比較的高い部品E，Fの設計を担当する別の部署との間の調整ルールといったものも，次第に整備されていくことになります。

このように，一定のアーキテクチャを前提に，定型的な思考パターンや設計ルール，組織の公式・非公式のコミュニケーション・パターン，組織構造，部署間の調整ルールといったものが形成されていきます。そして，こうした過程を通じて，製品開発の仕事はますます効率化され，結果として，製品の構造（アーキテクチャ）と組織の構造とは相似形になります。これは，組織の構成を製品の構成に合わせることで，部署間の調整作業が一番効率的に行うことができるようになるからです。

しかし逆に，こうした効率化の進展が，アーキテクチャの変更を伴うような技術変化への適応を難しくしてしまうことになります。

〈既存企業の対応の問題①：認識の難しさ〉

まず問題となるのは，既存アーキテクチャのもとで製品開発の実績を豊富に積み上げてきた組織ほど，ある特定のイノベーションをアーキテクチャル・イノ

ベーションとして認識することが難しくなるということです。

上の例で，「部品AとBとCの間に相互依存関係がある」という知識が蓄えられてくると，たとえば部品Aに何か原因不明の異常が生じたとき，部品Aとの相互依存関係が非常に低い部品XやYの関与を疑ってみることは，個人レベルではほとんどなくなるでしょう。また，仮に疑いを抱いたとしても，その検証に着手する優先順位はずっと低くなってしまうでしょう。

あるいは，部品Aの設計者は，設計上の関係が深い部品BやC，あるいは部品E，Fについての知識を蓄えようとは考えても，部品XやYについての知識を蓄えようとはしなくなるでしょう。

組織レベルで見ても，部品A・B・Cの担当者と部品X・Yの担当者は部署的に分けられてしまうので，たとえ非公式にであっても，コミュニケーションをとる頻度は著しく減っていくでしょう。

一方で，実際にアーキテクチャル・イノベーションが生じるということは，たとえば，それまで相互依存関係がほとんどなかった部品A・B・Cと部品X・Yの間に，ある日突然，強い相互依存関係が生じるようになったり，あるいは，それまで相互依存関係が比較的強かった部品A・B・Cと部品E・Fの間の相互依存関係が，ある日突然，完全に切れてしまったりするということを意味しています。

ところが，上で述べたような製品開発プロセスの効率化の過程を経ている製品開発の現場では，部品Aの不具合について部品XやYの関与などまったく疑わない思考プロセスがすでにでき上がっており，さらには，それらの関与を疑わせるような情報は，部品Aの設計者のもとまでなかなか届かなくなってしまっています。

これと思い込んでいた不具合の原因候補が全部ダメだと分かり，あるいは設計上で重大な失敗を繰り返し，予期しない問題が何度も生じるようになってはじめて，自分たちがしていることがまったくの的外れなのではないかと気づき，ようやくそうした情報が部品Aの設計者のもとまで届き，検証のための実験が開始されることになりますが，それまでには相当の時間と労力が浪費されてしまうことになるのです。

## 〈既存企業の対応の問題②：既成システムの束縛〉

次に問題となるのが，苦労の末に，特定の技術変化の正体がアーキテクチャル・イノベーションだと正確に認識できたとしても，修正後のあるべき姿がよく

分からないままでは変更が困難だということです。技術者の定型的な思考パターン，設計ルール，組織の公式・非公式のコミュニケーション・パターン，組織の構造，部署間の調整のルールなどを手探り状態ですべて変更しようと試みても，それはゼロから作り上げること以上に困難です。

既存大企業では，なまじ精緻な仕組みができ上がっているだけに，一部を不用意に変更すると，他の部分との整合性がとれなくなって混乱状態に陥ってしまう恐れが大きいのです。

この点，新興企業は，同じく手探り状態であっても，試行錯誤を繰り返しながらすべてをゼロから作り上げていけばよいので，既存大企業よりはるかにスピーディにこうしたプロセスを行うことが可能です。

以上のように，企業においては，製品開発に関わるプロセスや組織の構造は，ある一定の部品や要素のつなぎ方，製品のまとめ方を前提に構築されているので，それを変更するのは簡単ではありません。むしろ，前の世代のアーキテクチャで成功を収めていた企業ほど，組織の仕組み全体がそれに合うように構築されているため，かえってアーキテクチャル・イノベーションが生じた場合には不利になりやすいのです。

## ○ アーキテクチャル・イノベーションの事例

ヘンダーソンとクラークは，こうしたアーキテクチャル・イノベーションが生じる場合には，仮に当該製品システムを構成する個々の部品や要素が技術的にほとんど変化しない場合でも，既存大企業が対応することは難しく，それゆえに深刻な窮地に陥ってしまうことが多い，と述べています（Henderson and Clark, 1990）。

たとえば，1970 年代後半，石油ショック後のガソリン価格高騰を背景に，米国の自動車市場で日本製小型車が猛烈な勢いで売上げを伸ばし，それに対抗すべく，それまで大型車を得意としていた米国ビッグ 3 が相次いで小型車の開発計画を立ち上げました。

大型車と小型車の間に部品技術の違いはほとんどないので，ビッグ 3 は当初，日本製の小型車を単に自社製品の模倣にすぎないと見なしていました。しかし，両者の間には部品同士の関係，製品としてのまとめ方において本質的な違いがありました。

当時の米国製大型車はすべて，エンジンを車の前方に配置し，車の後輪を駆動

する「フロントエンジン・リアドライブ」（以下「FR」）方式と，車体下部のハシゴ型のフレームの上に別に作った車体上部のボディを載せ，ボルトやナットで取り付ける「ボディ・オン・フレーム」（以下「BOF」）構造を採用していました。

一方，日本製の小型車は，エンジンを車の前方に配置し，車の前輪を駆動する「フロントエンジン・フロントドライブ」（以下「FF」）方式と，フレームとボディが溶接によって一体化された密閉型の箱構造である「モノコックボディ」（以下「MCB」）構造を採用していました。このように，両者のアーキテクチャは完全に異なっていたのです。

FF方式は駆動機構を簡素化でき，MCB構造は車体を小型・軽量化しながら十分な室内空間を確保することが可能なので，FF方式／MCB構造は小型車の設計に向いた設計方式です。

しかしその一方で，この構造は車両の設計を困難にする重大な問題を抱えています。というのも，FR方式であれば，自動車の二大振動発生源であるエンジンと車輪駆動装置とが車両の前方と後方とに分かれて配置されるので，両者が共振現象を引き起こすのを防ぐことが比較的簡単にできます。しかも，BOF構造であれば，車体下部のフレームと上部のボディとが別構造なので，フレームの振動がボディになるべく直接伝わらないよう遮断することも，それほど難しくありません。

ところがFF方式では，エンジンと車輪駆動装置が車両の前面に近接して配置されるので，両者の振動が共振によって増幅されやすくなってしまいます。しかも，MCB構造ではフレームとボディが完全に一体化されるので，フレームの振動はボディ全体にすべてダイレクトに伝わることになります。さらに，エンジンと車輪駆動装置の2つは非常に場所をとる部品ですが，それらが車両前面に集中するので，エンジンルーム内の部品配置のスペースがどうしても窮屈になってしまうという難点があります。

つまり，FF方式／MCB構造は，小型車用としての利点は大きいものの，振動や騒音への対策がきわめて難しく，しかも，部品配置にかなりの工夫が求められる設計方式だと言えます。

そのため，FF方式／MCB構造の車の開発には，ありとあらゆる部品の設計を相互に微妙に調整し合うような組織的仕組みが必要で，それなしには，各部品を狭い場所へうまく配置しながら，なおかつ高い品質や機能を確保することはできないのです。

しかし，伝統的に，FR方式／BOF構造のアーキテクチャを前提に，各部品

の設計を独立して進めていくような組織的仕組みができ上がっていた米国ビッグ3は，こうした問題の存在そのものを認識できず，旧来の技術開発の組織やプロセスを踏襲したまま開発に着手してしまいました。

その結果，膨大な費用と時間を投入したあげく，結局のところ，米国ビッグ3は競争力のある小型車を開発することに失敗し，その後，小型車の開発ノウハウを持つ欧州の子会社を利用することによって，ようやく開発に成功したのです。

上の例もそうですが，日本企業が伝統的に得意としてきた「製品の画期的な小型・軽量化」は，狭い空間内に多くの部品を高密度に実装する必要があったため，多くの場合に，個々の部品技術にはほとんど変化がないものの，製品としてのまとめ方に革新的な変化が生じるタイプのイノベーションでした。

そのため，それは一見，既存大企業に有利なタイプの革新性の小さなイノベーションのように見えたのですが，実は既存の資源や能力を破壊するアーキテクチャル・イノベーションでした。それゆえに，先行していた欧米の既存大企業は対応が遅れてしまい，当時後発だった日本企業に逆転されてしまうことが多くなったのだと考えられます。

## 5.4　破壊的イノベーション

### ○ 破壊的イノベーションを巡る問題

〈破壊的イノベーションとは〉

既存大企業の競争力に対して負の影響を与えるタイプのイノベーションの第3番目は，破壊的イノベーションです。

クリステンセンは，主として，従来から重視されている評価軸上でパフォーマンスを向上させるか否かという基準で，イノベーションを2つに分類しました（Christensen, 1997：Christensen and Raynor, 2003）。

その第1のタイプは「持続的イノベーション（sustaining innovation）」です。この持続的イノベーションは，従来までの評価軸上でパフォーマンスを向上させるタイプのイノベーションです。

それに対して第2のタイプは，「破壊的イノベーション（disruptive innovation）」です。この破壊的イノベーションは，①従来までの重要な評価軸上でパフォーマンスを（少なくとも短期的には）引き下げる一方，②別の評価軸上ではパフォーマンスを引き上げ，しかも，③従来の評価軸上でも次第にパフォーマンスを向上させて，やがて十分な水準に達する（後述するように，既存技術に追いつく必要はない），という特徴を有したイノベーションです[2]。

　ほとんどの場合に，技術は一定の進歩の軌道上を滑らかに進みます。たとえば，HDD（ハードディスク・ドライブ）であれば，性能の向上とは，一般的に言って，データ容量，単位データ容量当たりのコスト，アクセスタイムといったパフォーマンスの向上のことを意味します。こうした面でのパフォーマンス向上をもたらすようなタイプの技術変化は，その程度にかかわらず，技術進歩の軌道から外れないという意味で，持続的イノベーションに分類されることになります。

　ところがごく稀に，従来までの重要な評価軸上でのパフォーマンス向上をもたらさず，むしろ，少なくとも短期的にはこうした面でのパフォーマンスを引き下げてしまう，しかしその代わりに，たとえばHDDであればサイズや重量といった，別の面でのパフォーマンス向上をもたらすようなタイプの技術変化が生じる場合があります。こうした技術変化は，従来の技術進歩の軌道を途切れさせ，そこから外れた新たな別の技術進歩の軌道の開始をもたらすという意味で，破壊的イノベーションに分類されることになります（図5.1）。

　クリステンセンは，この種の破壊的イノベーションが生じた場合には，既存大企業が十分に対応できずに市場からの退出を迫られる一方で，新興企業が主役に躍り出る可能性がきわめて高いとしています（Christensen, 1997）。

　このように，破壊的イノベーションが既存大企業の競争力に対して強力なマイナスのインパクトを及ぼす理由は，主として以下の3点にまとめられます。

### 〈なぜ破壊的イノベーションは破壊的インパクトを及ぼすのか〉

　第1は，このタイプの技術変化が，既存の顧客が重視する従来からの評価軸上でのパフォーマンスを，（少なくとも短期的には）引き下げてしまうからです。

　重要な評価指標でのパフォーマンスが下がってしまうような新技術は，既存の

---

2 "disruptive innovation" は，本来は，「従来の技術進歩の軌道を分断し，そこから外れた新たな別の技術進歩の軌道の開始をもたらすようなタイプのイノベーション」ということを意味して名付けられた用語です。そのため旧版では，原語のニュアンスを活かすという観点から，高橋伸夫編・東京大学ものづくり経営研究センター著（2005）にならって，「分断的イノベーション」と訳していました。しかし，一般には「破壊的イノベーション」が用いられることがほとんどのため，新版では「破壊的イノベーション」へと表記を改めました。

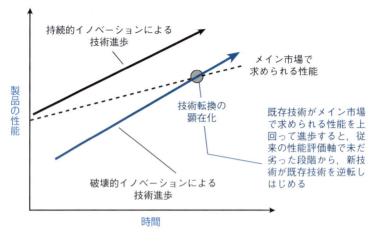

(出所) Christensen, C. M（1997）*The innovator's dilemma: When new technologies cause great firms to fail*. Boston, MA: Harvard Business School Press を一部修正

図5.1　破壊的イノベーションと持続的イノベーション

顧客から「あれはオモチャだ」といった評価を下されてしまい，そっぽを向かれてしまうことになりがちです。

　たとえばHDDで，既存顧客が重視する評価指標であるデータ容量や，単位データ容量当たりのコスト，アクセスタイムといった属性ではるかに劣っている新技術を考えてみれば，既存大企業が抱える重要な既存顧客がそうした新技術に注目せず，欲しいとも思わないことは明らかでしょう。

　第2は，新技術が，別の評価軸上でパフォーマンスを向上させるからです。

　このタイプの新技術は，従来の評価軸上では旧来の技術に劣っていても，別の評価軸上でパフォーマンスが優れているので，その分だけ，新しい用途や市場を開拓していける可能性が高いのです。

　既存の顧客が重視しない評価指標であっても，それを重視する新規顧客はどこかに存在するかもしれないし，あるいはどこかに生まれるかもしれません。試行錯誤を繰り返すことで，そうした新規用途・新規顧客を開拓することができれば，とりあえずその新技術は生き延びることができるのです。

　理由の第3は，新技術が，従来の評価軸上でもパフォーマンスを向上させて，旧来の技術との差を詰めていくからです。

新技術が限られた用途のみで利用されている状態が続くのであれば，仮にその新市場の規模が拡大したとしても，特に深刻な問題は生じません。既存大企業には，新市場を逃したという機会費用が生じるものの，新市場と既存市場が両立し，新技術と旧技術が棲み分けをしながら共存することができます。

　しかし，新技術が従来の評価軸上でもパフォーマンスを向上させていくと，やがて新技術の用途が広がり，市場が拡大し，ついには既存の市場にも侵食するようになります。こうなると，新技術を過小評価していて出遅れた既存大企業は，その地位を追われることになりかねないのです。

　ここで重要な点は，既存技術の側にオーバーシュートが生じている場合には，新技術が従来の評価軸上で旧技術に完全に追いつく必要はないということです。

　すでに第4章で説明したように，メイン顧客のニーズばかりを聞いていると，技術はしばしば，普通の顧客が求める性能を上回って進歩してしまいます。そうなると，新技術は，そうして取り残された普通の顧客が求める性能に追いつきさえすれば，仮に旧技術に完全に追いつかなくても，旧技術を代替することが可能となります。つまり，オーバーシュートが生じている場合には，従来の性能評価軸において未だ劣った段階から新技術が旧技術を逆転しはじめることになり，結果として代替のスピードが早まることになるのです。

## 〈破壊的イノベーションがさらに破壊的インパクトを増す場合〉

　以上に加えて，新市場が既存市場に比べて価格水準が低く，利益水準も低く，しかも市場規模が小さいという条件が満たされる場合には，破壊的イノベーションのマイナスのインパクトはより一層強力になります。

　というのも，第1に，この条件が満たされるような場合には，新市場が既存大企業の関心の対象になりにくいからです。

　立ち上がったばかりの新興企業が，圧倒的な資源や能力を備えた既存大企業と正面からぶつかったのでは，もちろん勝ち目はありません。既存大企業が当初は新市場に関心を寄せず，参入を決意するまでに相当の時間が経過し，その間に新興企業が新市場で十分な知識とノウハウを積むことができてはじめて，後からあわてて参入してきた既存大企業と互角に戦うことが可能になるのです。

　第2に，この条件が満たされる場合には，既存大企業は第4章で説明したカニバリゼーションへの恐れによって足を引っぱられることになるからです。

　新市場がある程度の規模にまで成長したとしても，カニバリゼーションへの恐れが強いと，既存大企業は，破壊的イノベーションに力を入れれば入れるほど，

自らの収益源である既存事業の衰退を早めてしまうというジレンマに直面し，参入にどうしても二の足を踏んでしまうことになります。そして結果的に，新興企業に対し，既存大企業と戦えるだけの十分な資源や能力を蓄積するための，さらなる時間的余裕を与えることになるのです。

第3に，この条件が満たされる場合，新興企業は，新市場での競争に生き残るべく，低価格で低利益率，市場規模の小さい製品を扱いながらも収益を上げられる，リーンな（贅肉のない）コスト構造を作り上げていかざるをえなくなるからです。

この結果，従来の評価軸上でも新技術のパフォーマンスが向上して必要十分な（good enough）水準に達し，既存の市場に攻め上がっていける状況になったときには，新興企業はこうしたリーンなコスト構造を武器に，既存大企業に対して価格戦争を仕掛けることができるようになります。そうなると，たとえ既存大企業が旧技術から新技術への転換を図って対抗しようとしても，自身の豊富な経営資源が仇となって，リーンな体質に転換するのに苦労し，有効な反撃が加えられなくなってしまうのです。

なお，ここで重要な点は，いざ新興企業が新技術と低コストを武器に既存市場に攻め上がってきたとき，既存大企業には「逃げ道」が用意されているということです。それは，新興企業の侵食によって失われつつある市場のローエンドのセグメントを捨て，旧技術の高いパフォーマンスを活かして従来の評価軸上でのパフォーマンスをさらに向上させて上位のセグメントへとシフトし，より付加価値の高い製品を投入していくという道です。

既存大企業にとって，新興企業が既存市場に攻め上がる際に最初に参入を図るローエンドのセグメント（従来の評価軸上でのパフォーマンスが低くても満足するような顧客のセグメント）は，市場規模が小さく，利益率も低いので，ここから撤退することによる痛みは小さく，むしろ多くの場合に，撤退によって，少なくとも短期的には採算性が改善されます。そのため既存大企業は，初期の段階では，コスト構造を徹底的にリーンにするための痛みに耐え，攻め上がってきた新興企業と徹底抗戦するという道は選ばず，上位セグメントへの撤退という安易な道を選びがちとなります。

上位セグメントへの撤退の余地がなければ，既存大企業は死に物狂いで反撃せざるをえません。そうなれば，いくらリーンなコスト構造の新興企業といえども，豊富な資源や能力を備えた既存大企業から圧倒的な勝利をもぎ取ることは難しいでしょう。しかし，既存大企業にはこのように戦わずに逃げるというインセン

ティブがあるので，新興企業はそうでない場合よりもずっと，容易に戦いを進めていくことができるのです。

ところが，こうした既存大企業の上位セグメントへの撤退戦略は，新技術が従来の評価軸上でのパフォーマンスをさらに向上させ，新興企業が次に市場のボリュームゾーンへと攻め上がってくると，完全に裏目に出てしまう運命にあります。

熾烈な価格戦争によって市場のボリュームゾーンの採算性が悪化すれば，既存大企業の反撃する体力はすぐさま奪われてしまいます。かといって，ここでも徹底抗戦の道を避けて，さらに上位のセグメントへと撤退すれば，確保できる市場セグメントはさらに小さくなり，ジリジリと反撃する体力を失って，やがて市場からの完全撤退を迫られることになります。

つまり，ひとたび新興企業の既存市場への侵入を許してしまえば，後になって反撃に出ても，すでに手遅れになる可能性が高いのです。

## 〈他のイノベーションとの次元の相違〉

こうした「持続的」対「破壊的」というイノベーションの2分類は，第一義的には従来の評価軸上でパフォーマンスを上げるか下げるかで定義されているのであって，他のイノベーションの分類とは分類軸（次元）が異なるという点には注意が必要です。

従来の評価軸上でパフォーマンスを向上させるタイプの持続的イノベーションの多くは，技術進化の軌道上を滑らかに進むインクリメンタルなイノベーションです。しかし，持続的イノベーションのなかには，従来の評価軸上でパフォーマンスを飛躍的に向上させるラディカルなイノベーションも含まれることがあります。

同様に，既存の技術蓄積が活かせないタイプの能力破壊型イノベーションであっても，あるいは，製品としてのまとめ方の大幅な変更を伴うようなアーキテクチャル・イノベーションであっても，どちらも持続的イノベーションの場合がありえます。

ただし，クリステンセンは，破壊的イノベーションは一般に，ほとんどが既存の実証済みの技術からできた部品で構成されているが，それまでにない特性を顧客に提供できる新しい製品アーキテクチャを持っていることが多い，と述べています。その意味では，破壊的イノベーションであり，なおかつアーキテクチャル・イノベーションでもあるイノベーションは多いのです。

## ◯ イノベーターのジレンマ

　長くなったので，以上をまとめましょう。破壊的イノベーションは，これまで重視されてこなかった新しい評価軸では優れた面を持つものの，従来の評価軸では旧来技術よりも性能的に劣っています。そのため既存の主要な顧客は，通常，そうした新技術に対して否定的な評価を下し，関心を向けません。

　合理的な経営が行われている既存大企業では，既存の主要顧客の声は重視するように日頃から訓練が積まれていますが，未だ存在していない市場の顧客の声を聞くことはできないので，既存の主要顧客が望んでいない新技術に積極的に投資することは困難です。

　一方，新興企業は，新技術の優れた面に着目して開発を進め，既存の市場とは別の新たな用途・市場を見つけ出します。当初，この新市場の規模は小さくて価格も利益率も低く，ある程度の規模に成長した後では，今度は既存市場とのカニバリゼーションを起こす可能性が高くなるので，どちらにしても，新規参入者の脅威が現実のものとなる前に既存大企業が本気になって参入することは困難です。

　しかし，そのうちに新技術が従来の評価軸上でも進歩しはじめると，やがて用途が広がって市場が拡大し，ついには既存の市場をも侵食するようになります。こうなると，出遅れた既存大企業があわてて新技術に乗り換えようとしても，シビアな環境の新市場で競争力を鍛え上げてきた新興企業には到底太刀打ちできません。

　その結果，新技術に侵食されて儲からなくなったローエンドの市場セグメントを捨て，旧技術の強みが活かせる，より高いパフォーマンスが求められる高付加価値の上位の市場セグメントへと撤退します。しかしそのうちに，そのセグメントにまで新技術を携えた新興企業に攻め上がられ，ついには市場からの完全撤退を迫られることになるのです。

　これが，クリステンセンの唱える有名な「イノベーターのジレンマ（the innovator's dilemma）」仮説のロジックです。

## ◯ 事例：米国における HDD 産業の変遷

　クリステンセン（Christensen, 1997）は，米国のハードディスク・ドライブ（HDD）業界を対象とした調査から，上記の仮説を導きました。

　最初の HDD は IBM サンノゼ研究所において 1950 年代に開発され，以後，こ

の分野では1990年代までに116種の新技術が現れました。そのうち111種は，従来の評価軸に沿ってHDDの性能向上に寄与したという意味で，持続的イノベーションと言えるものでした。

それに対して，残りの5種は，従来よりも低速で低容量の小型HDDの登場をもたらすものであり，従来の評価軸の上ではむしろ性能を引き下げているという意味で，破壊的イノベーションに分類される技術変化でした。

クリステンセンの調査によれば，111の持続的イノベーションの製品を開発・導入した企業はすべて，従来から業界をリードしていた既存大企業でした。実績ある既存大企業が，持続的イノベーションの製品の開発と採用に成功する確率は100％でした。

これと対照的に，残りの5つの破壊的イノベーションを担ったのは，市場で実績を持たない新興企業でした。破壊的イノベーションが起こった後に，既存のリーダー企業のなかで市場トップの地位を維持できた会社は1社もありませんでした。その成功率はゼロだったのです。

なぜ，このような事態が生じたのでしょうか。クリステンセンによれば，たとえば5.25インチのHDD全盛の時代（1980年代後半）に3.5インチのHDDが提案されたとき，後者の優位性は重量と大きさ（小さくて軽い），消費電力，耐久性にあり，記憶容量や単位記憶容量当たりコスト，アクセスタイムなどについては，5.25インチのHDDに比べて大きく劣っていました。

5.25インチHDDの主力ユーザーはデスクトップPCのメーカーであり，当時，彼らが次世代のHDDに求めていたのは40～60MBの記憶容量でした。しかし，3.5インチHDDの当初の記憶容量はわずか20MBであり，単位記憶容量当たりコストでも割高だったため，彼らは3.5インチHDDにまったく関心を示さなかったのです。

そのため，彼らを主たる顧客としていた既存のHDDメーカーには，3.5インチHDDに力を入れるべき理由がありませんでした。社内の技術者が3.5インチHDDに興味を抱いても，上層部の会議では，主力の顧客向けの5.25インチHDDへの資源投入が優先されたのです。

他方，3.5インチHDDで新規に参入した企業は，試行錯誤の繰り返しのなかで新しい顧客を見出していきました。その用途は，主にポータブルPCとラップトップPC，そして省スペース型のデスクトップPCでした。この分野の顧客は，重量と大きさ，消費電力，耐久性といった属性を重視しており，そのためであれば，記憶容量の少なさや単位記憶容量当たりのコストの高さは容認されたのです。

こうして市場を確保した新興の 3.5 インチ HDD メーカーは，新技術のさらなる改良に投資することが可能になり，また，その生産に対する学習も進めることができました。その結果，3.5 インチ HDD の記憶容量の拡大と単位記憶容量当たりのコストの低下が進み，やがて 3.5 インチ HDD はデスクトップ PC にも装着されるようになっていきました。

こうしたなか，デスクトップ PC のメーカーだけに目を向けていた 5.25 インチ HDD の主力メーカーは出遅れ，結果的に 3.5 インチ HDD では主役の座をおろされる結果となったのです。

なお，同様の事態は，1970 年代後半における 14 インチ HDD から 8 インチ HDD への転換（主力ユーザーがメインフレームコンピュータからミニコンピュータへ移行），1980 年代前半における 8 インチ HDD から 5.25 インチ HDD への転換（主力ユーザーがミニコンピュータからデスクトップ PC へ移行）でも生じたとされています（Christensen, 1997）。

## ◯ 最終製品における破壊的イノベーションの事例： 通信カラオケ

上の事例の HDD は中間財（部品）でしたが，最終製品の場合でも同様の事態が生じます。たとえば，業務用のカラオケ機器の業界におけるレーザーディスク・カラオケ（以下「LD カラオケ」）から通信カラオケへの交替は，最終製品における破壊的イノベーションの典型事例だと考えられます[3]。

1992 年，タイトーが「X2000」を，エクシングが「JOYSOUND」を相次いで発売したのをきっかけとして誕生した通信カラオケは，1980 年代に市場を支配していた LD カラオケを瞬く間に駆逐し，業界のリーダー企業として君臨していたパイオニアの凋落をもたらしました。ちなみに，タイトーは業務用アーケードゲームの会社，エクシングはミシンを主力とするブラザー工業の子会社であり，ともに業界外からの新規参入企業でした。

当時の LD カラオケ機器は，28 曲入りの LD を 50〜200 枚くらい収納し，リモコン操作で歌いたい曲の番号を入力すると，オートチェンジャーが該当する曲の入った LD を自動的にプレーヤーのところに搬送・セッティングするという仕組みの，非常に図体の大きい代物でした。

---

3 以下の記述は，山田（2004b），野口編著（2005），片岡編（2005）などを再構成したものです。

演奏と映像の質は高かったのですが，オートチェンジャーが非常に高価で，しかも機構が複雑なため故障しやすく，頻繁な保守・点検，修理が必要でした。また，LD を収納する物理的なスペースが必要となるため，最大でも数千曲を収納するのがやっとでした。

　さらに，新譜が出ても，LD を新たに作成し，それを全国の LD カラオケのオートチェンジャーのなかに据え付けるまでには，相当な時間と手間がかかりました。しかも，オートチェンジャーの LD 収納枚数が限られているので，新しい LD を設置するとなると，古い LD をその枚数分だけ取り除かなければなりませんでした。そのため，新譜は毎月 LD 1 枚分＝28 曲に限られていました。

　一方，新たに登場した通信カラオケでは，リモコン操作で歌いたい曲の番号を入力すると，業者に置かれたサーバから，演奏と歌詞のデータが機器宛に配信される仕組みに変わりました。通信カラオケ機器は，配信された演奏データを保存して再生するとともに，機器に備え付けられた映像ライブラリ（最初は LD に収納，後にビデオ CD や DVD などに収納）の映像に歌詞を重ねて，モニターに表示しました。

　ただし，当時は電話回線を介してデータを配信していたので，一度に送ることのできるデータ容量に限界があり，通信カラオケの音は LD カラオケの音と比べて明らかに貧弱でした。また，モニターに表示される映像も，曲や歌詞の内容には全然関係のないトンチンカンな映像が流れたり，約 1 時間ごとに同じ映像が繰り返し流れました。つまり，演奏や映像の質は，LD カラオケとは比べようもないほど劣っていたのです。

　その代わり通信カラオケでは，LD を設置店舗に届けてオートチェンジャーに据え付ける必要がなくなりました。そのため，LD カラオケの時代には新譜が発売されてからカラオケで歌えるようになるまでに早くて 1 ヶ月以上の時間がかかっていたのが，通信カラオケでは新譜が発売された直後からすぐに歌えるようになりました。

　また，LD 配布用の人件費が不要になったので，ランニングコストが格段に安くなりました。オートチェンジャーがなくなったので故障が少なくなり，メンテナンスもほぼ不要になりました。さらには，オートチェンジャーがない分だけ機器がコンパクトになり，価格も大幅に安くなりました。

　加えて，歌える曲数も大幅に増えました。LD カラオケの時代にはせいぜい数千曲単位だった曲数が，通信カラオケでは一気に数万曲単位に増えたのです。しかも，毎月の新譜の数は，LD カラオケの時代には 28 曲に限られていたのが，

通信カラオケでは100曲以上に増えました。

このように，初期の通信カラオケは，当時のLDカラオケと比べて，演奏や映像の質では著しく劣っていたのですが，それ以外の部分では優れた点をいくつも有していたのです。

ところが，1980年代における業務用カラオケ機器のメイン顧客はスナックやバーなど（通称「ナイト市場」と呼ばれる）であり，そこではカラオケ好きの酔客（中高年層）にいかに気持ちよく「自慢ののどを披露してもらうか」が重要であったため，演奏や映像の質は絶対条件でした。そのため，初期の通信カラオケは，ナイト市場ではまったくと言っていいほど売れませんでした。

その一方で，1980年代後半から1990年代前半にかけて，カラオケは定番の娯楽として若者の間に急速に浸透し，業務用カラオケ機器のメイン顧客は次第にカラオケボックス（通称「デイ市場」と呼ばれる）に移っていきました。

新たな顧客としての若者たちは，「歌いたい曲が歌える」ことを最も重視していました。流行りの新譜が未だ入っていないので歌えない，（収納できる曲数が限られているので）得意な曲が入っておらず歌えないというのは，彼らにとっては論外でした。一方，音が貧弱であったり，映像が曲や歌詞の内容と合ってないといった欠点は，彼らにとっては我慢がきく問題でした。

要するに，通信カラオケ機の登場は，業務用カラオケ機器の主要顧客がナイト市場の酔客（中高年層中心）からデイ市場の一般人（若年層中心）へと転換していく流れに乗って，重視される評価軸を，「演奏や映像の質」から「新譜の豊富さ／収納曲数の豊富さ」へと転換させたのです。そのため，当初の通信カラオケは，若者を主なターゲットとする，格安を売りにしたカラオケボックスにおいて最も急速に設置が進みました。

こうした市場の大変化に伴って，主要な供給メーカーも大きく変化しました。

LDカラオケの時代は，パイオニアが圧倒的なリーダー企業でした。当時パイオニアは，自社ブランドのカラオケソフトの製造・販売も手がけており，豊富なカラオケソフトの資産を有していました。また，サポート・サービス網を全国津々浦々に整備し，自社のLDカラオケを置いている店に毎月1回必ずLDを入れ替えに訪問していました。

最盛期の同社は，自社ブランドで業務用カラオケ機器の市場シェアの50％以上，他社へのOEM供給分も含めると市場シェアの70％以上を占めていたとされま

す。

　ところがパイオニアは，1992年に通信カラオケが登場した後も，同市場への取り組みになかなか本腰を入れようとはしませんでした。

　その理由は，第1に，従来の評価軸ではLDカラオケのほうが圧倒的に優れていたからです。そのため同社は，通信カラオケなんてまだまだオモチャだ，当分の間はLDカラオケで大丈夫だろうと過小評価してしまったのです。

　第2に，LDカラオケから通信カラオケへの転換は，同社が営々として築いてきたサポート・サービス網への投資をサンク・コスト化するものであり，なおかつ自らのこれまでの強みを捨て去ることを意味していたからです。

　第3に，パイオニアは，機器のリース料は安くおさえ，サポート・サービス（保守・点検，毎月1回のLDの入れ替え，修理など）で儲けるビジネスモデルを確立していたため[4]，メンテナンスを不要とする通信カラオケへのシフトは，同社の収益源を失うことを意味していたからです。

　こうしたサンク・コストの回避とカニバリゼーションへの恐れから，同社はできる限り通信カラオケへの取り組みを遅らせたいと考えたのです。

　しかし，新曲がすぐに入る，曲数が多い，LDの入れ替えが不要，故障が少なくメンテナンスがほぼ不要，価格が安いといった圧倒的な価値が評価されて，通信カラオケの市場は関係者の予想を大幅に超えて急拡大を遂げました。しかも，高速通信のインフラが急速に整備されるのとあいまって，通信カラオケは演奏や画像の質の面でも瞬く間にLDカラオケとの差を詰めていきました。それに伴って，当初はLDカラオケを支持していたスナックやバーなども，急速に通信カラオケへとシフトしていったのです。

　パイオニアは，ようやく1995年になって，「Be-MAX's」という通信カラオケを出しました。しかし，市場の立ち上がりからすでに3年が経過し，先行するエクシングのJOYSOUNDや第一興商の「DAM」が独走態勢に入りつつあるなかでの参入であり，しかもLDカラオケも引き続き手がけながらの中途半端な取り組みに終始したため，売上げは低迷を続けました。そしてついに，2002年には業務用カラオケ市場から撤退しました。

　パイオニアは，カラオケ用の豊富な音楽・映像ソフトと強い流通網，抜群のブランド力を有していたにもかかわらず，この業界の主役からの転落を余儀なくされてしまったのです。

---

4 こうしたビジネスモデルについての議論は，第14章を参照してください。

このように，通信カラオケは，従来の評価軸上でのパフォーマンスを当初の段階で引き下げ，しかし別の評価軸上では優れた点を有していることから新しい顧客層をひきつけ，従来の評価軸上でもパフォーマンスを向上させて既存技術を代替し，産業構造を一変させてしまった，文字通りの破壊的イノベーションだったのです。

以上紹介した2つの事例からも分かるように，破壊的イノベーションで主役企業の交替が生じてしまう最大の理由は，「顧客が変化する」からです。顧客が変化する場合には，既存の重要顧客の声にばかり耳を傾けていると落とし穴にはまってしまうことになるのです。

その意味で，新技術の登場を伴う下位セグメントの誕生・伸張は，既存大企業にとって要注意です。具体的には，「すごく『しょぼい』製品なのだが，これまでとは違う顧客層には受けている」といった兆候が見られるときには，破壊的イノベーションを疑う必要があります。そして，既存顧客の声を盲信することなく，新たな顧客の声に耳を傾けることが必要とされるのです。

## 演 習 問 題

5.1　能力破壊型イノベーション，アーキテクチャル・イノベーション，および破壊的イノベーションの事例だと考えられるものをあげて，そうした事例で既存大企業の競争力がどうなったのかを調べてください。

その上で，そうした事例で，もし仮に既存大企業の転落があったとしたらそれはどうしてなのか，もし仮に既存大企業の転落がなかったとしたらそれはどうしてなのか，理由を考えてください。

# 第 6 章

# 研究・技術開発のマネジメント①：
# コア技術戦略と技術ロードマップ

　ここからは，いよいよイノベーション・プロセスのマネジメントの中身について説明していきます。

　本章ではまず，イノベーション・プロセスの一番はじめに位置する研究・技術開発の段階（フェーズ）のマネジメントを取り上げます。

　研究・技術開発は，企業独自の技術力を確立し，持続可能な競争優位を構築する上でのてことなるため，特にメーカーでは，最も重要なマネジメントの一つになっています。

　しかしその一方で，そもそもイノベーション・プロセスのゴール（経済的成果の獲得）から最も距離がある活動であり，なおかつ長期に及ぶ活動であるため，そのマネジメントはきわめて困難です。第2章で述べたように，多くの企業が，「投資に見合っただけの有望技術が出てこない」，「せっかくの有望な新技術が有効活用されない」という事態に苦しんでいます。

　本章では，こうした特色を有する研究・技術開発のマネジメントについて，コア技術戦略と技術ロードマップの作成と活用を中心として，具体的に説明します。

○KEY WORDS○
R&D，コア技術，コア技術戦略，
活用，探索，両利き，
技術ロードマップ

## 6.1 はじめに

1980年代後半以降に発展したRBV（Resource Based View of the Firm）の戦略論では，ある企業の保有する資源や能力に経済的価値があり，希少で，なおかつ模倣困難である場合に，当該企業は持続可能な競争優位を確立することができるとしています（Barney, 1997）。

こうした条件を満たしうる，すなわち持続可能な競争優位の源泉になりうる重要な要素の一つが，企業の「技術力」，あるいはその企業が保有する技術的な資産や能力の総体（以下「技術資産」とします）です。企業は，市場に投入する製品群で競争する一方，その背後にある，それら製品において活用される技術資産でも競争しており，この技術資産の構築と発展の方向づけを行うのが，企業における研究・技術開発マネジメントの要諦になります。

研究・技術開発は，財務やマーケティング，生産のマネジメントなどと同様に，企業経営を構成するマネジメントの一つです。しかしその一方で，企業独自の技術力を確立し，持続可能な競争優位を構築する上でのてことなるため，特にメーカーでは，最も重要なものの一つになっています。

本章では，この研究・技術開発のマネジメントについて，コア技術戦略と技術ロードマップの作成と活用を中心として，具体的に説明していきます。

## 6.2 用語の整理

新しい技術や製品，生産プロセスなどを生み出す活動は，一般に「研究開発（Research & Development）」，あるいは英語の頭文字をとって「R&D」と呼ばれます。

ただし，このように一括りにされることが多い研究（R）と開発（D）ですが，実際には両者の性格は相当に異なります。一般に，「研究」は必ずしも事業化に直結しない新知識の獲得活動を示す概念であるのに対し，「開発」は事業化・商品化を前提として実用可能な技術や製品，生産方法などを生み出していく活動を示す概念です。言い換えると，研究は必ずしもビジネスを意識しない活動である

のに対して，開発はビジネスを意識した活動だと言えます（藤本，2001b）。

　次に，研究を細かく見ていくと，一般に「基礎研究」と「応用研究」の2つに分けられます（榊原，1995）。前者の基礎研究は，自然・社会現象に関する科学的知識の獲得そのもの，あるいは自然現象のなかに存在する「真理」を解明することを目的とした，一般に「科学（サイエンス）」と呼ばれる分野に属する活動だと見なされています。

　科学では，（あくまでも理念的な話ですが）得られた知識が有用であるか否かは問われません。言い換えると，ビジネスから最も遠い活動だと言えます。そのため，企業が担う場合は少なく，多くの場合に大学や公的研究機関などが担っています（大学のなかでは理学系の学部・大学院が主に担っています）[1]。

　後者の応用研究は，獲得された科学的知識を応用し，実際に用いることができるレベルの知識にまで有用性を高めるための活動を指しており，言い換えると，研究のなかではよりビジネスに近い領域を指す概念だと言えます。そのため，主に大学や公的研究機関などが担っていますが（大学のなかでは工学系の学部・大学院が主に担っています），一部は企業の研究所が担っています。

　さらに，開発を細かく見ていくと，研究の成果を受けて実用可能な技術（要素技術）を生み出し，高度化していく活動である「技術開発」[2]と，そうした要素技術を用いながら具体的な新しい製品やその生産プロセスなどを生み出していく活動である「製品開発」との2つに分けられます（藤本，2001b）。

　仮に基礎研究や応用研究のなかで（学術的な観点から見て）優れた成果が生み出されたとしても，実用に供するという観点からすると，依然として多くの点で課題が残るのが普通です。たとえば，実験室レベルでは安定して再現できる現象が規模を大きくした実験プラントのレベルでは再現できなかったり，性能レベルが未だ低かったりバラツキが大きすぎたり，ある特定の性能は優れていても他の性能（コストや耐久性など）が悪すぎたり，などといった事態がよく起こります。

　そうした難点を克服するための活動のうち，実用化は見据えているものの，具体的な新しい製品やその生産プロセスなどを生み出していくところまではいたらないものが，ここでの技術開発に当たります。この技術開発のなかで生み出される具体的な成果が，製品を構成する要素，および製品や製品を構成する要素の生

---

1　学術的な研究成果と産業分野での研究・技術開発とのつながりは，「サイエンス・リンケージ」と呼ばれます。このサイエンス・リンケージが特に強いバイオテクノロジーの分野（産業的には医薬品業界）では，企業が基礎研究を担う場合もあります。

2　「先行開発」「応用開発」などと呼ばれる場合もあります。

図 6.1 R&D の区分と「研究・技術開発」

産に関わる技術である,要素技術です。

この活動は,開発のなかではより研究に近い領域ですが,完全に実用化を見据えているので,一部は大学や公的研究機関などが担っているものの,主に企業の研究所や技術開発部門が担っています。

一方,この技術開発で生み出されたり高度化された要素技術をまとめ上げて具体的な新しい製品を生み出していく活動は,イノベーション・プロセスの次のフェーズである製品開発が担うことになります。

以上を整理しましょう。一般に R&D と呼ばれる活動は,大きくは研究と開発に分かれます。そして,前者の研究は,基礎研究と応用研究の2つに分かれます。一方,後者の開発は,技術開発と製品開発の2つに分かれます。

このうち本書で「研究・技術開発(research and technology development)」と呼んでいるのは,上の応用研究と技術開発を合わせた活動であり,どちらかというと後者に重きを置いた概念です。第2章でも説明しましたが定義をもう一度説明すると,研究・技術開発とは,新しい製品を実現するための基礎となる,重要な要素技術を生み出したり,高度化したりする活動です(図6.1)。

この活動は,研究寄りの領域では主に大学や公的研究機関などが担いますが,開発寄りの領域では主に企業の研究所や技術開発部門が担うことになります。

## 6.3 コア技術戦略

### ◯ 研究・技術開発とコア技術戦略

　一般に，「製品やサービスの本質部分での差別化が困難になり，企業の側がいくら差別化に向けて努力しても顧客の側がほとんど違いを見出すことができなくなった状況」のことを「コモディティ化」と言います（恩蔵，2007）。

　近年，競合企業との差別化が難しくなった結果，このようなコモディティ化と呼ばれる同質的な競争に陥り，経済的成果（利益）を獲得することが困難な状況に陥る業界や企業が増えています。実際，どの業界でも，製品やマーケティング戦略で小手先の差別化を図ろうとして，仮に一時的に成功したとしても，すぐに他社に模倣されてしまい，再び同質的な競争に戻ってしまう傾向が強まっています。

　そうならないためには，企業独自の技術をベースとした本質的に差別化された製品を開発した上で，生産や流通，マーケティング，ビジネスモデルなどでも差別化を図り，そうした複合的で他社から模倣されにくい差別化によって市場での成功を目指す必要があります。研究・技術開発のフェーズでは，こうした本質的な差別化の中核となる企業独自の技術を確立し，発展させることが目指されることになります。

　本書では，企業が有する技術や知識のうちで，特定の製品や製品グループを越えて，あるいは特定の事業部を超えて，また現在だけでなく過去から未来までに及んで，企業全体として共有される集合体のことを，「コア技術」と呼ぶことにします。コア技術の例としては，味の素のアミノ酸技術，ダイキン工業の冷媒制御技術，花王の界面物性制御技術などがあげられます。

　ここで注意すべき点は，事業部や企業全体で1つのコア技術しか持てない，というわけではないということです。たとえば2024年5月時点で，公表されているダイキン工業空調事業のコア技術は3個，花王（全社）のコア技術は14個，後で事例を紹介する米国の3M（全社）のコア技術は49個にも及びます（図6.2）。

　また，たとえば富士フイルムが公表しているコア技術は，粒子形成技術，機能性分子技術，機能性ポリマー，酸化還元制御技術，ナノ分散技術，精密塗布技術，

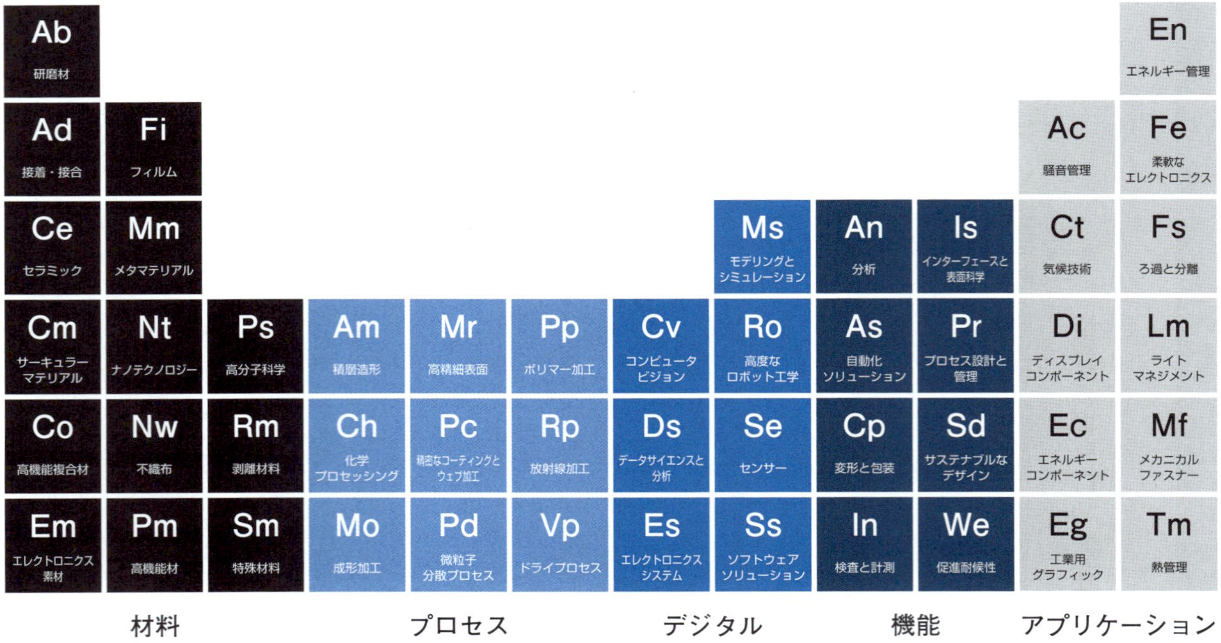

図6.2 3Mのコア技術（テクノロジープラットフォーム）

**材料**
- Ab 研磨材
- Ad 接着・接合
- Fi フィルム
- Ce セラミック
- Mm メタマテリアル
- Cm サーキュラーマテリアル
- Nt ナノテクノロジー
- Co 高機能複合材
- Nw 不織布
- Em エレクトロニクス素材
- Pm 高機能部材
- Ps 高分子科学
- Rm 調達材料
- Sm 特殊材料

**プロセス**
- Am 積層造形
- Mr 高精細表面
- Pp ポリマー加工
- Ch 化学プロセッシング
- Pc 精密コーティングとウェブ加工
- Rp 放射線加工
- Mo 成形加工
- Pd 微粒子分散プロセス
- Vp ドライプロセス

**デジタル**
- Ms モデリングとシミュレーション
- Cv コンピュータビジョン
- Ro 高度なロボット工学
- Ds データサイエンスと分析
- Se センサー
- Es エレクトロニクスシステム
- Ss ソフトウェアソリューション

**機能**
- An 分析
- Is インターフェースと表面科学
- As 自動化ソリューション
- Pr プロセス設計と管理
- Cp 変形と包装
- Sd サステナブルなデザイン
- In 検査と計測
- We 促進剤保持

**アプリケーション**
- Ac 騒音管理
- En エネルギー管理
- Ct 気候技術
- Fe 柔軟なエレクトロニクス
- Di ディスプレイコンポーネント
- Fs 濾過と分離
- Ec エネルギーコンポーネント
- Lm ライトマネジメント
- Eg 工業用グラフィック
- Mf メカニカルファスナー
- Tm 熱管理

(出所) 3Mテクノロジープラットフォーム（スリーエム ジャパン提供）

製膜技術，精密成形技術，撮像技術，システム設計，MEMS（Micro Electro Mechanical Systems）技術，バイオエンジニアリングの12個です（2024年5月現在）。名称だけを見ても，同社のコア技術が，さまざまな視点から定義されていることが分かります。

このようにコア技術は，内容と範囲の広さを柔軟に定義することが可能です。ただし，それぞれのコア技術について，具体的な中身や製造ノウハウ，知財など，技術の内容は社内で明確に設定されなければなりません。

研究・技術開発のマネジメントでは，特定の技術分野に集中して資源（ヒト・モノ・カネ・情報）を投入してこのようなコア技術を生み出し，育て上げ，その技術をベースとした新製品を次々と開発し，市場に導入していくと同時に，コア技術のさらなるレベルアップを図ることが重要となります（e.g., 藤末，2005；延岡，2006；伊丹，2009；高井・宮崎，2009）。こうしたコア技術の形成・発展をてこにしたマネジメントが，「コア技術戦略」です。

以下では，主に延岡（2006）に依拠しながら，コア技術戦略について詳しく説明していくことにします。

## ○ 特定の技術分野の「活用」と離れた技術分野の「探索」の「両利き」

近年では，どの技術分野においても企業間の技術力が均質化しており，そのため仮に革新的な技術で一時的に先行できたとしても，競合企業に比較的短期間で追いつかれてしまう場合が多くなっています。また，どれだけ巨大な企業であっても，保有する資源は有限です。そのため，企業が技術面での持続的な競争優位性を確立するためには，総花的な資源配分を避け，特定の技術分野の研究・技術開発に，競合企業よりも，より集中的に，より長い期間取り組むことが求められます。

一方，ある特定の技術分野に集中して研究・技術開発を進めていると，何をどうすればどのような結果が得られるのか，何か課題が生じた際にどのようにすれば効率的に原因が究明できるのか，どのような方法を用いれば課題を解決できるのかといったことが，だいたい予測がつくようになってきます。そうなると，ますます現在の技術や知識の範囲内で研究・技術開発が進められるようになり，仮に課題解決に新しい技術や知識の獲得が求められることになっても，当該技術分

野の周辺の狭い範囲を学習するだけにとどまりがちになります。こうした狭い範囲を深掘りしていくタイプの学習を，組織論では「活用（exploitation）」型学習と呼びます。

　こうした活用型の研究・技術開発を続けて，特定の技術分野の技術や知識の深掘りに注力しすぎてしまうと，開発の効率性は向上することになるのですが，技術や知識のめぼしい組み合わせパターンがあらかた試し尽くされていくにつれて，その成果はどんどん小粒化し，やがては技術進歩のペースが逓減していくことになります。このように，活用型の研究・技術開発は，目先はローリスク・ローリターンである一方，長期的には先細りのリスクが高い開発活動だと言えます。

　こうした事態に陥ることを避けるためには，遠く離れた分野の技術や知識を広く探索し，取り入れていくことが求められます。こうした広い範囲で新しい知識を求めていくタイプの学習を，組織論では「探索（exploration）」型学習と呼びます。

　こうした探索型の研究・技術開発は，「土地勘のない」技術や知識を取り扱い，技術や知識のまったく新しい組み合わせパターンを試すことになるので，失敗の可能性は高く，開発の効率性は低いのですが，予想外の大成功を収める可能性もあります。このように，探索型の研究・技術開発は，目先はハイリスク・ハイリターンである一方，長期的な成長をもたらしうる開発活動だと言えます。

　一般に，ほとんどの企業では，ハイリスク・ハイリターンよりもローリスク・ローリターンのほうが，言い換えれば，探索型学習によるラディカルなイノベーションよりは活用型学習によるインクリメンタルなイノベーションのほうが好まれます。そのため，遠く離れた分野の新しい技術や知識の探索はなおざりにされて，既存の分野の範囲内での技術や知識の活用に偏りがちになります。これは，第4章で紹介したコンピテンシー・トラップと同様の現象です（Levitt and March, 1988；入山, 2019）。

　こうした罠に陥ることを避け，研究・技術開発からの成果を最大化するためには，既知の特定分野の技術や知識の深掘りに注力しつつ，当該分野から遠く離れた分野の技術や知識を広く探索し，取り入れ，自社が蓄積した特定分野の既存の技術や知識と融合し，これまでにないまったく新しい技術や知識を生み出していくことが，言い換えると活用と探索とを両立することが，求められることになります。これが，組織論で「両利き（ambidexterity）」と呼ばれるアプローチです。

　タッシュマンとオーライリーらは，コンピテンシー・トラップに陥ることなく，新しい知識の獲得を目指した探索型学習（知の探索）と既存知識の利用を重視し

た活用型学習（知の活用）の両方を高い次元でバランス良く同時に実現し，良好な業績を長期に渡って維持することができている企業群が存在することを明らかにしています（Tushman and O'Reilly III, 1997; Lavie, Stettner, and Tushman, 2010; O'Reilly III and Tushman, 2016）。つまり，両利きは可能であり，望ましいというわけです。

こうした両利きをR&Dの分野で実現することが，コア技術戦略の狙いの一つになります。

## ○ コア技術戦略の理想モデル

きちんと定義すると，コア技術戦略とは，「特定分野の技術を長期的な視点から育成する一方で，その技術を使って多くの市場を対象とした多様な製品を開発し，市場に導入していく戦略」のことを意味します。

ここでのポイントは，ある特定の技術分野に集中して，当該分野の技術や知識の深掘りに努めつつも，その技術をベースとした製品や対象とする市場は分散するということです。また実施に際しては，コア技術の用途の拡大や技術の大幅なストレッチを目指した製品開発を織り交ぜたり，ときには新規コア技術の追加を狙った研究・技術開発も手がけることによって，遠く離れた分野の新しい技術や知識の探索も行うように仕向けて，コア技術の強化と拡大を目指していくことが重要になります。

図6.3は，コア技術戦略の理想モデルの概念図です（延岡, 2006）。以下，この図を用いて，コア技術戦略の考え方やプロセスを説明します。

この図では，コア技術の候補である要素技術4と5が最初に実装されて，製品1が開発されています。ここでの要素技術としては，たとえば原材料，特定の機能を担う部品，生産技術など，さまざまなものが考えられます。重要な点は，当初の段階では要素技術の4と5はコア技術の候補にすぎず，製品1の開発によって技術や市場でのポテンシャルが評価されて，次のステップに進むということです。

次に開発されるのは製品2ですが，この際には，要素技術4と5は，製品1で開発された技術をベースとしながらも，さらに試行錯誤が繰り返され，この製品開発のなかで改善・高度化されることになります。丸印のなかが白色から灰色に変わっているのは，同じ要素技術でも，よりレベルが向上していることを示して

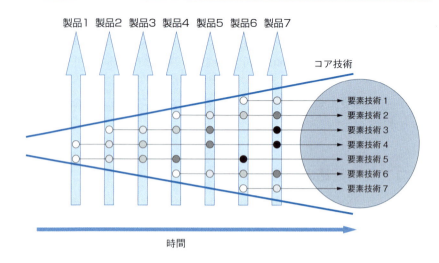

(出所）延岡健太郎（2006）『MOT［技術経営］入門』，日本経済新聞出版，p.107 を一部修正

**図 6.3　コア技術戦略の理想モデル**

います。さらに製品 2 では，新たに要素技術 3 が追加されています。

　製品 3 以降の開発でも同様に，既存の要素技術は改善・高度化されます。丸印のなかが灰色からより黒色に近く変わっているのは，同じ要素技術でも，さらにレベルが向上していることを示しています。同時に，要素技術 1・2・6・7 などいくつかの新しい要素技術が加えられ，そうした新たに付加された要素技術も改善・高度化されていきます。このように何度も製品開発を繰り返していくことによって，コア技術を構成する各要素技術の深みが増し，さらには要素技術の広がりが生まれることになります。

　さらに，製品 3 以降では意識的に，用途の拡大や新しい市場の開拓を目指した製品開発や，技術の大幅なストレッチを目指した製品開発を織り交ぜることが重要です。また，それとは別に，ときには新規コア技術の追加を狙った研究・技術開発も行うことが重要です。これらの施策によって，解決されるべき課題のハードルを高く設定し，遠く離れた分野の新しい技術や知識の探索を行わざるをえなくなるように仕向けて，コンピテンシー・トラップを回避し，コア技術の強化と拡大を図っていくことが可能になるのです。

このモデルにおける第1のポイントは，ある技術領域を選択し，その分野をコア技術と定めたら，そこからブレない戦略マネジメントを続けるということです。個別の製品開発の最適化だけを考えていると，コア技術をさまざまな製品に実装し，その製品開発の過程でコア技術を鍛え続けるということができなくなってしまいます。ブレないようにするために，製品開発の目的の一つがコア技術を育てることだ，ということを明確に打ち出さなくてはなりません。

第2のポイントは，コア技術戦略が長期の期間をカバーする概念であり，目先の成功・失敗に右往左往するべきではないということです。図6.3にある製品1〜7のうち，すべてが成功するということは，通常ではありえません。コア技術戦略では，個別製品の成功／失敗はもちろん重要ではありますが，それ以上にコア技術の高度化・拡大が図られたのかどうかが重要になります。たとえば販売面では失敗であっても，コア技術の高度化・拡大が図られたのであれば，次の製品での成功の確率は高まります。事業や企業としてのリスク・コントロールを徹底した上で，ある程度の失敗は許容する姿勢が重要となります。

このモデルの第3のポイントは，ある特定の技術としてコア技術が最初から存在するわけではなく，候補となる技術を使って製品化していくプロセスを経ていくなかで，コア技術が次第に構築されていくという点です。

変化が激しく不確実性も非常に高い現代において，10〜20年先までの市場環境や競争環境を正確に予測した上で，完璧なコア技術戦略を策定し，事前に計画した通りに実行していくということは，そもそも不可能です。もちろん，戦略や計画の策定は必要ですが，その実行のなかから技術や市場，顧客についての学びを深めて，戦略や計画の修正に反映していくことがより重要になります。

その意味で，図6.3のモデルの対極にある，まずはコア技術を開発して，次にその技術を多様な製品に応用することを試みるというやり方は，事前計画の合理性への過信が見られ，リスクが高いと言えます。

そうではなく，コア技術戦略では，特定の技術領域をコア技術の候補として定めたら，その範囲内にある要素技術を実装した製品を次々と開発することによって，技術をさらに高度化・拡大し，その成果の技術を実装した製品をさらに開発するといった具合に，研究・技術開発と製品開発との間に相乗効果を持たせながら，コア技術を育て上げ，長期的に深化・発展させていくことが求められるのです。ここは重要な点なので，6.4節の「技術ロードマップ作成の留意点：③研究・技術開発と製品開発のスパイラル」のところでもう一度詳しく説明します。

## ◯ コア技術の選定と入れ替え

　コア技術戦略では，比較的早い段階で，どの技術領域でコア技術を構築していくのかを決める必要があります。まずは技術の棚卸しを行い，コア技術の候補になりそうな要素技術について製品開発を実施し，技術と市場のポテンシャルを探ります。そうした試行を何度か繰り返すなかから，企業はどこかのタイミングで，コア技術として育てる技術分野を決定し，ブレずに集中的な投資を続けていくことになります。

　ただし，ある特定の技術分野を一度コア技術と決めたら，ずっとそのままでよいというわけではありません。コア技術を実装した製品の開発をいくつか行った上で，その結果次第ではポテンシャルがないと判断し，コア技術から外すことが求められる場合があります。

　また，コア技術が競合他社に模倣されてしまったり，あるいは競合技術に比較して技術進歩のポテンシャルが大幅に低下してしまったり，技術が陳腐化して顧客価値に結びつきにくくなってしまったりした場合にも，コア技術から外すことが求められます。

　逆に，新たなコア技術を付け加えることもあります。基礎研究や技術開発の成果として，あるいは外部から導入した技術のなかから，コア技術として育てるに足るポテンシャルがあると判断されるものが出てくれば，集中的な投資を開始することになります。

　こうした際のコア技術の判断基準としては，主に①独自性と優位性，②顧客価値への貢献，③応用範囲の広さと柔軟性，の3点が重要になります（延岡，2006；高井・宮崎，2009）。

　①の独自性と優位性とは，その技術を他の企業よりも高いレベルで保有し続けることができるかどうか，ということです。もしそうでないならば，そして将来的にもそうでない状況が続くことが見込まれるのであれば，その技術は競争優位の源泉にはなりえないので，コア技術として育成していく意味は乏しいと言えます。

　②の顧客価値への貢献とは，その技術を実装することによって実現されるであろう機能が，顧客が対価を支払ってでも欲しいと思うようなものなのかどうか，ということです。その技術によって生み出される顧客価値が小さく，将来的にも小さいままだと見込まれるのであれば，コア技術として育成していく意味は乏しいと言えます。

　③の応用範囲の広さと柔軟性とは，その技術が，複数の市場を対象とした幅広

い製品に適用可能なポテンシャルを有しているのかどうか，ということです。もしポテンシャルが小さければ，技術を展開する市場や製品分野に行き詰まるリスクが高まり，さらにはさまざまな製品に実装することによって強みを強化することも難しくなるので，コア技術として育成していく意味は乏しいと言えます。

　ある技術をコア技術に据えてコア技術戦略を実行するのであれば，容易にブレるようではいけません。しかしその一方で，一度決めたら絶対に変えないというのもよくありません。これは程度の問題です。選択したコア技術にどこまでコミットするべきなのかは，企業全体の戦略のなかでのそのコア技術の位置づけに依存するので，1つの明確な物差しがあるわけではありません。重要な点は，判断基準をブレさせないようにして，情勢の変化に応じて適宜コア技術の見直しを図っていくということなのです。

## ○ コア技術戦略の組織マネジメント

　コア技術戦略では，コア技術を事業部門や機能部門を超えて共有し，活用することが求められるので，組織マネジメントが非常に難しくなります。

　まず，関連する要素技術の集合体をすべてどこか1つの研究所や事業部門，機能部門が集中的に所有・管理するのか，それとも分散して所有・管理するのかが問題になります。筆者らが見聞きした限りでは，それぞれの研究所や事業部門，機能部門が自らに関連した（コア技術を構成する）要素技術を分散して所有する一方，所有する部門の長などを構成メンバーとする全社横断的な会議体を作り，技術企画部門などがサポートし，全社的観点から管理している企業が多いようです。

　次に，コア技術を活用して製品を開発するとなった場合に，コア技術を所有・管理する研究所や事業部門，機能部門と，開発される製品を手がける事業部門とで，共同で製品開発に取り組まなくてはならないのですが，それをどうマネジメントするのかが問題になります。これについては，小規模な場合には関連する部門間での交渉や担当者の個人的な人的ネットワークなどを通じて柔軟に対応し，大規模な場合には全社横断的な大型プロジェクトを組み，本社の予算で開発を進めるケースが多いようです。

　ただし，コア技術戦略を実行していく上では，そうした組織図上の組織体制のあり方（"ハコ"の区分け方やつなげ方）よりも，部門の壁を越えた協力関係を柔軟に築いていくための人的ネットワークの構築や，部門の壁を越えた協力を当

たり前のこととする企業文化の構築の方が，より重要なようです。

こうしたものの構築は，一朝一夕にはできません。コア技術を活用して共同で製品開発を行うことで，コア技術の出し手の部門もコア技術を使用する側の部門も得をする。そうした成功体験を積み重ねることによってのみ，コア技術戦略の有効性が全社的に理解され，部門の壁を越えた協力関係の土台となる人的ネットワークや企業文化が次第に形成されていくことになるのです。

## ○ 3 M の 事 例[3]

ここで，コア技術戦略を実行している企業の例として，イノベーティブな企業として世界的に有名な米国の「3M Company」（以下「3M」）の事例を紹介します。

3M では，コア技術を「テクノロジープラットフォーム（Technology Platforms: 以下 TP）」と呼んでいます。同社では TP を，「複数の市場に向けて，複数の製品を生み出すことのできる特定の技術基盤」と定義しています。2024 年 5 月時点で 3M は，材料，プロセス，デジタル，機能，アプリケーションの 5 分野に，計 49 個の TP を設定しています（前掲図 6.2）。

同社では，複数の TP を組み合わせ，また 1 つの TP をさまざまな用途の製品に応用しながら，次々に新たな製品を生み出し続けてきました。たとえば古い事例でいうと，接着・接合技術とフッ素化学技術のかけ合わせで「セロハンテープ」が，接着・接合技術と研磨剤技術のかけ合わせで「サンドペーパー」（紙やすり）が，接着・接合技術とセラミック技術とライトマネジメント技術のかけ合わせで「ビーズ型再帰性反射シート」（光が入った方向に戻るように反射するシートで，夜間の安全確保用に，道路標識やナンバープレートなどで使用される）が，接着・接合技術と研磨剤技術と高精細表面技術のかけ合わせで「トライザクト研磨剤」（目詰まりしにくく，研磨性能が長続きする紙やすり）が，高精細表面技術とフィルム技術のかけ合わせで「DBEF（Dual Brightness Enhancement Film）」（液晶の輝度を大幅に向上させる光学フィルム）が，それぞれ開発され，大ベストセラー商品になっています。

同社では，1 つの TP から平均して 1,000 以上の製品が開発されており，企業全体では 800 を超すブランドと商標，5 万 5,000 を超える製品を有しています。また，毎年開発される新製品も約 1,000 種類におよび，過去 5 年以内に開発され

---

3 以下の記述は，延岡（2006），河合・伊藤・山路（2017），『3M Japan Impact Report』の各年版（2021 年までは『3M Sustainability Report』），同社ホームページなどを再構成したものです。

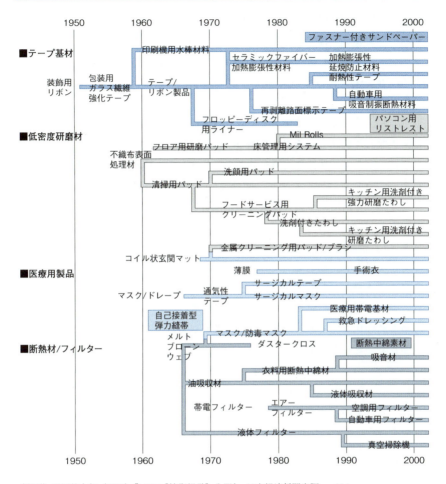

(出所）延岡健太郎（2006）『MOT［技術経営］入門』，日本経済新聞出版，p.114

図 6.4　3M におけるコア技術の活用例（不織布技術）

る新製品の売上げが全社売上高に占める比率（「NPVI（New Product Vitality Index)」と呼ばれます）は，2007 年には 25％，2015 年には 32％にも達していました（現在は非公表）。

　図 6.4 では，3M の TP の一例として，不織布に関する活用例を示してあります。TP の不織布からは，テープ基材，低密度研磨材，医療用製品，断熱材／

フィルターの4つの応用分野で商品が展開されています（図には記載されていませんが，2000年代以降，低密度研磨材は拭き取り・研磨剤に名称が変更され，断熱材／フィルターはフィルターと断熱材・吸着剤の2つの応用分野に枝分かれしました）。同社が不織布の最初の製品として装飾用のリボンを開発したのが1948年ですから，それから75年以上にわたり，不織布というコア技術から多くの新製品を開発・導入しているのです。

　もちろん，そのなかには市場で失敗した製品も数多くあります。しかし重要な点は，失敗した製品も含めて，不織布の技術分野に焦点を絞って多くの製品を開発した結果として，他社の追随を許さないレベルで不織布に関する技術を高度化し拡大してきたということです。同社では，こうしたTPを49個も有しているので，それらを活用することで質の高い技術を効率よく生み出すことができます。

　3Mでは，「会社全体の財産であるTPを遊ばせることなく，徹底的に『しゃぶり尽くす』」製品開発が奨励されています。同社は，個人の自由に任せた創造的な開発が奨励されていることで有名です。ただし，TPを使った新製品の開発のほうが，そうでないものよりも高く評価されます。コア技術戦略における製品開発は，売れる製品を開発することだけが目的ではなく，製品開発の結果としてコア技術を高度化・拡大することがむしろ重要であることを，同社の経営陣が明確に意識しているからです。


　3Mには，全社レベルの研究所（コーポレートリサーチ研究所），事業グループに属する研究所，事業部ごとの製品開発部門がありますが，TPを活用した製品開発を行うにあたっては，そうした部門の壁を越えた協力体制がつくられます。

　3Mには「製品は各事業部に帰属するが，技術は会社全体の財産」という言葉があり，「TPは全社的にボーダレスに共有されなければならない」とする意識が共有されています。すべてのTPはデータベース化されて同社のイントラネット上で公開されており，どの国の，どの事業部や研究所に属している研究者や技術者であっても，自由にアクセスすることができます。

　また，このデータベースで特徴的な点は，技術内容だけにとどまらず，その技術に詳しい社内の専門家の連絡先まで記載してあるということです。ある技術についてより詳しいことを知りたい場合は，面識がなくとも，彼／彼女らに電子メールや電話，オンラインの打ち合わせ，直接の面談等で相談することができます。助言を求められた専門家は，どれだけ忙しくても100％対応することが，不文律で定められています。

製品を開発する際には，技術者は必要に応じて，個人のインフォーマルな人的ネットワークを通じて部門を超えた協力関係をつくります。同社には有名な「15％ルール」と呼ばれる不文律があり，個人が自分の勤務時間の15％を，自分が興味を持っている研究や開発につぎ込むことが認められています。この15％ルールを使って，個人が自分のアイデアをもとに協力者を募って開発を進めたり，あるいは逆に他の技術者のチームに参加して開発を進めるといったことが，部門の壁を越えて自由にできるようになっているのです。

3Mでは，そのような部門の壁を越えた自由なコミュニケーションを生み出すネットワークの重要性を認識し，さまざまな機会を通じて，研究者や技術者間のコミュニケーションを奨励しています。

たとえば3Mでは，異なる分野の専門家である研究者や技術者を交流させる仕組みとして，「3M Tech Forum」（通称「テクフォーラム」）と呼ばれる活動を，1951年から行っています（日本では1985年から）。テクフォーラムは3M内の学会のようなもので，日本では年に2回，テーマごとの発表やポスターセッション，セミナー，各種のイベントなどが実施されます。このテクフォーラムは，活動資金は会社が負担するものの，研究者や技術者の自主運営に任されており，経営サイドは「お金は出すが口は一切出さない」という不文律が徹底されています。地域レベル（欧州やアジアなど）や全社レベルのテクフォーラムもあり，すべてを合わせると全社で毎年1万人以上の研究者や技術者が参加します。加えて3Mでは，世界各地に100以上のテーマの勉強会（「チャプター」と呼ばれる）が形成されており，2022年には勉強会絡みで世界で1,000以上のイベントが開催されました。

このようにして築かれた部門の壁，国や地域の壁を越えた人的ネットワークが，TPをベースにした多くの製品開発で活用されているので，同社のコア技術戦略はうまく機能しているのです。

さらに，上記の15％ルールは，全社レベルの研究所や事業グループの研究所に属する研究者にも適用されています。そのため各研究者は，会社の業務で手がけているテーマ以外の研究に，上司の許可なしで，単独で，あるいは仲間を募って，取り組むことが可能です。そうした，研究者個人の興味に沿った研究活動によって，既存の領域とはかけ離れた新しい領域への知の探索活動が活発に行われています。

また，こうした自主研究の成果が各研究所のテクニカル・カウンシル（TC：技術委員会）で正式な研究テーマとして認められれば，予算も人員もつくことに

なります。さらに，R&D 担当のトップ（上級副社長）が委員長を務める CTOC（コーポレート・テクニカル・オペレーションズ・コミッティ：全社技術オペレーション委員会）で将来的な TP の候補として認められれば，全社レベルでのより一層大きな予算と人員が投入されることになります。そして，そのなかで特に有望な技術については，この CTOC での議論を経て，TP として認定されることになります。

3M では，1990 年代は 34 個，2000 年代は 41 個，2010 年代は 46 個，2020 年代は 2024 年 5 月時点で 49 個と，TP の数を増やしてきました。このように 3M では，既存のコア技術を高度化・拡大するだけでなく，新たなコア技術の創出にも力を入れているのです。

## 6.4　研究・技術開発戦略の策定と技術ロードマップ

### ◯　幅広い関係者を巻き込んだ研究・技術戦略策定の必要性

　こうしたコア技術戦略を踏まえて研究・技術戦略を策定するにあたっては，技術の専門家だけで行うのではなく，幅広い関係者を巻き込んで行うことが必要となります。

　というのも，研究・技術開発戦略の策定や評価を的確に行うためには，社会や市場の動向，顧客ニーズの動向，あるいは競合他社の戦略などについての深い理解が必要不可欠となるからです。

　たとえば，一口に技術の将来性（ポテンシャル）を評価すると言っても，実際にはいくつもある技術的選択肢のうちのどれにも一長一短があるので，将来的に技術のどの側面が重要視されるようになるのかということを抜きにしては判断がつきません。そして，将来的に技術のどの側面が重要視されるようになるのかということは，社会や市場の動向，顧客ニーズの動向，あるいは競合他社の戦略などによって左右されることになるので，当該技術自体の特性の違いだけでは決まりません。

　また，研究・技術開発戦略の策定作業を的確に行うためには，業界を超えた幅広い関連する企業や組織の動向についての深い理解も必要不可欠となります。

たとえば，当該技術のポテンシャルというものは，競合技術を含めた各技術に対する人々の努力投入量や，あるいは各技術を補完する他の技術の発展に応じて大幅に左右されることになります。具体的には，部品や材料などの供給業者がどの程度の資源を研究・技術開発に投入してくれるのか，生産設備メーカーがどれほど優れた設備を開発してくれるのか，世界中の大学などの研究機関がどれほど優れた研究をしてくれるのか。あるいは，ソフトメーカーがどれだけ魅力的なアプリケーション・ソフトを開発してくれるのか。これらの力を，どの技術が一番ひきつけるかが，勝負を分けることになります。

こうした，業界を超えた幅広い関連企業を自社陣営にひきつけることができるか否かは，社会の動向や，競合他社の戦略によっても左右されることになります。つまりここでも，当該技術自体の特性の違いだけでは「正解」は決まらないのです。

以上のような多様な要因を考慮に入れた上で技術のポテンシャルを評価し，研究・技術開発戦略を策定していくという作業を，すべて技術の専門家だけに任せることは適当ではなく，社内外の幅広い関係者を巻き込んでいく必要があります。もちろん，最終的には技術系のトップである CTO（Chief Technology Officer: 最高技術責任者）が判断しなければならないのですが，そのための判断材料として，全社の知識を集約していく意義は大きいと言えます。

しかしその一方で，技術の専門家以外は，比較される各技術の細かい点を理解できない場合がほとんどです。そのため，技術や市場，製品の先行きを視覚化し，技術の専門家以外の社内外の幅広い関係者とも理解を共有しながら，研究・技術開発戦略を策定し評価していくことが求められます。そしてそのための方法として，近年になって盛んに用いられるようになってきたのが「技術ロードマップ（technology roadmaps）」です。

以下では，この技術ロードマップとその活用方法について，コア技術戦略の実践を意識しつつ説明していくことにします。

## ◯ 技術ロードマップとは何か

技術ロードマップについては，多くの研究者や実践家がさまざまな定義づけを行っています。本書では，いくつもある定義の最大公約数をとり，「技術の将来像と，それを達成するための道筋を描き出したもの」と定義することにします[次頁4]。

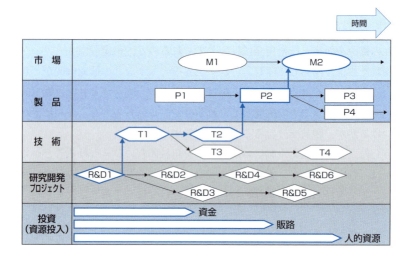

(出所) Phaal, R., C. Farrukh, and D. Probert (2010) *Roadmapping for strategy and innovation: Aligning technology and markets in a dynamic world.* University of Cambridge, Institute for Manufacturing, p.3 の Fig.1.1 と p.102 の Fig.3.31 を大幅修正

図6.5 技術ロードマップの概念図

　一般に技術ロードマップでは，現状から目標に向かっての技術発展の将来的な方向性が，市場，製品，技術，研究・技術開発プロジェクト，投資（資源投入）の5つの階層で，時間軸に沿って工程表的に描かれます。具体的には，時間軸に沿って，将来の市場動向を描き，市場に投入される将来製品のラインナップを描き，それに必要とされる技術の道筋を描き，さらにはそれらを実現するために必要とされる研究・技術開発プロジェクトや投資（資源投入）を入れ込むという形で，多層構造で描かれます。しかも，5年後・10年後，あるいは2030年・2040年といった区切りの時期を明示した上で，定量化しうる指標などによって各段階

---

4 たとえば，ブランスコムは，「技術ロードマップとは，科学的知見による裏づけを持った，技術の魅力的な未来像についてのコンセンサスある表現である」と定義しています（Branscomb, 1993）。また，コストフとシャラーは，「技術ロードマップとは，科学および技術の進むべき方向性と未来像を示し，意思決定者たちにコンセンサスある見解，あるいはビジョンを提供するための道路地図のようなものである」と定義しています（Kostoff and Schaller, 2001）。

の特徴づけが行われます。

　個別企業の技術ロードマップは各社の経営戦略の根幹に直結する重要機密のため，きわめて概略的なものを除いて公表されません。ここでは参考までに，ケンブリッジ大学技術経営センターによる概念図を掲載しておきます（Phaal, Farrukh, and Probert, 2010）（図 6.5）。

　こうした技術ロードマップでは，技術評価に必要とされるさまざまな側面からの情報がワンセットに関連づけられ，時間軸に沿って，概略の部分から詳細の部分まで一貫性をもって多層構造で視覚化されます。そのため，専門を異にする幅広い関係者の共通理解を得るためのコミュニケーション手段として有用です（丹羽，2006）。

　企業内のさまざまな専門部署が，技術ロードマップの作成プロセスのなかで議論し合うだけでなく，でき上がった技術ロードマップを見ながらさらに議論し合うことによって，技術と市場の先行きに関するお互いの理解がはるかに深まり，企業全体としての知識の共有化が図られ，より的確な研究・技術開発戦略の策定と評価，およびコア技術戦略の着実な実行が可能となるのです[5]。

## ◯ 技術ロードマップ作成の留意点：①用途の発見

　技術ロードマップを作成する際には，第 1 に，研究・技術開発の結果としてどのような技術進歩がもたらされるのかを描き出すことよりも，むしろ，「その進歩した技術を用いてどのような顧客価値を提供することができるのか」を考えながら，当該技術の将来的な用途を描き出していくことが重要です。

　ここでは，技術者側の視点からではなく，顧客側の視点に立って，その技術をてこにした新たな需要を意識的に探索し，描き出していかなければなりません。というのも，需要が伴わない技術の開発は，当然のことながら市場において成功を得ることはできないからです。

　技術者は，ともすれば，「高度な技術を確立しさえすれば，あるいは，それを用いた（機能的に）優れた製品を開発できさえすれば成功である」と考えがちです。

　しかし，いかに画期的で高度な技術であったとしても，あるいは，そのような

---

5 技術ロードマップの考え方や作成方法については，日経 BP の「テクノロジー・ロードマップの考え方と活用法 特別編集版」が詳しいので，以下の URL を参照してください。https://project. nikkeibp.co.jp/mirai/trmhfa/kangae.pdf（2024 年 5 月 10 日アクセス確認）。

技術を用いた製品であっても，それが人々の必要や欲求を満たすと認められない限りは，需要を獲得して新たな市場を開拓することはできません。大多数の顧客にとっては，新製品がもたらしてくれるベネフィットが重要なのであって，それがどのような技術によってもたらされるのかは関心の対象外なのです。

だからこそ技術ロードマップでは，技術そのものについての知識が十分ではない人々に対して，「その新技術が提供することのできる顧客価値がいったい何なのか」を，明確に伝えることが必要とされるのです。

ただし，「その新技術が提供することのできる顧客価値」＝「顧客のベネフィット」を見つけ出すことは，当該新技術が画期的なものであればあるほど難しくなります。

たとえば，「アルミよりも軽く，鉄よりも強い」新素材として注目されている炭素繊維は，もともと欧米では 1950 年代から宇宙・航空機産業向けに研究開発が進められていましたが，1972 年に東レが世界初で量産化にこぎつけた際の最初の主要用途は釣り竿用でした[6]。

東レでは 1960 年代に入ってから炭素繊維の研究を進め，1970 年には量産化へのめどをつけたのですが，市場調査をいくら行っても，炭素繊維はコストが高すぎて需要がありませんでした。

そのため同社では，全社員を対象にアンケート調査を行ったり，技術者自らがサンプルを鞄に詰め込んでさまざまな業界の企業を回ったりなどして懸命に用途を探した結果，ようやくオリムピック釣具（現在はマミヤ・オーピー）との炭素繊維製アユ竿の共同開発にこぎつけ，1972 年に製品を市場に投入して好評を博しました。

その後も東レは，1973 年に炭素繊維製のゴルフクラブのシャフトを，1975 年には一部に炭素繊維を用いたテニスラケットを，翌 1976 年には全面的に炭素繊維を用いて，従来のテニスラケットと重量が同じで打球面を大幅に広げた通称「デカラケ」を共同開発して市場に投入し，成功を収めました。

このように初期の炭素繊維を支えた需要は，当初ターゲットと考えられていた宇宙・航空機産業向けではなく，当初は予想もしなかった，趣味性が高くて，機能さえ高ければ高価格をいとわない，スポーツ用のプレミアム・セグメントだったのです。

---

6 東レに関する以下の記述は，青島・河西（2005）などを再構成したものです。

このように，新技術の用途は，当初の段階では誰も予想しなかったところにあることが多いのですが，そうであってもなお，「新技術が提供することのできる顧客価値」＝「顧客のベネフィット」を多くの人にも理解できるコンセプトに落とし込んだ上で，できる限り分かりやすい形で表現することに最大限の努力を払う必要があります[7]。

もちろん，提案された顧客のベネフィットがすべて実現されることは望むべくもないのですが，常にこの点を意識しておくことが，現時点では未だ見えていない将来的な顧客のベネフィットをキャッチするアンテナの感度を高めることにつながっていきます。

また，提案する顧客のベネフィットが具体的であればあるほど，それが内外に向けて発信された段階で，思いもよらなかった方向からの新たな用途開発の提案が寄せられる可能性が高まります。

実務の世界では，「技術をスペックで語るな，顧客ベネフィットで語れ」とよく言われますが，これは技術ロードマップ作成の際にも当てはまります。予想される顧客のベネフィットをできる限り明確化し，できる限り分かりやすい形で表現することこそが，技術ロードマップに"生命"を吹き込むための最も重要な作業なのです。

## ◯ 技術ロードマップ作成の留意点：②連続的な用途開発の道筋の明確化

技術ロードマップを作成する際には，第2に，「当該技術の連続的な用途開発の道筋」を描き出していくことが重要です。というのも，分野によって違いはあるものの，技術の研究・開発や，それを利用した製品の開発には，一般に長い時間と膨大な資源を要するからです。

達成すべき技術的目標が野心的なものであり，越えるべきハードルが高くなればなるほど，そのために要する開発期間はますます長期化します。しかしその一方で，あまりに長い期間にわたって市場で成果を上げることのできない技術の研究・開発は，民間企業では通常認められませんし，大学や公的な研究機関ですら，

---

[7] たとえば，マイクロソフトが提案する「未来のコンピュータ技術が提供することのできる顧客価値」＝「顧客のベネフィット」は，「Microsoft Office Labs vision 2019」（2009 年公開）や「Microsoft: Productivity Future Vision」（2015 年公開）で動画検索すれば，非常にわかりやすい映像で見ることができます（2024 年 2 月 25 日，YouTube にてアクセス確認）。

こうした短期的な成果志向は強まっています。つまり，技術の研究・開発では，短期的に市場成果を出しつつ，長期的な目標に向かって着実な進歩を遂げていくことが求められるのです。

そのため，こうした短期と長期の難しいバランスをとっていくためには，市場規模はさほど大きくないが，技術的な難度がさほど高くないので比較的短期間で立ち上がると予想される用途から，市場規模は大きいが，技術的な難度が高いので立ち上がるまでに長期間を要すると予想される用途にいたるまで，用途開発の対象をいくつかポートフォリオとして用意し，あらかじめ道筋の目星をつけておくことが重要となるのです（藤原・青島，2019）。

たとえば東レにおける炭素繊維の研究開発では，上で述べたように，そもそも宇宙・航空機産業向け用途がメインだと考えられていました。実際に，宇宙・航空機産業では，機体軽量化が燃費の向上に直接結びつくため，強度が高くて軽量な炭素繊維への期待は当初から高かったのです。

しかし，初期の炭素繊維では，コストはもちろん，「売り」であるはずの強度や耐久性でさえも，一次構造材（それが破損すると墜落に直結する重要部材）に使用できるだけの性能に達していませんでした。

その後，技術改良を積み重ねていった結果として，東レの炭素繊維「トレカ」がボーイング製航空機の内装部品の材料としてはじめて採用されたのが 1973 年，ボーイング 757 および 767 の二次構造材（損傷しても運行に支障のない部材）に採用されたのが 1975 年，ボーイング 777 の尾翼やフロアビームなど一部の一次構造材に採用されたのが 1989 年，ボーイング 787 の主翼・胴体を含む機体構造材の半分近くに採用されることが発表されたのが 2004 年，そのボーイング 787 の生産が本格化するのが 2010 年代半ばと，そもそもターゲットだと考えられていた宇宙・航空機産業向け市場が大きく花開くまでに，同社の研究開発の開始から，なんと半世紀以上の歳月が経過しています。

いかなる企業であれ，これだけの長期にわたって十分な市場成果を出さないままに研究開発を続けることは不可能です。実際に東レも，すでに述べたように，最初はスポーツ用途を開拓して新市場を立ち上げ，1980 年代の釣り・ゴルフ・テニスのブームを受けてこの市場を拡大していく一方で，1980 年代からは航空機産業向け市場を徐々に拡大しました。そして，1990 年代に入ってからは産業用市場の開拓を本格化し，2023 年時点では，こうした産業用途，具体的には，橋脚・橋梁の耐震補強，圧力容器，自動車用部品，風力発電用ブレード，船舶，PC（パソコン）の筐体といった用途の部材などが，同社の炭素繊維売上高の半

分以上を占めるにいたっています。

東レが半世紀以上にわたって炭素繊維の技術開発を継続することができたのも，一つには，こうした地道な用途開発があったからこそなのだと考えられます。

むろん，当初の段階で，こうした中長期にわたる新技術の用途開発の道筋を明確に描くことはできないでしょう。しかし，そうであってもなお，開発の時間軸を明確に意識し，短期的に実現可能と思われる用途から，長期間を要すると予想される用途にいたるまでのポートフォリオをあらかじめ想定しておくことは，新技術の研究・開発のリスク・マネジメントにとってきわめて重要です。

だからこそ技術ロードマップでは，「その新技術によって実現可能となる連続的な用途開発の道筋」を明確に描き出すことが必要とされるのです。

## ◯ 技術ロードマップ作成の留意点：③研究・技術開発と製品開発のスパイラル

技術ロードマップを作成する際には，第3に，「コア技術の研究・技術開発と具体的な製品の開発とのスパイラルな相互進化の道筋」を意識して描き出していくことが重要です。

研究所などで生み出された技術は，実用性という観点からすると多くの点で課題が残り，そのままでは製品化できないのが一般的です。特に生産技術や品質に関しては，製品設計を行ったり量産体制に入ったりしてから，あるいは顧客に実際に使用してもらってから，はじめて分かる問題も数多くあります。そのため，研究所などでの研究・技術開発に並行して，実際に製品化することによって問題の解決が図られ，技術進歩が加速されることになります。

このため，コア技術の研究・技術開発と具体的な製品の開発とのスパイラルな相互進化の道筋をあらかじめイメージしておくことは，技術進歩の方向性を明確化し，そのスピードを加速し，最終的に経済的成果を獲得していく上で手助けとなるのです。

こうした点を意識してマネジメントしてきた企業として有名なのが，液晶技術をコア技術とした製品展開を行っていたシャープです[8]。

シャープは，1970年頃から本格的に液晶の技術開発に取り組みはじめ，1973

---

[8] シャープに関する以下の記述は，加藤（2004）や延岡（2006）などを再構成したものです。

年には，電卓の「エルシーメイト EL-805」ではじめて製品化しました。その後も同社は，液晶表示装置をデジタル時計，携帯用のゲーム機（任天堂の「ゲーム＆ウォッチ」や「ゲームボーイ」），コピー機やファクシミリ，ワープロ，電子システム手帳，ノート PC，携帯用ビデオカメラ，フルカラーの PC 用液晶モニター，液晶テレビ，カーナビ，携帯電話などの用途に向けて次々と製品化し，市場に投入していきました。

その一方で同社は，液晶技術そのものについても急速に発展させ，1970 年代・80 年代には，当初の DSM（Dynamic Scattering Mode）型液晶から TN（Twisted Nematic）型液晶へ，その発展形として STN（Super Twisted Nematic）型，DSTN（Double STN）型，FSTN（Film compensated STN）型，TSTN（Triple STN）型，CSTN（Color STN）型の液晶を実用化し，大画面ワープロや初期のノート PC，電子システム手帳などの開発・導入に結びつけました。

1980 年代後半には TFT（Thin Film Transistor）型液晶を実用化し，フルカラーの PC 用モニターやテレビを中心に展開し，さらに 2000 年代に入ると，TFT 型液晶を液晶テレビ向けに発展させた ASV（Advanced Super View）型液晶を実用化し，その技術を応用して携帯電話用のモバイル ASV 型液晶も実用化しました[9]。

シャープにおけるこうした最終製品と液晶技術の共進化は，密接に結びついていました。というのも，新製品での実用化を図る過程でコア技術である液晶技術が向上し，それを土台とすることによってさらに新たな製品への展開の可能性が生まれ，その実用化を図る過程で液晶技術がさらに一層高度化されるという具合に，両者が相乗効果を持ちながら発展したからです。

実際，液晶技術をある特定の新製品に応用する際には，その製品だからこそ求められる機能があるため，その製品に合わせて液晶技術のレベルを向上させる必要がありました。

たとえば，シャープが任天堂のゲームボーイ用の STN 型液晶を開発する際には，ボタン操作に映像が機敏に対応するよう画像の応答速度を高め，なおかつ子供が手荒に扱っても少々のことでは故障しないように耐久性を高めることが求められました。また，液晶モニター付きの携帯用ビデオカメラ「液晶ビューカム」を開発する際には，太陽光のもとの明るい場所でも画像が見えるようにすること

---

[9] 細かい話になってしまうので各液晶技術の詳細については省きますが，DSM 型液晶よりも TN 型液晶およびその派生型のほうが表示情報量が大きく，TN 型液晶よりも TFT 型液晶およびその派生型のほうがコントラスト比に優れ，細かい色彩を表示できるという特徴を有しています。詳しくは，沼上（1999）や鈴木（2005）などを参照してください。

が求められました。電子システム手帳「液晶ペンコム『ザウルス』」を開発する際には，ペンで文字を直接入力できる機能が求められました。ノート PC やフルカラーの PC 用モニター，液晶テレビを開発する際には，それまでとは比べものにならないレベルの表示情報量，色域，視野角，応答速度などが求められました。カーナビ用の液晶表示装置を開発する際には，マイナス 30 度からプラス 80 度近い過酷な温度条件のもとでの動作を保証し，なおかつ 10 年近い寿命を保証することが求められました。

　このようにシャープでは，液晶という技術を多様な製品に応用してみることによって，今までにない高付加価値の新しい製品を作り出していきました。またその過程で，液晶に求められる新しいニーズを具体化し，今までにない領域の要素技術を取り込んで既存の技術と融合させながら，そうした新しいニーズを満たす従来にない新しい液晶を作り出していきました。こうした，液晶技術と製品の間に相乗効果を持たせながら，両者をともに発展・深化させていく技術進化の戦略を，同社では「スパイラル戦略」と呼んでいました（加藤，2004）。

　このようなスパイラルのサイクルを連続して回していくことで，シャープの液晶技術は，業界内で「世界一」と評価されるレベルにまで到達することができたのです。


　ところが皮肉にも，スパイラル戦略の結果として 2000 年代半ばに液晶テレビの代表的メーカーにまで登り詰めたシャープは，その後に液晶テレビへの傾斜をますます強め，もっぱら液晶パネルの大型化のみに注力し，それ以外の用途の研究・技術開発では次第に競合他社に遅れをとるようになりました。たとえば，テレビ用 LED バックライト方式の液晶パネルの量産では韓国のサムスン電子や LG 電子などに，スマートフォンやタブレット端末向けのタッチパネル内蔵型の液晶パネルの開発・量産ではジャパンディスプレイに，カラーマネジメント用（デザイン・印刷・写真など）や医療用（X 線・CT・MRI・超音波・内視鏡などの医療用画像），航空管制用など，高精細で微妙な色調整が求められる液晶パネルの開発ではナナオ（ブランド名「EIZO」）に，それぞれ先行されてしまいました。

　また同社は，2004 年三重県亀山市にテレビ用液晶パネルの巨大な工場を建設し，2006 年にはその隣に第 2 工場を建設し，合わせて 4,000 億円余りを投じました。2010 年には，さらに 4,300 億円を投じて，大阪府堺市に 60 インチサイズのテレビ用大型液晶パネルを効率よく生産できる最先端の巨大工場を建設しました。し

6.4

研究・技術開発戦略の策定と技術ロードマップ

かし，リーマンショック以降の不況で世界的に大型サイズの液晶テレビの売れ行きが落ちたこと，また中型サイズの液晶テレビで価格競争力に優れた韓国，台湾，中国メーカーの参入・増産が相次ぎ，価格低下が急激に進んだことから，新設の堺工場の稼働率は極度に落ち込み，シャープの経営は急速に悪化しました。

今から振り返ると，2000年代後半には少なくとも小〜中型サイズの液晶テレビではオーバーシュートが生じ，普通の消費者にとってメーカーやブランドによる映像の違いは些細なものとなってしまい，差別化の源泉にはなりにくい状況に陥っていました。後知恵にはなりますが，この段階で液晶パネル工場の大規模新規投資に踏み切ったことは，リスク・マネジメント上の問題があったと言えるでしょう。結局，シャープは2016年に台湾のホンハイ（鴻海精密工業）グループに買収されるにいたりました。

この事例は，コア技術戦略において技術も製品・市場も集中することの怖さと，研究・技術戦略の策定にあたって市場や顧客ニーズの動向や，競合他社の戦略を読むことの大切さを，教えてくれるように思います。

## 6.5　産業レベルでの技術ロードマップの活用

### ◯ 半導体技術ロードマップ

ここまで，企業レベルでの技術ロードマップの作成と利用について述べてきましたが，実際には，技術ロードマップは産業レベルにおいてむしろ活発に利用されています。

そもそも技術ロードマップは，1970年代後半に米国のモトローラで，技術の発展と製品の展開との関連を表示するために使われたのが最初だとされています。そして，これが一般に本格的に普及するきっかけを作ったのは，米国国防総省と米国半導体業界が共同出資して1987年に設立した半導体共同研究コンソーシアム「SEMATECH（Semiconductor Manufacturing Technology）」が作成した半導体ロードマップの成功でした。

半導体業界では，第2章で述べたように，関連する要素技術の数が膨大です。そして，たとえば従来の半分の線幅の半導体回路を設計できるような技術が開発されても，それを回路に焼き付けるための適切な半導体露光装置が開発され，な

おかつ半導体回路を焼き付けるシリコン・ウエハーの平坦度のレベルをさらに向上させる技術が開発され，なおかつ空気中の細かいチリを完全に取り除くことのできるクリーンルームを開発する技術が開発され，さらになおかつシリコン・ウエハーを洗浄するための超純水を大量に安定的に供給する技術が開発されない限り，その技術が日の目を見ることはありません。つまり，それぞれの企業が自らの技術を高めるだけでは不十分で，お互いに他社の技術と補完し合わなければ最終製品ができ上がらないという宿命を負っているのです。

　さらには，いくら高度な技術を体現した新しい半導体チップの開発・量産に成功したとしても，その用途が生み出されない限り，「宝の持ち腐れ」になってしまいます。つまり，需要が伴わなければ，新しい半導体チップの開発・量産のために投じる莫大な投資が回収不能になるので，信頼できる将来需要の見取り図が示されない限り，関連する企業すべてが同じ方向に向かって研究・技術開発を進めることはできないのです。

　そこで SEMATECH は，1992 年に，半導体需要を支える製品分野の進展の将来像を示すとともに，半導体に関連する膨大な数の要素技術の発展の方向性と進歩のペースを揃えるために，米国半導体業界の共通ロードマップである『NTRS92 (National Technology Roadmap for Semiconductor)』を制定しました。

　このときはじめて，コンソーシアムでの議論・検討を踏まえて，半導体の将来の用途と，そのために満たされるべき将来の半導体の技術スペック，およびそれを実現するために必要とされる半導体製造に関わるさまざまな装置・材料が満たすべき技術スペックが，達成されるべき期限とともに明示されるようになったのです。

　その後，SEMATECH には欧州，日本，韓国，台湾の半導体関連の企業も加わって「SEMATECH International」となり，ここが母体となって，99 年からは『国際半導体技術ロードマップ (International Technology Roadmap for Semiconductors：ITRS)』が作成・公表されるようになりました[10]。

　そしてその後，この成功に触発されて，世界の先進国では，情報通信技術，鉄鋼技術，医療用機器技術，電力技術，光技術，ナノテクノロジーなど，実にさまざまな業界で技術ロードマップが作成されるようになったのです。

---

10 ITRS の発行は，2015 年版（ITRS2.0）が最後になりました。現在その活動は，コンピュータ業界に関連する幅広い技術の動向を調査してロードマップを作成する「国際システム・デバイス技術ロードマップ（International Roadmap for Devices and Systems：IRDS）」に引き継がれています。

## ◯ 産業レベルでの技術ロードマップの意義

ところで，一口に産業レベルの技術ロードマップと言っても，実際にはさまざまなレベルのものがあります。

一番高いレベルには国をまたぐ国際的なものがあり，上であげた国際半導体技術ロードマップはその典型例です。また，その下には一国のレベルのものがあり，例としては，少し古いですが，図 6.6 に一部を掲載した，経済産業省が中心となって作成した『技術戦略マップ』などがあげられます。さらに下のレベルには，特定の有志企業連合で作成されたものがあります。

こうした産業レベルの技術ロードマップは，対象となる技術分野に関連する各企業が自社の研究・技術開発計画を策定したり，政策当局者が政策選択における優先順位を討議したりする場合などの各局面で，大きな役割を果たすことになります。

たとえば，各企業や大学，各種研究機関の研究者たちは，技術ロードマップによって製品や技術の将来像が明らかにされることで，いつまでに何を開発すればよいのか，そのためにはいつまでに何の技術を実用化しなければならないのか，という目標が示されることになります。さらには，当該技術の将来的な拡大分野，すなわち，現在はその技術体系から抜け落ちているが将来は取り込まれていくと予想される分野も明らかにされることになります。

このように，技術ロードマップの作成は，関連する諸分野の関係者（ステークホルダー）たちに，今後どの技術が最も必要か，自社はどの研究・技術開発に注力すべきか，その開発期限はいつまでか，その研究・技術開発を通じてどのようなビジネスを行うべきかといった，研究・技術開発に関わるさまざまな戦略の選定や評価の基盤を提供し，ひいてはより適切な研究・技術投資ができるように手助けをすることになるのです。

また技術ロードマップは，産業政策を策定する際にも，企業や大学や政府といった諸関係者たちが議論を進めていく上での「対話の共通の土台」となります。

特にハイテク産業の場合，技術進歩のペースが速く，産業全体で分業化が進み，なおかつ各社が持つ要素技術間で相互依存性が高いという特徴を持っています。そのため，技術ロードマップを通じて，1つの業界を形成するさまざまな企業が技術を発展させるために実行すべき研究・技術開発計画の見取り図を共有することで，技術の不確実性を取り除き，各社がどのような具体的な技術を，いつまでに開発しなければならないのか，そのめどを明らかにする意義は大きいのです。

| 技術分野 | 大項目 | 中項目 | 小項目 | 重要課題 | 評価パラメータ | 2007 | 2008 | 2009 | 2010 | 2011 | 2012 | 2013 | 2014 | 2015 | 2016 |
|---|---|---|---|---|---|---|---|---|---|---|---|---|---|---|---|
| | | | | | DRAMハーフピッチ (nm)→ | 65 | 57 | 50 | 45 | 40 | 36 | 32 | 28 | 25 | 22 |
| | | | | | Flashメモリハーフピッチ (nm)→ | 57 | 51 | 45 | 40 | 36 | 32 | 28 | 25 | 23 | 20 |
| | | | | | ロジックM1ハーフピッチ (nm)→ | 68 | 59 | 52 | 45 | 40 | 36 | 32 | 28 | 25 | 22 |
| | | | | | ロジックノード (nm)→ | 45 | | | 32 | | | | | | |
| 半導体 | LSTPデバイス技術 | デバイス微細化 | ゲート長およびゲート絶縁膜厚 | パターン寸法の微細化 | LSTP/LOP物理ゲート長 (nm) | 45/32 | 32/28 | 32/25 | 28/22 | 25/20 | 22/18 | 20/16 | 18/14 | 17/13 | 16/11 |
| | | | | | LSTP/LOPゲートの寸法ばらつき (nm)（加工後の物理長 3σ） | 5.4/3.8 | 4.4/3.4 | 3.8/3.0 | 3.4/2.6 | 3.0/2.4 | 2.6/2.2 | 2.4/1.9 | 2.2/1.7 | 1.9/1.6 | 1.7/1.3 |
| | | | | | LSTP 実効ゲート酸化膜厚EOT：物理的膜厚 (nm) 実効ゲート酸化膜厚EOT：電気的膜厚 (nm) | 1.9 2.53 | 1.6 1.93 | 1.5 1.82 | 1.4 1.71 | 1.4 1.72 | 1.3 1.61 | 1.2 1.51 | 1.0 1.4 | 0.9 1.3 | 0.8 1.2 |
| | | | | | LOP 実効ゲート酸化膜厚EOT：物理的膜厚 (nm) 実効ゲート酸化膜厚EOT：電気的膜厚 (nm) | 1.2 1.84 | 1.1 1.76 | 1.0 1.67 | 0.9 1.22 | 0.9 1.23 | 0.9 1.22 | 0.8 1.2 | 0.8 1.2 | 0.8 1.2 | 0.7 1.1 |
| | | ナノGMOSへ向けた新技術 | トランジスタ構造 | 低コスト<br>短チャンネル効果抑制<br>不純物ランダムばらつき抑制<br>高移動度化 | バルクCMOS<br>FDSOI<br>Double Gate (FinFET)<br>ナノワイヤートランジスタ | バルクCMOS → | → | → | → | → | → | → | | | |
| | | | | | | | | | | UTB FDSOI | | → | → | → | → |
| | | | | | | | | | | Doulble Gate | | → | → | → | → |
| | | | | | | | | | | | | | | | ナノワイヤー |
| | | | 性能向上策 | 移動度向上 | Process Strain | stress Liner → | → | → | → | → | → | → | → | → | → |
| | | | | | | | | | Embedded SiGe on S/D | | → | → | → | → | → |
| | | | | | Substrate Strain | | | | | SGOI, GOI | | | | | → |
| | | | | | 基板面方位 | | | | | (100) and (110) | | → | → | → | → |
| | | | | 電気的ゲート絶縁膜厚の薄膜化<br>ゲート電流の低減 | メタルゲート/High-K | | メタルゲート/Hf系 | | | → | → | → | → | → | → |
| | | | | | | | | | | メタルゲート/La系 | | | → | → | → |
| | | | 新構造トランジスタ | バリスティック係数の向上 | Geチャネル<br>準バリスティック動作 | | | | | Geチャネル | | | | | → |
| | | | | | | | | | | 準バリスティック | | | | | → |
| | | | パラメータ・ばらつき制御技術 | 製造後のトランジスタ特性調整 | Vthコントロール | 基板バイアス → | → | → | → | 独立マルチゲートコントロール | | → | → | → | → |
| | | 混載技術 | メモリ混載技術 | ロジック埋め込み用6Tr. SRAM | 6Tr.SRAMセル面積 ($\mu m^2$) | 0.45 | 0.35 | 0.28 | 0.22 | 0.17 | 0.13 | 0.11 | 0.084 | 0.066 | 0.052 |
| | | | | ロジック埋め込み用<br>6Tr.SRAM代替RAMメモリ | SRAM延命技術<br>マスクレスSOI DRAM<br>高速アクセスNVRAM | 7Tr or 8Tr SRAM → | → | → | → | → | → | → | → | → | → |
| | | | | | | | | | Bodly-floating SOI DRAM | | → | → | → | → | → |
| | | | | | | | | | FeRAM, MRAM, Resistive Switching Memory, など | | | | → | → | → |
| | | | アプリケーション用混載技術 | ロジック混載RF | NMOSFETのfT (GHz) とfmax (GHz) | 170,270 | 200,310 | 240,370 | 280,420 | 320,480 | 360,530 | 400,590 | 440,650 | 490,710 | 550,790 |
| | | | | | インダクタのQ値 (5GHz, 1nH) | 29 | 30 | 32 | 34 | 36 | 38 | 40 | 42 | 44 | 46 |
| | | | | 新アプリケーション用混載素子 | 新混載チップ例 | | ポイントオブケアチップ → | → | → | 大規模ネットワーク → | → | → | → | → | → |
| | | | | | | ICタグ → | センサーチップ<br>スマートダスト → | → | → | → | 大規模ネットワーク → | → | → | → | → |
| | | | 薄膜トランジスタ | ディスプレイ混載TFT | 薄膜LGDドライバ | | | | | | | | | | |
| | | シミュレーション技術 | デバイスシミュレーション技術 | 新規モデルの取り込み | 物理モデル | バリスティック伝導 → | → | → | → | → | → | → | 原子レベルプロセスモデ → | → | → |
| | | | | | 統計的モデル | 信頼性モデル | 統計的信頼性モデ → | → | ナノレベル材料設計モデル → | → | → | → | → | → | → |
| | | | | | コンパクトモデル | ノンクラシカルCMOSコンパクトモデル → | → | → | 量子効果を入れた回路モデル → | → | → | → | → | → | → |

＊青網部分は要求スペック、灰色の網部分は要求スペックを実現するための技術を示す。

（出所）NEDO ホームページ：http://www.nedo.go.jp/roadmap/2007/data/info_rm1.pdf

図 6.6 『技術戦略マップ 2005』情報通信分野の技術ロードマップ（半導体分野：抜粋）

## ○ さまざまなレベルの技術ロードマップの使い分け

一方，個別の企業が自社の競争力を強化していくためには，こうしたさまざまなレベルの技術ロードマップを適切に使い分けていくことが重要になります。

企業は，国際レベルや一国レベルの技術ロードマップづくりに積極的に参加することで，競合他社や，部品・原材料メーカーや生産設備メーカーといった当該技術の開発者サイドだけでなく，当該技術の利用者サイド，あるいは政府サイドなど，ふだんはなかなか接触することが難しい，関連する非常に幅広い関係者の意向を知ることが可能になります。

よく，「技術ロードマップを作成していく過程は，完成した技術ロードマップそのものよりも価値がある（"Roadmapping is rather important than roadmaps."）」と言われますが，実際に技術ロードマップの作成プロセスに参加することではじめて，でき上がった技術ロードマップからでは窺い知れないような，広く深い知識を吸収することが可能になるのです。

そして，そうして得た知識を活かしていくことではじめて，競合他社や関連業界，そして市場の動向を踏まえた，的確な自社技術ロードマップを描いていくことが可能となります。

また，そうした産業横断的な技術ロードマップづくりのプロセスに参加することで，議論のなかに自社の意見を反映させて，最終的にでき上がる技術ロードマップを，できるだけ自社に有利な方向へと誘導していくことが可能になるかもしれません。

技術の方向性というものは，あたかも物理法則のように，客観的に，関係する当事者たちの意図と無関係に存在するものではありません（沼上，1999）。むろん，多種多様なバックグラウンドを持った幅広い関係者たちの意図を自社の思い通りに操作することなど不可能ですが，未だ各関係者たちの予測や思惑が十分に固まりきっていない初期段階であれば特に，自社が考える技術の将来的な方向性を広く知ってもらい，できる限り多くの関係者の賛同を得て，共有してもらうことを通じて，技術進歩のベクトルをそちらのほうへと向けていくことは不可能ではないのです。

さらに，こうした産業横断的な技術ロードマップづくりのプロセスのなかで関係者の合意形成に働きかけを行う活動は，国際レベルや国レベルの技術ロードマップづくりの場が業界標準づくりの活動と連動していることが多いため，近年，さらに重要度を増しています。

業界標準のマネジメントについては次の第7章で詳しく論じますが，せっかく
の研究・技術開発の成果がその後の経済的成果に結びつくかどうかを左右する非
常に重要な要因になります。そのため，国際レベルや国レベルの技術ロードマッ
プづくりの場に参加して，ここで自社の意向をなるべく反映させることができる
かどうかは，その後の業界標準づくりの活動を自社に有利なように展開できるか
どうかを左右することになり，ひいては企業の競争力を左右する重要な要因にな
るのです。

ただし，こうした国際レベルや国レベルの技術ロードマップ作成の場は，どう
しても参加者が多岐にわたり，各技術分野で競合するライバル企業同士が参加す
る形になるため，合意形成に時間がかかり，総花的な議論に終始してしまうこと
が多くなります。

そのため，変化の激しいハイテク業界では特に，各分野の有力企業の多くが，
国際レベルや国レベルの技術ロードマップ作成に積極的に関与していく一方で，
比較的少数の各分野の有力企業と組んで，独自の自社専用の技術ロードマップづ
くりを行っています（安藤・元橋，2002）。

このように，国際レベルや国レベルの技術ロードマップと自社独自の技術ロー
ドマップをうまく連動することによってはじめて，「技術の先行きを的確に読
む」か，あるいは「技術の先行きを『適切』な方向へと誘導する」ことが可能に
なり，ひいては自社の研究・技術開発の成果をうまく経済的成果獲得へと結びつ
けることが可能になるのです。


こうした共通技術ロードマップと独自の技術ロードマップを戦略的に用いる点
で最も優れた成果をあげてきたのが，米国大手半導体メーカーのインテルだとさ
れます（安藤・元橋，2002）。

同社は，国際半導体技術ロードマップ（**ITRS**）の主要メンバーとして，「ムー
アの法則[11]」に基づいた国際的半導体技術ロードマップの作成を推進すると同時
に，関連する技術を有した少数の企業群とともに独自の半導体技術ロードマップ
を作成し，技術開発の進捗状況をたえず点検してきました。

---

11 インテルの創業者の1人であるゴードン・ムーア氏は，1965年に「18ヶ月ごとに半導体の集
積度が2倍になる」という内容の「ムーアの法則」を提唱しました。この「ムーアの法則」は，
単なる現象の解説ではなく，技術ロードマップの一形態だと言えます。ムーアの法則は，半導体
の開発技術がどのようなペースで微細化・高度化するのかを示すことで，関連企業群に開発すべ
き具体的な技術目標と達成期限を明示し，それに向かって努力を集中させる役割を果たしたので
す。

さらに同社は,「エンドユーザーは CPU を購入するのではなくコンピュータを購入している」との観点に立ち,半導体の枠を超えて,PC やサーバーといった最終製品の技術に関する技術ロードマップも作成し,業界標準づくりの活動にも力を入れてきました（Gawer and Cusumano, 2002；Burgelman, 2002；立本・高梨, 2008）。

このようにインテルは,半導体技術のみならず,PC やサーバーといった最終製品の技術全体に関する技術ロードマップをも作成し,業界全体を引っ張ってきたのです[12]。

インテルが,きわめて技術変化の激しい半導体業界で 30 年以上にわたってトップクラスの業績をあげ続けていたのも,同社がこうした役割を率先して果たし,技術の先行きを的確に読みつつ,技術の先行きを自社にとって「適切」な方向へと誘導し続けることに成功したからだと考えられるのです[13]。

## 演 習 問 題

6.1 コア技術戦略で有名な企業を 1 つ取り上げて,①何が同社のコア技術であり,②どのような市場や用途に向けた製品を開発し市場に投入していくことによってコア技術の高度化や拡大を果たしてきたのかについて,調べてください。

6.2 たとえば,脚注 7 で紹介した「Microsoft Office Labs vision 2019」（2009 年公開）や「Microsoft: Productivity Future Vision」（2015 年公開）を視聴した上で,情報・通信技術の発展によって 10 年後の私たちの生活がどうなっているのか,その頃にはどのような新たな顧客価値が実現されているのか,そのためにはどのような技術や製品が開発されなければならないのかを,自由に予想してください。

---

12 非常に概略的なものにとどまっていますが,たとえばインテルが 2022 年に公開した半導体プロセス技術のロードマップについては,同社 HP（https://www.intel.co.jp/content/www/jp/ja/silicon-innovations/6-pillars/process.html）を参照してください（2024 年 2 月 25 日アクセス確認）。
13 ただし,このインテルでさえも,携帯電話やスマートフォン向けの CPU ではクアルコムに,GPU や AI 向け半導体ではエヌビディア（NVIDIA）に,半導体の微細加工技術では TSMC に遅れをとってしまい,2010 年代末から業績が低迷しています。これほどまでに,研究・技術開発のマネジメントは一筋縄ではいかないのです。

# 第 7 章

# 研究・技術開発のマネジメント②：業界標準のマネジメント

　技術セレクションを適切に行い，「魔の川」を首尾よく乗り越えることができたとしても，研究・技術開発のマネジメントはもう十分，製品開発の段階（フェーズ）に入る前の段階で考えておくことはもはやない，というわけにはいきません。

　仮に，せっかく優れた研究・技術開発の成果を得ることができ，その成果を次の製品開発の段階につなげることができたとしても，研究・技術開発のマネジメントの段階で，業界標準のマネジメントと製品アーキテクチャのマネジメントの2つで失敗すると，最終的な経済的成果の獲得が難しくなってしまうのです。

　そこで本章では，このうち前者の業界標準のマネジメントについて，具体例を交えながら詳しく説明していきたいと思います。

○*KEY WORDS*○

規格間競争，世代間競争，標準／規格／スタンダード，業界標準，
デジュリ・スタンダード，デファクト・スタンダード，
フォーラム型スタンダード，ネットワーク外部性，
インストールド・ベース，クリティカル・マス，
クローズド・ポリシー，オープン・ポリシー，
キラー・アプリケーション，互換性，ロックイン

# 7.1　はじめに

かつての日本企業には，「良い技術さえ開発していれば，自ずと事業が成長し，収益を上げることができる」という認識が広く共有されていたように思われます。しかし，現在のような激化する一方のグローバル競争の環境下では，この認識は完全に間違っています。

実際，90年代以降，DVDプレーヤー，携帯電話，薄型テレビなどで，日本企業が研究・技術開発の面では世界の最先端を走りながらも，経済的成果（利益）の獲得には失敗するケースが増えました（榊原，2005；延岡他，2006）。

こうした事態に陥ってしまう理由はさまざまですが，そのうちの重要な要因のうちの一つが，業界標準をめぐる問題です。後で詳しく説明しますが，業界標準とは，当該業界において広く標準（スタンダード）であると認められた製品規格のことです。そして業界標準の確立とは，多くの企業が，現在その規格にのっとった製品を供給し，多くの消費者がそれを使用しており，今後もそうした状況が続くと予想されるにいたったことを意味します。

仮に，せっかく優れた研究・技術開発の成果を得ることができたとしても，業界標準をめぐるマネジメントで失敗すれば，主に以下の3つの理由から，経済的成果が獲得できない恐れが高くなります。

第1に，通信業界やエレクトロニクス業界など，業界標準の行方が重要な役割を果たすような製品の市場における競争では，ひとたびある規格が業界標準の地位を獲得しそうな兆しが現れると，消費者の購買がその規格に集中してしまうからです。

しかも，それがさらにその規格の製品の供給量を増やし，それがまたさらにその製品のユーザーの数を増やし…といった具合に，「成功が成功を呼ぶ」という現象が生じて，最終的には1つの規格だけが勝ち残り，他の規格はすべて市場からの敗退を余儀なくされることになりかねません。

さらにこの競争においては，必ずしも技術的に優れたものが業界標準を獲得するとは限りません。そのため，仮に研究・技術開発の良い成果が得られて，それが技術的に最も優れていたとしても，業界標準を獲得することができずに市場から消えてしまい，経済的成果の獲得に結びつかないことが十分にありうるのです。

たとえば，家庭用のビデオテープレコーダー（Video Tape Recorder：以下

「VTR」）の VHS 方式とベータ方式の競争では，1975 年にソニーのベータ方式，翌 76 年に日本ビクターの VHS 方式の VTR が発売され，その後に価格面や製品機能面で激しい競争が繰り広げられました。

両者の技術を比較すると，ベータ方式のほうが画質は優れており，カセットの大きさもコンパクトであり，テープの痛みも生じにくい構造であったとされます。つまり，技術的にはベータ方式のほうが優れており，それゆえに AV マニアの間では VHS 方式よりもはるかに人気があったとされます（山田，2004b）。

しかし，競争の結果は VHS 方式の圧倒的な勝利に終わり，1980 年代半ばには VHS 方式が VTR の事実上の業界標準になりました。そして，1988 年にはソニーも VHS 方式の VTR の販売に踏み切り，ベータ方式の VTR は市場からほとんど姿を消してしまったのです（正式な生産終了は 2002 年）。

第 2 に，業界標準を獲得しても，その後の競争が激化して，成果獲得が難しくなるケースが多いからです。

業界標準が重要な役割を果たすような製品の市場では，自社の規格を業界標準にするために，他社に対して積極的に自社技術を公開したり，重要部品や製品そのものを供給したりする，といった企業行動がしばしば観察されます。

この種の戦略は，自社規格の採用企業数を増やし，消費者の支持を得て業界標準獲得競争を有利に進める上では有効なやり方ですが，将来の競争相手を増やすという意味では，業界標準を獲得した後の競争にマイナスの影響を及ぼすことになります。すなわち，仮に自社の技術が業界標準を獲得することができたとしても，その過程で競争相手に便宜を与えすぎてしまうと，その後の競争に勝ち抜くことが難しくなってしまい，結局は経済的成果の獲得に結びつかないことが十分にありうるのです。

たとえば，上であげた VTR の VHS 方式とベータ方式の競争では，両陣営が全世界を舞台に熾烈な市場争奪戦を繰り広げました。その過程で，VHS 方式を推進する日本ビクターは，他社に対して非常に低いライセンス料（使用許可の対価としての代金）で積極的に技術を供与し，日立など他社の VTR 機の OEM 生産（相手先ブランドでの生産。たとえば，日本ビクターが日立のロゴの入った VTR 機を生産し，日立はそれを自社の製品として自社の流通網に乗せて販売するというやり方）を積極的に引き受けたり，試作機も無料で他社に貸し出したりするなどして，俗に「ファミリー」と呼ばれる，自社規格を採用してくれる仲間づくりを積極的に進めました。

その一方でソニーは，当初 OEM 生産に消極的で，技術供与を行う際のライセ

7.1

はじめに

ンス料を相対的に高めに設定したことから，なかなか自社規格を採用してくれる
ファミリーが増えず，それがVHS方式に敗れる一つの大きな要因になったとさ
れます（山田，2004b）。

　しかし，日本ビクターの積極的なファミリーづくりの活動は，一方ではVHS
方式に関する技術情報の流布を極端に早めることになり，業界への参入障壁を低
め，技術に基づく製品差別化を困難にする方向に作用しました。その結果，業界
標準確立後の激烈な価格競争を招き，長期的に見た場合，ビクターの収益力は低
下しました（淺羽，1995）。

　第3に，いったん自社規格が業界標準を獲得することができ，業界標準確立後
の競争で優位に立てたとしても，すぐに次世代の新規格との競争に敗れてしまい，
十分な経済的成果を獲得することができないケースが多いからです。

　たとえば，上で例にあげた家庭用のVTRは，1995年に業界標準が確立された
DVD（Digital Versatile Disc）機器に出荷台数ベースで2003年に抜かれ，2000年
代半ばにはほぼ完全に代替されました[1]。この結果，日本ビクターでは，VHS方
式に関連したライセンス料収入がほぼ完全に途絶え，そのことも一因となって経
営危機に陥り，最終的には2007年にケンウッドの傘下に入ることになりました。

　また，VTRを代替したDVDも，2008年には次世代DVDの規格である「Blu-
ray Disc（ブルーレイ）方式」が業界標準を獲得し，さらには2010年代後半か
らはNetflixなどの動画配信サービスも急速に普及したため，その市場規模は縮
小の一途を辿っています。そのため，DVDの規格では主要特許の多くを押さえ
ていたものの，（別の「HD DVD方式（High-Definition DVD）」を推進していた
ため）ブルーレイ方式では特許をほとんど有していなかった東芝は，2010年代
に入るとDVD規格から得られるライセンス料収入が急速に低下したとされます。

　つまり，仮に自社の技術が業界標準を獲得することができたとしても，その後
の世代間競争への対処を誤れば，経済的成果の獲得に結びつかないことが十分に
ありうるのです。

　このように業界標準の問題は，研究・技術開発の成果を経済的な成果にまで結
びつけていくというイノベーション・プロセスのマネジメントを考える際に，避
けては通れない問題なのです。

　なお，業界標準をめぐる競争には，大きく分けて規格間と世代間の2つがあり

---

[1] ただし，これにはDVDプレーヤーとレコーダーの両方が含まれています。

ます。このうち「規格間競争」とは，同一時点での異なる規格間での業界標準獲得をめぐっての競争のことで，VHS対ベータなどの例がこれにあたります。一方，「世代間競争」とは，業界標準となった旧世代規格と，新たに提案された新世代規格の間の競争であり，VTR対DVDなどの例がこれにあたります。

　この2つの戦い方には共通する点もありますが，大きく異なる点もあります。以下，業界標準のタイプについて簡単に解説した後，まずは規格間競争のための戦略を論じ，次に世代間競争のための戦略について論じていくことにしたいと思います。

## 7.2　業界標準とは何か

### ◯　業界標準とは何か

　「標準」や「規格」，あるいは「スタンダード」という用語は，英語ではどれも"standard"であり，多少のニュアンスの違いがあるものの，実際にはほぼ同義で使用されます。本書でも，以下ではこの3つを使い分けしないで用いることにします。

　標準／規格／スタンダードとは，形，寸法，質，重さ，データの記録や読み取りの方式，電気や信号のやり取りの方式などにおける，定められた共通のルール（取り決め）のことを意味しています。こうした標準／規格／スタンダードに従うことで，自由に放置すると多様化・複雑化・無秩序化してしまうモノや事柄に秩序を与え，互換性を保つことができるようになります（古川，1989）。

　たとえば，日本国内の電気器具用のコンセントの形や電圧・電流は，すべてJIS規格によって統一されており，同じ規格によって統一されている日本国内用の電気器具のプラグであれば，どれでも差し込んで使用することができます。しかし，別の規格によって統一されている米国や欧州の電気器具のプラグを差し込んで使用することはできません。

　こうした標準／規格／スタンダードのうち，ある業界内で広く認められた共通ルールを，「業界標準（industry standard）」と呼びます。逆に言うと，「業界標準が存在しない」＝「業界で広く認められた共通ルールがない」ということであり，そうした業界では複数の規格が並立し，それらの規格間での互換性は保証さ

れないことになり，結果として消費者が大きな不便を被ってしまう恐れが高くなります。

たとえば電子マネーの規格では，2024年時点で「Suica」（「PASMO」「ICOCA」など相互利用可能な交通系電子マネーを含む）「楽天Edy」「QUICPay」「iD」「WAON」「nanaco」「VISAのタッチ決済」など複数の規格があり，お店や決済端末（読み取り機）によって対応可能な電子マネーが異なります[2]。また，2019年頃から急速に普及が進んだバーコード・QRコード決済の規格でも，主なものだけで「PayPay」「楽天Pay」「LINE Pay」「d払い」「au PAY」「メルペイ」「FamiPay」「J-Coin Pay」「ゆうちょPay」など複数の規格があり，支払いの際に自分の使いたい規格で支払うことができるのかどうかを確認する必要があります。このように，利便性が高いことが売りのはずのキャッシュレス決済ですが，複数の規格が並立することによって消費者の利便性はおおいに損なわれています。

## ○ 「業界標準」のタイプ

業界標準は，その決まり方の点でいくつかのタイプに分かれます（山田，2004b）。

第1に，「デジュリ・スタンダード（"dejure standard"：公的標準）」と呼ばれる，国際的機関や行政機関などが定める標準があります（「デジュール」と発音する場合もあります）。ちなみに "dejure" とは，ラテン語で「プロセスに正統性がある」という意味で，かつては標準といえば，国などが定めるこのデジュリ・スタンダードのことを意味していました。

このデジュリ・スタンダードは，その適用範囲に応じて分類できます。まず，最も広範に適用される標準として「国際標準」があります。国際標準とは，ISO（International Organization for Standardization：国際標準化機構）やIEC（International Electrotechnical Commission：国際電気標準会議），ITU（International Telecommunication Union：国際電気通信連合）のような，世界的な公的標準化

---

2 正確には，「Suica」「楽天Edy」「ICOCA」「nanaco」「iD」「QUICPay」など日本で使用される多くの電子マネーや，スマホ決済の「Apple Pay」「おサイフケータイ」では，ソニーが開発した「FeliCa（フェリカ）」（「Type-F」）というNFC規格（「Near Field Communication：近距離無線通信」の略称）が利用されています。そのため，データを物理的にやり取りする方式（データの読み取り，記録，送受信などの方式）は同一です。しかし，やり取りされるデータの形式などが各規格によって異なるため，互換性を図るためには，データ形式の変換などを行うことのできる特別な決済端末（読み取り機）を備える必要があります。

機関で合意された標準規格です。

次に適用範囲が広いのが,「地域標準」です。地域標準とは,CEN（ComiteEuropeen de Normalisation：欧州標準化委員会）や CENELEC（ComiteEuropeen de Normalisation Electrotechnique：欧州電気標準化委員会）のような,地域内の公的標準化機関で合意された標準規格です。ただし,現時点で地域標準を有しているのは欧州のみです。

その次に適用範囲が広いのが,「国家標準」です。国家標準とは,JISC（Japanese Industrial Standards Committee：日本産業標準調査会）や ANSI（American National Standards Institute：米国国家規格協会）,DIN（Deutsches Institut fur Normung：ドイツ規格協会）,BSI（British Standards Institution：英国規格協会）のように,各国内の公的標準化機関で合意された標準規格です。

最後に,「団体標準」と呼ばれる業界標準があります。団体標準とは,日本電子機械工業会や日本鉄鋼連盟のような事業者団体や,電気学会のような学会などで作成される標準規格です。

なかでも,IEEE（Institute of Electrical and Electronics Engineers：電気・電子技術者協会）は,1884 年に設立された電気学会に源流を持つ世界最大の学会であり,コンピュータ,バイオ,通信,電力,航空,電子などの幅広い技術分野で標準化の取り組みを進めています。ここでの合意は必ずしも学会外に対して拘束力を持つわけではありませんが,ISO や IEC,ITU などの国際的な公的標準化機関での交渉のなかで相当に尊重されるので非常に重要です。

第 2 に,「デファクト・スタンダード（"defacto standard"：事実上の標準)」と呼ばれる,競争の結果として市場の大勢を占め,事実上の標準として機能するような規格があります。ちなみに "defacto" とは,ラテン語を起源とする英語であり,"in fact"（事実上の）という意味です。これについては,7.3 節以降で詳しく説明します。

第 3 に,市場での競争を経ることなく,事前に複数の企業が協議して 1 つの規格を標準とするように合意するタイプの標準が存在します。

このような上市（市場に出すこと）前に企業間で規格を一本化する組織は,フォーラム,コンソーシアム,コミッティ,アソシエーション,グループ,イニシアティブなど,さまざまな名称で呼ばれています。しかし実際には,こうした呼び方が厳密に使い分けられているわけではなく,名称の違いにはあまり意味がありません。以下,このようなタイプの標準を,「フォーラム型スタンダード」と呼ぶことにします。

*167*

ここで注意すべきなのは，デファクト・スタンダードとフォーラム型スタンダードとの違いが，規格が競争を経て決まるのか，それとも競争を経ないで決まるのかという点にあるということです。

　つまり，たとえば複数の企業が，ある特定の規格を業界標準とするべくグループを組んで行動していたとしても，その規格が他の規格と競争になり，消費者の選択を経た結果として業界標準になったのであれば，当該規格はデファクト・スタンダードということになるのです。

## ○ 3つのスタンダードの関係

　以上説明してきた3つのスタンダードの獲得をめぐる戦いは，独立したものではなく互いに連動しており，各企業・各国政府は，自らにとって最も有利な形で戦いを進められるように，戦略的な駆け引きを繰り広げています。

　90年代以降，市場のグローバル化に伴って，業界標準の国際的統一がますます強く求められるようになってきています。また法制面でも，1995年に発効した「貿易の技術的障害に関する協定（WTO/TBT協定）」では，WTO加盟国が国家規格を新たに策定する場合は，ISOやIECなどの国際規格を基礎として用いることが求められるようになり，デジュリ・スタンダードの存在感は増す一方です[3]。

　とはいえ，デジュリ・スタンダードが国際的な公的標準化機関で決定されるからといって，一企業や一国家の利害を超えて，中立・公正に標準が決められるというわけではありません。

　国際規格は国際的な競争のルールであり，このルールづくりの際に自分が有利になるように持っていくことができるか否かが，その国の国際競争力を左右します。こうしたことを各国政府が認識するようになった結果，自らに最も有利な規格を国際規格とするべく，デジュリ・スタンダードの決定を巡り，舞台裏での各国政府・各企業の駆け引きが激化しているのです（山田，2005，新宅・江藤，2008）。

　一方，フォーラム型スタンダードでは，市場での競争によって事実上の標準が決まる前に，あるいはそもそも製品が市場に導入される前に，業界の代表的企業が自前の技術を持ち寄り，評価し合いながら合意を形成していきます。

---

3　デジュリ・スタンダードに関する詳細は，たとえば小野（2008）などを参照してください。

近年では，ネットワークを介してつながって機能する製品が増えたため，いかに巨大な企業であろうとも，関連する分野の技術をすべて一社でおさえることは不可能です。また，各社の技術レベルが拮抗し，機器を生産するには，どの企業であれ他社がおさえている特許を使う必要がある，といった事態が当たり前になっています。そのため，コンピュータ業界におけるかつての **IBM** のような圧倒的に強い独占的企業がなくなり，一社では標準を決められず，企業間の連携が必須となってきました。

　そのうえ，規格競争が長引けば長引くほど負けた場合のコストが増大してしまうことを学習し，非互換の規格を乱立させることなく，規格を統一して新市場をスムーズに立ち上げたほうがみんなにとって得だ，との認識が高まってきました。

　さらには，1980 年代以降，米国が主導する形でフォーラム形成に関わる独占禁止法のガイドラインが整備され，一定の条件のもとで競合する企業間でフォーラムを形成することが認められるようになった，という事情もあります。

　こうしたことから，フォーラム型スタンダードも，一貫して増加傾向にあります。とはいえ，このスタンダードでは，自らの利害得失を考慮して行動する各企業が直接に交渉し合う形になるため，ドロドロした駆け引きは日常茶飯事であり，関係者の利害が一致せずに交渉が破綻することも多くなります（山田，2004b）。

　こうした3つの標準のなかで，どれをどの程度重視するのかは，国や地域により，あるいは企業によってさまざまです（山田，2005）。

　とはいえ，どの標準の獲得を狙うにせよ，たとえ話し合いが決裂してもデファクト・スタンダードを獲得できるような状況，すなわち，「実際に市場で競争して，その結果としてデファクト・スタンダードを決めましょう」と脅しをかけても大丈夫な状況を作り上げないと，デジュリ・スタンダードやフォーラム型スタンダードの獲得に向けた交渉を有利に進めることはできません。

　その意味で，デファクト・スタンダードの獲得を目指した方法論は，デジュリ・スタンダードやフォーラム型スタンダードの獲得に向けた戦略的アプローチでも重要になります。

　そのため以下では，業界標準をめぐる戦略のうちでも，主にデファクト・スタンダード（事実上の標準）に関するものについてのみ議論することにし，表記の上でも，以後，業界標準＝デファクト・スタンダードとして用いることにします。

## 7.3 規格間競争：デファクト・スタンダードを確立するための戦略

### ○ ネットワーク外部性とは

デファクト・スタンダードが形成されるような産業は，一般に「ネットワーク外部性（network externality）」（「ネットワーク効果」と呼ばれることもあります）が比較的強いという特色を持っています（浅羽・新宅，2002；Katz and Shapiro，1985）。

ネットワーク外部性とは，製品のユーザー数が増大するほど，その製品から得られるベネフィット（便益）が増大するという性質のことを意味しています。ネットワーク外部性には，直接的効果と間接的効果があります。

このうち，直接的効果とは，ユーザー数の増加自体が製品から得られるベネフィットを増大させる効果です。この直接的効果が発揮される典型的な例は，通信ネットワークです。通信ネットワークに加入する目的は他の人と交信することなので，どのネットワークにするかを決定づける最も重要な要因は交信可能な人数であり，加入者が多くなればなるほど，その通信ネットワークの魅力が増すことになります。

実際，アメリカの電話市場の初期には，同一地域内に複数の電話システムが並存しており，それぞれのシステム間では相互に接続できなかったので，いくつかの電話システムに加入して複数の電話機を保有していた消費者も少なくなかったとされます。しかし最終的には，市外回線を有していたために国中の人と交信することのできた AT & T が，他よりも高い価格を設定していながらも市場を制しました（名和，1990）。

つまり，ほとんどの消費者が，料金は高くても，より多くの人と交信可能な AT & T の電話システムのほうがよりベネフィットが高いと判断したわけで，ネットワーク外部性の直接的効果の影響の大きさを物語っています。

一方，ネットワーク外部性の間接的効果とは，ユーザー数の増加に伴って当該製品に対する「補完財（complementary goods）」が多様，もしくは低価格になるために，当該製品から得られるベネフィットが増大するという効果です。

ここで補完財とは，ある製品やサービスに対して，それと組み合わせて使用す

ることによって消費者のベネフィットを高めるような製品・サービスのことです。たとえば，いかに画像・音声処理能力に優れた DVD プレーヤーであっても，再生するための DVD ソフトがなければただの箱にすぎません。逆に，いかに面白い映画が入った DVD ソフトであっても，再生するための DVD プレーヤーがなければ，それはただの円盤にすぎません。

このように，ハードとソフト，機器と消耗品，メディアとコンテンツなどは，お互いが存在することによって消費者にとってのお互いのベネフィットが高まっているという意味で，典型的な補完財に該当します。そのためこの間接的効果は，ハードとソフトを組み合わせて使う製品に典型的に生じます。

ソフトはハードの補完財であり，一般に，その販売量はハードの保有台数が増えるにしたがって増大します。保有台数の最も多いハード向けのソフトは，大きな販売量が期待されるために開発が進んで多様なソフトが取り揃えられることになり，ハードの魅力を高めることにつながります。

また，ソフトの開発や生産には規模の経済が強く働くので，保有台数の最も多いハードに対応したソフトは販売量が最も大きくなり，コストが最も低くなります。その結果，ソフトの価格も低下すれば，それと組み合わせて使用するハードの魅力が増すことになります。

実際，図 7.1 は，かつて日本の家庭用ゲーム機の市場において，ゲーム機の販売台数とソフトウェアの販売タイトル数の間に正の相関が存在していたことを示しています[4]。すなわち，日本の家庭用ゲーム機の市場においては，ネットワーク外部性の間接的効果が働いていたのです（図 7.1）。

なお，ネットワーク外部性の直接的効果と間接的効果は必ずしも別々に働くわけではなく，両方が同時に働く場合もあります。たとえば LINE のようなメッセンジャーアプリでは，ユーザー数が増えれば増えるほど，それだけ LINE で連絡をとることが容易になります。これは，ネットワーク外部性の直接効果です。

一方，メッセンジャーアプリとして LINE がよく使われるようになった理由として，初期のころに特に重要だったのがスタンプです。LINE がサービスを立ち上げたばかりの 2012〜13 年頃は，無料で使える LINE のスタンプがかわいいということで，女子高生などを中心に，スタンプを目当てに LINE を使い始める人

---

4 田中（2003）は，日本の家庭用ゲーム機市場におけるソニーの「プレイステーション」（PS）とセガの「セガサターン」を対象として統計分析を行い，ソフトウェアの販売タイトル数がゲーム機の販売台数に正の影響を及ぼし，ゲーム機の販売台数がソフトウェアの販売タイトル数に正の影響を及ぼしていたことを，より厳密に実証しています。

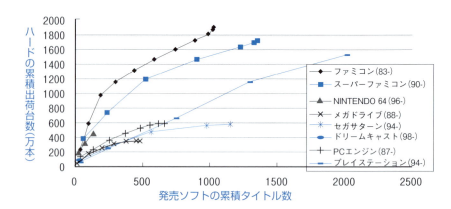

(出所）淺羽茂・新宅純二郎（2002）「業界標準をめぐる競争戦略」，『赤門マネジメント・レビュー』，第1巻2号，p.153

**図7.1　家庭用ゲーム機市場におけるハードとソフトの相関（1983〜1998年）**

が多かったとされます。そうなると，LINE用のスタンプを販売したり，キャンペーンで無料で配布したりする企業も現れるようになり，LINEのユーザーは（他のメッセンジャーアプリ以上に）多彩なスタンプを，より安く入手できるようになりました。そして，それを目当てにLINEを使うユーザーの数がさらに増えました。これは，ユーザー数の増加が，補完財であるスタンプの種類の増加や，低価格化（無料化）を引き起こしたために，さらなるユーザー数の増加につながっており，ネットワーク外部性の間接効果だと言えます。

　この事例のように，ネットワーク外部性の直接的効果と間接的効果の両方を同時に働かせることができれば，企業としては自らの有利な立場をさらに強化することが可能になるのです。

## ○ ネットワーク外部性が生む特異性

　こうしたネットワーク外部性が強く働く製品の市場では，通常の製品の市場の場合とは異なり，"Winner takes all"（「一人勝ち」）と呼ばれる現象が生じやすくなります。

　ネットワーク外部性が働く製品の場合，消費者は，当該製品の価格や性能だけ

ではなく，それ以上に，すでに当該製品および当該製品の規格に沿った製品（以下では両者を含めて「製品」，あるいは製品の「規格」と表記する）を購入している人がどのくらいいるのか，また将来的に当該製品を購入する人がどのくらいいるのか，あるいは当該製品が今後いわゆる「売れ筋」になるのかどうか，といったことを予想しながら行動することになります。

たとえば，もし自分が購入した製品が将来支配的になれば，自分と同じ製品のユーザーが多くなるため，通信できる相手が広がったり，補完財の供給がより豊富になったり低価格になったりするという形で，ベネフィットを享受することができるようになります。それゆえに，ある規格がひとたび業界標準の地位を獲得しそうな兆しが現れると，消費者の購買がその規格を採用した製品に集中することになります。

そうなると，企業の側でもその規格の製品を次々に供給するようになり，それがさらにますます消費者をひきつけるという正のフィードバック（拡大循環）が生じ，最終的には一人勝ち現象がもたらされることになるのです。

一方，逆に，もし自分が購入した以外の規格の製品が将来支配的になれば，自分と同じ規格の製品のユーザーは少なくなるため，通信できる相手が限られたり，補完財の供給が不十分になったり高価格になったりするという形で，不利益を被ってしまうことになります。それゆえに，ひとたびある規格が業界標準の地位を獲得できないだろうという認識が共有されるようになると，消費者はその規格を採用した製品を買わなくなります。

そうなると，企業の側でもその規格の製品の供給を避けるようになり，それがさらにますます消費者を遠ざけることになるという負のフィードバック（縮小循環）が生じ，最終的には市場からの撤退を余儀なくされることになるのです。

ここで，ある規格の製品がすでに獲得している総ユーザー数のことを「インストールド・ベース（installed base）」と言いますが，ネットワーク外部性による正のフィードバックが働き出すためには，このインストールド・ベースがある一定水準を超えなければならないことが知られています。こうした，ネットワーク外部性による正のフィードバックが働き出す最低限のインストールド・ベースは，一般に「クリティカル・マス（critical mass：臨界値／閾値）」と呼ばれます。

ユーザー数（市場普及率）がこのクリティカル・マスを超えると，自己増殖的に市場普及率が増加して，最終的には一人勝ちを収めることができる可能性が高くなりますが，逆にこれを超えられなければ，その規格の市場は収縮して消滅する可能性が高くなります[次頁5]。

実際，ネットワーク外部性が強く働く製品の市場で複数の新規格が並立している場合には，消費者がどの規格が支配的になるかがはっきりするまで買い控えたり，既存規格の製品から新規格の製品への買い替えを見合わせたりすることが多くなります。

　こうなると，当該規格を採用した製品への初期の需要が限られてしまい，当該製品や補完財の供給業者も様子見状態になり，さらにそれが当該製品への需要を押し下げる…といった負のフィードバックが生じ，その製品の市場がまったく立ち上がらない，という事態が生じうることになります。

　したがって，ネットワーク外部性が強く働く市場では，自らの規格が支配的になるのだという確信を，早い段階で消費者や供給業者に抱いてもらうように仕向けることが必要不可欠となるのです。

## ○ クローズド・ポリシー

　以上のような特徴を備えた製品の市場において，自主開発した規格を業界標準にするために企業がとる行動は，大きく2つに大別されます（淺羽，1995）。

　一つは「クローズド・ポリシー」と呼ばれる戦略であり，自社規格の技術の仕

---

5 実務的には，日本の場合にクリティカル・マスがどの程度の水準なのかということが気になるところですが，実はあまりよく分かっていません。かつては「100万ユーザー突破」が一つの目安にされていた時期もあったのですが，一人一台スマートフォンを持っており，常時ネットに接続できる現在，ネットワーク系のサービス（第14章で述べるプラットフォーム・ビジネス）では，「100万ユーザー突破は通過点。一つの区切りにすぎない」と見られているようです。

　3.1節で説明した普及曲線の理論によると，普及速度が急激に加速し始めるのは普及率16％前後です。現在，日本で消費活動の中心となる15歳以上65歳未満の層（生産年齢人口）は約7,500万人。そのうちの何％が最終的なユーザーになるのか，言い換えるとそのうちの何％が最終的な普及率になるのかは，製品やサービスのタイプによって異なります。メッセンジャーアプリのような必要性の高いサービスでは最終的な普及率が80％，そのうちの16％に達した時点で市場の半分以上のシェアを確保していることが必要だと仮定すると，市場全体の総ユーザー数7,500×0.8×0.16＝960万人が，業界としてのクリティカル・マスになります。一方，個別企業にとっては，この時点で960万人×0.5＝480万人以上のユーザーを確保していることが必要だと推定されます。また旅行の予約サイトやレストランの予約サイト，オークション・サイトなどでは必要性がもっと低いと見込まれるので，最終的な普及率が50％だと仮定すると，市場全体の総ユーザー数7,500×0.5×0.16＝600万人が，業界としてのクリティカル・マスになります。一方，個別企業にとっては，この時点で600万人×0.5＝300万人以上のユーザーを確保していることが必要だと推定されます。つまり，ざっくりとした数字ではありますが，個別企業にとってはユーザー数300〜500万人くらいがクリティカル・マスなのではないかと考えられます。

　いずれにせよ，ネットワーク外部性の強い市場では，いかにしてこうした非常に数多くのユーザーを他社に先駆けて確保するのかが，初期競争の焦点になるのです。

様を他社に公開したり，あるいはその技術を他社に利用させることを極力避けつつ，自社規格の製品で単独で市場を支配しようとするやり方です。もう一つは「オープン・ポリシー」と呼ばれる戦略であり，自社規格の技術の仕様を他社に広く公開したり，あるいはその技術を他社に広く利用してもらうことを通じて，自社規格製品（自社製品，およびそれと互換性のある他社製品）で市場を支配しようとするやり方です[6]。

　前者のクローズド・ポリシーによって成功した代表例は，コンピュータのメインフレームにおける IBM です。

　1960〜70 年代の IBM は，他社製品とは互換性のないメインフレームの独自製品を市場に投入するとともに，製品で使用される OS やアプリケーション・ソフト，半導体チップ，あるいは端末やデータ記憶装置，プリンタなどの周辺機器にいたるまで，すべてを自社で開発・生産していました。また，世界中に自社独自の流通網を張り巡らせて，リースやレンタルといったファイナンス関連のサービスからアフターサービスにいたるまで，すべてを自社で提供していました。

　このように IBM は，確固たる技術基盤，充実したサービスやマーケティング，豊富な資金調達力をもとに，世界中でマーケット・シェアを拡大していきました。また，ユーザーの側でも，IBM 機のみで作動するアプリケーション・ソフトやデータが蓄積されていったために他社製品に乗り換えることは困難であり，買い替え時にも結局 IBM 機を選ぶことがほとんどでした。こうして IBM は，メインフレーム市場で一時は世界の 70％以上のマーケット・シェアを確保し，磐石の市場地位を築くことに成功したのです（坂本，1992）。

　こうしたクローズド・ポリシーの戦略は，ネットワーク外部性が働かない通常の製品の市場における企業の競争戦略と大差なく，なるべく早期に，より機能や品質の優れた製品をより低価格で供給することが基本となります（淺羽，1995）。

　ただし，クローズド・ポリシーをとる企業にとっては，「略奪的な価格の引き下げ（predatory pricing）」によるマーケット・シェア拡大への誘因が通常よりも大きくなります（Katz and Shapiro，1994）。

　通常の製品では，マーケット・シェアの拡大によって経験曲線効果を通じたコスト優位が得られますが，業界標準が絡む製品では，これに加えてネットワーク

---

[6] こうした区分は，あくまでも理念的なものです。「完全にクローズド・ポリシー」の戦略や，逆に「完全にオープン・ポリシー」の戦略は，仮に存在するにしても稀です。実際の戦略は，完全にクローズドと完全にオープンを両端とするスペクトル上のどこかに位置づけられることになります。

外部性の効果を享受することができます。そのため，ライバルよりも著しく低い価格を提示して，いち早く市場シェアを拡大することに成功した場合のメリットがはるかに大きいのです。

実際に IBM は，1960 年代に発売した「システム 360 シリーズ」において，その普及を促進するためにコスト以下の価格を設定して製品を販売したと非難されました（Farrell and Saloner, 1986）。

クローズド・ポリシーのメリットは，ある企業の独自規格の製品が早期に圧倒的なマーケット・シェアを獲得し，その規格を首尾よくデファクト・スタンダードにすることができれば，その企業は排他的に大きな利益を獲得することができるようになる，という点にあります。

ただしそうなると，互換製品を出して，業界標準の確立から生じる利益の一部を獲得しようと動くライバル企業が必ず現れるので，たとえば，特許によって模倣に対抗するとか，頻繁に技術を変更するなどの方法で，互換製品の出現を防ぐことが必要になります。

一方で，クローズド・ポリシーには大きなデメリットもあります。複数の企業がそれぞれクローズド・ポリシーを追求すると，当初は業界標準が定まらず，複数の互換性のない規格の製品が市場に並存することになってしまうのです。

この場合，ネットワーク外部性が働く市場では，どの規格が支配的なのかが明らかになるまで消費者が買い控えるようになり，市場の成長が鈍ってしまったり，ときには市場そのものがまったく立ち上がらない事態に陥ってしまうことがありえます。

また，近年ではネットワークを介してつながって機能する製品が増えたため，いかに巨大な企業であろうとも，メインフレーム業界におけるかつての IBM のように，関連する分野のハードとソフトをすべて 1 社で供給することは事実上不可能になってきました。

このような事情から，最近では，純粋な意味でのクローズド・ポリシーを採用する企業はほとんど見られなくなりました。

## ◯ オープン・ポリシー

1980 年代頃から，自社規格の技術仕様を他社に広く公開したり，あるいはその技術を他社に広く利用してもらうオープン・ポリシーを採用することが一般的

になってきました。そうすることによって，他社製品を含めた自社規格製品の供給を増やし，同時に補完財の供給も増やすことで，普及へのユーザーの期待を高め，最終的に自社規格をデファクト・スタンダードにしようとする狙いがあります。これを，俗に「ファミリーづくりの戦略」と呼びます。

たとえば，メインフレームでクローズド・ポリシーをとった IBM は，遅れて参入した PC（パソコン）市場では，徹底したオープン・ポリシーをとりました。IBM は，OS はマイクロソフト，CPU はインテルから調達し，さらには自社の PC 規格の仕様を外部に広く公開し，自社製品向けのアプリケーション・ソフトや周辺機器を外部の企業に自由に開発・販売させたのです。この戦略が功を奏し，IBM は参入の翌年には先行するアップルを抜いて，販売額で首位に立つことができました（佐久間，1989）。

ただし，他にもオープン・ポリシーを採用する企業がある場合には，単に自社規格の仕様を公開するだけでは十分ではなくなります。自社技術の採用を積極的に促すために，技術供与のライセンス料を引き下げたり，ときには無償で供与したりすることが重要となるのです。

また，他社に積極的に自社規格製品を OEM 供給したり，重要部品を他社に積極的に供給したりすることも重要になります。さらに，技術開発や補完財の供給に対する投資を継続的に行うことによって，自社製品の将来性に対する期待を高めることも重要になります。

それから，オープン・ポリシーを採用する企業同士の戦いでは，最終的な勝負の行方がキラー・アプリケーションの登場によって左右されることも多くなります。たとえば PC の事例の場合，初期の段階では，アップルも IBM も同様にオープン・ポリシーをとっていました。IBM の PC は当初から売れ行きが好調でしたが，先行するアップルを決定的に引き離すきっかけとなったのは，表計算ソフト「ロータス 1-2-3（Lotus1-2-3）」の発売でした。米国では日本と違って，会社員であっても確定申告が必要とされるため，表計算ソフトへの需要が強かったのです。

世界初のパーソナル・ユースの表計算ソフトは，1979 年に発売されたアップルの PC「アップル II」向けの「ビジカルク（VisiCalc）」であり，これがアップル II の売上げ急拡大をもたらしました。しかし，このビジカルクよりもはるかに処理スピードが速く，機能が充実し，使い勝手も良いロータス 1-2-3 が IBM–PC 用のアプリケーション・ソフトとして登場したことが，IBM 機の売上げ急拡大をもたらし，ひいては業界標準の獲得を決定づけたのです（相田・大墻，1996b）。

一方，こうしたオープン・ポリシーは，デファクト・スタンダードの獲得をめぐる規格間の競争で勝利する上では有効な戦略ですが，反面で，デファクト・スタンダードを獲得した後の当該規格内の競争では，強力なマイナスの効果を及ぼすことになります。

7.1節のVTRにおける日本ビクターのケースで説明したように，オープン・ポリシーを採用すれば，自社規格を業界標準にすることはできるかもしれませんが，技術の仕様を広く業界内に公開してしまうことから，技術的な参入障壁が低くなって互換製品を供給する参入企業が増え，デファクト・スタンダードを獲得した後の当該規格内の競争が激しくなってしまうのです。

さらに，同一規格を採用していることから，自社製品とライバル企業の製品の間に本質的な差を付けることが難しくなり，価格競争が激化し，利益率が低下してしまう恐れが高いという問題点もあります。

つまり，オープン・ポリシーをとると，自社規格を業界標準にすることと引き替えに，排他的に行動して成功すれば得られたであろう大きな利益を放棄せざるをえなくなるのです。

## ○ オープンとクローズドのミックス・ポリシー

以上述べたように，クローズド・ポリシーにもオープン・ポリシーにも，メリットとデメリットがあります。

とはいえ，デファクト・スタンダードの獲得が重要となるような業界では，クローズド・ポリシーを追求して失敗したり，あるいは，そもそも新市場が立ち上がらなかったりしたら元も子もありません。そのため，多くの場合に，オープン・ポリシーでファミリーづくりを行わざるをえないことになります。

こうした，オープンな環境下で利益を上げていくためには，オープン・ポリシーでデファクトを獲得しつつ，一部分をクローズド化することで，ある程度の利益の確保を可能にしていく戦略が重要になります。

この戦略は，「製品技術」の面でクローズド・ポリシーをとるのかオープン・ポリシーをとるのか，「補完財供給」の面でクローズド・ポリシーをとるのかオープン・ポリシーをとるのかという2つの軸で分類すると，より理解しやすくなります<sup>次頁7</sup>（図7.2）。

まず製品技術の面では，技術仕様の公開や，技術供与のライセンス料の引き下げや無償化，他社への自社規格製品のOEM供給や主要部品の供給といった方法

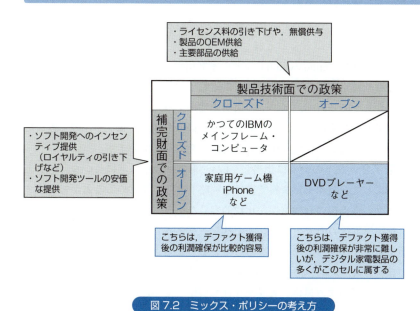

図 7.2　ミックス・ポリシーの考え方

が，オープン・ポリシーの代表的なやり方です。

一方の補完財供給の面では，ソフトや周辺機器などの補完財の開発に必要となる部分でのハードの技術仕様の公開，開発ツール（主としてソフトなどを開発するための専用コンピュータと，プログラムを効率よく書くためのさまざまなソフトウェア）の安価な提供，開発へのインセンティブ提供（ロイヤルティの引き下げや開発補助金の提供など）といった方法が，オープン・ポリシーの代表的なやり方です。

このうち，ソフトが重要になっている製品では，補完財供給の面で現在完全なクローズド・ポリシーをとっている企業は見あたりません。ライバル規格に勝てるだけの魅力あるソフトや周辺機器を安価に大量に供給することは，どのような

---

7 ここでの区分も，あくまでも理念的なものです。実際の戦略は，たとえば補完財供給の面で，「Nintendo Switch はややクローズド寄りなオープン・ポリシー」，「PS（プレイステーション）はほぼ完全なオープン・ポリシー」といった具合に，製品技術の面でも，補完財供給の面でも，「完全にクローズド・ポリシー」と「完全にオープン・ポリシー」を両端とするスペクトル上のどこかに位置づけられることになります。

巨大企業であっても難しいからです。

補完財供給の面でオープン・ポリシーをとっている企業のうちで，製品技術の面でクローズド・ポリシーをとる例としては，ソニーのPS（プレイステーション）や任天堂の「Nintendo Switch」などの家庭用ゲーム機があげられます。

これらは自社規格の製品を自社だけで供給しており，互換機の存在を認めていません。しかしその一方で，ソフトの供給を促進するため，程度の差はあれ，ソフト開発に必要となる部分でのハードの技術仕様の公開，開発ツールの安価な提供，開発へのインセンティブ提供といった政策を実行しています。

これは図7.2の左下のセルに相当し，「ハードはクローズドにしつつ，ソフトはオープンにして，ライセンス料で儲ける戦略」としてまとめることができますが，デファクト獲得後の利益確保が比較的容易なやり方だと言えるでしょう。

一方，補完財供給の面でオープン・ポリシーをとっている企業のうちで，製品技術の面でもオープン・ポリシーをとっている（とらざるをえなくなっている）例としては，DVDプレーヤーなど，多くのデジタル家電製品が該当します。これらは，自社が採用する規格の製品を他社も供給していることから製品で儲けが出にくいだけでなく，ソフトの供給もオープンになっているので，一般にソフト販売に関わるライセンス料をとることも困難です。

これは図7.2の右下のセルに相当し，ここで儲けを出す方法としては，自社は製品システムの特定の部分（部品）に特化して，他の部分は他の企業に任せるという戦略があります。

まずは，自社も含めた複数の企業が参加して製品自体の規格（製品全体の設計概要や主要な技術仕様など）を作り上げていき，規格制定後はそれをオープンにして業界標準を獲得する一方で，自社が手がける事業範囲は当該製品システムの特定の部分（部品）に絞り込み，そこで圧倒的な地位を築き，利益を確保するというやり方です。

この場合，製品のすべてを自社で供給すれば，1ユーザー当たりから獲得できる利益は大きくなるのですが，それでは他社の協力を得ることができず，そもそも自社の規格を業界標準にすることが難しくなります。もし仮に，自社規格を業界標準にすることができなければ，ユーザー数自体が限定されたものになり，総体として獲得できる利益は小さなものにとどまってしまうでしょう。

一方，特定の部分（部品）に限って供給するとしても，自社の規格（自社も規格づくりに携わった規格）をオープンにして業界標準化することができれば，1ユーザー当たりの利益は小さくても，多数のユーザーが顧客になるので，全体的

な利益はむしろ増えることになります。

たとえばソニーは，フィリップスと共同で開発した CD に関する基本特許を非常に低いライセンス料で他社に開放して CD の普及を早める一方，中核部品である光ピックアップについては，特許で防衛した上でそれを競合他社に供給する事業を積極的に展開し，圧倒的なシェアを占めることで十分な利益を確保したとされます（柴田，2000）。

同様に，PC用CPU のインテルやスマートフォン用通信モジュールにおけるクアルコムなど，製品技術の面でも補完財供給の面でもオープン・ポリシーをとる（あるいはとらざるをえない）領域で巨額の利益をあげることに成功している企業の多くは，この戦略をとっていると考えられます。

とはいえ，この戦略で長期的に成功するためには，どうしても一定期間ごとに新技術を取り込んで，規格を適切にグレードアップしていくことが欠かせません。そしてそのためには，「プラットフォーム・リーダー[8]」（Gawer and Cusumano, 2002）としての役割を主体的に担っていくか，あるいは，プラットフォーム・リーダーの企業と組んでいくことが必要不可欠となります。

つまり，越えなければならないマネジメント上のハードルは一段と高くなるのですが，この点については，次の第8章にて詳しく論じることにします。

## 7.4　業界標準の世代交代に伴う戦略

### ◯ 業界標準の世代交代

7.1節で述べたように，熾烈な競争の末，いったん確立された業界標準であっても，その支配が永遠に継続するわけではありません。

そもそも，ある製品についての規格を定めるということは，技術的な選択の自由度を狭めることを意味しています。技術仕様がきわめて詳細，かつ厳格に定められた規格のもとでは，技術的な選択の余地は非常に小さくなり，極端な場合には，製品差別化や製品進歩の余地はなくなるでしょう。

実際には，そのような極端な例は見られませんが，その時点での技術，あるい

---

8「プラットフォーム・リーダー」の詳しい議論については，第8章を参照してください。

は現時点で実現可能性が高い技術を前提にして規格が決定される場合が多いことも事実です。したがって規格を定めた時点では予測できなかった，現在の規格には取り込むことのできない新しい技術が開発されると，現在の業界標準を変更しなければその技術成果を活用することが困難になるという問題が生じます。

そこで，前節で取り上げた業界標準確立のための戦略に加え，業界標準の世代交代という問題が重要なテーマとなります。この世代交代という現象は，ほとんどすべての業界で見られることですが，技術進歩のスピードが急速な業界で特に顕著です。

もちろん，世代間競争においても前節での議論は有用ですが，以下では世代間競争に固有の要因に焦点を当てて議論を進めることにします。

## ○ 新旧業界標準の互換性の重要度を規定する要因

業界標準の世代交代の機会に直面した際に最も重要となる意思決定のうちの一つは，新旧規格の互換性を維持するのか否かという問題です。

新技術に基づいた新しい規格は，既存の業界標準の技術的な限界を打破するものとして市場に投入されます。したがって，新技術の導入効果を最大限活かし，圧倒的な顧客価値をもたらす製品機能を実現するという観点からは，既存の業界標準とは互換性のない新たな規格を作り，それに基づいた新製品を開発したほうが望ましいと言えます。

しかしその一方で，新規格が市場に投入される段階では，一般に，業界標準を獲得した旧規格が，圧倒的なインストールド・ベースを有しています。そのため，ネットワーク外部性によってもたらされる顧客価値をそのまま引き継ぐという観点からは，新旧の規格の間で互換性を維持して，新規格が旧規格のインストールド・ベースをそのまま引き継いだほうが望ましいと言えます。

とはいえ，新旧の規格の間で互換性を維持するためには，余計なコスト負担が必要となったり，あるいは達成される技術的改善の幅を狭めることになりがちです。

というわけで，ここに，互換性を捨てて技術的な飛躍を最大限に狙うのか，それとも技術的な飛躍やコストを犠牲にしてでも互換性を維持するのかという，供給側（企業サイド）のジレンマが生じることになるのです[次頁9]。

一方，需要側（消費者サイド）からすれば，新旧の規格にどの程度の互換性を

求めるのかは，「スイッチング・コスト」の大きさによって決まってきます。

スイッチング・コストとは，ある製品や規格を利用している消費者が，別の同様の製品や規格へと乗り換える際に発生するコストのことであり，これには金銭的負担だけでなく，使用方法に慣れるまでの手間や，煩わしいといった心理的な負担も含まれます。

この消費者のスイッチング・コストを規定する要因としては，主として「他者とのやり取りの必要性」と「ソフト資産の資産価値」の２つがあげられます。

他者とのやり取りの必要性とは，文字通り，他者との間でデータをやり取りしたり，ソフトをやり取りする必要性が高いのか低いのかということです。たとえば携帯電話などの通信機器は，まさに他者とやり取りすることを本質機能としています。こうした製品で，もし仮に新しい世代の規格の製品では旧式の製品と交信できないとなったら，それはまったく普及しないでしょう。そのため各社は，ローミングという方法で新旧の規格の互換性を確保し，交信を可能にしているのです。

一方，ソフト資産の資産価値とは，さまざまなデータ，製品で利用する各種のソフトウェア，製品およびソフトウェアの操作の習熟度など，旧規格に関連して蓄積されたソフト資産の総合的な資産価値が高いのか低いのかということです。

たとえば年賀状作成ソフトでは，ひとたび住所録を作成すれば相手が転居しない限りずっと使えますが，ソフトを他社製品に買い替えると，一般にはその住所録が使えなくなってしまいます。また，ソフトによって細かい操作方法が異なるので，買い替えると新しい操作方法に習熟するまでに時間がかかります。したがって，年賀状作成ソフトのソフト資産価値は比較的高く，互換性のない複数の

---

9 新旧規格の間で互換性をとるといった場合，正確には，「上位互換（upward compatibility）」と「下位互換（backward compatibility）」の２つのやり方がありえます。前者の上位互換とは，機能面でより上位に位置づけられる新規格が，機能面でより下位に位置づけられる既存の旧規格との互換性を備えることを意味しています。この場合，旧規格の製品で作成したデータは新規格の製品で利用可能ですが，新規格の製品で作成したデータは旧規格の製品では利用できません。一方，後者の下位互換とは，機能面でより上位に位置づけられる新規格の機能を制限することで，機能面でより下位に位置づけられる既存の旧規格との互換性を備えることを意味しています。

ソフトウェア分野やエレクトロニクス分野で「バージョンアップ」と呼ばれるやり方は，ここで言う上位互換のことを意味しています。たとえば，マイクロソフトの「パワーポイント 2013」で作成したファイルは「パワーポイント 2021」で読むことができますが，その逆はできないのは，両者の互換性が上位互換だからです。

ただし，上位互換にせよ下位互換にせよ，新旧規格の間で互換性を保とうとすると，余計なコスト負担がかかったり，あるいは達成される技術的改善の幅を狭める結果となってしまうことには，変わりはありません。

メーカーの製品を同時に使い分けたり，他メーカーの製品へと気軽に乗り換えたりすることは，通常は起こらないのです。

こうした他者とのやり取りの必要性とソフト資産の資産価値の両方が大きいほど，消費者にとっての規格のスイッチング・コストは大きくなり，したがって，規格間の互換性の維持が重要になります。

たとえば PC では，他の人と文書や図表ファイルなどをやり取りすることが多いため，旧規格の PC と新規格の PC との間でまったく互換性がなくなってしまえば，それこそ不便極まりないでしょう。また，旧規格の PC のもとで過去に蓄積された文書や図表，画像・音声ファイルなどが新規格の PC で一切利用できないとなれば，これまた不利益を被ること甚だしいと言えます。つまり PC では，他者とのやり取りの必要性とソフト資産の資産価値の両方が大きいのであり，したがって，新旧規格間の互換性の維持がきわめて重要になるのです。

以上を踏まえると，新旧業界標準の互換性を維持するのか否かという問題に対する模範解答は，「既存規格の枠を超える新技術を導入することによるプラス効果」と，「既存規格との互換性を絶ってユーザー側の『他者とのやり取りの必要性』と『ソフト資産の資産価値』を犠牲にするマイナス効果」を比較検討し，総合してプラスであれば互換性を捨て，総合してマイナスであれば互換性を保つ，ということになります。

## ○ クリティカル・マスに達するための戦略

さて，上で述べたような比較を行った結果，世代交代を狙うにあたって，既存の規格との互換性を維持すべきでないとの結論が出たとしても，そうした（既存の規格と互換性のない）新規格を急速に普及させて，業界標準がスムーズに世代交代するように仕向けることは容易ではありません。

旧規格は，技術的には劣るかもしれませんが，圧倒的なインストールド・ベースを有しています。一方，新規格は，技術的には優れているかもしれませんが，それが普及して成功するか否かは未だ不確実です。

すでに 7.2 節で説明したように，業界標準の行方が重要な役割を果たすような製品の市場における競争では，ユーザーは「勝ち馬」に乗ろうと考えて，どの規格が支配的になるのかが明らかになるまで買い控えてしまう傾向が非常に強くなります。こうした状況のもとで互換性のない新旧規格が対立した場合には，新規格が支配的になるまでユーザーが様子見を決め込んでしまい，そもそも新規格の

普及が進まなくなって，最終的には市場から消えてしまう恐れが高くなります。

また，ある規格から別の新しい規格へのスイッチング・コストが高い場合には，「ロックイン」と呼ばれる現象が生じる場合があります。このロックインとは，ユーザーがある規格をいったん利用してしまうと，その規格から別の規格への乗り換えが著しく困難となり，仮にその規格が機能面で劣っていたとしても，ユーザーが当該規格をそのまま継続的に使い続けざるをえなくなってしまう現象です。

こうした阻害要因を克服し，新規格へのスムーズな移行を成功させるためには，7.3節の規格間競争のところで説明したことに加えて，主として以下の3つのやり方が重要となります。

第1は，圧倒的な顧客価値の実現です。これは，革新的な新技術を取り込むことによって，既存の規格では不可能なレベルの機能を実現したり，まったく新しい機能を付加したり，あるいは圧倒的な低価格を実現するというやり方です。

たとえば1982年に市場に登場したCDプレーヤーは，それ以前のアナログ・レコード・プレーヤーに比べて高音質で，針音やノイズがなく，針との接触によって盤が痛まないので音質の劣化がなく，ゴミや埃の影響を受けにくく，寿命が半永久的で，さらには瞬時に選曲ができるランダム・アクセスという新しい機能を付加した規格でした。

そのため，当初は高額であったために市場が伸び悩んだものの，1984年に各社から10万円を切る普及型のCDプレーヤーが発売されると人気に火がつき，その後はアナログ・レコード・プレーヤーを急速に代替していきました。そして1987年には，発売からわずか5年で，CDプレーヤーがアナログ・レコード・プレーヤーの出荷台数を逆転するにいたったのです（柴田，2000）。

第2は，大量に売れる他製品との「バンドル化」です。バンドル化とは，そもそも単体でも販売しうる製品やサービスをセットにまとめ，消費者に対して一括して販売する（セットであることを条件に売る）ことを意味しています。

大量に売れる他製品とバンドル化して販売すれば，新規格は一気に大量のインストールド・ベースを獲得することができます。それによってクリティカル・マスを越えることができれば，ネットワーク外部性の正のフィードバック効果が働き出し，既存規格に対する不利は急速に解消されることになるのです。

たとえば1997年に市場に登場したDVDプレーヤーは，非接触のため画質が劣化しない，テープ損傷などの事故がない，見たい場面からのランダム・アクセスが可能，臨場感あふれる音声再生が可能，吹き替えや字幕などの設定が自由にできる，余った容量にメーキング映像などを追加することが可能といった，既存

のVTRに対する圧倒的な機能的優位性を備えていました。しかし，既存のVTRのインストールド・ベースが圧倒的に大きかったため，当初はなかなか普及が進みませんでした。

この状況を劇的に変えたのが，ソニーが2000年3月に発売した家庭用ゲーム機のPS2（プレイステーション2）でした[10]。ソニーのPS2は，3万9千800円という価格設定ながら，DVDも再生できました。PS2は，前の世代の家庭用ゲーム機で業界標準を獲得した初代PS（プレイステーション）の後継機ということで，発売前から消費者の期待が高く，わずか1ヶ月間で141万台が出荷されるほどの人気を博しました。これは，それまでのDVDプレーヤーの累計販売台数82万台をはるかに上回る数字でした。つまり，DVDプレーヤーのインストールド・ベースは，わずか1ヶ月でいきなり3倍近くに膨らんだのです。

これに刺激され，家電各社は，入門機や携帯型のDVDプレーヤーを実勢価格3～5万円という価格で相次いで出しました。また，ソフトに関しても，PS2の発売が契機となり，2000年12月には国内のDVDソフト出荷金額がVTRソフトを逆転しました。こうして，DVDの普及は一気に加速したのです（山田，2004b）。

第3は，圧倒的なキラー・アプリケーションの投入です。これは，旧規格の製品では提供できないような圧倒的な顧客価値を実現する新規格用の補完財（特にソフト）を投入することで，ネットワーク外部性の間接効果により，新規格のインストールド・ベースを一気に増やすという戦略です。

この戦略を実行するにあたっては，大きく分けて，自ら魅力あるソフトを開発するというやり方と，自分以外の他社に魅力あるソフトを開発してもらうというやり方の2つがありえます。そして，後者の戦略を採用する場合には，規格間競争の場合にも増して，ソフトメーカーへの優遇的なオープン・ポリシーを徹底的に行うことが必要になります。

たとえば，家庭用テレビゲーム機の市場における第二世代（16ビットCPU）から第三世代（32ビットCPU）への規格の世代交代期の競争で，ソニーのPSが，第二世代の「スーパーファミコン」で業界標準を獲得していた任天堂を退けて業界標準を獲得した際の戦略は，この典型でした[次頁11]。

具体的には，ソニーは第1に，外部のソフトメーカーから受け取るライセンス

---

10 PSおよびPS2を販売したのは，当時ソニーの子会社であったソニー・コンピュータエンタテインメント（以下「SCE」）でしたが，SCEは2004年4月にソニーの完全子会社となったため，本文中でもすべてSCE＝ソニーと表記します。

料を大幅に引き下げ，また，有力なソフトメーカーを自陣営に勧誘する際には，さらに大幅なライセンス料の低減を行いました。

第2に，ソフトの製造を請負う際の最低発注量を大幅に引き下げ，製造発注から出荷までのリードタイムも大幅に短縮しました。また，流通に関わるソフトメーカーの資金負担を大幅に軽減するためのさまざまな施策も行ったので，ソフトメーカーは，ソニーと取引する場合，任天堂との場合と比較して資金負担が格段に軽くて済むようになりました。

第3に，開発ツールを貸与する価格を大幅に引き下げました。任天堂では，ソフトメーカーに開発ツールを1セットで貸与する際の費用を1,000万円以上に設定していましたが，ソニーはそれを200～300万円で貸与して，ソフトメーカーの開発コストを大幅に低減したのです。

第4にソニーでは，比較的規模の小さいソフトメーカーや新興のソフトメーカーに対しても参入を認め，開発されたソフトは，基本的に彼らの自由な判断で市場に投入できるようにしました。任天堂では，自社のゲーム機向けにソフト開発を行うことのできるソフトメーカーの数を比較的少数に絞り込んだ上で，ソフトメーカー1社当たりが年間に発売できるソフトのタイトル数を制限し，発売前のソフトの評価もかなり厳しく行っていました。ソニーは，そうした制限を基本的に全廃したのです。

このようなソフトメーカーに「優しい」オープン・ポリシーの施策によって，新規参入だったにもかかわらず，当初からソニーのPS向けには数多くのソフトが開発され，それがハードの普及に貢献しました。

また，1994年にナムコの「リッジレーサー」，1996年にスクウェアの「ファイナルファンタジーⅦ」，1997年にエニックスの「ドラゴンクエストⅦ」がPS向けに発売されるなど，スーパーファミコン人気を支えた有力ソフトメーカーからPS向けの大人気ソフトが相次いで発売され，そのことがPSの売上げをさらに急拡大させました。

この結果，PSは，1997年に市場シェアを前年の40％強から一気に60％強へと急拡大して市場の半分以上を占めるにいたり，第三世代の家庭用ゲーム機で業界標準を獲得することに成功したのです。

---

11 以下の記述は，淺羽・新宅（2002），小橋（2003），柳川（2003），山田（2004b）などを再構成したものです。

## ◯ インセンティブの違い

以上見てきたように，新規格で業界標準の旧規格を代替していくための戦略としては，大きくは2つが考えられます。

第1は，余計なコスト負担や，達成される技術的改善の幅が狭まってしまうことは覚悟の上で，互換性を保ってなるべく旧規格のインストールド・ベースを引き継ぐやり方です。

第2は，旧規格との互換性は捨てて技術的な飛躍を最大限に狙い，その代わりに，圧倒的な顧客価値の実現や，大量に売れる他製品とのバンドル化，あるいは圧倒的なキラー・アプリケーションの投入などによって，一気にインストールド・ベースの新規大量獲得を目指すやり方です。

一般に，既存規格でのリーダー企業は前者の戦略を，既存規格でのリーダー以外の企業は後者の戦略を，それぞれ採用するインセンティブが大きくなります。

既存規格のリーダー企業にとっては，すでに他社を圧倒する大きなインストールド・ベースを保有していることから，互換性のない新規格への移行によってこれを失ってしまうリスクにさらされることをなるべく避けたいという意識が働きます。

また，互換性を保つだけでなく，できるだけ新旧規格の技術的連続性を保ち，新規格のもとに多くの既存規格の特許を引き継ぐことができれば，多額のライセンス料収入が見込めるようになります。

一方，仮に互換性が保たれるにしても，新規格への移行は従来の競争条件をかなりの程度リセットしてしまう恐れがあるので，既存規格のリーダー企業は，既存規格のグレードアップを図るなどの方法で，なるべく世代交代を阻止する行動に走ることが多くなります。

あるいは，新規格への移行が不可避な状況となっても，新規格の製品の発売をなるべく遅らせたり，新規格の製品の発売予定時期を早めに告知して後で発売延期するなどの方法によって，補完財メーカーが自社陣営から離脱することを阻止したり，ユーザーの買い控えを誘発したりしようとすることが多くなります（Brandenburger and Nalebuff, 1997）。

逆に，既存規格で業界標準がとれなかった企業にとっては，同じ土俵で戦っている限り逆転はほぼ不可能なため，一刻も早く新たな規格を立ち上げて，その規格で業界標準の獲得を目指そうとするインセンティブが大きくなります。また，新旧規格で互換性が保たれると既存リーダー企業が有利になってしまうので，で

きるだけ互換性を排除したいという意識が働きます。

　たとえば，DVD プレーヤーでは，東芝・松下陣営にソニー・フィリップス陣営が歩み寄る形で 1995 年に統一規格が決定されたのですが，これは東芝にとって有利な（東芝のライセンス料収入が非常に大きい）規格だったとされます。

　その後，記録容量を格段に増やす次世代 DVD の規格づくりでは，ソニー・フィリップス・松下・シャープ・日立・パイオニアらが，記憶容量が 10 倍以上になるが DVD との互換性がまったくない「ブルーレイ方式」を，東芝・NEC らが，記憶容量が 6 倍強にとどまるが DVD との互換性が高い「HD DVD 方式」をそれぞれ提唱しました。

　そして，一時は歩み寄りに向けた交渉も行われたのですが，結局は最終的に決裂しました。この背景には，こうしたソニー・フィリップス連合と東芝との互換性に対するインセンティブの差があったと考えられます[12]。

　なお，2006 年から両規格の製品が実際に市場に投入され，規格間競争に突入したのですが，2008 年 2 月に東芝が HD DVD からの完全撤退を表明し，次世代 DVD の規格はブルーレイに一本化されました。

　このブルーレイと DVD との業界標準の世代間競争では，ソニーをはじめとするブルーレイ陣営は，①ブルーレイと DVD を両方併用できるプレーヤーを手頃な価格で投入し，旧規格のインストールド・ベースをできるだけ引き継げるようにしただけでなく，②映画 1 本分がまるまるハイビジョン録画可能となるなどの圧倒的な顧客価値を実現し，③米国ハリウッドの人気映画ソフトのハイビジョン版など（2010 年発売の「アバター」など），圧倒的なキラー・アプリケーションを投入し，④ソニーの家庭用ゲーム機 PS3 へのバンドル化を図るなどの施策を実施し，DVD からの早期の世代交代に成功しました。

## 演 習 問 題

7.1　デファクト・スタンダードが重要となる業界で，非常に高い収益力を誇っている企業の事例を，いくつでもあげてください。その上で，各々の事例について，なぜ当該企業が成功することができたのか，その理由を考えてください。

---

12 『日経ビジネス』2004 年 10 月 4 日号，『日経ビジネス』2005 年 10 月 24 日号，『日経ビジネス』2007 年 6 月 18 日号など。

# 第8章

# 製品アーキテクチャのマネジメント

　「魔の川」を首尾よく乗り越えることができた企業が，研究・技術開発のマネジメントの段階で十分に考えておかなければならないことの第2が，製品アーキテクチャのマネジメントです。

　近年，エレクトロニクス製品の業界を中心として，日本の代表的メーカーの国際的競争力が低下していますが，製品アーキテクチャのフレームワークを通してみると，その理由がよく理解できます。

　そこで本章では，内容的にやや難しいのですが，製品アーキテクチャのマネジメントについて，具体例を交えながらできるだけ分かりやすく説明していきたいと思います。

○*KEY WORDS*○
製品アーキテクチャ，システム，
モジュラー型，インテグラル型，インターフェイス，
オープン型，クローズド型，
デザインルール，システム統合部品，
プラットフォーム・リーダー，レファレンス・デザイン，
機能的価値，情緒的価値

# 8.1 はじめに

　1990年代以降，エレクトロニクス業界を中心とする多くの分野で，産業構造や市場競争の様相が激変し，そのなかでの勝ち負けを左右する企業戦略やマネジメントのあり方まで大きく変化するという現象が頻繁に見られるようになりました。また，このことが，日本の代表的メーカーの国際的なプレゼンスの低下や，韓国や台湾，中国といった他の東アジア地域のメーカーの国際的なプレゼンスの高まりにもつながっています。

　このような状況を説明するためのフレームワーク（概念枠組み）として，近年注目されているのが「製品アーキテクチャ」です。この観点から見ると，最近になって，多くの製品分野で製品アーキテクチャが転換しており，それに伴って市場競争の様相も大きく変化しています。具体的には，エレクトロニクス製品の多くが，PC（パソコン）のように，汎用的な部品を市場で調達して組み合わせるだけで誰でも製品を作ることができるようになり，その結果として，参入障壁が事実上消滅してしまい，価格低下が急速に進み，十分な利益を確保することが難しくなっているのです。

　こうした状況への対処を誤ってしまうと，仮に研究・技術開発で素晴らしい成果をあげて，技術面では世界の最先端を走っていても，経済的成果の獲得には失敗するということになりかねません。事実，PC，DVDプレーヤー，薄型テレビ，携帯電話（ガラケー），スマートフォンなどを手がける日本企業のほとんどが，こうした苦しい状況に陥り，国際競争力を著しく低下させました。

　このように製品アーキテクチャのフレームワークは，研究・技術開発の成果を成果獲得に結びつけていくためのマネジメントを考える上で，きわめて重要な概念的基盤の一つを提供するものだと言えます（延岡，2006；妹尾，2009）。

　そこで本章では，この製品アーキテクチャについて詳しく説明していくことにします。

## 8.2 製品アーキテクチャの分類軸

### ◯ 製品アーキテクチャとは何か

　第5章でも述べたように，製品アーキテクチャとは，製品を構成する個々の部品や要素の間のつなぎ方，製品としてのまとめ方のことを意味しています（Baldwin and Clark, 2000）。そして，より具体的には，「システムとしての製品を，どのようなサブシステムの，どのような関係性を有した集合体として構成するのかに関しての基本的設計思想のこと」と定義することができます（藤本，2001a；青島・武石，2001）。

　ここでいうシステムとは，複数の要素から構成され，そうした構成要素間の少なくとも一部に相互依存関係が存在するために，各構成要素の性質を単純に足し合わせただけでは説明のできない全体的特性を持った複合体のことを意味しています。また，サブシステムとは，システムの下位の構成要素の一つであり，なおかつ，それ自身がシステムとしての全体的特性を持った複合体のことを意味しています[1]。

　なお，本書では，製品もサービスも含めて「製品」と表記しているので，以下ではサブシステムを「部品」と言い換えて用いることにします。そのなかには，物理的な部品も，ソフトウェアのような無形の部品も，また，ソフトウェアが書き込まれた半導体チップのような無形物が付加された物理的な部品も含まれます。

　ここで，（言い換えた）上記定義の「どのような部品の，どのような関係性を有した集合体として構成するのか」という部分は，主として2つの要素（軸）に分けて考えることができます。

　その第1の軸が，製品を構成する部品間の相互依存性の高低（あるいはその逆

---

[1] このように，システムの概念は非常に汎用的であり，アーキテクチャのフレームワークも，本来はシステム的な特性を持つものには何にでも応用できる汎用的な概念です。たとえば，組織のなかでの部門間関係や，企業間関係などを考える場合にも，同じようにアーキテクチャの概念を用いることができます。

　しかしながら，あまり話を拡げすぎると理解しにくくなってしまうので，本書では，特に断らなければ製品システムだけを対象として，アーキテクチャの概念とそのマネジメントについて説明していくことにします。

数としての独立性の高低）であり，本書ではこれを以下，「部品間特性」と呼ぶことにします。

第2の軸は，製品を構成する部品の汎用性の高低（あるいはその逆数としての特殊性の高低）であり，本書ではこれを以下，「オープン化特性」と呼ぶことにします。

では，それぞれを説明していきましょう。

## ○ 「部品間特性」の軸：「モジュラー型」と「インテグラル型」

まず，第1の部品間特性の軸ですが，これは，「当該製品が，どれだけ独立性の高い（相互依存性の低い）部品の集合から構成されているのか」ということを意味しています。この軸では，製品アーキテクチャは「モジュラー型」と「インテグラル型」の2つに分類されます（Ulrich, 1995；Baldwin and Clark, 2000）。

前者のモジュラー型のアーキテクチャとは，事前に部品の組み合わせ方のルールを決めておき，開発の際にはそのルールを順守することによって，部品の独立性を高めるタイプの設計方式です。

こうしたモジュラー型アーキテクチャの製品では，独立性の高い部品（「モジュール」と呼ばれる）を積み木やレゴのように組み合わせれば，製品システム全体を構成することが可能になります。その代わり，個別の製品に合わせて各部品の最適設計を行うことはできないので，最高の機能を実現することが求められるような製品には不向きです。

ここで，「部品間の相互依存性が高い」＝「部品の独立性が低い」とは，1つの部品の設計に変更を加えた場合に，他のほとんどすべての部品の設計に変更を加えなければならなくなるような状況を意味しています。その逆に，「部品間の相互依存性が低い」＝「部品の独立性が高い」とは，1つの部品の設計に変更を加えたとしても，他のほとんどすべての部品の設計に何ら変更を加える必要のない状況を意味しています。

こうした後者の状況は，一般に，インターフェイスを標準化することによって実現されます。ここで「インターフェイス（interface）」とは，部品同士が物理的に接している部分，あるいは，部品間でエネルギーや信号のやり取りが行われる部分のことを意味しています。たとえば，ネジとネジ穴のような物理的なもの，通信回線における接続プロトコル（接続規格）のような電子的なもの，PCと各種周辺機器とをつなぐコネクター端子のような電子的，かつ物理的なものなどが

あります。

　いずれにしても，このインターフェイスを標準化すれば，ある1つの部品の設計に変更を加えたとしても，他の部品の設計に変更を加える必要はなくなります。電球が，普通の白熱灯からLED灯に変わったとしても，電圧・電流・電力が同じで，照明器具とのインターフェイス部分であるソケットの形状の規格さえ守られるのであれば，同じように利用可能であるといったことをイメージすると理解が容易かもしれません。

　一方，後者のインテグラル型のアーキテクチャとは，事前に部品間の相互依存関係のあり方や部品の組み合わせ方のルールを完全には決めず，開発を行う段階で，全体の最適性を考え，各部品間の調整（以下，場合に応じて「すり合わせ」と言い換えます）を十分に行いながら完成度を高めていくタイプの設計方式です。

　一般に，自動車のような非常に複雑な製品では，部品間の相互依存関係のあり方を，あらかじめすべて決めておくことには限界があります。というのも，製品開発をはじめなければ分からない問題が多々あるので，事後調整によって理想的な設計を追求する余地を残しておいたほうが，より顧客価値の高い製品を開発できる場合が多いからです。

　このような場合には，インテグラル型のアーキテクチャのほうが適していることになりますが，その代わり，個別の製品に合わせて各部品の最適設計を行わなくてはならないので，どうしてもコストが高くなりがちになります。


　以上のように，部品の独立性の高い設計がモジュラー型で，低い設計がインテグラル型ですが，以下では藤本（2004）にならって，必要に応じてモジュラー型を「組み合わせ型」，インテグラル型を「すり合わせ型」と，日本語表現で読み替えて呼ぶことにします。

　なお，ある製品システムのアーキテクチャが，相対的にインテグラル型な領域から相対的にモジュラー型な領域へとシフトすることを「モジュラー化」（ないし「モジュール化」[2]），逆に，ある製品システムのアーキテクチャが，相対的にモジュラー型な領域から相対的にインテグラル型な領域へとシフトすることを「インテグラル化」と呼びます。

---

2 「モジュラー化」と「モジュール化」の意味・ニュアンスの違いを強調して使い分ける論者もいますが，本書では両者を同じ意味で用いることにします。

## ○ 「オープン化特性」の軸：「オープン型」と「クローズド型」

「どのような部品の集合体として構成するのか」という部分についてのもう一つの軸は，製品を構成する部品がどのくらい標準的な仕様なのか，あるいは逆にどのくらい特殊な仕様なのか，言い換えると，製品を構成する部品がどのくらい汎用的なものであり，したがってどのくらい市場で一般的に入手可能なのかという軸です[3,4]。

この軸では，製品アーキテクチャは「オープン型」と「クローズド型」の2つに分類されます。

オープン型に分類されるのは，製品を開発する際に標準的な仕様の部品を利用すれば十分で，したがって部品の標準化度が高く，それゆえ幅広い調達先を利用することが可能となっているタイプの設計です。

一方，クローズド型に分類されるのは，製品を開発する際に固有で特殊な仕様の部品が必要になり，したがって部品の標準化度が低く，その部品を入手するためには特別に発注を行わなければならないので，幅広い調達先を利用することが難しいタイプの設計です。

なお，ある製品システムのアーキテクチャが，相対的にクローズド型な領域から相対的にオープン型な領域へとシフトすることを「オープン化」と呼び，逆に，ある製品システムのアーキテクチャが，相対的にオープン型な領域から相対的にクローズド型な領域へとシフトすることを「クローズド化」と呼びます。

---

3 製品アーキテクチャの「オープン」「クローズド」の軸は，一般には，「インターフェイスの設計ルールが広く外部に公開されているかどうか」で定義されており（國領，1999；藤本，2001a），「製品を構成する部品の汎用性の高低（あるいはその逆数としての特殊性の高低）」で定義する本書の定義とは若干異なっています。しかし，実質的な意味はさほど変わりません。また，（ソフトウェア製品を除く）実証的な研究では，（操作性に優れているため）むしろ本書の定義のほうが一般的に用いられています。

4 こうした部品の標準化度には3段階があり，レベル1＝企業内での標準化，レベル2＝産業内での標準化，レベル3＝産業を超えた標準化，となっています。このうち，レベル3の標準化が最も広範でオープンですが，最も重要なのは，レベル2の産業内での標準化です。たとえば，PCや携帯電話などの特定産業における部品（ソフトウェアを含む）の標準化は，その程度によって当該産業の構造や競争のルールが決まるので，最も重要だと考えられます（延岡，2006）。また，ここでの「標準」には，前章で説明した「公的標準」と「事実上の標準」の両方が含まれています。

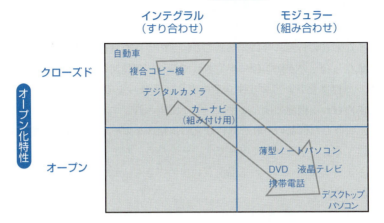

図8.1　製品アーキテクチャの基本タイプ

(出所)　延岡健太郎（2006）『MOT［技術経営］入門』，日本経済新聞出版，p.75 を一部修正

## マトリックスの代表的な2つのセル

　以上述べてきた2つの軸，すなわち，「部品間特性」と「オープン化特性」によって，製品アーキテクチャを4つのタイプに分類する枠組みを図示したものが図8.1です。

　容易に想像がつくことですが，この2つの軸の間には相関関係が存在します。一般に，モジュラー型とオープン型，インテグラル型とクローズド型の相性がよいと言えます。つまり，独立性が高く，なおかつ標準化された部品を多用した製品と，独立性が低く，なおかつ標準化されていない部品を多用した製品の2つが，代表的な製品アーキテクチャのタイプとなっています。

　本書では，前者のタイプの製品アーキテクチャを「モジュラー・オープン型」，後者のタイプを「インテグラル・クローズド型」と呼ぶことにします[次頁5]。

　以下，この2つのタイプのそれぞれについて，もう少し詳しく説明していきましょう。

〈モジュラー・オープン型〉

　モジュラー・オープン型の典型的な製品は，PC です。

　PC の各部品は，データ処理機能が CPU，一時的なデータ保存がメモリ，恒常的なデータ保存が HDD（ハードディスク・ドライブ）や SSD，表示機能がディスプレイなどといった具合に，部品ごとにどのような機能を担うのか，どのように相互依存し合うのかが明確に規定されており，部品間のインターフェイスも業界レベルで標準化されています。そのため，それらを組み合わせるだけで，PC として求められる機能のほとんどすべてが実現されます。

　また，こうした部品のそれぞれに独立の供給メーカーが多数存在しており，市場で調達することがきわめて容易です。そのため，ちょっと詳しいユーザーであれば，さまざまなメーカーの部品を買い集めてきて，自作で PC を組み立てることも可能です。

〈インテグラル・クローズド型〉

　一方，インテグラル・クローズド型の典型的な製品は，（ガソリン）自動車です。

　自動車は，エンジン，サスペンション，シートなど，ほとんどすべての部品が，部品間インターフェイスの設計も含めて，それぞれの企業や車種に固有の設計になっています。たとえば，トヨタ「ヤリス」のボディ，ホンダ「フィット」のエンジン，日産「ノート」のシート，スズキ「スイフト」のサスペンションなどを持ち寄って組み立ててみても，とても実用に耐えるような車にはなりません。

　これはたとえば，エンジンの重心がボディのどのあたりに来るのか，ボディ剛性とサスペンションとのバランスがどうか，といったことがほんの少し微妙に異なっただけで，安定性・振動・ノイズといった乗用車にとって重要な性能がガラッと変わってしまうからです。そのため，タイヤのように，サイズや物理的なインターフェイスが業界で標準化されている部品でさえ，乗り心地や振動・ノイ

---

5 こうした区分は，あくまでも理念的なものです。1 つの製品を構成する部品は一般に数多く存在しており，そのすべてが完全に独立している「完全にモジュラー型」の製品や，逆にそのすべてが強く相互依存し合っている「完全にインテグラル型」の製品は，仮に存在するにしても稀です。実際の製品は，一部の部品同士は比較的相互依存性が高く，一部の部品同士は比較的相互依存性が低く，両者の割合によって，完全なモジュラー型と完全なインテグラル型を両端とするスペクトル上のどこかに位置づけられることになります。同様に，1 つの製品を構成する数多くの部品のすべてが標準仕様の「完全にオープン型」の製品や，あるいは逆にそのすべてが特別仕様の「完全にクローズド型」の製品も，仮に存在するにしても稀です。したがって実際の製品は，完全なオープン型と完全なクローズド型を両端とするスペクトル上のどこかに位置づけられることになるのです。

198

ズを最適化するため，車種ごとにすり合わせされた特別な仕様のものが利用されています（完成車組み付け用タイヤの場合）。

## 8.3 モジュラー型とインテグラル型の特徴とメリット・デメリット

　次に，モジュラー・オープン型とインテグラル・クローズド型の違い，そして両者のメリット・デメリットについて，より詳しく説明していくことにしましょう。

　以下では，煩雑さを避けるために，モジュラー・オープン型をモジュラー型，インテグラル・クローズド型をインテグラル型と，それぞれ表記することにします。

### ○ モジュラー型とインテグラル型の機能配分構造の違い

　すでに述べたように，インテグラル型の製品の場合には，部品の設計の独立性が低いので，たとえば部品Aの設計を変更すれば，他の多くの部品の設計が，ドミノ倒しのように次々と変更を余儀なくされることになります。そのため，多数の部品の設計を精緻にすり合わせていく作業が必要不可欠となります。

　このように，インテグラル型の製品において部品間の緊密なすり合わせ作業が必要とされるのは，1つの機能を複数の部品が統合的な形で実現するような機能配分構造になっているからです。

　水泳選手が速く泳ぐためには，足と手の力はあまり関係なく，それらと体全体との微妙なバランスが大事だと言われます。これと同じように，インテグラル型の製品では，各部品の機能だけではなく，それらを全体として精緻なバランスですり合わせることが機能向上をもたらすことになるのです。

　一方，モジュラー型の製品の場合，部品の設計の独立性が高いので，緊密なすり合わせなしに簡単に組み合わせることができます。このように，モジュラー型の製品において部品間のすり合わせ作業が必要とされないのは，1つの機能を1つの部品が単独で実現するような機能配分構造になっているからです。

　つまり，インテグラル型かモジュラー型かは，技術的には部品と機能の配分構造によって決まることになるのです（Ulrich, 1995）（図8.2）。

　たとえば，インテグラル型製品の典型である自動車では，主要な機能だけでも，

走行性能，制動性能，操縦性能，振動，ノイズ，耐久性，安全性，燃費（これは特に車両重量の影響が大きい）など多岐にわたります。それらの機能はそれぞれ，エンジン，ボディ，サスペンション，シート，タイヤなど，無数の部品が複雑に組み合わさり，全体としてバランスするなかで実現されており，機能と部品の配分は多対多のきわめて複雑な構成となっています。そのため，部品間のすり合わせ作業は，それだけ繊細で膨大な作業となってしまうのです。

　一方，モジュラー型の製品においては，機能と部品が1対1で対応するような機能配分構造になるよう，あらかじめ「デザインルール」が事前に設定されており，製品や部品の開発・生産者にはそのルールに従うことが求められます。

　ここでデザインルールとは，「製品システムのなかで，各部品がどのような機能を担い，どのようなインターフェイスを介してどのように相互作用し合うのかに関する設計ルール」（Baldwin and Clark, 2000）のことを意味します。このルールを事前に設定することによってはじめて，製品システムをモジュラー化することが可能になるのです。

　逆に言うと，製品アーキテクチャをモジュラー化するためには，製品システムを構成する全部品が，どのような機能を担い，どのようなインターフェイスを介してどのように相互作用し合うのかに関して，あらかじめデザインルールを設定しておけるだけの高いレベルの知識を確立しておくことが必要不可欠になります。

　たとえば，モジュラー型製品の典型であるPCでは，データ処理はCPU，データ一時保存はメモリ，データの恒常的な保存用記憶装置はHDDやSSD，表示はディスプレイといった具合に，それぞれの部品が独立して単独の機能を果たすことができるように，事前に部品間のすり合わせ作業が完了しています。

　部品間のすり合わせ作業は，基本的にCPU（ないしチップセットかマザーボード[6]）とOS（オペレーションシステム）が集中的に担っています。また，それ以外の複数の部品の間で相互依存関係が生じてしまわないようなデザインルールが事前に設定されており，インターフェイスの規格も詳細に決められているので，製品や部品の開発・生産者にはそのルールを順守することが求められます。

　こうした部品間の相互依存関係の処理の違いを概念化したものが，図8.3です。

---

[6] チップセットとは，PCに内蔵される，CPUの周辺回路を備えた複数の半導体チップの集合のことを意味しています。一方，マザーボードとは，同じくPCに内蔵され，主要な電子部品（CPUやメモリなど）が搭載された回路基板のことを意味しています。このチップセットやマザーボードは，PCのほとんどすべての基本機能を担う，まさにPCそのものと言ってもいいほどの中核部品です。

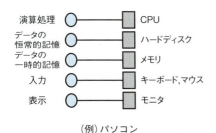
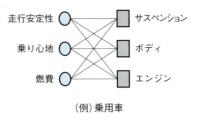

(出所) 藤本隆宏（2004）『日本のもの造り哲学』，日本経済新聞出版，p.125 を一部修正

**図 8.2　モジュラー型とインテグラル型の機能配分構造**

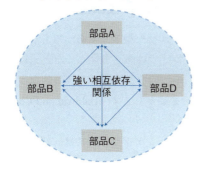
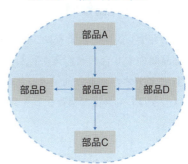

部品E（たとえば制御ソフトやシステムLSIなど）を間に噛ませることによって，部品A，部品B，部品C，部品Dの間の相互依存関係が解消されている

部品E＝システム統合部品

(出所) 新宅純二郎・小川紘一・善本哲夫（2006）「光ディスク産業の競争と国際的協業モデル：擦り合わせ要素のカプセル化によるモジュラー化の進展」，榊原清則・香山晋編著『イノベーションと競争優位：コモディティ化するデジタル機器』（NTT出版），p.106 を大幅修正

**図 8.3　部品間の相互依存関係の処理の違い**

8.3 モジュラー型とインテグラル型の特徴とメリット・デメリット

たとえば，A〜Dまで4つの部品から構成される製品があった場合，その4つの部品すべての間で相互依存関係が生じることを許容し，それを事後的なすり合わせ作業によって最適化することで製品システム全体として高いパフォーマンスを発揮する，というタイプの設計がインテグラル型のアーキテクチャです。

その一方で，モジュラー型のアーキテクチャでは，新たに部品E（具体的には製品システム全体を制御するソフトウェアを組み込んだシステムLSIなど）を間に噛ませることによって，部品Eと部品AからDまでの4つとの間に強い相互依存関係を作った上で，部品A，B，C，Dのそれぞれの間での相互依存関係は一気に切断してしまいます。このように，モジュラー型のアーキテクチャでは，一部の部品だけが，製品内の部品間の相互依存関係の調整を集中して担うことになるのです。

本書では，延岡（2006）にならって，こうしたタイプの部品を「システム統合部品」と呼ぶことにします[7]。

## ○ 部品間の調整時点の違い：事前調整と事後調整

上でも少し説明したように，PCのようなモジュラー型製品であっても，決して部品間のすり合わせ作業が行われていないわけではありません。たとえば，CPUとビデオボードと通信モジュールなど，中核的な部品間での技術的な調整では，きわめて高度で複雑なすり合わせ作業を必要とします（Baldwin and Clark, 2000）。

しかし，すでに述べたように，モジュラー型とインテグラル型には，部品間の調整時点において決定的な違いがあります。

インテグラル型では，各企業が実際に製品開発を行いながら，部品間のすり合わせ作業を行わなくてはなりません。一方，モジュラー型の場合，各企業が製品開発に取り組む時点では，すでに部品間のすり合わせ作業のほとんどは終わっています。つまり，「事前の調整」の結果としてデザインルールが定められており，インターフェイスの規格も詳細に決められているので，各部品の開発・生産者はそれを順守しなければならないわけで，それがモジュラー型のアーキテクチャなのです。

事前の調整を担当し，部品間の調整を一手に引き受けたシステム統合部品を開

---

[7] 新宅他（2006）では，こうしたタイプの部品を，「すり合わせノウハウがカプセル化された部品」と呼んでいます。

発・生産・販売しているのは，たとえばPCならインテルやマイクロソフト，ネットワーク・ルーターならシスコシステムズであり，そうした企業は「プラットフォーム・リーダー」（Gawer and Cusumano, 2002）としての役割を果たしています。

この点はきわめて重要です。つまり，「モジュラー化すれば，積み木やレゴのように，組み合わせるだけで製品システム全体を構成することが可能になる」という点ばかりが強調されがちですが，その陰には，デザインルールを設定し，各部品のインターフェイスを定義している企業群があり，後で述べるように，そうした企業群が存在しなければ，モジュラー型製品は長期的に成立しえないのです。

## ◯ モジュラー化のメリット

90年代以降，世界的な傾向として，多くの製品がモジュラー化しました。それは，モジュラー型の製品アーキテクチャには多くの優位性があるからです。

以下では，モジュール化によってもたらされるメリットを，（1）製造現場のレベル，（2）開発現場のレベル，（3）製品進化という3点から，それぞれ見ていくことにします。

### 〈製造現場レベルでのメリット〉

モジュラー化による製造現場レベルでのメリットは，主として2つあります。

第1に，製品をモジュラー化するということは，多くの部品が標準化されることを意味します。

標準化されたモジュールは，比較的長期にわたって大量に生産することができるので，規模の経済性や経験効果が働くことになり，その結果，そうしたモジュールにおいては著しいコストの低下や品質の向上が期待できます。

第2に，製品の生産プロセスを2つの段階に分けてマネジメントすることにより，生産プロセスを大幅に効率化することができます。

すなわち，前の段階では，需要予測をもとに，ある程度の汎用性を有した中間製品（モジュール）を見込み生産して，必要最小限の在庫を保有しておきます。そして，後の段階では，実際の顧客からの注文に基づいて，そうした中間製品を組み合わせたり，必要最小限の特別な仕様の部品を組み込んだりすることで，各顧客の要求に応じた多様な仕様の製品を迅速に生産・納入するのです。

こうしたミックス・アンド・マッチ（mix and match）型のやり方をとること

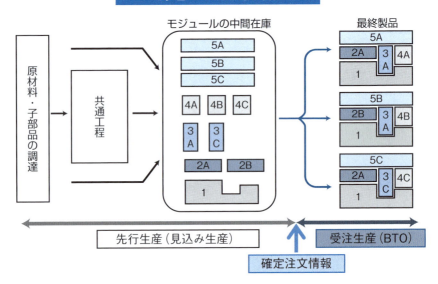

図 8.4　モジュラー化による BTO 方式

により，顧客の確定注文が入ってから最終製品を完成するまでの生産リードタイムを短くすることができるので，多様な最終製品をジャスト・イン・タイムで生産・納入することが可能となり，最終製品の在庫も減らすことができるようになります。もちろん，モジュラー化を推進しても中間製品の在庫は残るのですが，これらは比較的場所をとらず汎用性も高いので，在庫リスクは小さいと言えます（土屋，1994）。

　これが，デル・コンピュータが PC で手がけて一躍有名になった「BTO 方式（Build to Order：受注生産方式）」の本質的な考え方です[8]（図 8.4）。

〈開発現場レベルでのメリット〉

　第 5 章でも説明した通り，製品アーキテクチャに対応して，開発組織の最適なアーキテクチャも変わってきます。

---

[8] デルの BTO 方式については，第 14 章も参照してください。

自動車のようなインテグラル型の製品の場合であれば，部品間の相互依存性が非常に高いので，各部品の開発作業を相互に緊密にすり合わせていくことが非常に重要となります。そのため，各部品の開発者同士が頻繁なコミュニケーションを図ることができるようにプロジェクト・チームを組んだり，さらには，プロジェクト・マネージャが，製品システム全体のバランスを考慮するなかで設計上の最終決定を下していくことが重要になります。この点については，第10章でもう一度詳しく説明します。

　一方，PCのようなモジュラー型の製品の場合には，それぞれの部門内ではすり合わせ作業が必要ですが，部門を超えて，他の部品を担当する部門とすり合わせる必要はありません。ですから，すり合わせ作業に時間をとられることなく，ミックス・アンド・マッチ型のやり方で，多様な機能やパフォーマンス水準の製品を迅速に開発し，市場に投入していくことが可能になるのです。

　また，モジュラー型の製品では，このように各部品の開発作業の間でほとんどすり合わせ作業を行う必要がないことから，それらの開発を同一の企業内で行う必要性は薄れていきます。実際，デジタル家電製品のように製品のモジュール化が進んだ業界では，近年における情報通信技術の飛躍的発展と交通・輸送網の整備に伴って，各モジュールの開発・生産委託先が世界中に分散するのはごく当たり前のこととなっています。

　こうした業界においては，すべての開発活動を自社内で抱え込むのではなく，むしろ，自社ではデザインルールの決定や強みを有するモジュールの開発・生産だけに特化し，それ以外の部分はすべてその時々に最適な企業に委ねることによって，より競争上優位なポジションを確保することが可能となります。

### 〈製品進化上のメリット〉

　インテグラル型製品の場合，ある個別の部品技術を転換する際には，最終製品を開発する企業との間で緊密にすり合わせ作業を行わなければならないことが多くなります。たとえば自動車の部品メーカーは，自社の部品の設計や使用素材などを変更すると，その影響が他の無数の部品にまで及ぶことになるので，自動車メーカーや他の部品メーカーとのすり合わせ作業なくして新しい部品を開発することはできません。

　一方，モジュラー型製品では，部品間の相互依存性を断ち切るように事前に部品間の調整ルール（デザインルール）が設定されており，各部品の独立性・自律性が高くなっています。すなわち，デザインルールさえ守れば，後は最終製品の

開発とは独立した形で，最終製品を構成する他のモジュールの設計とすり合わせることなく，自由に技術開発を進めることができるのです。

これによって，各モジュールの開発主体は，デザインルールで規定された以外の部分については，自分たちが最適であると考える方法を自由に試してみることが可能となります。したがって，各モジュールのレベルで「実験を通じた学習」が急速に進められ，イノベーションが頻繁に生じることになるのです（柴田，2015）。

それでも，デザインルールさえ守られていれば，そうしたモジュールは製品システム全体のなかで確実に機能するので，各モジュールのレベルで生じたイノベーションの成果は，製品システム全体の機能向上に直ちに結びつきます。その結果，製品システム全体の機能は，劇的なスピードで進歩を遂げることとなるのです。

## ◯ モジュラー化のデメリット

一方，モジュラー化を図るためには，各モジュールごとに余分な「あそびの部分」（design margins）を持たせ，各部品間の相互依存関係を遮断するバッファー（緩衝材）にすることが必要とされます。つまり，モジュラー化を図るためには，製品システム全体でムダな部分を増やすことが必要不可欠となるわけです（國領，1999）。

そのため，そうしたあそびが許されない，非常にコンパクトで軽量な製品を開発する場合には，各部品の枠を超えて製品システム全体の最適化を図っていくことが必要不可欠となるため，インテグラル型の設計のほうが望ましいことになります。

また，モジュラー化を図るためには，先に述べたように，あらかじめデザインルールを設定しておけるだけの高いレベルの知識を確立しておくことが必要であって，それができる状況になければ，そもそもモジュラー化を図ることは不可能です（Baldwin and Clark，2000）。

あるいは，デザインルールの順守という制約条件が加わることで，製品の基本設計が固定化されてしまい，一定期間ごとにデザインルールを適切にグレード・アップしていくことができなければ，イノベーションの停滞を引き起こしてしまう恐れもあります。

さらには，モジュラー化によって部品の標準化が進むと，機能面で差別化を図

ることが難しくなり，コモディティ化の問題が引き起こされてしまうことになります。これについては，次の8.4節で詳しく説明します。

　以上のように，モジュラー型とインテグラル型の製品アーキテクチャにはそれぞれの特徴があるため，要求される機能水準や顧客ニーズに応じて両者を使い分けることが大切です。

　しかしながら，近年における半導体技術や高密度実装技術の目覚ましい進歩によって，少なくとも電子部品に関しては，あそびの部分を作ってインターフェイスの標準化を図ることが非常に容易になりました。

　実際，PCや液晶テレビ，スマートフォン，タブレット端末といった，われわれが日常的に使用するほとんどの製品では，製品機能の大半が，半導体チップやプリント基板のような電子部品のなかに収められ，他の部品との間のインターフェイスが標準化されています。

　このように，モジュラー・アーキテクチャに適した製品領域が飛躍的に比重を増しつつあるというのが，目下の現状なのです。

## 8.4　モジュラー化の進展

### ◯ インテグラル型とモジュラー型を規定する要因

　では，インテグラル型とモジュラー型は，どのような要因によって決まってくるのでしょうか。

　まず第1に，製品デザインは，市場の成熟化とともに自然にモジュラー化される傾向にあります（Henderson and Clark，1990）。

　第3章で説明したA-Uモデル（アバナシー=アッターバック・モデル）の流動的段階では，最適な製品アーキテクチャのあり方についても試行錯誤が続きます。しかし，業界のなかでその製品に関しての「共通のコンセプト」が形成され，ドミナント・デザインが登場するようになると，支配的な製品アーキテクチャも確定することになります。

　この段階で，産業の発展は流動期から移行期へと移り，競争の焦点も，確立された製品アーキテクチャのもとで，標準的な仕様の製品を「いかに大量に，かつ

安く」生産するかへと移行することになります。もちろん，差別化も図られるのですが，それはあくまでもドミナント・デザインの範疇のもとでの話であり，製品の性格（コア・コンセプト）を変えてしまうような大きな変化は，ほとんど生じなくなってしまいます。

この段階では，モジュラー化は，製品の供給側（企業）にとっても需要側（顧客）にとっても，メリットが大きいと言えます。

供給側としては，コストの低下や迅速な市場投入のメリットが享受できるし，特に，差別化が難しくなればなるほど，モジュラー化によるこうしたコストの低下や迅速な市場投入のメリットは大きくなります。一方，需要側，つまり顧客にとっても，モジュラー化のメリットは大きく，コスト低下により製品価格は低下し，また，自由に多様な組み合わせを選択することができるようにもなります。

このような背景のもと，製品の誕生から衰退までのライフサイクルを見ると，たとえ初期にはインテグラル型であっても，通常は徐々にモジュラー化が進むのが一般的です。たとえばデジタルカメラは，市場に登場した当初は典型的なインテグラル型の製品でしたが，徐々に中核部品であるイメージセンサ（CCD）やレンズモジュールなどでモジュラー化が進んでいきました（伊藤，2005）。

ただし，ガソリン自動車のように，モジュラー化があまり進まない製品もあります。これは大半の顧客が，今のところ，モジュラー化による低コストや組み合わせの多様性よりも，インテグラル型設計によって実現できる商品性向上を評価し，それに対して十分な付加的対価を支払っているからだと考えられます。

言い換えると，自動車を構成する無数の部品の設計を微妙に調整し合い，安全性・乗心地・静粛性・運転操作感などを統合的に最適化することが，自動車の商品性を高め，より高い価格で販売できることにつながっているので，自動車は今のところインテグラル型にとどまっているのです。

このように，インテグラル型にとどまるための条件は，モジュラー化するメリットよりも，すり合わせによって創造される価値のほうが高い場合，ということになります（延岡，2006）。

## ○ モジュラー化の促進要因

近年，デジタル家電分野の多くの製品がモジュラー化し，製品全体のなかで汎用部品の占める割合が高まり，市場で調達することが容易な部品による寄せ集め設計的な色彩を強めています。また，このことが，新興国企業による市場参入の

障壁を著しく引き下げ，製品価格の急速な低下につながっています。

　なぜこうした現象が生じているのかを明確に理解するために，以下では，基本的に延岡他（2006）のフレームワークにならって，（1）モジュールの市場化，（2）システム統合の市場化，および（3）顧客価値の頭打ち，というモジュラー化を促進する3つの要因について説明していくことにします。

## ◯　モジュラー化の促進要因①：モジュールの市場化

　モジュラー化を促進する要因の第1は，モジュールの市場化です。

　製品アーキテクチャがモジュラー型になっても，各モジュールを市場で購入できないのであればモジュラー化は進みません。これは，「社内モジュラー化」と呼ばれる段階で，たとえば日本のデジタルカメラメーカーの多くが，高付加価値のデジタル一眼レフカメラでは，製品のモジュラー化を進めつつ，そのモジュールを外部の企業には基本的に販売していません。

　しかし逆に，モジュールを市場で一般的に入手することが可能になれば，モジュラー化は一気に進み，開発・生産能力が低い企業でも最終製品（完成品）市場に参入できるようになります（立本，2017）。たとえばPCの場合には，CPU，OS，メモリ，HDDやSSD，ディスプレイなど，主要部品（モジュール）のほとんどすべてが市場で容易に入手できます。それゆえに，PCを組み立てて販売する企業は，世界中に数え切れないほど多く存在するのです。

## ◯　モジュラー化の促進要因②：システム統合の市場化

　モジュラー化を促進する要因の第2は，システム統合の市場化です。

　仮に製品アーキテクチャがモジュラー型となり，モジュールが市場化されたとしても，市販モジュールの単なる寄せ集めだけで十分な性能を発揮できる製品を開発・生産できるとは限りません。というのも，完全にモジュラー化された製品というのは稀で，どうしても各モジュールに微妙な特性上の違い（「くせ」）が残ってしまい，相性の良くない組み合わせが存在するため，どのようなモジュールを調達し，どのように組み合わせればよいのかという知識が必要になる場合があるからです。

　しかし，デジタル家電の業界を中心として，こうしたシステム統合に関する知識——モジュールを組み合わせたりすり合わせたりして最終製品を開発・生産す

る技術やノウハウ——さえも市場化される傾向が強まりつつあります。

このシステム統合の市場化には2つのパターンがあります。

1つ目のパターンは，主要な部品（特に半導体チップ）の製造メーカーが，主にその部品の販売を促進するために，最終製品へ向けたシステム統合のやり方のノウハウを提供する場合です。

たとえばPCの場合，CPUを開発・製造するインテルは，CPUを広く販売するために，PCを開発・生産する完成品メーカーが参考にすべきレファレンス・デザイン（推奨設計）を公開しています。また同様に，DVDプレーヤーの場合は台湾のメディアテック（Mediatek：聯發科技）などが，液晶テレビの場合にはジェネシス・マイクロチップ（Genesis Microchip）やピクセルワークス（Pixelworks），メディアテックなどが，自らが販売する半導体チップとレファレンス・デザインをセットで完成品メーカーに提供しています。

レファレンス・デザインの内容はケース・バイ・ケースでさまざまですが，一般的には，そのまま量産用の図面として用いることができるくらいに詳細な設計図面と，その設計で正確に動作することが検証された推薦部品のリスト（Bill of Materials：BOM）が提供されます。場合によっては，サンプル用・評価用として，実寸大の製品モデルであるレファレンス機が提供されることもあります。

こうしたレファレンス・デザインやレファレンス機の提供サービスは，新しい食材を販売するために，それを使用した料理のレシピを同時に提供するのと同じで，自社の半導体チップの販売量を増すことを意図して，技術力に乏しい企業でも最終製品の開発・生産に容易に参入できるようにするためのやり方です。

2つ目のパターンが，システム統合サービスの提供を事業の中心に据える企業が存在する場合です。

たとえば携帯電話端末の場合，完成品メーカーに代わって最終製品の設計を専門に行うデザインハウスが台湾や中国で出現しました。また，後の第12章で詳しく説明しますが，クオンタやコンパルなどの台湾のODM企業は，完成品メーカーからノートPCなどの設計と生産を一括して請け負っています。これらのデザインハウス企業やODM企業は，完成品メーカーにシステム統合サービスを提供していると言えるでしょう。

## ○ モジュラー化の促進要因③：顧客価値の頭打ち

モジュラー化を促進する第3の要素は，顧客価値の頭打ちです。

一般に，製品が成熟化するにつれて，基本的な機能が満たされていれば十分だと考える顧客が増えていきます。たとえば PC では，ワープロや表計算ソフト，インターネットが使えれば十分だと考える顧客が増えているし，コンパクト・デジタルカメラでも，これ以上の画質や機能は不要だと考える顧客が大半になっています。

　これは，第4章のオーバーシュートの項目で詳しく説明した通り，製品が成熟化するにつれて，平均的な製品のスペックが多くの顧客が「もう十分だ」と考える水準をしばしば上回るようになってしまうために生じる現象です。

　このようなオーバーシュートが生じると，その後にシンプルで安価な製品が登場して爆発的な人気を博し，一気に価格破壊が進む可能性が高くなります。そうなってしまえば，できる限り汎用的な部品を多く使用するとともに，多数の部品供給メーカーを競わせてなるべく安く買い取り，それらを組み合わせて，できる限りシンプルで安価な製品を市場に投入することが，競争に打ち勝つための一つの有効なやり方となるのです。

## ◯ モジュラー化とコモディティ化：デジタル家電のケース

　以上述べてきたような，（1）モジュールの市場化，（2）システム統合の市場化，および（3）顧客価値の頭打ち，といった条件が満たされるにつれて，モジュラー化の動きは加速していくことになります。その結果として，汎用部品の使用比率が高まり，低価格化が一気に進むとともに，製品の差別化が困難になってきます（延岡，2006）。

　こうしたコモディティ化が進むと価格競争が激しくなることが知られていますが，モジュラー化の動きは，このコモディティ化と低価格化の動きを加速させることになるのです。

　実際，PC などの情報機器も含めた広義のデジタル家電（情報家電）の分野においては，こうしたモジュラー化が急速に進展し，低コストを武器にした新興国企業の参入が相次いだため，価格低下が急速に進んでしまい，どの企業も利益を獲得することが困難になってしまいました（延岡他，2006；小川，2009）。

## 8.5 モジュラー化が進んだ産業での収益確保

最後に，モジュラー化が進んだ産業において，企業は競争力と付加価値の源泉をどこに見出すべきなのかについて論じることにします。

ここでは，基本的に延岡他（2006）のフレームワークに基づき，組み立て型産業における付加価値の源泉として，部品と製品とに大きく分けて考えてみましょう。

### ○ 部品による付加価値の獲得

部品によって付加価値を獲得する上では，システム統合部品の生産・販売に特化することが最も望ましいと考えられます。

ほとんどすべての製品で，当該製品を構成する部品群の間に何らかの相互依存関係が存在しており，これを完全になくしてしまうことは不可能です。よって，製品アーキテクチャをモジュラー化するためには，製品よりも下の階層において集中的にすり合わせ作業を担う領域を作り出すこと，すなわち，システム統合部品がすり合わせ作業を一手に担うことが必要となります。言い換えると，製品レベルでのモジュラー化を進めるためには，部品レベルでのインテグラル化を進めることが必要不可欠となるのです。

そして，こうしたシステム統合部品を自社で手がけ，市場で広く販売するようにすれば，高収益を獲得できる可能性が高くなります。

まず，システム統合部品は，製品を構成するそれ以外の部品間のすり合わせ作業を独占的に担うことになり，一方では，すり合わせとは関係のない，したがって付加価値が低い部分を背負い込まずに済むので，付加価値が特に高くなります。しかも，部品の生産・販売に特化すれば，さまざまな完成品メーカーに売りさばくことが可能となり，その結果，市場で高シェアが獲得できれば，最終製品を手がける場合以上の規模の経済性や経験効果を享受できることになります。

こうした戦略の成功事例としては，インテルやクアルコムなどがあげられます。たとえばインテルは，PC を自社で手掛ける実力は十分に備えているにもかかわらず，CPU やチップセット，マザーボードといった部品の販売に徹しています。クアルコムも，携帯電話事業に参入した当初は自らが開発した CDMA 方式の携

帯電話の端末を製造していたのですが，同方式の携帯電話市場が完全に軌道に乗った2000年には，その携帯電話端末の製造部門を日本の京セラに売却し，チップセットを開発・販売する部品ビジネスに特化しました（小川，2009）。

ただし，この戦略で成功するためには，システム統合部品の市場において，少なくとも上位2社のうちに入るくらいのシェアを確保することが必要となります。というのも，こうしたシステム統合部品のほとんどは半導体チップですが，半導体生産における規模の経済性と経験効果がきわめて大きいので，市場シェアの多寡がコスト競争力に直結することになるからです。

また，長期にわたってこの戦略で成功をおさめるためには，システム統合部品の市場においてプラットフォーム・リーダーとしての地位を確保することが重要になります。

すでに述べたように，モジュラー型の製品アーキテクチャのもとでは，デザインルールを守らなければならないという制約があるので，製品の基本設計が固定化されてしまい，そのままでは部品技術の進歩の成果をうまく取り入れることができなくなる時期がきます。それを乗り切るためには，どうしても，一定期間ごとにデザインルールを適切にグレード・アップしていくことが欠かせないのですが，こうした活動を牽引する役割を果たすのがプラットフォーム・リーダーです。

言い換えると，プラットフォーム・リーダーが存在しなければモジュラー型製品は長期的に成立しえないのですが，この役割を主体的に担っていかないと，システム統合部品のビジネスで長期的な競争優位を確保していくことは難しいのです。

一方で，プラットフォーム・リーダーとしての役割を十分に果たしていくことができれば，自社に有利な業界標準を設定し，市場での競争力を維持・増強していくことが可能になります。たとえばインテルは，プラットフォーム・リーダーとして自社に有利な業界標準を次々に設定していくことで自社のCPUの価格低下を防ぎ，高い付加価値・利益を安定的に確保することができました（立本，2017）。


## ◯ 製品での価値の獲得

モジュラー化した産業のなかで最終製品を手がけて価値を獲得するのはきわめて難しいのですが，このための戦略としては，以下の2つが考えられます（延岡，2006）。

第1が，コスト・リーダーシップ戦略です。たとえば2000年代，多くのPCメーカーは，台湾のODM企業に自社のPCの開発の大半を任せ，生産は彼ら（台湾のODM企業）の中国工場で行い，部品購買や販売，アフターサービスも含めたビジネスシステムのトータルな仕組みを徹底的に効率化することで，国際競争力を獲得しようと試みました。

　しかし，このように汎用的なモジュールを寄せ集めて製品の開発・生産を行うやり方では，トータルな仕組みをいかに工夫しようとも，競合他社による模倣や追随を完全に防ぐことは難しく，こうした試みはうまく行きませんでした。

　第2のアプローチは，差別化戦略です。ここでは，「機能的価値」（functional value）だけでなく，「情緒的価値」（emotional value）を訴求することが重要となります。

　顧客が製品を使用することによって得られるベネフィットは，必ずしも機能から得られる利便性だけに限られるわけではありません。「その製品を使用することによる精神的な満足」，「所有することの誇り」，「作り手に対する共感」など，顧客の感情に訴えかける情緒的な価値は，それを高めることに成功すれば，機能的価値の場合以上に当該製品への顧客ロイヤルティ（忠誠心）向上に貢献することが知られています（Kotler，2000）。

　情緒的価値を訴求するためには，デザインやストーリー，感情や感動など，文字や言葉にすることが難しいブランド要素に磨きをかけ，顧客とのありとあらゆる接点で一貫したメッセージを訴求することが重要となります。また，そのためには，モジュラー型製品が席巻している市場環境のもとにあっても，製品システムのなかで顧客の感情に訴えかける上で重要な部分については汎用モジュールでなく独自仕様の部品を搭載し，情緒的価値増大を追求した徹底的なすり合わせを行うことが必要となってきます。

　たとえば，アップルのマッキントッシュ・パソコン（以下「マックPC」）では，ブラウザ，ワープロ，表計算，プレゼン，メール，写真編集，ビデオ編集，作曲などの基本的なアプリケーション・ソフトはもちろんのこと，OSやチップセットにいたるまで，すべて自社製ないし特別仕様のものとなっており，一貫した操作方法でストレスなくマックPCを扱うことができるよう，徹底的なすり合わせ開発がなされています[9]。ここには，「マックPCは，単なる部品とソフトウェアの寄せ集めではなく，心地よいPC体験をユーザーに与えるような，一つの統一

---

[9] ただし，一口に特別仕様と言っても，ウィンドウズPC用を微修正しただけのものから，マックPCのみで使えるものまでさまざまです。

された世界を提供しなければならない」という，スティーブ・ジョブズの基本的な考え方が反映されています。

さらにマック PC では，iCloud を介して iPhone や iPad などといった他のアップルの電子機器とコンテンツやデータを共有し，いつでもどこでも，その場面にあった機器で利用することが可能になっています。

こうして，アップルのマック PC は，完全にコモディティ化している PC 市場において，他社製品とは完全に差別化されたポジションを確保し，常に一定以上の利益を確保することができているのです。


技術力の高い日本企業の多くは，モジュラー化が進んだ市場環境のもとでも，このすり合わせによる差別化戦略を追求する傾向が強いように思われます。

ただし，アップルが情緒的価値増大を追求したすり合わせを行っているのに対して，日本企業の多くは，依然として機能的価値増大を追求したすり合わせを追求する傾向が強いように思われます。しかし，この戦略は必ずしもうまくいっていないようです。

たとえば携帯電話端末（ガラケー）では，日本企業は，モデルチェンジのたびごとに次から次へと新しい機能を組み込むことで，携帯電話端末をことさらに設計の難しいすり合わせ型製品に仕立て上げ，なんとか汎用部品寄せ集め型の携帯電話端末に対する競争力を維持しようと努力し続けました。

実際，2000 年代半ば頃に日本で販売された機種では，一般的な通話・メール機能のほかに，ワンセグ・テレビ受信，電子マネー（FeliCa），ブルートゥースと，4 種類の電波を同時に送受信できるようになっていましたが，複数の電波が同時に行き交うとなると，相互の干渉をどう避けるかという問題が生じ，開発が格段に難しくなっていました。

しかし，こうした世界最先端の技術の結晶である携帯電話端末も，日本以外の世界のユーザーにとっては「機能はスゴイが価格が高すぎて買う気がしない」代物となり，残念ながら，日本の携帯電話端末メーカーの世界的なプレゼンスは低下の一途をたどってしまいました（丸川，2007）。

そして 2010 年代初頭，スマートフォンによって携帯電話の市場が急速に代替され始めると，日本企業は一斉に自社 OS の開発を諦めて Andriod OS の採用に動きました。各社が独自 OS を採用していた携帯電話（ガラケー）に比べて，世界中の企業が同じ OS を採用する Andriod スマートフォンはモジュラー化がより一層進み，汎用部品の寄せ集めによって構成される度合いが高まっていたため，

カメラや液晶パネルといった部品レベルの性能を向上させたり価格を下げたりする方が顧客への訴求力が高まるようになりました。しかし日本企業は，すり合わせによって差別化を図る戦略を捨てきれず，海外の競合に比べて遅れたタイミングで，機能のわりに価格の高い機種を出し続けたため，国際的な競争力だけでなく，国内市場でのプレゼンスも著しく低下させることになりました。

　機能的価値は，情緒的価値よりも顧客価値の頭打ちが生じやすくなりがちです。そして，ひとたび頭打ちが生じると，すり合わせによる差別化戦略は意味をなさなくなります。

　90年代以降，低収益に悩む日本企業が増えている理由の一つは，この点にあると考えられるのです。

## 演 習 問 題

8.1　かつては日本企業が抜群の国際競争力を誇っていた製品で，現在では国際競争力が著しく低下してしまった事例と，現在でもかなりの国際競争力を維持している事例を，それぞれいくつでもあげてください。その上で，どうしてそのような差が生じてしまったのか，その理由を考えてください。

# 第 9 章

# 新製品開発のマネジメント①：製品開発プロセスのマネジメント

　第9章から第11章では，イノベーション・プロセスの2番目に位置する製品開発の段階（フェーズ）のマネジメントについて，詳しく説明していきます。

　まず本章では，製品開発のプロセスをモデル化した上で，当該プロセスの各段階におけるマネジメントを，顧客ニーズに適合した製品を生み出していくためにはどうしたらよいのかという観点から，具体例を交えながら詳しく説明していきたいと思います。

◦ *KEY WORDS* ◦

製品アイデア，セグメンテーション，ターゲティング，

利用シーン，ニーズ発想，シーズ発想，

アイデア・スクリーニング，

ドロップエラー，ゴーエラー，

製品コンセプト，5W1H,

プロジェクト・スクリーニング，

プロダクト・インテグリティ，テスト・マーケティング

# 9.1 はじめに

本書では，イノベーションを「新しい製品やサービス，新しい生産や流通の手段，新しい技術，新しいビジネスの仕組み，あるいはそれらの新しい組み合わせなどのうちで，顧客にこれまでにない新しい価値をもたらして新規需要を創出するもの」と定義した上で，そうしたアウトプットとしてのイノベーションを生み出すためのプロセスを「イノベーションのプロセス」と呼び，そのマネジメントについて論じています。

これから3章にわたって説明する新製品開発のフェーズは，このイノベーション・プロセスの時間軸のなかで中心に位置するだけでなく，このプロセスのまさに中核をなす，きわめて重要な段階だと言えます。

第2章で述べたように，この製品開発活動には，「死の谷」と呼ばれる大きな障壁が存在しています。この障壁は，大きくは次の2つの問題に分けることができます。

一つは，具体的な新しい製品を開発すること自体に失敗してしまうリスクが大きいということであり，もう一つは，顧客ニーズに適合した，市場で売れる製品を開発することに失敗してしまうリスクが大きいということです。

後者の問題への対処では，いかにして顧客に価値をもたらすような新しい製品コンセプトを生み出していくのかという部分が特に重要であり，マーケティング論の分野で主として研究が進められてきました。

一方，前者については，そうして生み出された製品コンセプトを，いかにして現実の世界で機能する具体的な製品へと結実させていくのかという「ものづくり」の部分が特に重要であり，技術管理論や組織論の分野で主として研究が進められてきました。

このように，製品開発のマネジメントに関する既存研究は多分野にまたがっているのですが，企業がイノベーションからの成果を獲得し，高いパフォーマンス（売上高／利益／キャッシュフロー／成長率など）を得るためには，当然のことながら，製品開発のフェーズにおいて，前者の問題も後者の問題も，ともに克服していかなくてはなりません。

そこで，主として後者の問題を本章で，前者の問題は第10章で扱うことにし，以下では新製品開発のプロセスについて説明していくことにします。

## 9.2 新製品開発活動のプロセス

### 新製品開発活動の意義と困難

　現代では技術が急速に発展し，国際競争は激しくなり，規制が緩和され，さらに，消費者の趣味嗜好は常に変化しています。こうした動きがある限り，特定の製品だけで企業が成長し発展し続けることは困難です。つまり，新製品開発の重要性は増す一方であり，企業の成長や発展にとって不可欠なものとなっています。

　しかしその一方で，このように新製品開発が企業にとってきわめて重要であるにもかかわらず，その成功率は決して高くありません（藤本，2001b；青木，2004）。

　古いデータですが，たとえばマンスフィールドとワグナーが行った調査では，化学，医薬品，石油，電子の各業界の16の米国企業が，1968年から1971年までの間に手がけたすべての新製品開発プロジェクトを検証した結果，具体的な製品の開発に着手した（以下「着手した」）全プロジェクトのうち，技術的な目標を達成し，(A) 具体的な製品の開発まで完了したものは57％でした（Mansfield and Wagner, 1975）。つまり，着手した後に，具体的な製品を開発できずに失敗するケースが4割強あったということになります。

　また，着手した全プロジェクトのうち，(B) 市場投入にまでたどり着いたものは37％でした。それ以外は，コストが想定を上回ってしまったり，あるいはテスト・マーケティングの結果が思わしくないなどの理由で，開発された製品のうちの35％で市場導入が見送られ，この段階で失敗したのです。

　さらにまた，着手した全プロジェクトのうちで，(C) 市場で成功したものは27％でした。つまり，市場導入にまでたどり着いた製品のうちの26％が，その後の売上げが十分ではなかったためにコストを上回る利益を上げることができず，この段階で失敗したのです[1]。

　また，アメリカ製品開発管理協会（Product Development & Management Association: PDMA）が，欧米とアジアを含む世界24ヶ国の，サービス業を含めた幅広い業種にまたがる企業を対象に，新製品開発に関するアンケート調査を行った

---

1　ちなみにこの調査では，新製品の開発や生産，販売などにかかったコストを上回る利益を上げることができた場合を，「経済的成功」と定義しています。

2012年の調査（回答は453社）では，新製品開発プロジェクトで生み出された
アイデアのうち，アイデアを選別する段階を突破できたのが68%，事業収益性
評価で選別する段階を突破し開発に着手できたのが43%，具体的な製品の開発
に成功したのが35%，実験や市場テストを突破できたのが25%，市場導入の段
階にまでたどり着いたのが18%，市場で成功を収めることができたのが15%と
いう結果でした[2,3]（Markham and Lee，2013）。

　これを，上のマンスフィールドと比較するために，実際に開発に着手してから
後の成功確率に計算し直してみると，（A）具体的な製品の開発まで完了したも
のが81%，（B）市場投入にまでたどり着いたものが42%，（C）市場で成功を収
めたものが35%ということになります。

　一方，河野が1980年に日本の東証一部・二部上場の製造企業を対象として
行った調査によれば（回答は227社），新製品開発プロジェクトで生み出された
アイデアのうち，実際に開発着手にまでいたったのが全体の33%，具体的な製
品の開発が成功して商品化段階に進んだのが全体の16%，市場導入の段階にま
でたどり着いたのが全体の9%でした（河野，1987）。

　また，このサンプルにおける市場での成功率は不明ですが，この調査の別のサ
ンプルでは市場導入された新製品の成功率が66%だったので，この数字をその
まま援用して計算すると，アイデアのうちで実際に市場に導入されて成功を収め
ることができたのは6%ということになります。

　この結果を，他の調査結果と比較するために，実際に開発に着手してから後の
成功確率に計算し直してみると，（A）具体的な製品の開発まで完了したものが
48%，（B）市場投入にまでたどり着いたものが27%，（C）市場で成功を収めた
ものが17%ということになります[次頁4]。

　その後，日本では同様の調査は行われていないようですが，濱岡らによるコロ
ナ前の2019年の調査（上場企業79社，非上場企業85社，計164社が回答）で

---

2 各段階の%の値は，マークハムらの論文（Markham and Lee，2013）の図2より推定したもの
なので，厳密ではありません。なおこの調査では，対象業種にサービス業も含まれている上に，
回答企業が「事前の目標以上を達成した」と判断した場合を「市場での成功」と定義しているこ
とから，マンスフィールドらの調査に比べて「成功率」が上ブレしている可能性が高いと思われ
ます。

3 アメリカ製品開発管理協会（PDMA）は，1990年，1995年，2004年，2012年，2021年の5回
にわたり，継続的に「新製品開発のベストプラクティス調査」を行っています。このうち，製品
開発の各段階ごとのアイデアやプロジェクトの生き残り確率の図（project mortality curve）が示
されているのは2012年調査までのため，ここでは同年調査の結果を紹介しています。

は，5年間の研究開発テーマが平均で77.8件，技術的に開発が成功したものは34.5件，製品化したものは19.8件，市場で成功したのは5.4件でした（濱岡，2021）[5]。

これは全サンプルの平均の数値なので，厳密には各段階ごとの生き残り確率は計算できないのですが，仮に計算してみると，研究開発テーマのうち，研究・技術開発に成功する確率が44％，製品化に成功する確率が25％，市場で成功する確率が7％ということになります。

また，他の調査と比較するために，「技術的に開発が成功した研究開発テーマはすべて製品開発の段階に進む」との仮定を置いて，具体的な製品の開発に着手して以降の成功確率を計算してみると，（A）は不明ですが，（B）市場投入にまでたどり着いたものが57％，（C）市場で成功を収めたものが16％ということになります。

以上見てきた各調査では，調査対象となる国や時代，回答を寄せた企業の属する業種，「成功」の定義などがバラバラであり，結果を単純に比較することはできません。

しかし，こうした先行研究の結果からは，具体的な製品の開発に着手したプロジェクトのうちで，実際に製品が市場に投入されて，とりあえず成功と見なせるだけの成果をあげることができる（上記（C）に該当する）確率は，せいぜい2～3割程度だと言えます。つまり，開発に着手したうちで少なくとも7～8割のプロジェクトは失敗するということです。

さらに近年では，いったんは成功した製品であっても，飽きられるペースが非常に速くなっています。たとえば，2016年の『ものづくり白書』によると，「過去10年間に製品のライフサイクルが短縮した」と感じる企業は2割以上に上ります。さらにそのうちの半数以上が，製品ライフサイクルが30％以上短縮した

---

4 市場導入後の新製品の成功確率は，1980年の調査で回答を寄せた227社の358品目に関する数字です。一方，アイデア創出から市場導入にまでいたる成功率は，同調査で回答を寄せた企業のうちで，長期にわたって高業績を上げていた157社のデータ（品目数は不明）です。なお，ここでの「市場での成功」は，①売上高利益率がほぼ他の製品の平均と等しいかまたはそれ以上，ないしは，②売上高が計画通りまたは業界のリーダーに近い，という2つの条件のうちのいずれかを満たすものと定義されており，他の調査に比べてかなり厳しい基準となっています。

5 濱岡らは，2007年から継続的に，日本企業を対象とした研究開発や製品開発に関する調査を行っています。詳しい結果等については，慶應義塾大学商学部 濱岡研究室のHPを参照してください（news.fbc.keio.ac.jp/~hamaoka/cgi-bin/fswiki/wiki.cgi?page= InnovationSurvey）。なお，本調査の調査票（2023年版）を見る限り，「成功」の基準は特に定義されていないので，回答者の主観に委ねられているようです。

と回答しています。

このように，十分な経済的成果を享受できるという意味で「成功」するプロジェクトの率は，近年ではさらに下がっている可能性が高いと考えられるのです。

## ○ 新製品開発のプロセス

こうした新製品開発のリスクを少しでも低くするためには，効果的な新製品開発のプロセスが欠かせません。

もちろん，開発プロセスの段階の数や各段階の内容，要する期間（開発期間），関わる人員の数などは，製品によってさまざまです。たとえば，新製品の標準的な開発期間は，自動車で2～4年，家電で1～2年，ゲームソフトが1～3年，スマートフォン用アプリが半年～1年，食品も半年～1年，アパレル商品で3ヶ月～1年弱，とされます。

また，大型ソフトウェアの開発には500人以上が関与するし，自動車の開発では1,000人以上が関わることも珍しくありません。航空機の「ボーイング777」の開発には5,000人以上が関与しました（延岡，2002）。一方，スマートフォン用アプリや食品，アパレル商品などでは，わずか数人で開発が行われることも少なくありません。

しかも，上に書いたのはあくまでも一般的なケースであり，たとえば開発される製品が従来の製品のマイナーチェンジや派生品なのか，それとも完全に新しい製品（スクラッチ製品）なのかによって，開発期間も人数も大きく異なります。また，製品開発の開始時点をどこに置くのか，開発人員の範囲をどう考えるのかによっても，数字は大きく異なります[6]。

こうした差異は認めた上で，しかし一般的に言えば，新製品は，①「製品コンセプトの開発」→②「事業収益性の評価・検討」→③「（狭義の）製品開発」→④「市場導入」の，大きく分けて4つの段階を経て開発されると見なすことが可能です[7]。

むろん，このモデルは，読者の理解を容易にするために現象を過度に単純化・抽象化したフィクションであり，現実がこのプロセスの通りに進むわけではありません。現実の世界では，各段階は反復的，かつ同時並行的に進んでいくのが普

---

[6] この点については，詳しくは第10章の注1を参照してください。

[7] このモデルは，アーバン他（Urban et al., 1987）やコトラー（Kotler, 2000）といった，マーケティング分野の新製品開発研究で標準的なモデルをベースに，若干の修正を加えたものです。

| 【第1段階】 | 【第2段階】 | 【第3段階】 | 【第4段階】 |
|---|---|---|---|
| 製品コンセプトの開発 | 事業収益性の評価・検討 | （狭義の）製品開発 | 市場導入 |
| 1-1：セグメンテーションとターゲティング<br><br>1-2：アイデアの開発とスクリーニング<br><br>1-3：製品コンセプトの開発とスクリーニング | 2-1：暫定的事業計画の策定と事業性分析 | 3-1：機能設計<br><br>3-2：詳細設計<br><br>3-3：試作・実験と設計変更<br><br>3-4：工程設計と生産準備 | 4-1：マーケティング・ミックスの選択<br><br>4-2：テスト・マーケティング<br><br>4-3：市場導入とその後の対応 |

図9.1　新製品開発のプロセス

通であり，一定の方向に連続的に進むことはほとんどありません。

　しかしここでは，理解を容易にするための概念的道具として，このモデルに基づいて議論を進めていくことにします（図9.1）。

　以下では，4つの段階のそれぞれについて，ポイントとなる点に焦点を当てて概略を説明していきます。

　なお，他の章と同様に，主として具体的な形を有した有形の製品を念頭に置いて話を進めますが，本質的な部分は無形のサービスを開発する場合でも同じです。

## 9.3　新製品開発プロセスの第1段階：製品コンセプトの開発

　新製品開発の第1段階は，製品コンセプトを作ることからはじまります。

　ここでは，はじめに対象とするターゲット顧客グループを特定し，その顧客ニーズを把握した上で，彼らの「ニーズの核」（主要購買要因：KBF（Key Buying Factors））を満たすような製品コンセプトを作り出していくことが求められ

ます。これが，製品コンセプト開発のフェーズです。

このフェーズでは，製品コンセプトの開発活動が，①-1「セグメンテーションとターゲティング」→①-2「アイデアの開発とスクリーニング」→①-3「製品コンセプトの開発とスクリーニング」といった段階を経ながら進んでいくことになります。

現実には，先に製品コンセプトがひらめき，その後でターゲットとなる顧客グループが特定され，その顧客ニーズの把握が行われることも多いのですが，以下ではこの順番に説明していくことにします。

## ○ セグメンテーション

産業財の場合，対象とするターゲット顧客グループははじめから明確なことが多いので，ターゲット顧客グループの選定が問題となるのは，主として消費財の分野です。

この分野では，一般的に，市場のなかにきわめて多くのタイプの顧客が存在する一方，あらゆる顧客のタイプがすべて根本的に異なっているわけではありません。

たとえば自動車市場は，技術やスタイルにうるさい中高年の車好き向け市場と，クルマに居住性と経済性を求めるファミリー向け市場，さらにはステータスや贅沢さを求める高所得者向け市場など，ある種の共通性を持った消費者の集合から構成されています。同じくファッション商品やアプリの市場も，ジャンル別，年齢別，性別だけでなく，価格に敏感に反応する顧客層や，機能や品質，デザインなどを求める顧客層，広告やプロモーションに敏感に反応する顧客層など，ある種の共通性を持った消費者の集合に分けることができます。

このように，市場というものは，まったく同じような選好や行動を持つ消費者ばかりで構成されることはないし，まったく異なった選好や行動を持つ消費者ばかりで構成されることもありません。そこで生まれたのが，セグメンテーションとターゲティングの考え方です（Kotler, 2000）。

すなわち，不特定多数の消費者を，マーケティングの対象として同質として考えても差し支えない小集団に分け（＝「セグメンテーション」），そのなかの特定の細分化された市場（＝「セグメント」）だけに焦点を絞って経営資源を集中投下するのです（＝「ターゲティング」）。

このセグメンテーションとターゲティングが真っ先になされなければならない理由は，ターゲットが異なれば，応えるべき顧客ニーズや提供すべき価値が異なり，したがって，製品開発の大前提が異なってくるからです。

たとえば，アサヒ飲料が2002年10月に発売した缶コーヒー「ワンダモーニングショット」では，20代後半〜30代前半の働く男性をメインの顧客と考えました。そして，この層で缶コーヒーを飲む人の約4割が午前中に飲むという調査データをもとに，「朝の眠い頭をシャキッとさせる一杯」とのコンセプトを作り出し，味や香り，製法にも工夫をこらし，「朝専用の缶コーヒー」として売り出して大成功を収めました。

一方，森永乳業の「マウントレーニア」やサントリーの「スターバックスディスカバリーズ」は，20代後半〜30代前半の働く女性をメインのターゲットとし，価格がやや高め（180〜220円）のチルドコーヒー（プラスチック容器に入っていて，ストローをアルミ箔製のフタを突き刺して飲むタイプのコーヒー飲料）で成功を収めました。

この年代の女性は，上を向いてアゴを突き出しながら缶コーヒーを飲むのは「オシャレでない」と抵抗感があり，味や香りにこだわりもあります。この点，チルドコーヒーは加熱殺菌を行わないので鮮度が高く，豊かな風味が出せます。しかも，ストローで飲めるのでオシャレ感があり，彼女たちのニーズにマッチしました。

つまり，同じくコーヒー飲料で，同じ年齢層を想定していても，ターゲットが男性なのか女性なのかによって顧客ニーズが異なり，したがって提供すべき価値が異なっていたのです。

このように，対象とする顧客ニーズを絞り込み，それにピンポイントで対応したベネフィットを提供することができれば，購買した顧客の満足度が上がります。逆に，誰にでも，どんな用途にでも使えるという製品では，誰のニーズにもピンポイントには対応しないので，誰が買っても何らかの不満が残ってしまうことになります。そのため，できる限り事前にターゲットを明確に絞り込むことが非常に重要となるのです。

また，よく「予想もしなかった成功」と言われることがありますが，仮にそうだとしても，明確なターゲット設定があってこそ製品コンセプトがはっきりし，ユーザーから見た製品の特徴もはっきりしてくるので，予想外の反応も顕在化しやすくなります。その逆に，ターゲットが不明確なままだと，予想外の顧客に売れたということさえ分からないこともありえます。

したがって，予想外の成功を収めるためにも，ターゲットを絞ることが望ましいのです。

## ◯ セグメンテーションの分類軸

ここで，セグメンテーションを行う際の基準について，少し詳しく説明しておきましょう。これらの基準のことを，マーケティングの世界では「変数」や「次元」と呼びますが，実務の世界では「軸」と呼ぶことが多いので，本書でも，以後は変数や次元，軸という言葉を，同義語として用いることにします。

一般に，消費財市場のセグメンテーションを行う際の分類軸は，大きく分けて「人口統計的変数・地理的変数」と「心理的変数・行動的変数」とに分けることができます（和田他，2006）（表9.1）。

### 〈1. 人口統計的変数・地理的変数〉

人口統計的変数の典型的なものは，年齢，性別，所得，職業，学歴，世帯規模，家族ライフステージ，世代などです。また，人種や宗教，国籍といった変数もこれに含まれ，業界によっては，疾病や体格などが有効な変数となる場合もあります。

たとえば，性別・年齢・所得・職業などが異なれば，欲しい車のタイプが変わるのは当然です。また，単なる年齢だけでなく，世代の違いも消費行動に影響を与えることは容易に理解できます。

ちなみに，世代とは特定の時代環境の変動を共有した生活者群であり，わが国の場合には，たとえば「団塊の世代」や「Z世代」がこれにあたります。年齢は年とともに重ねていくものですが，団塊の世代（第1次ベビーブーム世代）は何歳になっても団塊の世代であり，2007年から2009年にかけて60歳定年を迎えた彼／彼女らが，それ以前の60歳と消費行動が同じということはないでしょう。

一方，地理的変数としては，地域，生活している都市の規模，都市化の進展度合い，人口密度，気候などがあげられ，また，政府や地方自治体による規制，文化や慣習といった変数もこれに含まれます。

たとえば，温暖な場所と寒冷地，大都市と地方とでは，人々の暮らし方や製品の使い方などが異なります。寒冷地で不可欠な防寒用衣類は，温暖な場所ではまったく不要かもしれないし，電車など交通の発達した都会では，そうした手段のない地方と比べて自動車の使用状況が異なります。

| 表 9.1 | セグメンテーションの分類軸 |
| --- | --- |

| 変数 | 典型的な区分 |
| --- | --- |
| **人口統計的変数** | |
| 年　齢 | 10 代，20 代，30 代，40 代など |
| 性　別 | 男，女 |
| 所　得 | 年収 300 万円未満，300 万～500 万，500 万～800 万，800 万～1000 万，1000 万～2000 万，それ以上 |
| 職　業 | 専門職，技術職，管理職，公務員，資産所有者，事務職，営業マン，職人，工員，運転手，農業・漁業・林業従事者，定年退職者，学生，主婦，無職 |
| 学　歴 | 中学卒またはそれ以下，高校卒，大学卒，大学院卒（修士・博士） |
| 世帯規模 | 1 人，2 人，3～4 人，5 人以上 |
| 家族ライフステージ | 若年独身，若年既婚子供なし，若年既婚最年少子供 6 歳未満，若年既婚最年少子供 6 歳以上，中高年既婚 18 歳以下の子供あり，中高年既婚 18 歳以下の子供なし，中高年独身，その他 |
| **地理的変数** | |
| 地　域 | 関東，関西，中部，北海道，九州など |
| 都市規模 | 1 万人未満，5 万人未満，10 万人未満，30 万人未満，50 万人未満，100 万人未満，500 万人未満，それ以上 |
| 人口密度 | 都市部，郊外，地方など |
| 気　候 | 太平洋岸式気候，日本海岸式気候，内陸性気候など |
| **心理的変数** | |
| ライフスタイル | 仕事志向／家庭志向，貯蓄志向／消費志向，アウトドア志向／インドア志向など |
| 所属集団に対する態度 | 権威主義的／民主主義的，個人主義的など |
| 属していると考える社会階層 | 下流階層，中流階層，上流階層など |
| パーソナリティ | 能動的／受動的，社交的／非社交的，新しいモノ好き，保守的，野心的など |
| **行動的変数** | |
| 過去の購買状況 | 非使用者，旧使用者，潜在的使用者，初回使用者，定期的使用者 |
| 使用頻度 | 少量使用者／大量使用者，試用使用者など |
| 求めるベネフィット | 機能，品質，コストパフォーマンス，プレステージなど |
| ロイヤルティ | なし，低い，中程度，高い，絶対 |
| 当該製品についての知識量 | 知らない，多少知っている，かなり知っている，よく知っている，非常によく知っている |

（出所）Kotler, P.（2000）*Marketing management*（10th ed.）. New Jersey: Prentice Hall. （恩藏直人監修，月谷真紀訳『コトラーのマーケティング・マネジメント：ミレニアム版』，ピアソン・エデュケーション，2001 年，p.326）を大幅修正

## 〈2．心理的変数・行動的変数〉

消費者は，ライフスタイル（派手な生活を好む人／地味な生活を好む人など），所属集団に対する態度（権威主義的な人／個人主義的な人など），社会的階層（上流階層に属すると考える人／中流階層に属すると考える人など），あるいはパーソナリティ（社交的な人／引っ込み思案の人など）といった，その人の持つ心理的特性に基づいた変数によっても異なる集団に分類されます。これが心理的変数です。

たとえば，購読する新聞や雑誌などは，所属集団に対する態度や社会的階層といった心理的変数が最も大きな要因として影響してくる製品です。また，同じ高級車でも，国産車を選ぶか外車を選ぶかは，人口統計的な違いというよりも，むしろライフスタイルに根差した心理的な違いによって左右されがちです。さらに，金融商品を選ぶ際に，預貯金を重視するか，先物に投資して一攫千金を狙うかは，「リスクとリターンに対する態度」というパーソナリティによる違いによって左右されると考えられます。

一方，消費者は，過去の購買状況（購買経験の有無など），使用頻度（ヘビーユーザー／ライトユーザーなど），求めるベネフィット（機能，品質，コストパフォーマンス，プレステージなど），ロイヤルティ（高い／低いなど），当該製品についての知識量（多い／少ないなど）といった，その人の行動パターンに基づいた変数によっても異なる集団に分類されます。これが行動的変数です。

近年では，ITの発達により，POSデータやログデータなどで顧客の購買履歴が詳細に把握できるようになったことから，行動的変数の活用は増える一方です。

## 〈3．使用文脈〉

以上が一般的なセグメンテーション変数ですが，もう一つ重要な変数として，「使用文脈」ないし「利用シーン」があります。

セグメンテーションは，本来，消費者をそのニーズの共通性によってグループ分けしようという考え方ですが，現在では消費者のニーズが多様化しているだけにとどまらず，1人の消費者がTPO（T＝Time時間，P＝Place場所，O＝Occasion場合）によってさまざまに変化するという，「多人化」とでも言うべき側面が無視できなくなっています（片平，1987）。

たとえばビール一つをとってみても，家では発泡酒や第三のビールで安く済ませるけれども，外の店で美味しい料理を食べる場合はプレミアムビールを飲むといった具合に，「どこで」「誰と」「どんな場合に」飲むのかによって，同じ一人

の消費者の選択の基準はまったく別人のように異なりうるのです。

こうした「多人化」の生じているような一般消費財の分野では，顧客が当該製品を「いつ，どこで，どのような場合に，どのように利用するのか」という，使用文脈ないし利用シーンと呼ばれる軸を取り込んでセグメンテーションを行わないと，有効なセグメントは見つかりません。そのため現在では，心理的変数・行動的変数を，使用文脈ないし利用シーンに応じて捉えることが多くなっています。

このやり方では，具体的な製品やサービスをある程度想定した上で，使用文脈に応じた心理的特性や行動的特性によって，消費者を異なる集団に分類していくことになります。たとえば，家族で旅行に行くときにはどのようなベネフィットを求めるタイプの人なのか，ビジネスで旅行に行くときにはどのようなベネフィットを求めるタイプの人なのか，といった具合です。

いずれにしても，こうしたセグメントに分けるときの切り口（セグメンテーション変数）の発見こそが，製品開発プロセスの出発点となる，きわめて困難で，なおかつきわめて重要なポイントです。

そのため，セグメンテーションを行うにあたっては，教科書に載っているような細分化の例をそのまま用いて細分化してはなりません。そのレベルの作業をいくら行っても，競合他社とは異なる，独創的なニーズは見つからないのです。

製品開発の担当者は，人々の実際の購買行動を虚心坦懐に観察し，ああでもないこうでもないと仮説を立て，試行錯誤を重ねながら，さまざまな変数のなかから最適なセグメンテーションを行うための軸を見つけ出していくことが重要です。

そのためには，常にアンテナを高く張って世の中の動向をキャッチし，社会について思いをめぐらせ，あるいは人間の本質について考え抜いていくといった，日頃の鍛錬を怠ってはならないのです（沼上，2008）。

## ◯ ターゲティング（対象となるセグメントの選定）

セグメンテーションによって各集団の違いが把握できたら，今度はいよいよ自社が狙う対象層を明確にして，具体的に自社にとって最も魅力的なセグメントを選んでいく必要があります。

特定のセグメントに焦点を絞り込むことは，その後の開発プロセスや，製品の売上げ，収益性などに大きな影響を与えるので，自社や競合他社，市場環境を踏まえて，戦略的に意思決定をする必要があります。

また，このステップでは，その企業独自の機会を見極めることが重要です。つまり，すべての企業にとっての機会ではなく，競合他社が真似できない，自社の強みを発揮できるセグメントを探し出さなくてはならないのです。

## ○ アイデア開発

　ターゲットとなる市場セグメントが確定したら，今度は製品アイデアを出していくことになります。ここで製品アイデアとは，顧客に提供できる可能性のある，当該製品に固有の機能やベネフィットの候補のことを意味しています。

　新製品のアイデア創出は，大きく「ニーズ（needs）発想」と「シーズ（seeds）発想」に分類されます。このうちニーズ発想とは，顧客ニーズを起点にアイデアを発想していくやり方で，「このような顧客ニーズがあるが，何か解決できる方法はないだろうか」という視点に立って考えを進めるなかからアイデアを生み出していくことを意味します。一方のシーズ発想とは，技術を起点にアイデアを発想していくやり方で，「このような新しい技術があるが，これを何かに利用できないだろうか」という視点に立って考えを進めるなかからアイデアを生み出していくことを意味します。

　この段階では，どちらか一方の発想に片寄りすぎることなく，さまざまな情報ソースを駆使しながら，できるだけ多くのアイデアを創出することが求められます。

　たとえば，花王から 1994 年に発売され，未だに根強い人気を誇る床掃除用具「クイックルワイパー」は，もともとは同社が開発した不織布の技術がベースになっています。同社が，紙おむつや生理用品用に，吸水性が高く，肌触りのよい不織布を目指して開発を進めている過程で，繊維が高密度に絡み合った不織布が生み出されました。そして，ある研究員が，たまたまこの不織布の異物を吸着する性能が高いことを発見し，「何かに利用できないだろうか」と考えたことが，開発の出発点になりました（シーズ情報）。

　一方で同社では，掃除用品の新たな顧客ニーズを探るうちに，当時増えつつあったフローリング床を備えたマンションに住む消費者が，掃除機に対して，「下の家に音が響いてしまうので夜に掃除ができない」，「小さいホコリを完全に吸い取ることが難しい」といった不満を持っていることを掴みました。また，当時あったフローリング掃除用のモップに対しても，「毛先を水で濡らしたり，拭いた後に洗わなければならないので面倒」，「大きくて重く，収納が不便」といっ

た不満を持っていることを掴みました（ニーズ情報）。

　同社は，こうしたシーズ情報とニーズ情報をマッチングすることで，新たに開発された不織布の技術を使って，軽く拭くだけでフローリング床のホコリを簡単に吸い付けることができ，雑巾部分を簡単に交換でき，軽量の伸縮型のアルミ製パイプを用いた軽くて収納が楽な，新しい掃除用具のアイデアをまとめ上げ，具体的な製品を開発し，市場に投入して見事に成功を収めることができたのです（西野，2004）。

　なお，質の良いアイデアを数多く創出していくためには，一般に，一人であれこれ考えるよりも，多様なメンバーを交えながらブレインストーミング（実務の世界ではよく「ブレスト」と略される）を繰り返していくやり方のほうが効率的・効果的です（Osborn，1953）。

　ブレインストーミングとは，少人数のグループで，他のメンバーの意見の批判は絶対にしないというルールのもとで，全員が自由に意見やアイデアを出し合うようにして進行される会議のことです。

　ブレインストーミングで議論が乗ってくると，誰かが発したアイデアが別の参加者の連想を引き出し，それがさらに誰かから別の連想を引き出すといった具合に発想が連鎖し，思いもよらないアイデアが多数生み出されるようになります。

## ◯ アイデア・スクリーニング

　アイデアの候補がある程度蓄積されてきたら，今度は，創出されたその候補をふるいにかけていくことになります。こうした，数多くのアイデアのなかから優れたアイデアだけを選び出していくプロセスを，「アイデア・スクリーニング」と呼びます。

　これ以降も，製品開発プロセスには何段階かのスクリーニング（選別）の関門が設けられることになりますが，こうした過程では，一般に2種類のエラーが生じます（Kotler，2000）。

　まず第1が，市場に投入していれば成功していたであろう優れたアイデアやコンセプト，プロジェクトを，誤って捨て去ってしまうタイプのエラーであり，これを「ドロップエラー（drop error）」と呼びます。

　第2は，市場に投入しても失敗することが明らかな，できの悪いアイデアやコンセプト，プロジェクトを誤って採用し，そのまま開発段階を進めてしまうタイ

プのエラーであり，これを「ゴーエラー（go error）」と呼びます。

　通常，ドロップエラーを防ぐために選別の規準を低めに設定するとゴーエラーが増え，逆に，ゴーエラーを防ぐために選別の規準を高めに設定すると，今度はドロップエラーが増えます。このようにドロップエラーとゴーエラーにはトレードオフ関係（あちらを立てればこちらが立たなくなる関係）があるため，選別の基準は高すぎても低すぎても問題が生じます[8]。

　ただし，このアイデア・スクリーニングの段階で選別の基準を厳しくしすぎると，次の段階でありきたりの製品コンセプトしか考えつくことができなくなるので，この段階では基準を緩めにしておいたほうがよいでしょう。

## ○ 製品コンセプトの開発

　スクリーニングを経たアイデアは，誰にどのようなベネフィットを与えるかを念頭に置きながら，「製品コンセプト」へとまとめ上げなくてはなりません。

　製品コンセプトとは，当該製品がユニークに満たす顧客ニーズの束を，何らかの方法を用いて簡潔に表現したものです。言い換えれば，顧客が当該製品を「欲しがる理由」を明確かつ簡潔に示したものだと言えます（Kotler, 2000）。

　一般に，製品コンセプトは，「5W1H」によって表現されます。すなわち，「Who（誰が）」，「When（いつ）」，「Where（どこで）」，「Why（どうして）」，この製品を利用するのか，それによって顧客は「What（どのような）」ベネフィットを享受できるのか，そうしたベネフィットを「どのように（How）」して顧客に提供するのか，といった要素を特定することを通じて，より明確かつ簡潔に表現することができるのです。

　このうち，製品コンセプトの中核となる絶対に外してはいけない項目は，Who（誰に），What（どのような）ベネフィットを，How（どのように）して提供するのか，という3点です[次頁9]。

　このほかの，いつ（When），どこで（Where）は，顧客がその製品やサービスを使用する使用文脈（利用シーン）を特定するための要素であり，顧客に提供するベネフィットを明確化する上で役に立ちます。

---

[8] 統計学では，実際には正しいにもかかわらず仮説が間違いであるとして捨て去ってしまうことを「第1種の過誤」，実際には間違っているにもかかわらず仮説が正しいとして採用してしまうことを「第2種の過誤」と呼びますが，上記のドロップエラーは第1種の過誤に，ゴーエラーは第2種の過誤に，それぞれ相当します。

それから，Why（どうして）この製品を利用するのかを問うことは，顧客がそれによってWhat（どのような）ベネフィットを享受できるのかを明らかにすることにつながるので，実質的にWhy＝Whatだと言えます。

この5W1Hに変化をつけることによって，同じカテゴリーに属する，一見すると同じような製品であっても，異なる顧客ニーズを満たす別の製品として差別化することも可能になります。

たとえば，第4章でも触れたソニーのPS3（プレイステーション3）と任天堂のWiiは，同じ2006年に発売された据え置き型の家庭用ゲーム機ですが，製品のコンセプトが大きく異なっていました。

極端な表現をすれば，PS3の5W1Hは，「ゲーム好きの若者」が，「（学校や会社が終わった）夜中」に，「自分の部屋」で，「ゲームをクリアする達成感を得る」ために「没入しながら」プレーするゲーム機であり，「最先端エレクトロニクス技術を用いたスーパーコンピュータなみの処理能力を備え，実写と見間違うほど美しく動きが滑らかなグラフィックス，圧倒的な臨場感を誇るサウンドを実現する」ことで，そうした顧客ニーズを満たすことを狙った製品でした。

一方のWiiの5W1Hは，「ふだんゲームをやらない人やゲーム初心者を含めた，あらゆる性別の，あらゆる年代層の人」が，「家族や友人など，何人かが集まったとき」に，「リビングルームなど」で，「ゲームそのものを楽しむというよりは，ゲームを通じたコミュニケーションを楽しむ」ために「みんなでワイワイ談笑しながら」プレーするゲーム機であり，「特に先端的ではない一般的なエレクトロニクス技術を用いつつも，初心者でも直感的に遊べるよう，リモコン型のコントローラーで操作できる機能を取り入れる」ことで，そうした顧客ニーズを満たすことを狙った製品でした。

PS3は，従来の家庭用ゲーム機のコンセプトの延長線上にある製品でしたが，Wiiは従来のゲーム機のコンセプトから大きく逸脱した，非連続的な製品であり，それゆえに年配者を含めた新たな顧客層を切り開いて，大成功を収めることがで

---

9 本書で説明している開発プロセスの流れからすれば，セグメンテーションとターゲティングが完了した時点ですでにWho（誰に）は決まっているはずであり，厳密に言えばコンセプト開発の段階でWho（誰に）を検討する必要はないことになります。しかし，実際の開発プロセスでは，セグメンテーション／ターゲティングとコンセプト開発は，行ったり来たりしながら進行するプロセスであり，大まかなセグメンテーション／ターゲティングが完了した後でも，コンセプト開発の途中でWho（誰に）が変更になり，それによって新たに独創的なセグメントが発見されることも多いのです。

きたのです。

このように，一見すると製品コンセプトに工夫の余地がなさそうに見える製品であっても，5W1H を変えていくことで，まったく新しい製品コンセプトを生み出していくことも可能になります。

いずれにせよ，この 5W1H を具体化していく過程を通じて，単なるアイデアは，顧客が当該製品を購買したいと思う理由，すなわち製品コンセプトへと昇華されていくことになります。

また，この 5W1H を手がかりにすると，1 つのアイデアをもとに，さまざまな製品コンセプトを展開していくことができるし，その過程で，当初は思いもよらなかった新しいアイデアが次々に湧いてくることも多いのです。


さて，こうして具体化された製品コンセプトは，キーワード（1 語），ステートメント（1〜2 行），シナリオ（ショートストーリー）などの言語表現や，イメージスケッチや 3 次元外観モデル，モックアップ（模型）などの視覚的表現，最も重要な性能目標値の定量的表現など，さまざまな手段を用いて表現することが重要です（藤本，2001b）。また，サービスの場合には，簡単なドラマ仕立てでイメージを表現することもあります。

たとえば，1989 年に発売されたマツダの初代「ユーノスロードスター[10]」の開発の場合，製品コンセプトのキーワードは「人馬一体」でした。これには，人馬が一体となって大自然のなかを駆けめぐるかのような，からだ全身で走る歓びが感じられるようなクルマづくりを目指す，という想いが込められていました。

一方，ステートメントは，「クルマに乗ること，ハンドルを持つことがこの上なく愉しくなるようなクルマ」で，なおかつ「若者が努力すれば手の届くくらいの値段のクルマ」というものでした。

シナリオとしては，「仕事に疲れたビジネスマンが週末に郊外へドライブに行き，峠を攻めた後で素晴らしい自然を展望できる場所に停車し，木々のざわめき

---

[10] マツダの初代ユーノスロードスターに関する以下の記述は，平井他著・小早川編（2003）を再構成したものです。

なお，この車は，日本を代表するロードスター（2 人乗りオープンカーのこと）です。1989 年に発売された同車は，その完成度の高さゆえに発売後瞬く間に世界中で大反響を呼び，2000 年には生産累計が 53 万台を突破し（1998 年から販売された 2 代目のユーノスロードスターの売上げを含む），「世界で最も多く生産された 2 人乗り小型オープンスポーツカー」としてギネスブックの認定を受けました。2023 年には，世界での販売台数累計が約 119 万台となっています（1 代目から 4 代目までのユーノスロードスターの世界販売台数の合算）。

や小鳥のさえずりを聞いて生きているという実感を取り戻す」,「若者が,彼女とのデートで,林のなかで幌を上げて風を感じながらドライブを続け,2人の親密度がますます上がる」といった,想定されるターゲット像に合わせたいくつものショートストーリーが作られました。もちろん,イメージスケッチや3次元外観モデル,モックアップなども多数作られました。

このコンセプト開発の段階では,具体的な製品はこの世に存在していません。したがって,仮に同じ言葉を使っていても,開発メンバーのそれぞれがまったく違うイメージを想定してしまう恐れがあります。

しかし,この段階で誤解や不明確な点があると,製品開発の後半の段階でだんだんと乖離が拡がり,結果的に顧客の求める製品が具現化できない恐れが高くなります。そのため,徹底的に議論して製品コンセプトを確定し,なおかつなるべく具体的にイメージしやすいよう,さまざまな手段を用いて表現することが決定的に重要となります。

また,製品コンセプトをなるべく早い段階からできる限り具体化・可視化することには,さらなる発想の飛躍がもたらされるという別の効用もあります。

コンセプトは,それが人の頭のなかにとどまっている限り,本人も含めて誰にも見ることができません。しかし,それをできる限り具体化・可視化し,誰かの頭のなかから外に出してやることによって,さまざまな人のイマジネーションが刺激されることになります。また本人も,そのコンセプトを客体化して相対的に眺めることができるようになります。この2つの効果によって,具体化・可視化を通じたさらなる発想の飛躍がもたらされることになるのです。

## ○ コンセプト・スクリーニング

なお,こうした製品コンセプトが完成するまでには,数々の候補案が「コンセプト・テスト」を通じてスクリーニング(選別)されていきます(河野編著,2003)。

コンセプト・テストでは,「誰がこのコンセプトに共感するのか」,「競合製品に対する優位性は何か」,「考えられる改良点は何か」,「価格帯はどのあたりを想定するのか」,「利用するのは誰か」,「購入決定者は誰か」などの詳細を明らかにした上で,想定される顧客像に沿ったモニターによって多面的に評価されることになります。

ここではできる限り，消費者が実際に購買を行うのと近い状況で判断できるようにすることが重要です。たとえば，アンケートで好意的な回答をしてくれた人であっても，競合他社の製品も棚に並んでいる状況のもとで，しかも自腹を切ってお金を支払うということになれば，選択の基準ははるかに厳しくなり，実際に買ってくれるとは限りません。そのため，たとえばバーチャルな仮想店舗で買い物してもらったり，実際に仮想店舗をしつらえて買い物してもらったり，といった手の込んだ手法を用いる場合もあります。

ただし，精密なテスト結果を得ようとすればするほど時間とコストがかかるので，想定売上げとのバランスで適切な方法の組み合わせを選択することが求められます。

以上の作業が完了すると，自社が新たに開発する製品が，選定されたターゲット・セグメントのなかで，他社の同種の製品と比較した場合にどのように差別化されるのかという「ポジショニング」が確定することになります。

## 9.4 新製品開発プロセスの第2段階： 事業収益性の評価・検討

### ◯ 暫定的製品計画の策定と事業収益性分析

次の段階では，コンセプトにしたがって暫定的な製品計画の基本骨子を策定し，収益性を検討することになります（石井他，2004）。

具体的には，ターゲット市場の特性（顧客の人口統計・地理的，心理・行動的なプロフィールなど）と想定される市場規模を明確にした後で，当該新製品の競合製品に対するポジショニングを特定し，どのようなマーケティング・ミックス（製品・価格・流通チャネル・プロモーションなど）で攻めるのかを決め，販売計画（販売数量，販売価格，売上額，市場シェアなど）を明確にします。

それと同時に，技術計画を策定し，当該製品を具体化するために必要とされるコアとなる製品仕様の検討や，その実現のために必要となる技術やノウハウ，設備，原材料や部品の見積り，それらを社内で調達するのか，あるいは社外から調達するのかの検討を行います。

それが終われば，今度はその製品事業に関する収益性の検討を開始します。具体的には，技術計画で設定した仕様から予測されるコストと販売計画で設定した売上額とを比較し，収益性を検討します。

ここでは一般的に，当該製品の予想売上高，コスト，利益をいくつかのシナリオ別（楽観的，現実的，悲観的という3パターンは最低限必要）に推定し，自社の戦略目標に合致するかどうかを検討します。

この段階で採算性が否定されれば，もう一度，製品コンセプトや開発計画を練り直すか，あるいは開発プロジェクトの中止が決定されることになります。

## ◯ プロジェクト・スクリーニング

製品開発のプロセスが進み，後半の段階になるにつれて，加速度的にそれに関わる人数も増え，開発コストがかさんできます。したがって，失敗のリスクの高い開発プロジェクトをできるだけ早い段階でストップさせることは，結果として，全社的な新製品の開発効率を高める効果を持ちます。

このように，市場での選別・淘汰に先立って組織内でプロジェクトを評価し，ふるいにかけることを，「プロジェクト・スクリーニング」と呼びます（藤本，2001b）。

一般的な製品の開発では，多くの企業が，いよいよ本格的に開発活動に取り組んで開発費用がかさむ前の，この第2段階における事業性の評価プロセスを，開発プロジェクトの中止という選択肢も含めて自由に検討できる最大の機会として重視しています。

逆に言うと，多くの製品開発担当者にとっては，この第2段階における評価プロセスこそが，最初に突破すべき，そして最も厳しい関門となるのです。

すでにアイデア・スクリーニングの項で説明したように，このプロジェクト・スクリーニングの過程でも，ドロップエラーとゴーエラーが生じる可能性があります。

前者の場合，たとえば，競合他社が画期的な新製品を出して大成功を収めた後になって，「わが社も開発を途中まで進めていたのだが（途中で中止してしまった）……」と嘆くことになります。一方，後者の場合，たとえば膨大な開発費用と開発人員をつぎ込んだ新製品がまったく売れず，大失敗した後になって，「私はこの新製品はダメじゃないかと思ってたんだが（結局は中止しなかった）

……」と嘆くことになります。企業にとっては，どちらも頻繁に起こりうる失敗であり，しかも深刻な結果を引き起こす事態です。

とはいえ，新規性の高い新製品の開発プロジェクトに話を限定すれば，ドロップエラーのほうが深刻です。

概して企業は，リスクの少なそうなプロジェクトに資源を集中する傾向が強く，その結果，大きな事業機会をみすみす逃すことが少なくありません。とかく経営陣は，競合先によってすでに開拓された成長市場への早期参入には積極的でも，潜在ニーズを拾い上げるような新規性の高い新製品の投入の意思決定では消極的になりがちなものです。

しかし，後追いばかりを繰り返していたのでは，さらなる飛躍は望めないばかりか，創造性のない企業というレッテルを貼られてしまいます。企業経営には，ときにはリスクを冒すだけの勇気が必要とされるのです。

そして，それと同時に，画期的な新製品の開発プロジェクト案を社内のプロジェクト・スクリーニングを越えて生き延びさせるためには，プロジェクトのメンバーに，したたかな戦術が必要とされます。

具体的には，まず第一に，製品コンセプトを印象的なキーワードやステートメントへ，シナリオへ，イメージ図へ，モックアップへと，できるだけ具体的にイメージしやすい形に落とし込むことが大切です。サービスの場合には，シナリオをドラマ仕立てで演じて，その機能が想定顧客のニーズに合致しているのかどうかを容易にイメージできるようにしておくことも有効でしょう。

人間は，具体性を伴った，よりイメージが湧きやすいもののほうが理解しやすいものです。製品のコンセプトを，審査する側にも共有してもらうためには，誰にでもイメージしやすい，人々の共感を得るようなシナリオ＝物語を作り上げた上で，それをさまざまな形で（しかしイメージの一貫性を保ったまま）伝えることが望ましいのです。

第2に，数字による「理詰めの論理」と，人の感情に訴える「情」の，2本立てで説得することが重要となります。経営陣をその気にさせるためには，合理的な説明と，彼らの感情に訴えかける何か，たとえば夢，志，会社の経営理念との一致，などが必要です。

とはいえ，製品開発担当者は，往々にして自分が担当するプロジェクト案への思い入れが強すぎて，経営陣は全社的な立場から当該プロジェクトの意義を捉えているのだということを見失ってしまい，前者の合理的な説明が不足してしまいがちです。

238

この点では，マーケティング・リサーチの数字を，社内の審査で開発プロジェクト案を通すための説得材料として有効に活用する必要があります。マーケティング・リサーチの結果は，顧客ニーズの発見にはあまり役に立たず，実際にはむしろ，開発担当者の仮説が先にあって，それを補強するために用いられることが多いようです。しかし，プロジェクト案を社内の審査で通すための道具としてはきわめて有効です。

最新の手法を駆使した分析結果は，年配の経営陣への目くらましにもなります。また，新製品開発の担当者が，自らの熱い思いを空回りさせないためには，「私は単なる思い込みで提案しているわけではありません。私ではなく，数字が物語っているのです」という具合に，熱いハートをクールに説明する論理を構成することこそが，最も重要になるのです。

## 9.5 新製品開発プロセスの第3段階：（狭義の）製品開発

第2段階の事業収益性分析において良い結果の出たものについては，設計開発部門が中心となって，具体的な製品設計に落とし込み，具体的な製品の形へと仕上げていくことになります。これが，第3段階の（狭義の）製品開発のフェーズです（延岡，2002）。

このフェーズでは，（狭義の）製品開発活動が，③-1「機能設計」→③-2「詳細設計」→③-3「試作・実験と設計変更」→③-4「工程設計と生産準備」といった段階を経ながら進んでいきます。

最初に，製品コンセプトを具体的な製品の機能・性能に落とし込み，図面を作成していく作業が行われます。また，要素技術の確保も必要になるので，新たに必要な部品や技術を社内で調達する場合には，その設計や開発も進められます。他企業から調達する場合には，この段階で具体的な交渉を進めなければなりません。

次に，設計と要素技術の開発・調達がある程度具体化してきた段階で，今度は試作品を作ってテストを繰り返すことになります。そうすることで，目標とする機能や性能が十分に達成されているのか，あるいは，製品コンセプトがどれだけ実現できているのかなどをチェックしていきます。

これらの結果から，さらに設計や要素技術の修正が行われ，続いて，製品を実際に生産するための設備の図面が作成されます。また，製品を生産するための作業員用のマニュアルなども作成されます。

この段階のマネジメントについての詳しい説明は第10章に譲ることにして，以下では各段階について，主に機能設計のフェーズに焦点を当てて説明していくことにします。

## ○ 機能設計

機能設計とは，製品の機能や性能の仕様を定義することを意味します。言い換えると，製品コンセプトを，製品の機能や性能に関する技術的目標の束（一般に「製品仕様（specification）」ないし「製品スペック」と呼ばれる）に展開（翻訳）していくプロセスのことだと言えます（藤本，2001b）。

こうした製品コンセプトから製品仕様への翻訳においては，複数の機能目標数値の間で，製品コンセプトとのプロダクト・インテグリティ（首尾一貫性）を確保することが重要になります（Clark and Fujimoto，1990）。

そのためには，第1に，微妙なニュアンスを損なわないで製品コンセプトを製品仕様へと落とし込んでいく必要がありますが，それには製品開発担当者（特に開発リーダー）自らが翻訳を行うことが有効だとされます。

たとえば，すでに例にあげたマツダの初代ユーノスロードスターの開発の場合，開発リーダーの平井敏彦氏は，「人馬一体」という製品コンセプトの一貫性を維持するため，このコンセプトを「ダイレクト感」「タイト感」など複数のサブ・コンセプトに分解し，さらに「タイト感」を，たとえば「車内寸法はコンパクトにまとめなければならない」と読み替え，具体的なシートの寸法の数値にまで展開していきました。

また，他の主要製品仕様についても同様の読み替えを行い，バッテリーの搭載位置，エンジンフードの材料選択など，細部にいたるまで，平井氏自身が責任を持って製品コンセプトから製品仕様への翻訳を進めていきました。

プロダクト・インテグリティを確保するためには，第2に，コンセプトに照らし合わせて，メリハリをつけて機能項目間の複雑なトレードオフ関係を処理する必要があります。

構造や機能が複雑な製品の場合には，一般に仕様の各項目の間でトレードオフが生じますが，対立の中間をとった中途半端な妥協案を採用していくと，最終的

にはコンセプトからかけ離れた製品ができ上がってしまうことになるので，コンセプトに沿って徹底的な割り切りを行うことが求められるのです。

たとえば，1998年に発売された日産の初代「キューブ[11]」の場合，「若者向けの，シンプルでベーシックな，居心地・使い勝手の良いクルマ」という製品コンセプトのもと，「小さい車体と大きな車内」という矛盾した要求に応えるために，同車の開発リーダーであった出川洋氏が中心となって，「広い車内空間の確保」，「利便性の高さ」，「豊富な収納と簡単操作のシート・アレンジ」，「インテリアの高級感」，「走行性能」には徹底的にこだわる一方で，「乗車定員を5名から4名に削減」，「立体駐車場に入らない車高」の2点で妥協しながら，具体的な製品仕様への落とし込みを行いました。

しかし，マーケットリサーチの結果では，乗車定員を5人から4人に減らすと買わないという人が約10％おり，立体駐車場に入らない車高にすれば買わないという人も約10％いました。つまり，ターゲット顧客を最大20％減らす覚悟を決め，それでも「小さい車体と大きな室内」を実現したいということで，大胆な割り切りを行ったのです。

その結果，同車は発売後，瞬く間に若者の支持を得て，当時の日産のなかにあって最大の売上げを誇るヒット車となりました。

さらに，首尾一貫性（プロダクト・インテグリティ）を確保しつつ複雑なトレードオフ関係を処理するためには，第3に，トレードオフ関係を解決するための高次の解決案を見つけ出さなければならない場合があります。

たとえば，ソニーが1997年に販売し大ヒットを記録した世界初の本格的B5サイズ薄型ノートPC（パソコン）「VAIO-505[12]」の開発では，「徹底的に薄く」，「とにかく持ちやすくて格好いい」を合い言葉に，設計責任者の伊藤進氏が中心となって製品仕様を固めていきました。

---

11 日産の初代キューブに関する以下の記述は，出川（2001）を再構成したものです。

なお，この車は，エンジンが1.3ℓのコンパクトカーでありながら，車室空間を広く取った設計と，立方体をイメージさせる外観とで評判を呼び，若者を中心に大ヒットした車です。

12 ソニーのVAIO-505に関する以下の記述は，『日経エレクトロニクス』の753号から759号（1999年刊）を再構成したものです。

なお，このPCは，世界初の本格的B5サイズ薄型ノートPCです。薄くて軽量，スタイリッシュなデザイン，それまでのノートPCが傷が目立たないように（メタリックでない，くすんだ）黒を基調としていたのに対して，メタリック系の薄紫色の外観が評判を呼び，若者を中心に大ヒットしました。このPCの大ヒットがきっかけとなって，「モバイルPC」という製品カテゴリーが新たに生み出されました。また，外観デザインやボディカラーに凝った「銀パソ」（銀色のPCの略）ブームの先駆けともなりました。

その過程では，薄さを極限まで追求するため，通常はキーボードの下に配置していた電池を本体の外に出して後ろ側に置いたり，使用頻度が比較的少ない接続端子について，通常は背面に置かれていたものを1つにまとめて別ユニットを作って取り外しできるようにしたり（別オプションとする）といった具合に，随所に大胆な割り切りを伴ったこれまでにない設計デザインを取り入れました。こうした高次の解決案の創出こそが，10.4インチのモニターを備えつつ薄さわずか23.9ミリの，スタイリッシュなデザインを実現する上でのカギとなったのです。

以上見てきたように，製品コンセプトの一貫性を保った上で機能設計を行っていくためには，①製品コンセプトから製品仕様への翻訳を正確に行う，②大胆な割り切りを行う，③高次の解決案を考え出す，といったことが重要になりますが，そのためには強力な開発リーダーが必要不可欠となります。

この点については，第10章でもう一度詳しく説明することにします。

## ○ 詳 細 設 計

次の段階は，一般に詳細設計と呼ばれる，製品仕様を実際の設計図面に展開（翻訳）していくフェーズです。

この段階では，目標とする機能やコスト，製品コンセプトを実現することのできる製品の設計案を創出し，そうした設計案を実際の設計図面に落とし込んでいくことになります（延岡，2002）。

この詳細設計も，複雑で時間のかかる作業です。ある機能を実現するための設計のあり方は，工学的な理論を組み合わせれば1つの解として規定されるというものではありません。したがって，機能的な目標と工学的な知識体系を考え合わせながら，設計者が独自に設計案を創出していくことが求められます。そして，生み出された設計案が，実際に目標機能や製品コンセプトに合っているかどうかが検証されていくのです。

このようにさまざまな代替案について「設計案の創出」と「検証」のサイクルを繰り返すことによって，設計図面が確定していきます。

## ○ 試作・実験と設計変更

設計図面が大体固まってきた段階で，今度は試作品を製作し，さまざまな角度から繰り返し繰り返し実験が重ねられていくことになります。これが，試作・実

験のフェーズです（藤本，2001b）。試作品は，機能はもちろん，デザインや使い心地などの感性面，安全性や耐久性などの実用面からも検討されていきます。

こうした，試作品を用いた実験の結果，設計案が十分ではないとなった場合，通常は「設計変更」が必要になり，全体として要求仕様や目標とするコストを満たすまで，設計変更を伴いつつ，各部品および製品全体に関して「詳細設計→試作→実験」のサイクルが繰り返されます。

近年では，こうした設計・試作段階における3次元CAD（コンピュータ支援設計）の利用や，実物試作・実験に代わるシミュレーションを行う高精度CAE（コンピュータ支援エンジニアリング）の活用が進んでいます。また，設計データベースの共有化や，再利用可能な部品設計図などの蓄積，CADによる編集設計の容易化，設計ルールの内蔵化による設計ミスの自動チェックなど，ツール面での進歩には著しいものがあります。

このようなツールを積極的に活用し，詳細設計の段階から問題になりそうな事項を事前に徹底的に洗い出して，早い段階から対処しておくことで，試作・実験の回数を減らし，大幅な開発期間の短縮が実現できるようになりました。

しかし，たとえば自動車のメカニカルな部品などでは，シミュレーションの精度が十分ではなく，どうしても試作・実験を行わないと問題点が判明しないことも多いため，まだまだ「詳細設計→試作→実験」の試行錯誤のプロセスを完全に省ける状態にはありません。

やはりこの段階が，依然として時間も資源もとられる，困難なプロセスであることは間違いないのです。

## ○ 工程設計と生産準備

最後に，量産段階において，製品設計どおりの製品を，繰り返し繰り返し，品質を保った上で最大限に低コストで生産することができるよう，最適な生産工程を設計・製作・調達する段階に入ります。これが，工程設計と生産準備のフェーズです（藤本，2001b）。

ただし，実際には，詳細設計が完了する前の段階で，工程設計や生産準備がはじまる場合がほとんどです。これがCE（コンカレント・エンジニアリング）やSE（サイマルテニアス・エンジニアリング）と呼ばれる開発手法です。この点については，第10章で詳しく論じることにします。

## 9.6 新製品開発プロセスの第 4 段階：市場導入

　ここまで来たら，市場への投入はいよいよ間近であり，具体的にマーケティング・ミックスを確定していく段階に入ります。これが，市場導入のフェーズです。

　このフェーズでは，市場導入のための活動が，④-1「マーケティング・ミックスの選択」→④-2「テスト・マーケティング」→④-3「市場導入とその後の対応」といった段階を経ながら進んでいくことになります。

### ○ マーケティング・ミックスの選択：「マーケティングの 4P」

　マーケティング・ミックスとは，一般に，「製品戦略（Production）」，「価格戦略（Price）」，「チャネル戦略（Place）」，「プロモーション戦略（Promotion）」を総称する「マーケティング 4P」を指します。こうした 4P の各要素をどのように組み合わせてマーケティング目標を達成するのかが，このステップでのポイントです（石井他，2004）。

　ただし，ここで注意したいのは，4P の各要素は独立したものではなく，相互に密接に関わり合っているということです。マーケティング 4P を構成するすべての要素は，顧客に対して何らかのメッセージを発しているので，それらが顧客に対して一貫したメッセージを発し続けないと，顧客を混乱させかねません。

　たとえば，長期にわたって低価格路線を続ける一方で，膨大な広告投資を注ぎ込むというような戦略は，価格戦略とプロモーション戦略の間の整合性を欠き，企業の健全な成長への阻害要因ともなりかねないでしょう。あるいは，1 万円以上の商品をコンビニエンス・ストアの店頭で売るということも，価格戦略ないし製品戦略とチャネル戦略の間の整合性を欠くので，一般的には考えにくいと言えます。

　また，ターゲットとする顧客とマーケティング・ミックスの各要素との整合性も考えなければなりません。たとえば，PC の初心者層に向けて通信販売のチャネルを用いてセミ・オーダーメード型の PC を販売することを試みるといった流通チャネル選択や，幼児向けの商品を深夜のテレビスポットで広告するといった媒体選択は，一般的には不適当でしょう。

したがって，マーケティング・ミックスの各要素を決定する際には，一つ一つ決めていくのではなく，ターゲット市場とポジショニングを踏まえて4つが整合性を持つように，トータルに検討することが必要なのです。

それから，特に革新性の高い新製品については，この段階で顧客意識の変更を迫るプロモーション戦略を練っておくことが重要です。

何も手を講じなければ，大多数の潜在的顧客は，なじみのある既存の製品との比較のなかで新製品の評価を行ってしまいます。そして多くの場合に，既存の製品，あるいは既存の使用方法を前提として評価を行うと，それらとは根本的に異なる新しい製品が高い評価を獲得することは困難です。

だからこそ，新製品を市場に投入していく際には，人々が既存製品とのつながりを連想することを遮断するように，あるいは人々が抱いている既成の概念や生活のスタイルを変革するように，相当インパクトの強いさまざまな取り組みを行っていかなければならないのです（石井他，2004）。

たとえば，第1章で紹介した2001年に発売されたアップルのiPodは，自分の音楽コレクションのすべてをこれ1台に収納して持ち歩き，「好きな曲をいつでもどこでも楽しめる」という，顧客にとってまったく新しいベネフィットをはじめて提供した画期的な新製品でした。

しかし発表当初は，大半のメディアは「自分の音楽コレクションをすべて持ち歩きたいと思う人間などいない」，「携帯音楽プレーヤーにしては価格が高すぎる」，「技術的に何ら新しいものはない」と，非常に懐疑的な論調で紹介しました。

そのためアップルは，iPodが，既存の常識を打ち破るまったく新しいタイプの携帯音楽プレーヤーであることを印象づけるべく，コンセプトを効果的に訴求するためのさまざまな仕掛けを行っていきました。

なかでも，ビビッドカラーを背景にiPodを身につけた人物のシルエットが踊るCMを大量に投入したことは話題を呼び，「いつでも，どこでも，踊っていても好きな曲を楽しめる」というメッセージと，iPodの新しさ，格好良さを，潜在的顧客に強烈に印象づけることに成功しました。

こうした結果としてiPodは，従来までのテープやCD，MDをメディアとする携帯音楽プレーヤーとの連想が遮断された，携帯用デジタル音楽プレーヤーという新しい製品のカテゴリーを生み出すことに成功し，2007年には，発売開始からわずか5年半あまりで全世界での累計販売が1億台を突破するまでになったのです。

このように，革新的なコンセプトを備えた新製品であればあるほど，既成の概念や生活のスタイルに染まった人々は，そのコンセプトに反感や違和感をおぼえることになります。ところが，普及した後になれば，人々のそうした当初の反感や違和感は完全に忘れ去られてしまうため，企業は顧客意識の変更を迫るためのプロモーション戦略の重要性をついつい軽んじてしまいがちです。

しかし，この取り組みに成功しなければ，その新製品は日の目を見ないままに市場から消えてしまいかねません。そのため，特に革新性の高い新製品については，顧客意識の変更を迫るプロモーション戦略を事前に十分に練っておかなければならないのです。

## ◯ テスト・マーケティング

食品などでは，多くの場合に，この次の段階でテスト・マーケティングを実施し，その結果を受けてデザインやブランド，パッケージングなどの製品仕様を修正し，その後に全面的な生産・販売体制を組むことになります（Kotler, 2000）。

このテスト・マーケティングとは，限定された店舗や地域だけに新製品を投入し，その反応をもとに全国発売したときの状態を予測するやり方のことを意味します。

このテスト・マーケティングを実施した結果，万が一顧客の反応が良くなければ，修正を加えるか発売中止とすることで，多大な浪費や流通に対する信用の失墜を未然に回避することができます。あるいは逆に，潜在需要の大きさを測ることで，本格発売時に供給不足による機会損失が発生することを防止できます。さらには，全国発売にあたっての広告や販売促進のやり方を考える上での参考にもなります。

とはいえ，テスト・マーケティングを行えば，新製品を競合の目にさらすことにもなり，その製品の市場性の高さがみんなの知るところとなり，参入を助長してしまうリスクもはらんでいます。また，精密なテスト結果を得ようとすればするほど，時間とコストがかかることになります。市場環境の変化が速い場合には，それらは命取りになりかねません。

したがって，メリット・デメリットのバランスを考えた上で，実施するかどうかを決める必要があるのです。

## ◯ 市場導入とその後の対応

　ここまでの段階をクリアしたら，いよいよ本格的な市場導入のプロセスに取り組むことになります。これは最後の段階であり，もう後戻りはできません。すでに詳細な計画ができているはずなので，それに基づいた戦術づくりとその確実な実行に努め，一気に事業基盤を築くことが重要です。

　ただし，ここまでの段階を完璧にこなしたとしても，新製品を実際に市場に導入すると，顧客からさまざまな反応が返ってきます。そのなかには予想もしなかった反応もあるでしょう。新製品の市場導入後は，当初の計画に固執することなく，こうした実際の顧客の反応を踏まえつつ，柔軟に対処していくことが必要とされます（河野編著，2003）。

　実際，新製品を市場に投入した後で製品の完成度を上げていくためには，「利用者の生の声をフィードバックして製品を進化させていく」ことが重要になります。

　顧客ニーズは，主観的，感覚的なものほど把握が難しく，たとえば使用感や外観，イメージ，ステータスなどが顧客にとって重要な場合には，顧客ニーズを第三者が事前に推しはかることは困難です。このように，顧客ニーズを定量的に把握することが難しい場合には，製品を出しながら消費者のニーズをキャッチし，「ユーザーの生の声」を反映させながら次の製品の完成度を高めていくやり方が競争優位につながります。

　また，販売後の顧客の反応次第では，製品のコンセプトさえも変えたほうが良い場合もあります。

　たとえば 2004 年 12 月に発売された任天堂の携帯ゲーム機「ニンテンドーDS」は，そもそもは主として子供から大学生くらいまでを主要顧客として想定したゲーム機でした。しかし，2005 年 5 月に発売された「脳を鍛える大人の DS トレーニング」が想定外の大ヒットを記録し（続編も含めると 2008 年暮れまでに累計販売本数が 800 万本を超えた），相当数の大人が購入したことを受け，次々と大人向けの学習ソフト（通称「脳ゲー」）を販売していきました。

　そして，ゲーム以外の用途に対してこれほどまでに需要があったことに改めて気がついた任天堂は，大人を含めてゲーム機の枠を超えたコンセプトで売り込むよう，訴求方針を転換しました。その結果，「ニンテンドー DS」の売上げは 2005 年 12 月頃から急加速し，2006 年だけで国内販売台数が 900 万台を超え，2009 年 1 月には国内累計販売台数が 2,500 万台を超える（世界累計販売台数は

2009年3月に2億台を突破）までの大成功を収めることができたのです[13]。

　いずれにせよ，こうした予想外の成功を生むためには，市場で発生する予想外の結果をいち早く発見し，次の製品開発やマーケティング活動に迅速に反映できる仕組みを企業のなかに作り上げることが重要となります。

　そのためには，販売を代理店や小売店まかせにせず，実際の購入者が誰であり，そこでどう使われているかの生の情報をメーカー自身が収集するようにして，もし「予想外」の結果が出たら，それを製品改良や販促の仕方などの点で，次の製品開発やマーケティング政策に迅速に反映させていくことが求められるのです。

## 演習問題

　9.1　あなたが特にイノベーティブで興味深いと思った製品（サービスを含む）のコンセプトはどのようなものですか。いくつでもあげて，そう思う理由とともに説明してください。またできる限り，それらのコンセプトを，「製品コンセプトの5W1H」と，「キーワード」（1語）や「ステートメント」（数行）で表現するようにしてください。

---

13 派生機種の「ニンテンドー DS Lite」と「ニンテンドー DS i」の売上げを含みます。

# 第 10 章

# 新製品開発のマネジメント②：組織マネジメント

　新製品開発のプロセスでは，多様な部門や企業に属する多くの人々が，長期にわたって共同作業を進めていくことになります。たとえば（ガソリン）自動車の新製品開発の場合，約4年にわたって，自動車メーカーだけで延べ1,000人以上が関わることも珍しくありません。

　こうした大規模で長期にわたる新製品開発のプロジェクトをマネジメントすることはとても困難であり，少なからぬプロジェクトが具体的な製品を開発することに失敗しています。

　そこで本章では，こうした困難を克服するための新製品開発の組織マネジメントについて，具体例を交えながら詳しく説明していきたいと思います。

○ KEY WORDS ○

製品開発の QCD，機能部門別組織，
プロジェクト専従組織，プロジェクト・チーム組織，
軽量級プロジェクト・マネージャ型組織，
重量級プロジェクト・マネージャ型組織，
内的統合，外的統合，コンカレント・エンジニアリング，
フロントローディング

# 10.1 はじめに

本章では，前章で簡単に触れた「新製品開発プロセスの第3段階：（狭義の）製品開発」の部分に特に焦点を当て，深く掘り下げて説明していくことにします。

すでに述べたように，このフェーズでは，製品コンセプトが確定した後に，暫定的な製品計画の作成と事業収益性の評価・検討を経て，（狭義の）製品開発活動が，③-1「機能設計」→③-2「詳細設計」→③-3「試作・実験と設計変更」→③-4「工程設計と生産準備」という段階を経ながら進んでいくことになります。

技術的に高度で複雑な製品の場合には特に，この段階で，目標とする機能や性能，品質，コスト，コンセプトを満たす製品を，期限内に，予算の範囲内で開発完了することに失敗してしまうことが少なくありません。

たとえば，前章で紹介した製品開発の成功率を調査した先行研究によれば，（狭義の）製品開発活動のフェーズに入った後に具体的な製品を開発できず失敗するプロジェクトの割合は，マンスフィールドとワグナーでは43%（Mansfield and Wagner, 1975），アメリカ製品開発管理協会による調査では19%（Markham and Lee, 2013），河野（1987）では52%と，調査によって数字が大きく異なるものの，いずれも無視できないほどに大きくなっています。

このフェーズでは，製品コンセプトを現実の世界で機能する具体的な製品へと結実させていく「ものづくりマネジメント」の側面と，多様な部門や企業に属する多くの人々が共同作業を進めていく「組織マネジメント」の側面が重要になるため，主として技術管理論や組織論の分野で研究が進められてきました。

以下では，こうした先行研究の成果を踏まえて，優れた製品を，効率よく，素早く開発し，市場に導入するためのマネジメント上の問題について説明していくことにします。

## 10.2 新製品開発のパフォーマンス

### ◯ 製品開発の QCD

新製品開発の課題は，①どれだけ魅力ある製品を，②いかに効率的に，③いかに素早く，開発し，市場に導入できるか，という3点で捉えることができます。これを，生産管理における3つのパフォーマンス（成果）指標である「QCD」（Q＝「品質（Quality）」，C＝「コスト（Cost）」，D＝「納期（Delivery time）」）になぞらえて，「製品開発の QCD」と呼びます。

この製品開発の QCD は，生産管理の QCD と基本的には同じですが，Q＝「総合製品品質（total product quality）」，C＝「開発生産性（development productivity）」，D＝「開発リードタイム（development lead time）」に，それぞれ対応しています（藤本，2001b）。

このうち1番目の総合製品品質は，開発された新製品が，顧客にどのくらいの満足を与えることができるのか，を表す指標です。

2番目の開発生産性は，新製品を開発するために必要とされる資源（ヒト・モノ・カネ）をどれくらい注ぎ込んだか——すなわち資源投入量＝「開発コスト」——の逆数によって表される指標です。開発生産性が高いほど，新製品を開発するために必要とされる資源投入量が少なくて済むので，開発に要するコストは低くなります。開発生産性が低い場合は，その逆です。

3番目の開発リードタイムは，開発の開始から製品の生産開始あるいは発売までのリードタイム（経過期間），によって表される指標です[1]。

---

1 ただし，もっと細かく言えば，「製品コンセプトの開発開始から市場導入までの全期間」（concept to market）をとる場合と，製品コンセプトの開発と事業収益性の評価・検討のフェーズの期間を入れずに，新製品の事業計画が承認された後の「狭義の製品開発の期間」（機能設計，詳細設計，試作・実験と設計修正，工程設計と生産準備）のみをとる場合とがあります。

たとえば，「日本の自動車メーカーの開発リードタイムの平均が24ヶ月」といった場合，新製品の事業計画が承認された後の狭義の製品開発の期間のみを指しており，それに先行した，商品企画部が中心になって新製品のコンセプトや事業計画を固める期間が，2年程度存在しているのが通例です。つまり，concept to market で見た場合，トータルな開発リードタイムは約4年ということになります。

このように，意味のある比較分析を行う上では，期間の定義をはっきりさせることが必要不可欠になります。

## 製品開発の QCD 向上を実現するための 3 つのマネジメント

　すでに述べたように，新製品開発には，複雑なマネジメントが必要とされます。そして，だからこそ，各企業のマネジメントの善し悪しで，こうした総合製品品質，開発生産性，開発リードタイムで表される新製品開発のパフォーマンスに大きな違いが生まれることになります。

　しかしそれは，逆に言うと，製品開発のマネジメントに成功すれば，企業が持続可能な競争優位を獲得できる可能性が高いということを示唆しています。

　実際，1980 年代の日本の製造業メーカーは，自動車や，家電製品，事務用機器，電子部品などの産業において世界的な競争力を誇っていましたが，その競争力の基盤の一つが，製品開発の QCD で見た突出した製品開発力でした。日本企業は，総合製品品質において卓越した新製品を，効率的に，素早く市場に出すことができたがゆえに，これらの分野で国際的な競争力を築くことができたのです。

　では，製品開発の QCD の向上を同時に実現するためには，どのようなマネジメントが必要とされるのでしょうか。1990 年代に盛んに調査・研究された製品開発論分野の既存研究の成果は，この点について，主として，①適切な組織デザインの選択，②プロジェクト・マネージャのリーダーシップ行動，③コンカレント・エンジニアリング，の 3 つが特に重要であることを明らかにしてきました。

　そこで次節からは，これらについて順に説明していくことにします。

## 10.3　組織デザインのマネジメント

## 機能業務と統合業務

　ものづくりの観点から見た新製品開発とは，さまざまな技術的要素をまとめ上げて，顧客ニーズを満たすことのできる機能を発揮する具体的なモノを生み出す活動として捉えることが可能です。

　そこには自ずと，「要素技術（特に部品や原材料に関わる技術）を生み出す，あるいは高度化していく」活動と，「要素技術を製品としてまとめ上げる」活動

の両方が含まれることになります[2]。すなわち，優れた最終製品を開発するためには，要素技術の先進性が求められる一方で，そうした個別の要素技術をうまい具合にまとめ上げなければならないのです（延岡，2006）。

たとえて言うならば，オーケストラにおいて個々の楽器演奏者がいくらうまく演奏しても，全体としてのまとまりに欠ければ優れた音楽にはなりえません。その一方で，個々の楽器演奏者がうまく演奏することができなければ，いくら全体としてのまとまりがあっても限界があり，結局は全体として優れた音楽にはなりえません。つまり，どちらが弱くても，優れた音楽は生まれません。

これと同様に，製品開発においても，要素技術を生み出したり高度化したりする活動と，そうした要素技術を製品としてまとめ上げる活動の両立を図ることが重要なのです。

本章では，延岡（2002）にならって，このうち前者の，先進的な要素技術を開発していく，あるいは高度化していく業務のことを，「機能業務」と呼ぶことにします。一方，後者の，多様な要素技術をまとめ上げ，製品としての機能・品質や完成度を高めていく業務のことを，「統合業務」と呼ぶことにします。

## ○ 製品開発組織のデザイン①：3つのタイプの製品開発組織

こうした機能業務と統合業務のどちらをどの程度重視するのかに応じて，製品開発組織のデザインは，概念的には以下の3つのタイプに分けることが可能です（図10.1）。

### 〈1．機能部門別組織〉

まず第1が，最も機能業務を重視した「機能部門別組織」です（図10.1 ①）。ここでの機能部門別組織とは，企業内の各部門が各機能業務に対応するように区分された組織体制のことを意味しています[次頁3]。

高度な要素技術を開発していく際には，一般にこの機能部門別組織が適しています。というのも，「専門化の利益」が最大限に享受できるからです。

---

2 本書で説明しているイノベーション・プロセスの流れからすれば，製品開発のフェーズは，要素技術の研究・技術開発の段階が済んだ後に開始されることになります。しかし実際には，第2章でも述べたように，要素技術の開発は，製品開発のフェーズに入った後も引き続き同時並行的に進められていくのが通例です。

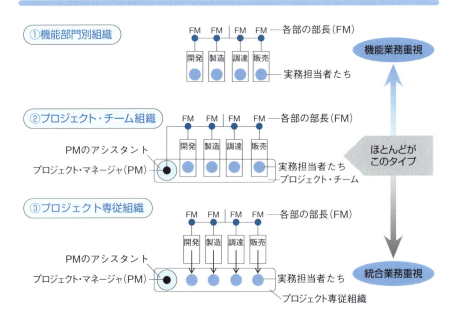

図 10.1　製品開発組織の3タイプ

(出所) 藤本隆宏・K.B. クラーク (1993)『製品開発力』, ダイヤモンド社, p.323, および延岡健太郎 (2006)『MOT [技術経営] 入門』, 日本経済新聞出版, p.190 を参考に, 筆者作成

　こうした機能部門別組織では，たとえばエンジンの専門家はエンジンの開発部門に，ボディの専門家はボディの開発部門に，あるいは購買の専門家は購買部門にという具合に，同一の機能業務を遂行する専門家が同じ部門内に集められるので，部門内での知識・ノウハウの蓄積や伝達が容易になります。また，そうして蓄積された知識・ノウハウ，あるいは開発された要素技術を複数の製品に展開し

---

3　なお，ここで機能業務と呼んでいるのは，①開発／生産／販売／購買などの大括りの機能で区分した場合の業務と，大括りには開発業務のなかに含まれるが，②電子／機械／材料といった技術分野ごとに小区分した場合の開発業務と，③設計／解析／試作／実験／生産準備といった開発プロセスを構成する各フェーズ（段階）の開発業務という，以上3つをすべて含んだものです。
　そのため本書が「機能部門」と呼ぶ部署には，①開発部／製造部／販売部／購買部といった大括りの部門と，大きくは開発部門のなかに含まれるが，②エンジン開発部やボディ開発部のように部品別に分かれている部署と，③試作試験部や生産準備部のように文字どおり機能で分かれている部署という，3つがすべて含まれることになるので注意が必要です。

ていく上でも，機能部門別組織は有利になります。

　こうした機能部門別組織においては，各機能部門は，それぞれの専門分野の業務だけに専念します。特定製品の開発についてのみ権限と責任を持つマネージャはおらず，多くの場合に，商品開発全体の責任を持つ事業本部長クラスのマネージャが，すべての製品の開発プロジェクトの責任を持つことになります。

　この組織形態のもとで，特定製品の開発のために機能部門間での調整が必要な場合には，主として，（ⅰ）調整担当職と（ⅱ）連絡会・委員会という2つの方法が用いられます。

　このうち（ⅰ）の調整担当職（リエゾン）というのは，特別の権限や予算を持たず，また責任も負わされていない，部門間の情報交換任務にあたる役職のことを意味します。もともとの語源はフランス語で連絡や連結を表す "liaison" ですが，軍隊の連絡将校を英語で「リエゾン・オフィサー」と呼んだことに由来する用語です。

　このやり方では，製品別に調整担当職を置き，たとえば開発・製造・販売・購買の各機能部門間で，当該製品に関する情報の共有を図り，必要とされる相互調整を図っていくことになります。

　一方（ⅱ）の連絡会・委員会とは，「○○連絡会議」とか「○○委員会」など，呼び方はいろいろありますが，基本的には，関連するさまざまな機能部門からメンバーを集めて定期的に会合を開催し，情報交換・意見交換・懸案事項の検討を行う小グループのことを意味します。調整担当職の場合と同様に，通常，特別の権限や予算を持たず，また責任も負わされていません。

　このやり方では，製品別の連絡会議を設け，たとえば開発・製造・販売・購買の各機能部門間で，当該製品に関する情報の共有を図り，必要とされる相互調整を図っていくことになります。このように，果たすべき役割は調整担当職の場合と同じですが，その役割を特定の個人に任せるのではなく，関係者が一堂に集まって直接的に話し合うようにすることで，より容易に調整を行うことを意図した仕組みです（図10.2）。

　こうした方法では，機能部門間での調整がつかなかった場合は最終的にはトップ・マネジメントの判断に委ねられることになるので，製品が多角化し，開発プロジェクトの数が多くなると，トップの処理能力を超えてしまい，きめ細かい管理ができなくなってしまいます。そのため，こうした組織デザインは，製品の数や多様性が限られている業界でしか見られません。

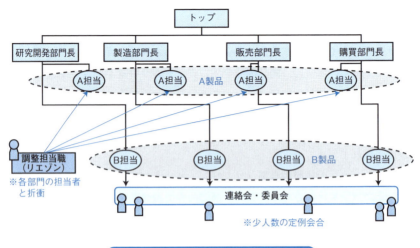

図 10.2　調整担当職と連絡会・委員会

〈2．プロジェクト専従組織〉

　2つ目は，最も統合業務を重視した「プロジェクト専従組織」です（図 10.1 ③）。ここでのプロジェクト専従組織とは，特定の製品の開発を目的として，さまざまな機能業務を担当するメンバーがそれぞれの部門から横断的に集められ，独立の開発組織（プロジェクト）が形成された組織体制のことを意味しています。

　ただし，通常は，特定の独立組織が恒久的に設置されるのではなく，機能部門を中心とした組織構造を採用し，そこからメンバーが選ばれて，ある期間だけプロジェクトに招集され，プロジェクトが終了すると再びその機能部門へ戻ることが多いようです。

　また，この組織デザインでも機能部門がなくなってしまうわけではなく，現実には，少なくとも一部の機能業務が機能部門内に残され，管理業務や複数のプロジェクトにまたがった業務などを担当することになります。

　この組織デザインの第1の特徴は，メンバーが，少なくとも一定期間は人事上も機能部門から正式に離れて，独立の開発組織の専属になるという点にあります。

　第2の特徴は，プロジェクト・マネージャ（Project Manager：PM）が任命され，このPMがこうした独立の開発組織のマネジメントに関してあらゆる権限と責任を持つ，という点にあります。

統合業務を遂行し，目標とする機能や品質，コスト，コンセプトを満たす製品を，期限内に，予算の範囲内で開発完了していく上では，一般にこの組織デザインが適しています。というのも，こうした機能横断的なプロジェクト専従組織では，たとえば，エンジンの専門家もボディの専門家も，あるいは外観デザインの専門家も，特定製品の開発のための独立組織にともに配属されて業務を遂行することになるので，メンバーは，特定機能の専門家として業務をこなすという意識以上に，優れた製品を開発したいという意識が強くなるからです。

　また，メンバー同士は，同一組織のなかで専門とする機能分野を超えて共同で製品開発業務に取り組み，さらにはプロジェクトの成功に対してともに責任を負うことになるので，自然と連帯意識が芽生え，同じ方向を目指して，協力し合いながら業務を進めていくことが可能になり，その結果として統合業務の遂行が容易になるのです。

　ただし，プロジェクトは基本的には製品開発が終了すれば解散するため，そこで生み出された知識・ノウハウを体系的に残しておくことが難しくなります。また，PMやメンバーは，特定製品の開発のみに専念してその成功にコミットするため，個別製品の最適性だけを優先し，他の製品との部品・技術の共通化や，知識・ノウハウの横展開が難しくなります。

　たとえば，1990年代前半，クライスラーが日本製の小型車に対抗するために小型セダンの「Neon（ネオン）」を開発した際には，こうしたプロジェクト専従組織（クライスラーではこの組織を「プラットフォーム・チーム」と呼んだ）が採用されました。

　クライスラーは，さまざまな機能部門から集めたメンバーをプロジェクト専従とし，彼らを「大部屋（co-location）方式」で1ヶ所に集めて開発を進めました。その結果，開発の効率性が大幅に向上するとともに，徹底した割り切りを行って日本製の小型車よりも低い価格を実現し，米国市場で大成功を収めることができました。

　しかしその一方で，複数プロジェクト間での技術や知識・ノウハウの移転，部品の共有化が困難になり，1990年代半ばにはプロジェクト専従組織は見直されることになりました（延岡，1996a）。つまり，この組織デザインのもとでは，個別の製品開発プロジェクトの調整・統合が容易になる代わりに，企業全体の管理が難しくなってしまうのです。

　こうした理由から，プロジェクト専従組織は，大型ソフトウェアの受注開発など，とにかく個別製品の最適性が最優先される業界でしか見られないようです。

## 〈3．プロジェクト・チーム組織〉

機能業務を重視した機能部門別組織と統合業務を重視したプロジェクト専従組織の両極の中間に位置するのが，3つ目のプロジェクト・チーム組織です（図10.1 ②）。

ここで言うプロジェクト・チーム組織とは，特定の製品の開発に関わる機能業務を横断的に調整・統合することを目的として，機能部門別組織のなかに，関連するさまざまな機能部門からメンバーを集めた臨時の組織（プロジェクト・チーム）を編成する組織形態のことを意味しています。

こうしたプロジェクト・チームは，調整担当職や連絡会・委員会の場合とは異なり，特別の権限や予算を有する組織形態であり，当該製品開発プロジェクトの遂行に責任を負うプロジェクト・マネージャ（PM）によって管理されます。

ただし，どの程度の権限や予算枠を有しているのか，当該製品の開発についてどの程度の責任を負うのか，機能部門間の調整を実際にどの程度行うことができるのかについてはさまざまで，業界や企業によってはもちろん，同じ企業のなかでさえも異なっています。

こうしたプロジェクト・チーム組織は，機能部門別組織とプロジェクト専従組織を「いいとこ取り」し，同じメンバーを機能別と製品別に同時に括ることによって，専門化の利益と製品別の最適化を両立することを意図した組織デザインです。そのため，うまくいけば，機能業務と統合業務を高度にバランスさせ，高度な要素技術を備えつつも完成度の高い製品を実現できる可能性があります。

しかしその一方で，こうしたプロジェクト・チーム組織は，いわば「二兎を追う」組織デザインであるがゆえに，うまくいかず，何のメリットも得られない可能性もあります。

実際，この組織デザインのもとでは，プロジェクト・チームの各メンバーは，図10.3のように，たとえば開発・製造・販売・購買といった各機能部門長（Functional Manager：FM）の管轄下に置かれると同時に，他方では各製品の開発に責任を負うPMの管轄下にも置かれることになります。つまり，各メンバーにとっての上司が2名いることになるので，このプロジェクト・チーム組織は「ツーボス・システム（two-boss system）」と呼ばれることもあります。

こうしたツーボス・システムの組織では，2人のボス（この場合はFMとPM）の間でコンフリクトが生じがちで，ときに組織運営が非常に困難になることが知られています。

また，別の問題が生じる場合もあります。この組織デザインのもとでは，プロ

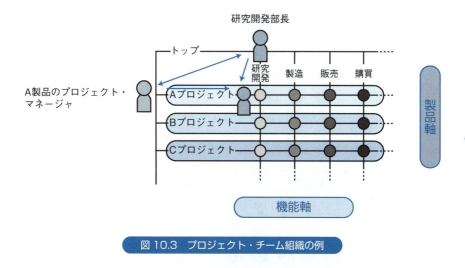

図 10.3 プロジェクト・チーム組織の例

ジェクト専従組織とは異なり，メンバーは各機能部門に所属したままとなります。つまり，プロジェクト・チーム組織は機能部門から完全に独立した組織とは言えないのです。そのため，何ら手立てをこうじないと，そのままでは機能業務のほうが統合業務よりも優先されがちになってしまい，わざわざプロジェクト・チーム組織とする意味がなくなってしまうのです。

こうした点については，次の10.4節でもう一度議論することにします。

## ○ 製品開発組織のデザイン②：プロジェクト・チームの2つのタイプ

上でも述べたように，機能業務重視の組織にも，統合業務重視の組織にも，それぞれメリット・デメリットがあり，一般的には両者のバランスが必要とされています。それゆえに，純粋な機能部門別組織や，純粋なプロジェクト専従組織が製品開発を担うことは少なく，多くのケースでプロジェクト・チーム組織が採用されます。

このプロジェクト・チーム組織は，機能業務重視なのか統合業務重視なのかによって，さらに2つの基本タイプに分けられます（図10.4）。

ここでは，統合業務のリーダーとしての役割を担うプロジェクト・マネージャ

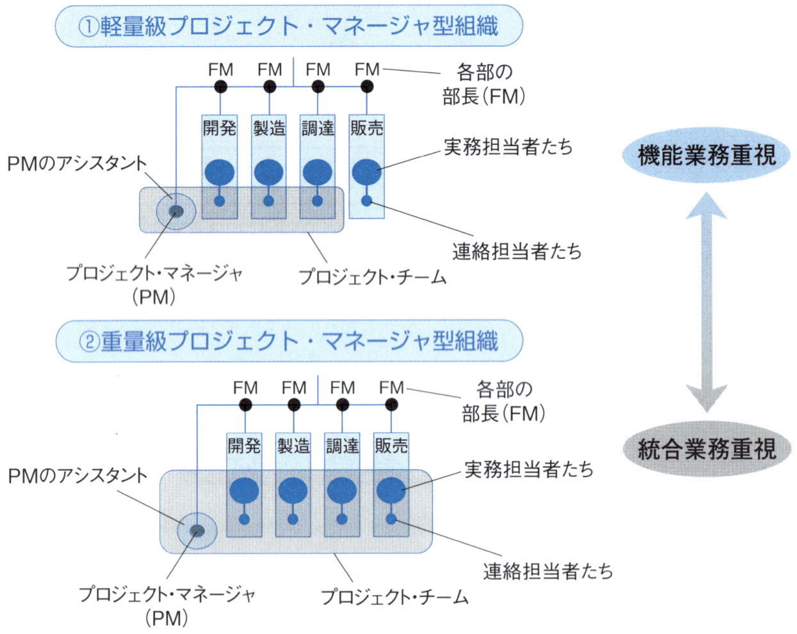

①軽量級プロジェクト・マネージャ型組織

FM FM FM FM ── 各部の部長（FM）

開発 製造 調達 販売

PMのアシスタント

実務担当者たち

連絡担当者たち

プロジェクト・マネージャ（PM）

プロジェクト・チーム

機能業務重視

②重量級プロジェクト・マネージャ型組織

FM FM FM FM ── 各部の部長（FM）

開発 製造 調達 販売

PMのアシスタント

実務担当者たち

連絡担当者たち

プロジェクト・マネージャ（PM）

プロジェクト・チーム

統合業務重視

（出所）藤本隆宏・K.B. クラーク（1993）『製品開発力』，ダイヤモンド社，p.323，および延岡健太郎（2006）『MOT［技術経営］入門』，日本経済新聞出版，p.190 を参考に，筆者作成

図 10.4　プロジェクト・チーム組織の基本 2 タイプ

（PM）の権限の強さと，機能業務のリーダーとしての役割を担う機能部門長（FM）の権限の強さとのバランスに応じて，それが PM＜FM である場合には相対的に機能業務重視の「軽量級プロジェクト・マネージャ型組織」，また PM≧FM の場合には，相対的に統合業務重視である「重量級プロジェクト・マネージャ型組織」に区分されることになります（Clark and Fujimoto，1991；楠木・永田・野中，1995）。

　ただし，ここでは簡易化のためにとりあえず二分法で考えていますが，現実にはこれらの中間に位置する場合がほとんどです。

　前者の軽量級プロジェクト・マネージャ型組織の PM は，FM よりも社内的な

地位が低くなります。この組織形態でのPM（軽量級プロジェクト・マネージャ）は，主として調整役としての役割を担っており，主要な技術の選択に関する最終的な決定権限は，当該技術の開発を担当する機能部門のFMに属しています。また，製品コンセプトや製品スペック，価格などに関する最終的な決定権限は，営業部門やマーケティング部門のFMに属しています。

そのため，軽量級PMの各機能部門に対する調整は，あくまでも「お願いベース」が基本であり，自らの決定に従わせる権限は持っていません。

一方，後者の重量級プロジェクト・マネージャ型組織のPMは，FMと同等か，それ以上に社内的な地位が高くなります。この組織形態でのPM（重量級プロジェクト・マネージャ）は，単なる調整役を超えた，プロジェクトに関するありとあらゆる事項の最終意思決定権者であり，各機能部門に対しても，プロジェクトに関することについては自らの決定に従わせる公式・非公式の権限を持った存在です。

具体的には，主要な技術の選択に関する決定でも，製品コンセプトや製品スペック，価格などに関する決定においても，PMの意見は最大限に尊重され，また，販売の目標や計画，コストや利益の管理にも責任を持っています。

たとえば，重量級プロジェクト・マネージャ型組織を採用している企業の代表として世界的に名高いトヨタでは，製品開発のプロジェクト・リーダーである「チーフ・エンジニア[4]」は，当該製品の開発についてトップから全権を委任されている存在であり，社内には「チーフ・エンジニアの言葉は社長の言葉である」とする伝統が根づいています。

また，そうした強大な権限を支えるために，さまざまな組織的仕組みも整備されています（Clark and Fujimoto, 1991；武石, 2003；Morgan and Liker, 2006；松島・尾高編, 2008）。

たとえば，トヨタのチーフ・エンジニアは，少なくともかつては，製品の設計図面を最終承認する権限を持っていました。仮に各機能部門のFMが承認した設計図面であっても，チーフ・エンジニアがサインしないとその設計図面は社内的に最終承認されない仕組みになっていたのです。

さらには，プロジェクト・メンバーの業績評価を行う権限を持つのはFMですが，チーフ・エンジニアも，非公式ながらも参考意見を述べる権限を持っていました。つまりチーフ・エンジニアは，プロジェクト・メンバーの人事評価に対

---

[4] トヨタではかつて，製品開発のプロジェクト・マネージャは「主査」と呼ばれていました。

する一定の影響力をも有していたのです。

　以上見てきたように，製品開発の組織デザインは，概念的には，最も機能業務を重視した機能部門別組織から，中間的なプロジェクト・チーム組織，そして最も統合業務を重視したプロジェクト専従組織へと，3つに分類されることになります。

　また，同じプロジェクト・チーム組織のなかでも，機能業務を重視した軽量級プロジェクト・マネージャ型組織と，統合業務を重視した重量級プロジェクト・マネージャ型組織に分けられることになります。

　ただし，現実の製品開発組織のデザインが，このようにタイプ別に明確に分類されるわけではありません。機能部門別組織とプロジェクト専従組織を両極として，また同じプロジェクト・チーム組織のなかでも軽量級プロジェクト・マネージャ型組織と重量級プロジェクト・マネージャ型組織を両極として，その間には多様な中間的な組織形態が連続的に存在するのです。

## ○ 適切な組織デザインの選択

　では，どのような条件のときに，どのような組織デザインを選択すればよいのでしょうか？　この点に関して先行研究は，主として以下の3つの要因が重要であるとしています（延岡，2002）。

　第1に，競合他社との競争などの理由で，緊急に製品を開発して市場に導入しなくてはならない場合には，統合業務遂行を重視した組織デザインが有効です。

　このような場合には，関連するメンバーが独立した組織に集まって特定の製品開発に専念し，大部屋形式で全員が濃密な情報交換を図りながら開発業務を進めていくことで，コミュニケーション不足による行き違いや，行き戻りによる遅れを最小限にとどめ，開発リードタイムを大幅に短縮することが可能になります。

　第2に，製品アーキテクチャがインテグラル型で，各機能部門が担当する業務間の相互依存性が強い場合にも，統合業務遂行を重視した組織デザインが有効です。

　たとえば，1つの部品を設計する場合に，他の部門で設計される部品を考慮しなくては適切な設計ができないのであれば，こうした部品担当部門間の業務の相互依存性は高いと言えます。また，たとえば設計の内容によって生産方法や生産の効率性に大きな影響が及ぶのであれば，設計部門と製造部門の業務の相互依存

性は高いと言えます。

　こうした場合には，相互依存性の高い業務を担っている部門の間で強力な調整・統合作業を行わなければ，満足がいくだけの機能や品質を保ち，生産性を発揮できる製品を開発することはできません。

　第3に，当該製品の顧客ニーズが複雑で把握し難い場合にも，統合業務遂行を重視した組織デザインが有効です。

　というのは，このような場合には，個々の要素技術の先進性よりも製品コンセプトの一貫性（プロダクト・インテグリティ）が市場での成否を決めるので，メンバーが専門分野別に新技術開発に専念するよりも，プロジェクト全体で製品コンセプトに沿った製品に仕上げていく活動に重きを置くことが重要になるからです。また，製品コンセプトの重要な部分は言語化しづらい場合が多いため，プロジェクトの中核メンバー全員が一緒に活動しつつ，共同体験を通じてコンセプトを共有することが必要とされるのです。

　このように，求められる開発リードタイムが短く，製品アーキテクチャがインテグラル型で，顧客ニーズが複雑で把握し難いタイプの製品を開発するにあたっては，統合業務を重視した機能部門横断的な組織を設置することによって，製品開発のパフォーマンスを向上させることが可能になります。

　こうした製品の典型例が，（ガソリン）自動車です。第8章で述べたように，自動車は，インテグラル型の代表的な製品です。また，たとえば設計という1つの機能のなかでも，エンジン，ボディ，サスペンションなど多様な部品の設計部門が多数関与するというように，多様な機能部門が開発に関与します。したがって，製品全体としてのまとまりを保つためには，そうした数多くの機能部門を横断的に強力に統合する役割を果たすことが求められるのです。

　加えて自動車の場合，製品に対する要求機能も複雑です。つまり，走りはもちろん，デザイン，車内の居住性や静粛性，価格や燃費，安全性など，顧客が自動車を購入する際に重視する機能は多岐にわたり，しかも，そのすべてが重要だと考える人が大半です。このように，製品機能に対するニーズ（評価軸）が多様で複雑な製品の開発では，その多岐にわたるニーズを過不足なく製品コンセプトにまとめ上げ，それを現実のモノとして具現化していくことが求められます。

　以上の理由から，自動車の新製品開発では，特に重要な新製品の開発の際にはプロジェクト専従組織が用いられ，それ以外の場合でも，より統合業務を重視した重量級のプロジェクト・チーム組織が用いられることが多いのです。

逆に，製品アーキテクチャがモジュラー型で，顧客ニーズが単純で把握しやすい場合，あるいは，そもそも要素技術の先進性が最優先であり，なおかつ，要素技術の進歩のペースが早いので追いついていくのが大変な場合には，より機能業務を重視した軽量級のプロジェクト・チーム組織のほうが適しています。

たとえば，1980年代半ば，高機能・低価格化が急速に進み，市場が急拡大を遂げていたファクシミリの製品開発では，読み取り走査技術（画像取り込みの解像度や速度），データ圧縮・伝送技術（画像伝送の解像度や速度），記録技術（画像印刷の解像度や速度）などの要素技術の開発を担当する各機能部門が中心的な役割を果たしていました。

事業部には開発部門が置かれていましたが，その役割は，各機能部門が開発した要素技術，ないし部品をもとに製品設計や試作を行い，安全性や使いやすさをテストしたり，生産プロセスの準備を行ったりする補助的な業務だけに限定されていました。

ほとんどの企業で，こうした事業部内の開発部門が中心となってプロジェクトと呼ばれる組織ユニットを設置し，そのリーダーとしてプロジェクト・マネージャを置いていましたが，主要な技術スペックの選択などに関する意思決定の最終決定権限はあくまでも各 FM が持っており，それはまさに本書で言う軽量級のプロジェクト・チーム組織の典型だったのです（楠木，1995）。

## 10.4 プロジェクト・マネージャの リーダーシップ行動

### ○ プロジェクト・チーム組織に特有の問題

製品開発のパフォーマンスを向上させるためのマネジメントの第2は，「プロジェクト・マネージャのリーダーシップ行動」です。

前節で述べたように，高度な要素技術が求められ，なおかつ顧客ニーズが複雑で把握し難く，インテグラル型の製品の場合には，製品開発プロセスは機能部門横断的なプロジェクト・チーム組織によって遂行されることが望ましいと言えます。ただし，この組織形態は，実際の運営が非常に困難です。

第1に，こうしたプロジェクト・チーム組織では，携わる開発のフェーズ（段

階），利害関係，専門や関心，話す「言葉」や思考様式などが異なる，数多くの機能部門に属するメンバーが協働作業を進めていくことになるので，メンバー間でのコンフリクトの発生が不可避になります。

たとえば，一般にデザイナーは感性を重視する傾向が強いのですが，技術者は論理（ロジック）を重視する傾向が強く，そのため，デザイナーと技術者が直接にコミュニケーションをとろうとしても，そもそも話が通じないことがしばしば生じます。

アプリケーション・ソフトの製品開発プロジェクトを例にとると，非常に分析的な仕事（たとえばデータ処理用の論理プログラムを開発する作業）を担うメンバーと，デザイナー的な仕事（たとえばアイコンや画面などのデザインを開発する作業）を担うメンバーとでは，スクリーン上に引かれる「線」一つをとっても，そもそも寄って立つ認識や世界観が大きく異なっています。

分析的な仕事を担うメンバーにとって，スクリーン上に引かれる線とは，2つの点の間を最短距離で結ぶ点の集合体にすぎず，単純な数学的公式によって表現される存在です。ところがデザイナー的な仕事を担うメンバーは，スクリーン上に引かれる線を，重み・色・質感といったさまざまな特徴を持った存在として捉え，それによってユーザーに対して何か具体的なメッセージを伝えるように表現しなければならないと考えます。

このように，そもそもの思考の前提条件が大きく異なるので，当然のことながら両者の間でやりとりを行う上での障壁は高くなり，コンフリクトが発生する可能性も高くなるのです。

第2に，部門横断的なプロジェクト・チーム組織では，メンバーは各機能部門に属したままで，しかも複数のプロジェクトを兼任するのが普通です。

PMにとっては担当する製品の成功がすべてですが，メンバーにとってその製品は，自分が関わっているいくつもの開発プロジェクトのうちの一つ（"one of them"）にしかすぎません。したがって，どうしてもPMとメンバーの間に温度差が生じがちになります。

また，基本的には個々のメンバーの業績評価を各FMが担うことになるので，各メンバーの目はどうしても自分の直属の上司であるFMのほうに向きがちとなります。そのため，この組織デザインのもとでは，どうしてもPMの立場が不安定になってしまうのです。

第3に，上の第2の問題への対策として，仮にPMの立場を強くしたとしても，なお問題が生じる可能性が残ります。すなわち，PMの権限を強くしすぎると，

プロジェクト専従組織の場合と同様の問題が生じてしまい，かといってPMとFMの権限を同等にすると，今度はいわゆるツーボス・システムの問題が生じやすくなるのです。

たとえば，今回開発する新製品に○○という先進的な新しい部品技術を取り込むかどうかを決める場面で，製品コストが跳ね上がることを懸念してPMは採用を望まないが，企業としての技術力向上の観点から当該部品技術を開発したFMは一刻も早い実用化を目指して採用を望む，といったコンフリクトは頻繁に生じます。PMとFMとでは，思考の前提となる時間軸の長さが異なるからです。

この場合，PMとFMの間で十分な調整が図られなければ，結論が先送りされて，「○○という新しい部品技術を導入することを前提に，当該部品および製品全体の設計に大幅な改善を加えて，開発期限までに総コストを従来なみにおさえるよう最大限に努力する」といった，両者の顔が立つ，しかし非常に厳しい（場合によっては実現不可能な）目標が設定され，プロジェクトのメンバーに過度のプレッシャーがかかってしまう可能性が高くなるのです。

## ◯ プロジェクト・マネージャに求められる主な役割

こうした状況のもとで，製品開発プロジェクトにおいてプロジェクト・マネージャが果たすべき主な役割は2点あります。

第1に，機能部門間の統合業務でイニシアティブを発揮し，製品開発プロジェクトを組織として効率的に推進する役割です。この役割は，内的統合とも呼ばれます。

製品開発プロジェクトは，多様な機能部門から集められた，まったく異なった専門を持つメンバーの寄り合い所帯であり，この中で強力な求心力を働かせることができるか否かによって，非常に効率的な組織になるかバラバラになるかが左右されることになります。そのため，プロジェクト・マネージャが果たすこうした役割は，きわめて重要なのです。

第2に，製品コンセプトの創造と具体化に責任を負い，その実現に向けて製品開発プロジェクトを牽引する役割です。この役割は，外的統合とも呼ばれます。

製品コンセプトを実現する熱意とエネルギーをメンバーに持たせ続けることは難しく，仮にそれに成功したとしても，膨大な数にのぼる要素技術や各種スペックの選択に関して，製品コンセプトに沿った意思決定を徹底することはもっと困難です。また，重要な要素技術の選択や，製品スペックや価格などを決める際に

は，製品コンセプトを損なわないよう，FM やトップ・マネジメントに自分の考えを伝え，納得して受け入れてもらわなければなりません。プロジェクト・マネージャが果たすこうした役割は，最終的に市場で受け入れられる製品を開発していく上できわめて重要です。

クラークと藤本は，世界の自動車メーカーで行われた新製品開発プロジェクトの詳細な調査を通じて，プロジェクト・マネージャが内的統合と外的統合の2つの役割を十分に果たしているかどうかが，製品開発のパフォーマンスに影響を与えていることを発見しました[5]（Clark and Fujimoto, 1991）。

すなわち，自動車産業における優れたプロジェクト・マネージャは，これら2つの役割を果たし，製品コンセプト作成の責任者でありながら，設計，生産，販売・マーケティングといった機能部門へも強い影響力を発揮するリーダーでした。そして，単なる調整役にとどまらず，自らが創出したコンセプトをもとに，プロジェクト・メンバーを強力にまとめ上げていく役割をも担っていたのです。

## ○ 優れたプロジェクト・マネージャの行動パターン：自動車のケース

では，実際の優れた PM は，具体的にどのような行動パターンをとっているのでしょうか。

クラークと藤本（Clark and Fujimoto, 1990）や長沢・木野（2004）をもとに，自動車の製品開発プロジェクトを牽引する優れた PM に共通に見られる特徴をまとめると，以下の4つに集約することができます。

### 〈1．社内外の関係する人々との直接的接触〉

優れた PM は，社内外の関係する人々すべてと，できる限り直接的接触を保とうとする傾向が強いようです。

実際，PM には，出席しなければならない公式の会議や，決裁しなければならない書類が山のようにあるのですが，能力のある PM ほど，そうしたデスクワークの合間を縫って，設計技術者，生産準備技術者，製造技術者，工場の従業員，デザイナー，部品メーカーの技術者，ディーラーなどと会うために外へ出かけることを重視します。そのため彼らは，日中はほとんど「離席」しています。

---

5 正確には，クラークと藤本（Clark and Fujimoto, 1991）は「重量級プロダクト・マネージャ」（"heavy-weight product manager"）と表記していますが，意味的にはまったく同じです。

これは第1に，何か問題が生じたらすぐ，あるいは問題が生じる前の兆候の段階で，その情報をキャッチし，すぐさま必要とされる対策をとるためです。悪い情報ほど上に伝わりにくいので，PMの側から積極的に現場に出向くことで，悪い情報を拾い上げて先手先手で対策を施していくのです。

また第2に，製品コンセプトの細かいニュアンスは，たとえそれがどれだけ詳細にわたっていようとも，書かれた文書のみでは伝達しえないし，それが実際の製品開発の一連のプロセスのなかで容易に見失われてしまうことを知っているからです。

開発に要する長い期間を通じて，多くの人々の意識のなかに製品コンセプトを明瞭なまま保ち続けることは容易ではありません。そのため，優れたPMは常に開発現場を歩き回り，設計現場の技術者やテスト担当者たちと絶えず直接に交流し，自分の意図を伝えるとともに，さまざまなメタファー（比喩）を駆使したり，物語を語ったりしながら，製品コンセプトに関する彼らの理解を絶えず新たにさせ，これを強化しているのです。

第3に，PMが製品開発プロジェクトをスムーズに遂行していく上では，公式的な権限の必ずしも及ばない人物を，自らにとって望ましいと思う方向に動かしていかなければならないのですが，その際には，非公式の人的ネットワークの果たす役割が決定的に重要となります。そのため，日頃から人的ネットワーク構築のための直接的接触を重視しているのです。

### 〈2．自動車に関する広く深い知識〉

優れたPMには，個々の細かい部分まで知る必要はないにせよ，車の開発に必要な製品技術全般，および生産技術全般についてはもちろん，販売・マーケティング，生産管理，コスト管理など，関係するさまざまな知識を幅広く持っていることが求められます。

優れたPMは，重要な要素技術を選択する場面や，製品スペックを決める場面，あるいは製品コンセプトを損ないかねないような何かしらの事態が生じた場面では，直接にはFMの権限に属する事項の決定にまで踏み込む必要があります。これを認めさせるためには，「彼（／彼女）の言うことであれば間違いない」と，FMに受け入れてもらえるだけの見識を備えていなければなりません。

また，調整のためにさまざまな機能部門を説得する際には，当該部門なりの思考様式の土台にある専門の知識体系について，ある程度熟知した上で議論を組み立てないと，なかなか納得してもらえません。

たとえば，販売やマーケティングの部門では顧客の声が絶対であり，新しい製品に求められる要件を，顧客ニーズに関する定量的・定性的データに基づいて開発部門に要求することが一般的です。一方，開発部門ではそうした顧客ニーズを実現するための技術的裏づけにこだわる傾向が強く，販売やマーケティングの部門からの要請に対して，「そんなニーズがあることは調査などしなくても分かっている。実現する方法がないから困っているんじゃないか」「実現性の乏しい提案ばかりよこして……」と反発するケースが多く見られます。

こうしたケースで，頭からダメだと諦めるのでなく，できるための方策を考える方向に開発部門のメンバーの思考を切り替えるためには，「たとえば○○のやり方であれば実現可能なのでは？」といった具合に，より高次の解決策を考え出すための糸口となるような提案を行うことが欠かせません。そのためには，広く深い技術的な知識が必要とされるのです[6]。

## 〈3．コミュニケーションの触媒役〉

製品開発プロセスに関わるメンバーの用いる「言葉」は，設計，生産準備，生産，デザイン，販売・マーケティングなど，属する機能部門に応じて異なっていますが，優れたPMはそのすべてに通じていなければなりません。つまり，優れたPMには，「多国語コミュニケーション（multilingual communication）」の能力が要求されるのです。

これは，自分のなかに浮かんだ漠然とした製品コンセプトを，プロジェクトに参加している人々全員の理解に行き違いが生じないように伝えるためには，それぞれの機能部門に属するメンバーの言葉で明確に表現することが必要なためです。

具体的には，たとえば「人馬一体」といった漠然とした製品コンセプトを，デザイナーに対しては，「柔らかく，しなやかで，しかし強靱で，打てば響くような緊張感を持ったシンプルな造形」「能面をイメージした滑らかな面構成」と

---

6 自動車メーカーのPMは，一般に，最初はボディやシャシーの設計部門に配属されて一技術者としての能力を身につけ，その後にPMの補佐として数世代にわたって自動車の製品開発プロジェクトの取りまとめの経験を積み，その上ではじめてPMに昇格するという経歴を踏むことが多いようです。このようにして彼（／彼女）らは，出身部門の技術知識はもちろん，他の部門の知識にも精通することになるのです。

なお，自動車のPMに技術系出身が多いのは，自動車のように技術的に高度な製品では，顧客の言葉を技術者の言葉に翻訳するほうが，技術者の言葉を顧客に翻訳するよりも難しいためだと考えられます。実際，食品や日用品など，必要とされる要素技術を理解することが比較的容易で，製品コンセプトの斬新さがより強く求められる製品の場合は，逆に文化系（マーケティング部門など）出身のPMが多いようです。

いった具合に。設計技術者に対しては、「全長〇〇 mm，全幅〇〇 mm，全高〇〇 mm，ホイールベース〇〇 mm，トレッド〇〇 mm，車両重量〇〇 kg 以下」「最高時速□□ km」「空力係数△△以下」といった具合に。生産技術担当者に対しては、「外板の最大 $R$ 値××」「樹脂部品の肉厚を最高で 1/2 にまで減らす」といった具合に。テスト担当者に対しては、「波（ローリング／ピッチング）やエンジン音にシャープさを」といった具合に。このように、それぞれのグループの理解しやすい言語に落とし込んでコミュニケーションを行うことができるということを意味しています。

むろん、コミュニケーションは双方向なので、PM の側からメンバーへと、単に各部署の言葉に翻訳された製品コンセプトを一方的に伝えれば済む話ではありません。たとえば、設計技術者の語る「車両重量がどうしても目標を 20 kg オーバーする」「空力係数で 0.3 を切ることができない」という言葉が、顧客にとっては何を意味するのかを即座に理解し、それを他の部門のメンバーに伝える能力が備わっていないと、本当の意味での製品コンセプトの徹底は実現できないのです。その意味で、優れた PM は、相当に高度な、双方向の多国語コミュニケーションの能力を備えていなければならないと言えます。

しかし、もしも優れた PM がこうした能力を発揮し、異質なメンバー間のコミュニケーションの触媒役となることができれば、製品コンセプトの一貫性を保ちつつ、新たな化学反応を起こすことも期待できるのです。

### 〈4．顧客との直接的接触〉

優れた PM は、自らが責任を持って製品コンセプトをまとめ上げていかなければなりません。そのため彼らは、顧客との直接的かつ継続的なコンタクトを確保するための行動を欠かしません。

彼らは、マーケティング（営業・販売）部門から受け取る「調理された」情報を鵜呑みにすることなく、自分で直接に集めた「生の」情報で補おうとする傾向が強いとされます。

実際、能力のある PM の多くが、繁華街で道行く人々を見つめ、そのスタイルや行動パターンを観察し、会話に耳を傾けることに何時間も費やしています。彼らは、デパートやショッピングモール、スポーツ施設、博物館や美術館、各種イベント会場、行楽地などに頻繁に出没しては「肌感覚の市場調査」を行い、また、あらゆる機会を捉えて新製品の想定ターゲット像に重なる人々との交流を持ち、絆を深めようとしています。

以上が自動車産業における優れた PM の特徴ですが，産業や製品の特性に応じて PM の有効なリーダーシップ行動のパターンが異なる，という点には注意が必要です（Eisenhardt and Tabrizi，1995；藤本・安本編著，2000）。

上で述べたような PM の行動パターンは，あくまでも，機能業務も統合業務もどちらも重要だが，顧客ニーズが複雑で把握し難く，製品アーキテクチャがインテグラル型で，各機能部門が担当する業務間の相互依存性が強い，という場合において特に有効なやり方なのです。

とはいえ，近年では，多くの完成品分野で，市場で成功し十分な付加価値を得るためには機能的な先進性だけでは不十分で，「製品としてのまとまりの良さ」が求められるようになってきています。

そのため，上で述べたような自動車産業の優れた PM のリーダーシップ行動のすべてではないにせよ，そのうちのいくつかの要素を兼ね備えた PM が求められる業界が増えていることは間違いないと考えられるのです。

# 10.5　コンカレント・エンジニアリング

## ○ コンカレント・エンジニアリングと開発リードタイムの短縮

製品開発のパフォーマンスを向上させるためのマネジメントの第3は，「コンカレント・エンジニアリング」（Concurrent Engineering：CE）です。これは，「サイマルテニアス・エンジニアリング」（Simultaneous Engineering：SE）とも呼ばれます。CE と SE の違いを厳密に区別する場合もありますが，一般的には同じものと考えてよいでしょう。

CE とは，各機能部門が個別に分担すべき業務を終了してから次の機能部門に引き渡すのではなく，各機能の業務を並行させて製品開発を進める方法です。一方，並行させない従来の方法は，対比的に「シーケンシャル（逐次的）なプロセス」と呼ばれます。

図 10.5 を見れば明らかなように，他の条件が等しければ，製品開発プロセスの連続する 2 つのフェーズ（段階）の業務を逐次的に進めるよりも，こうした 2 つのフェーズの業務を同時並行的に進めるほうが，全体としての開発リードタ

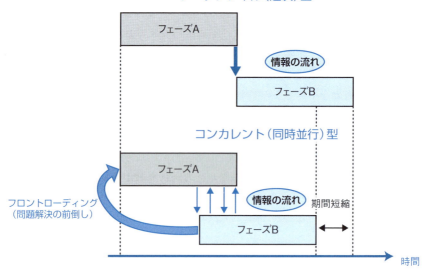

(出所) 桑嶋健一（2006）『不確実性のマネジメント：新薬創出のR＆Dの「解」』，日経BP社，p.139
を一部修正

図10.5　コンカレント・エンジニアリング

イムは短縮されます。

　ただし，ここで注意が必要なのは，単に各フェーズの業務をオーバーラップさせて同時並行的に進めるだけでは開発期間は短くならない，という点です。

　通常，上流フェーズAと下流フェーズBが先後関係にある場合，前者の業務のアウトプットが後者の業務のインプットとなります。たとえば，Aの業務を設計，Bの業務を金型開発とすれば，Aのアウトプットとしての設計をもとに，Bで金型が開発されるわけです。

　この状況で，上流Aと下流Bをオーバーラップさせるということは，設計が固まらないうちに，いわばフライングで金型開発を開始することを意味します。したがって，仮に後になってAで重大な設計変更が起こったりすれば，せっかく作った金型が無駄になるなどの混乱が生じ，逆に開発期間が長くなってしまう危険性があるのです。

これを避けるために必要なのが，上流のフェーズを担当する部署と下流フェーズを担当する部署の間における信頼関係の構築と，緊密なコミュニケーションです（桑嶋，2006）。

早い段階では特に，やりとりされる情報はあくまでも未完成なものなので，後で変更せざるをえなくなる可能性も大きくなります。そのときに，上流のフェーズを担当する部署と下流のフェーズを担当する部署との間で責任のなすり合いが起こらないよう，両者の間でチームとしての一体感や信頼関係を確立しておかなければ，このCEの取り組みは絶対にうまくいきません。それができた上で，お互いの情報を頻繁に交換し，相手の動きを予想しながら，「あうんの呼吸」で相互適応することが必要とされるのです。

多くの研究で明らかにされたように，日本企業には，歴史的に，信頼関係に基づいた緊密なコミュニケーションと相互調整を重視する組織文化が醸成されていたので，CEが有効に機能していたのだと考えられます。

たとえば，1980年代における普通乗用車の新製品開発では，日本の自動車メーカーのほうが設計と金型開発のオーバーラップをより大胆に行っていたにもかかわらず，金型費用に占める設計変更に伴う費用の割合は，米国の自動車メーカーの30〜50%に対して，日本の自動車メーカーでは5〜20%で済んでいたとされます（Clark and Fujimoto，1991）。

## ○ コンカレント・エンジニアリングと開発生産性の向上，総合製品品質の向上

CEは，開発リードタイムの短縮だけでなく，開発生産性の向上や，総合製品品質の向上にも役に立ちます。たとえば，設計業務と生産準備業務（製品を実際に製造する工場の設備や生産ラインの準備を行う）を例にとって説明してみましょう。

シーケンシャルなプロセスでは，ある製品の設計が完了した後で，その設計図面をもとに生産設備の開発や生産ラインの準備をはじめることになります。

一方のCEでは，設計の初期段階から，どのような設計にすれば生産しやすいのか，どのような設計にすれば効率よく，不具合なく生産していくことができるのか，どのような設計にすれば新規設備の導入や既存設備の手直しを減らして設備投資額を抑制することができるのかといったことを，製品設計と生産準備の両部門の担当者が一緒になって検討します。そして，製品設計の途中段階でも，で

きるだけ多くの図面や情報を生産準備部門に伝え，なるべく早い段階から生産準備業務を開始できるようにします。

　こうした CE 方式では，両者の間の緊密なコミュニケーションがもし仮になければ製品開発プロセスの後の段階になってから顕在化したであろう問題点を，前倒しして解決できる点が重要です。

　起こりうる問題を早い段階からできるだけ網羅的に洗い出し，それをできるだけ早期につぶしておく製品開発のやり方は，「フロントローディング（frontloading）」あるいは「問題解決の前倒し」と呼ばれます。

　製品開発のプロセスは，後になればなるほど変更に伴って無駄になってしまう作業が増え，変更しなければならない範囲も広がってしまうので，前倒しで問題を解決できるほど，損失額をおさえ，解決に要する時間を短縮し，限られた時間のなかでより多くの問題を解決することができるようになります（藤本，2001b）。

　つまり，このフロントローディングを実現することによって，製品開発のパフォーマンスは格段に向上するわけですが，CE 方式はそのための最も有効な手段のうちの一つなのです。

　以上を具体例で説明してみましょう。たとえば自動車の場合，設計次第で，既存の溶接ラインや塗装ライン，組立ラインを手直ししないでそのまま使えるのか，それとも新たにラインを新設しなければならないのかが決まってきます。

　たとえば，ボディの形状を従来よりも丸みを帯びたデザインにするだけで，ボディ後部の上部数センチが従来のラインではうまく塗装できず，ラインの変更によって最低でも数億円の設備投資が追加で必要になることがありえます。

　あるいは，比較的単純な構造の部品であるパーキング・ブレーキの設計 1 つをとってみても，設計次第では車室内の狭い空間にかがみ込んで組み付け作業（ブレーキ・ケーブルの接続作業）を行わなければならなくなり，無理な体勢を繰り返すことによる生産効率の低下や，作業者の集中力の低下による品質不良の増加（ブレーキ・ケーブルの接続不良など）が生じる可能性があります。

　いずれのケースでも，シーケンシャルなプロセスをとっていた場合には，問題が顕在化するのは，少なくとも製品設計が完成し，生産準備が開始された後になります。これは，製品開発プロセスの相当後の段階であり，この段階になってからでは，設計をやり直すにしても，生産ラインを変更するにしても，あるいは製造現場にツケを押しつけるにしても，それによって発生するコストは甚大なものになってしまいます。

一方，CE 方式を採用し，途中段階の設計図面をベースに，生産準備の部署や製造現場の部署が一緒になって何度も問題点を検討するやり方をとれば（このような活動は一般に「デザインレビュー」と呼ばれる），問題を前倒しして解決できるようになります。

また，これによって下流のフェーズ（ここでは生産準備や製造）に関わる関係者の当事者意識が強まり，彼らのモティベーションが向上することを通じて，より製品開発のパフォーマンスが向上するという効果も期待できます。

以上は開発部門内での話でしたが，その他の機能部門間でも CE は重要なツールとなります。たとえば，販売部門や購買部門，カスタマーサービス部門などにも，開発の初期段階から参加してもらい，彼らの情報を設計の初期段階から十分に取り入れることが重要です。

同様に，外部の企業との CE 活動も重要で，たとえば自動車の製品開発の場合，部品や原材料，設備などのメーカーも，製品開発プロセスの早い段階から参加しており，特に有力部品メーカーのほとんどは自動車メーカーに自社エンジニアを常駐させ（「ゲスト・エンジニア」と呼ばれる），協働して開発を進めています（Nishiguchi, 1994；河野, 2009）。

また最近では，トヨタを筆頭に，具体的な製品の開発プロセスが開始される前の研究・技術開発の初期段階から，自動車メーカーと部品メーカーが協働するケースも増えています（近能, 2007a）。

このように CE は，開発リードタイムの短縮だけではなく，異なった機能分野に属するメンバー間の相互作用を促進し，その結果として問題解決の前倒しを実現し，製品開発のパフォーマンスを向上させることにもつながるのです。

## 演 習 問 題

**10.1** いくつかの製品（たとえば携帯電話，薄型テレビ，家庭用テレビゲームのソフト，化粧品，ビールや清涼飲料水など）を取り上げて，各々の製品について，本章 10.3 節の「適切な組織デザインの選択」の記述を参考に，どのような組織デザインで製品開発を遂行することが望ましいのかを考えてください。

# 第 11 章

# 新製品開発のマネジメント③：
# 革新的な新製品の開発マネジメント

　第9章と第10章で説明してきたのは，どちらかというと，従来の製品の延長線上にある製品を開発していく場合のマネジメントでした。この章では，従来の製品の延長線上にはない，非常に革新的な製品を開発する場合のマネジメントを取り上げます。

　ただし，一口に革新的と言っても，実は軸が2つあります。一つは，技術の面で革新的なケースです。たとえば，20世紀中には無理だとされていた青色発光ダイオードの技術が日亜化学工業によって実現され，その技術を応用した白色LED電球が1990年代後半に開発されました。このケースは，技術面での革新の典型です。もう一つは，お客さんのニーズや，利用の仕方といった面で革新的なケースです。

　本章では，主に後者の，技術的にはそれほど新しくない（少なくとも革新的というほど新しくはない）が，顧客ニーズが非常に新しい場合の開発マネジメントについて，その考え方や方法論，組織マネジメントを説明していきます。

○*KEY WORDS*○

革新的製品，リーン・スタートアップ，MVP，A/Bテスト，
ピボット，デザイン思考，リードユーザー，
クリステンセン・モデル，ゴビンダラジャン・モデル，
リバース・イノベーション

# 11.1 はじめに

　この章で説明するのは，非常に革新的な製品を開発する際の考え方や方法論，組織マネジメントです。

　これまでにないまったく新しい製品の開発では，前例がないので，「誰に対して」「どのような製品を提供すればよいのか」かという，製品開発の根幹となる部分がよく分かりません。こういう場合は，仮説を立てて，その仮説が正しいかどうかを検証し，正しいようであればそれを採用し，正しくないようであれば別の仮説を立てて検証するといった，仮説⇒検証のプロセスを繰り返して学習を進めていくことが求められます。

　そんなことは当たり前だと思う人もいるかもしれません。実際，たとえば神戸大学名誉教授の加護野忠男先生は，少なくとも1990年代前半にはすでに，「小さな実験を繰り返しながら速いスピードで学習を進めていく」ことの重要性を指摘していました（加護野，1999）。

　ところが，現実にはそうではないケースが多いように見受けられます。大企業ほど，なぜか自信満々で，「お客様のニーズは〇〇」だと決め込み，本来は仮説にすぎないものを検証された事実であるかのように扱ってしまいがちです。あるいはスタートアップ企業でも，経営者や開発者は自分たちが手がけている製品に愛着が湧きすぎてしまい，開発さえできれば成功したも同然，市場に投入すれば売れて当然，と思い込んでしまいがちです。そのため，目いっぱいの人とお金，時間を投入し，製品を作り込んで，いざ市場に投入した後になって，実はそもそもの「お客様のニーズは〇〇」だとの前提条件に間違いがあったということに気づくということが，往々にして生じてしまうのです。

　では失敗から学ぶかというと，そうでもないようです。そもそもスタートアップ企業では，開発に入れ込みすぎてしまうと，一度の失敗でもう立ち直れなくなってしまいます。大企業でも，一度失敗すると，開発プロジェクトのリーダーや経営陣による責任逃れや責任の押し付け合いがはじまり，「そもそもの前提条件に間違いがあったのだから，もう一度仮説構築からやり直してみよう」となって再挑戦が認められることは稀です。

　こうならないためには，革新的新製品開発の考え方や方法論を，最初の段階で周知徹底しておく必要があります。その上で，「分からないことは分からないの

だから，早く実験し，たくさん失敗して，その中から学んで改善していく」ということの重要性を皆が理解した上で，失敗を許容する開発プロセスや，それを支える文化を作り上げていくことが重要です。

ただし，一言で「実験する」「失敗を許容する」「失敗のなかから学んでいく」と言っても，「どのように実験をし，学んでいけばよいのか」，「どのような失敗ならしてもよいのか，どのような失敗はしないほうがよいのか」，「どこまでなら失敗を許容するべきなのか，どの時点で諦めて方向転換を図ればよいのか」など，いざ実行しようとすればいろいろと疑問が湧いてくることでしょう。そうした点について教えてくれる指針として，以下では「リーン・スタートアップ」と「デザイン思考」について説明していきます。

## 11.2　リーン・スタートアップ

### ◯ エリック・リースの学び

「リーン（lean）」とは，「痩せた」「細い」「脂肪のない」「無駄のない」などの意味を持つ単語です。一方のスタートアップは，「起業」や「新規事業の立ち上げ」，あるいはそれによって設立された「新興企業」を意味する言葉です。このリーンとスタートアップを組み合わせた言葉がリーン・スタートアップで，「ムダのない起業プロセス」，あるいは「非本質的な要素への資源投入を最小限に抑えつつ，最も効率的に成功へといたる起業プロセス」だと言えます[1]。

このリーン・スタートアップの提唱者は，エリック・リース（Eric Ries）です。リースは，アバターによる SNS サービス（同様のサービスとして，日本ではサイバーエージェントの「アメーバピグ」が有名）を提供する米国の IMVU というスタートアップ企業の共同経営者だった方で，現在はコンサルタントです。

かつて，リーン・スタートアップが提唱される以前の常識では，事業を成功させたかったら，とにかくアイデアを徹底的に磨き，事業計画を練りに練って，一

---

1 このようにリーン・スタートアップは，革新的な新製品だけでなく，革新的な新事業や新しいビジネスモデルを生み出していくための方法論です。ただし，この章の議論は新製品開発のマネジメントを対象としているので，以下では，新しい製品・サービスも，新しい事業も，新しいビジネスモデルも，すべて「新製品」と表記しています。

気にヒト・モノ・カネなどの資源を投入して計画を遂行していくことが大切だと信じられていました。実際にこのやり方は，今でも，顧客ニーズがある程度確実な場合においては最もムダの少ない効率的なプロセスです。

そこでリースも，「これなら成功する」というアイデアをもとに開発計画を作り，さまざまな困難を乗り越え，さまざまな点で妥協しながら（一部の機能や品質を落としながら），なんとかサービスをリリースするところまでこぎ着けました。

しかしその結果，まったくと言っていいほど売れませんでした。そして，あまりにも売れないので想定顧客であるティーンエージャーの女性にインタビューしたところ，苦労の末に開発し実装した機能の大半が，そもそも彼女らに望まれていなかったことが分かったのです。

長い間苦労に苦労を重ねて成し遂げてきた作業が，そもそも行う必要がなかったことが分かり，リースたちは衝撃を受けました。彼らは現実を突きつけられて，やむなく方向転換を図りました。これまでの作業の成果はすべて破棄し，ティーンエージャーの女性が望んでると思われる機能を実装して，実際の売れ行きを見て採用するかどうかを決めていったのです。

具体的には，新しい必要最小限の機能を実装した製品（製品 A）と，それを実装していない古い製品（製品 B）とを，顧客にランダムに割り当て，反応を確かめてみることにしました（後で説明する「A/B テスト」と呼ばれる手法です）。こうして IMVU は，新しい機能を開発したらすぐに A/B テストで反応を確かめることを繰り返していきながら，顧客が何を望んでいるのかを素早く学習し，製品に反映させて，世界最大級のアバターによる SNS サイトに成長していきました。

この経験を通じてリースは，「誰がお客様なのか」「どのような製品が望まれているのか」といった製品開発の大前提となる部分がよく分からない，不透明な場合には，事前に設定した「正しい仕様」のとおりに開発することを目指す従来型の製品開発の方法論は役に立たないことを学びました。

こうした場合には，まずは何が「正しい仕様」なのかを知るところからはじめなければなりません。しかもその過程では，多くの資源と時間をムダにしないために，最小限のムダで学びとっていく必要があります。これが，リーン・スタートアップの根底にある考え方です。

リーン・スタートアップの方法論をまとめると，以下のようになります[次頁2]。

・顧客ニーズに関するアイデアは仮説にすぎないので，それをなるべく早いタイミングで検証するための実験を行う必要がある。

・その実験は，「MVP」（Minimum Viable Product）と呼ばれる，実験を行うに

あたって必要とされる最小限の機能のみを備えた製品で，実際の顧客を相手にして行う必要がある。

・その実験結果のフィードバックを受けてアイデアを修正し，何が「正しい仕様」なのかを迅速に学びとっていかなければならない。

・根本部分で当初の想定が間違っていた場合には，当初の想定に拘泥することなく「ピボット」（戦略的な方向転換）を図らなければならない。

　このやり方がシリコンバレーの他のスタートアップ企業の経営者やベンチャー・キャピタリストたちに知られるようになると，急速に評判を呼びました。彼が書いたブログが大人気となり，ついには出版され，たちまち世界的なベストセラーになりました。それが，『リーン・スタートアップ：ムダのない起業プロセスでイノベーションを生みだす』という本です。

## ◯ リーン・スタートアップの４つのステップ

　リースによれば，リーン・スタートアップのプロセスは，「構築」⇒「計測」⇒「学習」⇒「再構築」という４つのステップで進められることになります（図11.1）。

### 〈1. 構築（Build）〉

　まず最初のステップが「構築」です。ここでは，アイデア（仮説）を思いついたら，それをもとに仮説を検証するための製品を開発するところまでを行います。

　当初の段階では，誰が顧客なのか，その想定顧客はどのようなニーズを持っているのか，それゆえにどのような製品が望ましいのかは不明です。それに対して，こうすればよいのではないかというさまざまなアイデアが湧いてくるのですが，それは検証されておらず，不確実であるがゆえに「仮説」でしかありません。そこでまず，その仮説が正しいのかどうかを検証する必要があります。その仮説を検証する手段が前出の MVP です。

---

2 似たような概念に，「アジャイル開発」があります。このアジャイル開発とは，システムやソフトウェアの開発手法の一つで，小さい単位で実装と検証，改善を繰り返しながら開発を進めていくやり方のことを意味します。

　リーン・スタートアップは，システムやソフトウェアの開発に限られない方法論であること，顧客ニーズに関する実験と検証に重きが置かれていること，そしてピボットにも重きが置かれていることから，アジャイル開発よりも幅広い概念だと言えます。ただし，根本的な考え方ややり方がかなり重なり合うので，実務の世界では同じような意味でよく用いられます。

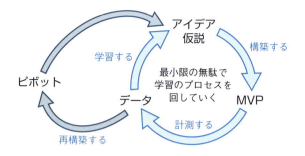

(出所）Ries, E.（2011）*The lean startup: How today's entrepreneurs use continuous innovation to create radically successful businesses.* New York: Crown Business.（井口耕二訳『リーン・スタートアップ：ムダのない起業プロセスでイノベーションを生みだす』, 日経BP社, 2012年, p.105）を大幅修正

図11.1　リーン・スタートアップの概念図

　このMVPは，あえて日本語に訳せば，「実用に足る必要最低限の機能を備えた製品」，あるいは「必要最低限の機能の製品」と訳すことができます。何に対して必要最低限なのかというと，もちろん，顧客ニーズに関する仮説を検証するためです。

　次のステップでは，このMVPを実際に市場に投入し，顧客の反応を見る実験を行うので，製品は実用的でなければなりません。ただし，これはあくまでも実験であって，顧客の反応が望ましいとは限らないですし，望ましくない場合には付加した機能を改善するか捨てることになるので，完璧に作り込んでも意味がありません。そのため，必要最低限の機能を実装するだけにとどめる必要があるのです。

〈2．計測（Measure）〉

　続いては計測のステップです。このステップでは，MVPを市場に投入してどのような反応が得られるのかを計測し，仮説の検証を行います。

　ここでは，仮説を反映したMVPと仮説を反映していない製品とで，顧客の反応に違いが出るのかどうかを比較する「A/Bテスト」と呼ばれるやり方を用いるのが一般的です。A/Bテストとは，特定の要素を変更したAパターン，変更していないBパターンを作成し，ランダムにユーザーに提示し，それぞれの成果を比較することで，より高い成果を得られるパターンを見つけ出す仮説検証の

やり方です。A/Bテストという名前ではありますが，3パターン以上でテストすることも可能です。

ここでのポイントは，仮説検証を行いたい箇所のみを変更し，その他の条件を揃えてテストを行うということです。そうすることによって，変更箇所の効果のみを計測することができます。

MVPを用いてさまざまな要素でこのA/Bテストを行い，成果の高かったパターンを取り入れ，成果の低かったパターンを取り除いていくことにより，製品を最適化していくことができます。

### 〈3. 学習（Learn）〉

続いては学習のステップです。このステップでは，計測の結果をもとにMVPを改善していくことになります。革新的新製品の開発の場合，最初から仮説が正しいということは稀です。計測結果をもとに，どこに問題があったのか原因を探り，問題を解決するための新たな仮説を構築し，必要とされる改善をMVPに加え，再び計測を行うというサイクルを回していくことが大切です。

そして，ほぼすべての仮説が検証され，大きな問題は残されていないと判断される状況となったら，構築→計測→学習のサイクルを打ち止めにして，一気に事業化を進めることになります。

### 〈4. 再構築（Rebuild）〉

一方，上記の構築→計測→学習のサイクルを繰り返しても，一向に事態が改善しない場合もあるでしょう。そうなると，そもそも根本部分で当初の想定が間違っていた可能性が高いと言えます。たとえば，「○○の製品にはそもそもニーズがなかった」「○○の市場規模は想定以上に小さかった」といったケースです。

この場合，当初の想定に固執することはさらなる無駄を生み，破滅をもたらしかねないので，一刻も早く「ピボット」（戦略的な方向転換）を行わなければなりません。そして，そもそもの根本部分での想定を考え直し，どの顧客が何を求めているのかを見極められるまで，新たな「構築→計測→学習」のサイクルを繰り返していかなければなりません。場合によっては，これ以上痛手を負わないうちに，事業撤退の判断をしたほうがいいかもしれません。

ピボットを行うということは，当初の想定が根本的に誤っていたことを認め，これまで積み重ねてきた努力を無駄にすることを意味します。誰しもが，「ここまで来たのに……」との無念の思いを抱かずにはいられないでしょう。そのため，

自分に自信のある人や，他のメンバーからの反発や会社からのペナルティを恐れる人ほど，ピボットに躊躇しがちです。

しかし，間違っているものは間違っているのであり，それを見て見ぬふりをしていても，事態が改善することはありません。そうであれば，計測を通じてデータで「事実」を明らかにし，当初の想定が誤っていたと分かれば一刻も早く方針転換を図ることが，結局のところ，被害を最小限にとどめ，「正解」へといち早く到達するための最も優れたやり方になるわけです。

このようにピボットは，一見すると遠回りのようにも感じられるのですが，実は成功にいたる最短の経路なのです。

## ○ ピボットの事例

スタートアップ企業にとってピボットは，決して珍しいことではありません。語られていないものを含めれば，ピボットを経験していない企業の方がむしろ少数派かもしれません。

たとえば「Instagram（インスタグラム）」は，2009年10月にリリースされた当初は「Burbn（バーブン）」という位置情報を共有するSNSサービスでした。リリース後の人気は期待外れで，創業者たちは，さまざまなアイデアを考え，片っ端から試していくうちに，自分の現在地を画像付きで共有する機能に対するユーザーの反応がよいことを発見しました。これをきっかけに写真共有のニーズが高いことに気づき，写真投稿をメインにしたSNSサービスへとピボットを行い，2010年10月にInstagramへと名称を変えて販売を開始しました。またその後も，小さいものも含めると週に一度くらいのペースでA/Bテストを繰り返し，ハッシュタグ，フィルターなどの機能を新たに追加し，若者から絶大な支持を集めました。2012年4月にはフェイスブック（現・メタ）に約10億ドルで買収され，さらに成長を加速させ，2023年の月間アクティブユーザー数は全世界で14.8億人にも及んでいます。

また日本の事例だと，ディー・エヌ・エーは，もともとはPC用のオークションサイト「ビッダーズ」を運営し，ずっと鳴かず飛ばずの状況が続いていたのですが，途中からはじめた携帯電話用のオークションサイト「モバオク」への集客を増やすための無料ゲームへのニーズが高いことに気づき，携帯電話用ゲーム＆コミュニティサイトの「モバゲータウン」（現・モバゲー）を開始し，これに資源を集中投下したことで大成功を収めました。

この２つの事例では，当初の想定は誤っており，途中でピボットを図ったことが大成功につながりました。間違うことは恥ではありません。むしろ，間違っているのにそれに気づかずに，あるいは見て見ぬふりをして進み続け，損害を大きくしてしまう方が恥です。計測によって得られたデータが教えてくれる真の顧客ニーズと誠実に向き合うことが成長へといたる道なのだ，と理解することが重要だと言えるでしょう。

## 11.3 デザイン思考

### ○ デザイン思考の歴史

革新的新製品開発のマネジメントの方法論の２つ目は，「デザイン思考（Desingn Thinking）」です。デザインの世界では歴史のある考え方，方法論なので，誰が提唱者だとは言いにくいのですが，一般には「デザイン思考＝IDEO（アイディオ）」というぐらいにIDEOが有名です。IDEOは米国のデザイン会社で，デザイン思考の先駆的存在として有名であり，また同社の創業者であるビル・モグリッジ氏，その薫陶を受けたデイビッド・ケリー氏やトム・ケリー氏も，この分野の第一人者だとみなされています。

デザイン思考とは，簡単に言うと，デザイナーがデザインを行う際の思考プロセスをビジネスに活用したイノベーションの方法論です（Kelley, 2001）。

1970〜80年代ごろまで，優秀なデザイナーの思考様式や創造性の源泉は，ブラックボックス扱いされていました。デザイナーが素晴らしいデザインを生み出すにいたるまでの思考プロセスはよく分からず，自らの感性に基づいて直感的にパッと思いついて表現したようにしか見えませんでした。また，本人もそうしたものをロジカルに語ることができない場合がほとんどでした。

しかし，彼/彼女らの思考プロセスや創作過程には，成功率を高める何らかの要因が隠れており，しかもそれらはある程度定式化することが可能で，教育することも可能だとの見通しのもと，ブラックボックスの中身を明らかにするべくデザイン思考の研究が進み，体系化されていきました。

そうしたなかで，2005年には，IDEOの創業者の一人であるスタンフォード大学教授のデイビッド・ケリー氏らが，ドイツのソフトウェア会社SAPの共同

創業者であるハッソ・プラットナー氏の寄付を受け，同大学内に "Hasso Plattner Institute of Design at Stanford"，通称「d-school（d. スクール）」を創設しました。この d. スクールの誕生をきっかけに，世界的にデザイン思考が注目を集めるようになり，日本でも 2010 年代に入って急速に浸透していきました。

## ◯ デザイン思考のステップ

　デザイン思考におけるデザインとは，見た目の形状や色合いといった表現の部分（いわゆる「意匠」）だけに限定されるものではなく，「顧客が製品に実際に接触した場面，たとえば，見たり，触ったり，振動を感じたり，音を聞いたり，においを嗅いだり，そうした実際に使用する場面で遭遇する，ありとあらゆる経験についての設計」のことを意味します。

　このデザインの定義を踏まえた上でデザイン思考を定義すると，「人間を中心に据え，ユーザーの抱える問題を，機能的な観点からだけでなく，使用経験（カスタマー・エクスペリエンス）やその人にとっての意味づけといった質的・心理的な観点からも捉え，その解消や解決を図り，具体的な目に見えるモノやカタチに落とし込んでいくための方法論」だと言えます（Kelley, 2001；Brown, 2009）。

　論者によって細部が異なるのですが，デイビッド・ケリー氏によれば，デザイン思考は次の 5 ステップから成り立っています（図 11.2）。

〈1．観察・共感（Observation, Empathize）〉
　これは，「最も優先度の高い，本当に解決すべき問題を見極める」ためのステップです。通常の問題解決プロセスにおいては，その解決方法に重点が置かれがちです。しかしながら，デザイン思考では，「われわれが本来解くべき問題は

図 11.2　デザイン思考の概念図

何なのか」を明らかにするところからはじめなければならないとされます。

そのための手法としては，想定されるユーザーを見つけ，観察，インタビュー，参与観察などのフィールドワークを行い，ユーザーが抱える本当の課題や問題，求めているものは何かを見つけ出す方法が用いられます。ここでは，想定されるユーザーの目に見える行動や言動だけに着目するのではなく，ユーザー自身も気づいていないような潜在的な苦労や苦痛，困惑，悩みといったものを感じとっていくことが求められます。これが共感です。

### 〈2．問題定義（Define）〉

これは，ユーザー自身も気づいていない本当の課題や目的を特定し，目指すべき方向性やコンセプトを定義するためのステップです。ユーザーへの共感をヒントに，ユーザーが本当は何を実現したいのか，解決すべき本当の課題は何なのかを深掘りし，抽出していくことになります。

手法としては，ペルソナ・アプローチとカスタマー・ジャーニーマップがよく用いられます（Kotler，2021；井上・中川・川瀬，2020）。ペルソナ・アプローチは，想定される代表的なユーザーの仮想の人物プロフィールを設定し，彼/彼女に名前をつけ，その行動パターンやリアルな感情の動きをシナリオに落とし込むことで，ユーザーの理解を深める手法です。

また，カスタマー・ジャーニーマップは，顧客が現在どのように用事をこなしているのか，そのためのタスクをステップごとに記述し，一方でそうしたタスクを行っているときにどのように感じているのかをひも付けし，視覚的にまとめていくためのツールです。

### 〈3．アイデア創出（Ideate）〉

これは，定義された問題の解決方法について，アイデアを量産していくステップです。その上で，そうして生み出された大量のアイデアのなかから，達成したい目的に沿っているものを絞り込んでいきます。

この段階では，質よりも量を重視し，出されたアイデアや意見を批判せず，考えうる限りのさまざまなアイデアを創造することが重要です。ただし，アイデアが発散しすぎないよう，期間，スペック，資源にあえて制限を設けたほうがよい場合もあります。

手法としては，ブレインストーミングをはじめとするさまざまなアイデア創出技法が用いられます。また，「エクストリームユーザー」と呼ばれるような極端

なユーザーを想定し，その人に気に入ってもらえるようにするにはどうしたらよいか，という発想でアイデアを出していくやり方が有効な場合もあります。さらには，アイデアスケッチを描き，シナリオやストーリーを作り上げるなど，できるだけイメージしやすいようにしておくことが重要です。

### 〈4．プロトタイピング（Prototyping）〉

　これは，簡易なプロトタイプを作り，アイデアを具現化するステップです。プロトタイプとは試作品のことで，リーン・スタートアップの **MVP** にあたります。このプロトタイプを作成し，アイデアを具現化していくなかで，新たな気づきやアイデアが生まれたり，共感・問題定義の見直しの必要性が認識されたりするなど，さらなるディスカッションやユーザーとの対話のきっかけが生まれます。

　ここでは，なるべくコストと時間をかけず，ラフで構わないので，素早く，必要最低限の機能を備えたプロトタイプを作成することが重要です。

### 〈5．検証と修正（Test, Adjust）〉

　これは，プロトタイプを実際のユーザーに使用してもらい，当初の目的が達成できているのか，想定していた通りに使用してもらえるのか，感じてもらえるのかなどを確認し，ユーザーの生の声をもとにアイデアの検証やブラッシュアップを繰り返していくステップです。

　ここで，もし仮に「当初の想定通りに行かない」と判断されたときには，躊躇せずに以前のステップ（プロトタイピングやアイデア創出，問題定義，ユーザーの観察・共感）に戻ってやり直すことが重要です。


　以上の5つのステップのなかで，特に重要なのは「観察・共感」と「問題定義」，および「プロトタイピング」と「検証と修正」のステップです。

　デザイン思考のポイントの第1は，フィールドワークを通じてユーザーに共感し，その潜在的なニーズを発見して，真に解決すべき問題を定義していくことです。その上で，第2のポイントは，真の問題を解決できるようなアイデアをプロトタイプに落とし込み，ユーザーに実際に使ってもらい，その反応を見て改善を行うといった具合に，短いサイクルで試作・改善を重ねながら開発を進めていくことです。

　このようにデザイン思考のプロセスでは，開発者とユーザーが共感やプロトタイピングによる相互のインタラクションを繰り返しながら，共同で価値を生み出していくことになるのです。

## 11.4 リーン・スタートアップとデザイン思考の統合モデル

### ○ リーン・スタートアップ＋デザイン思考

以上説明してきたリーン・スタートアップとデザイン思考を合わせたプロセスを図示したものが，図11.3になります。

リーン・スタートアップでは最初に「構築」のステップが来るのですが，デザイン思考ではその前に「観察・共感」と「問題定義」が来るので，その部分が付け加わっています。また，デザイン思考では「アイデア創出」の次は「プロトタイピング」なのですが，ここをリーン・スタートアップの用語法に合わせて「MVPの開発・提供」としています。最後に，デザイン思考では「検証と修正」のステップでプロトタイプを用いた改善を続けていくことが想定されていますが，リーン・スタートアップでは当初想定の根本部分で誤りが見つかった場合には「再構築」のステップで「ピボット」を行わなければならないとされているので，ここが付け加わっています。

リーン・スタートアップ＋デザイン思考のプロセスでは，まずは潜在顧客を観

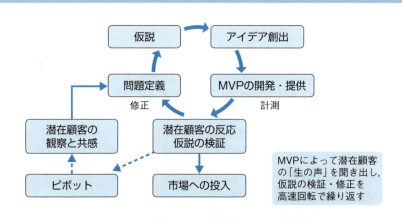

図11.3　リーン・スタートアップ＋デザイン思考

察し，彼/彼女らに共感し，何が本質的な問題であるのかを定義し，それを解決できるアイデア・仮説を作ります。次に，それをもとにMVPを開発し，A/Bテストを実施し，潜在顧客の反応を見て，良かったら採用し，駄目だったらもう一度最初からやり直します。問題定義，仮説構築，アイデア創出，MVP開発・提供のサイクルを，とにかく速いスピードで繰り返し，改善していくことがポイントになります。

そして，何度このサイクルを繰り返しても改善が見られない，どうやら当初の根本的な想定が誤っていると判断される場合には，ピボットを行い，そもそもの想定顧客や対象とする製品をもう一度設定し直した上で，新たに潜在ユーザーの観察と共感のステップからやり直すことになります。こうしたプロセスが，ユーザーのニーズがガラッと変わってしまうような革新的新製品を生み出していく上では有効になるのです。

## ○ Airbnbの事例[3]

たとえば世界最大の民泊仲介サービス会社であるAirbnb（エアビーアンドビー：通称「エアビー」）の創業ストーリーは，こうしたリーン・スタートアップ＋デザイン思考のプロセスの重要性を示しています。

同社の創業者であるチェスキーとゲッビアは，「空き部屋を貸したい人（ホスト）と部屋を借りたい旅行者（ゲスト）とをマッチングするWebサービスを提供すればビジネスが成り立つのではないか」と考え，この仮説を検証するための実験を行いました。

まず，2007年10月に，自分たちが住んでいるサンフランシスコ市内の部屋の一角と，エアーマットレス，簡単な朝食をセットにして，大規模な会議が開催される特定の日程で貸し出す旨を告知した簡単なサイトを作成し，ネット上で公開したところ，1泊80ドルで3名の希望者を得ることに成功しました。この際のサイトは，提供される物件は1件（創業者たちの部屋）だけ，複数の日付・価格を選択するオプションも，予約のためのツールも（やり取りはメールやSNS等で行う），支払い手段も備えていない，非常にシンプルなもので，まさに必要最低限の機能しか備えていないMVPでした。この実験によって，少なくとも大規模な会議が開催される時期には，お金を払って見ず知らずの個人宅に泊まりたい

---

3 以下の記述は，Lassiter III and Richardson（2014），Gallagher（2017）などを再構成したものです。

需要がある，という仮説が立証されました。

次に，同じサンフランシスコ市内で，部屋の一角を旅行者に貸してもよいという友人らを募って，大規模な会議が開催される特定の日程で，複数のホスト（貸し手）が情報を掲載できるサイトを作成し，ネット上で公開しました。この際のサイトは，物件の場所と写真，ホストについての簡単な情報，価格を，ユーザーが地図上で確認できるようになっていましたが，相変わらず予約のためのツールも支払い手段も備えていない，必要最低限の機能しか備えていないMVPでした。

この実験に成功すると，サンフランシスコ市内でさらに多くのホストを募り，大規模な会議が開催されない日でも予約を受け付けるようにしました。その結果，お金をもらえるのであれば知らない人を自宅に泊めてもよいと考える人が一定数おり，時期を特定しないでも，お金を払って見ず知らずの個人宅に泊まりたい人が一定数いる，との仮説が立証されました。

こうして，「空き部屋を貸したい人（ホスト）と部屋を借りたい旅行者（ゲスト）が一定数いる」ということが分かったので，2008年，チェスキーとゲッビアは，サンフランシスコ市内の民泊仲介を行うWebサイトを立ち上げ（当初の名称は「AirBedandBreakfast.com」で，2009年3月に「Airbnb」に改称しました），数々の実験と失敗を繰り返しながらサービスを作り込んでいきました。

この際には，掲載する情報を少しずつ変えて実験を何回も繰り返し行い，たとえばホストの写真も掲載できる仕様にする（掲載しなくてもよい），カメラマン（創業者の二人）を派遣して物件の見映えの良い写真を撮ってサイトに掲載する，ゲストが部屋やホストについての，ホストがゲストについての評価・コメントを書き込めて，ゲスト/ホストがそれらを閲覧できるようにする，といった機能が次々と付け加えられていきました。また，ニューヨークやワシントンD.C.など，宿泊施設が逼迫しがちな他の米国内の大都市でのサービスも開始しました。ここまでのプロセスは，まさにリーン・スタートアップの「構築」⇒「計測」⇒「学習」のアプローチに沿うものでした。

ところが，Airbnbは開業後すぐに壁に突き当たり，利用者人数も伸び悩むようになりました。また，投資家からの資金調達にも相次いで失敗し，資金不足に陥り，創業者の2人はクレジットカードの多重債務を負うまでに追い込まれました。そうしたなかで，創業者の2人は，自社のサービスを使って宿泊先を予約し，何度もニューヨークを訪問して，ホスト宅に泊まっては同地のホストたちとコミュニケーションをとることを続けました。その結果，ゲストは，ホテルの廉価な代替的選択肢としてではなく，現地ホストとのコミュニケーションを楽しみに

Airbnb を利用しているという気づきにいたり，スローガンを「暮らすように旅しよう（"Don't Go There. Live There."）」とし，再出発を果たしました。ここではデザイン思考の「観察・共感」アプローチを通じて，創業者たちが実際に自分たちのサービスを体験し，ホストたちと密なコミュニケーションをとることによって，ゲストの気持ちに共感し，自社サービスの真の顧客価値に気づくことができました。そして，リーン・スタートアップの「再構築」のアプローチを通じてピボットを果たしたのです。

　その結果，同社は 2009 年 1 月に投資家からの資金調達に成功し，サイトの強化や大規模なキャンペーンを実施し，利用者数は急速に伸びはじめました。また，2011 年のドイツでのサービス開始を皮切りに，欧州の各都市でもサービスを相次いで開始し，瞬く間に世界中でサービスを展開するようになりました。いまや Airbnb のサービスは，世界 200 ヶ国以上，10 万以上の都市で利用されており，2022 年度売上高は 84 億ドル（1 兆 1,000 億円）にのぼります。また，2020 年 12 月には，コロナ禍の逆風が吹くなかで米国ナスダック市場に上場し，その際の時価総額は 985 億ドル（約 10 兆 2,000 億円）にまで達しました。

　このように Airbnb は，リーン・スタートアップ＋デザイン思考のモデルに沿って革新的な新サービスを作り上げ，世界の旅行業界に革命をもたらしたのです。

## 11.5　革新的新製品の開発における ユーザーの役割

### ○　顧客タイプと製品開発への関与

　さて，革新的新製品を生み出していくにあたっては，上のプロセスで，どのような人々を対象に「観察・共感」や「MVP による実験」を行えばよいのでしょうか。

　たとえば，親として同じように小さい赤ちゃんの育児に携わっており，同じような苦労を経験している人であっても，日ごろから「何とか負担を軽減できる方法はないだろうか」と考え，問題意識を持って各種情報を調べ，絶えず工夫をしている人と，特に何も考えずに同じことを繰り返している人とでは，インタ

ビューを行ったときのレスポンス（反応）には大きな違いが出ると予想されます。開発者としては，やはり前者を対象にインタビューを行いたいと思うはずです。MVPで潜在ユーザーの反応を見る場合でも同じでしょう。

　実際に，ユーザーのニーズが抜本的に変わってしまうような革新的新製品を生み出していく場合には，開発の初期段階で，普及過程において非常に早い段階で採用を決める革新的採用者と初期少数採用者のニーズや行動に焦点を当てることが望ましいと考えられます。

　というのも，それ以降の2つのカテゴリー——すなわち前期多数採用者と後期多数採用者——は，全体の68％を占める圧倒的多数派なのですが，彼/彼女らは他のユーザーの購買行動に強く影響されて意思決定を行います。彼/彼女らは，セレブやインフルエンサーが使っている，あるいは周りの人が皆が使っているとなれば，もともと自分が好きであったかどうかに関わりなく使いはじめるタイプの人たちです。そのため，開発段階で彼/彼女らの個人的な意見を聞いても，後になってまったく違うことを言い出す可能性が高いのです。

　一方，革新的採用者と初期少数採用者は，自分の意見やポリシーといったものがしっかりしており，他人の意見や購買行動等に盲目的に従うことをしないタイプのユーザーです。彼/彼女らは，「自分の好み」や「優先順位」が確立しているので，この人たちの意見であれば判断がブレにくいと考えられます。そのため，革新的新製品の開発の初期段階では，このような人たちの意見をどんどん取り入れていくことが重要になるのです。

　ただし，その製品の普及率が上がっていくに従って，主たるターゲットとなる顧客層が前期多数採用者へと移行していくことになります。そのため，MVPによる実験の対象となるユーザーも，次第に前期多数採用者の割合を高めていかなければなりません。この移行過程をうまく行い，前期多数採用者のニーズを拾い上げ，必要であれば果敢にピボットを行わないと，キャズムを乗り越えることができず，いつまでも小さなニッチな市場にとどまってしまうことになります。

## ◯　リードユーザーの役割

　第3章で述べた普及曲線の革新的採用者と初期少数採用者に属するユーザーのなかには，率にすると数％の低い割合に過ぎないのですが，自らが抱えるニーズを解消するためにさまざまな工夫を施すタイプの，「問題自己解決型」のユーザーがいるとされます。こうしたユーザーは，「リードユーザー」と呼ばれます

（von Hippel, 2005）。

　リードユーザーを定義すると，「まだ表出していない潜在的ニーズをいち早く察知し，それを実現するために世間に先駆けて自ら創意工夫を行うタイプのユーザーのこと」を意味します。

　こうしたリードユーザーには，一般に，技術面でのリードユーザーと用途面でのリードユーザーの2タイプがいるとされます（鷲田, 2015）。

　前者は，高度な技術力を有し，まだ表出していない潜在的ニーズを実現するにあたって技術的な創意工夫を自ら行うタイプのユーザーです。リードユーザーの提唱者であるフォン・ヒッペルが初期の研究で注目したのは，このタイプのリードユーザーでした。たとえば，実験装置を自分で改造してしまう科学者や，最近だと Linux のようなオープン・ソース開発においてボランタリーに新しい機能（カーネル）を付け加えたり新しいコードを書いたりするエンジニアなどは，その典型例でしょう。

　このタイプのユーザーは，非常に高度な技術知識を備えており，さらには常に最先端の技術にアンテナを張っている新しいモノ好きなので，普及曲線の革新的採用者のカテゴリーに該当する人が多いと考えられます。

　一方，後者は，高度な技術知識を備えているとは限らないのですが，ある製品の用途を変えて，まったく違う使い方を自分で生み出してしまうタイプのユーザーです。最近のマーケティング系の研究で注目されているのは，主にこのタイプのリードユーザーです。

　たとえば，建築物の天井や壁，自動車のボディ等を塗装する際，色を塗らない部分を保護するために一時的に貼るマスキングテープという粘着テープがあります。岡山県のカモ井加工紙（以下「カモ井」）という企業は，こうした本来の用途である工業用ではない，文具・雑貨向けマスキングテープで人気を博しているのですが，このアイデアはユーザーから持ち込まれたものでした（堀口, 2015）。

　日本でよく用いられる和紙製のマスキングテープには，貼る/剥がすことが簡単にできる，容易に切る/ちぎることができる，表面に字を書くことができる，といった特徴がありました。その機能性にいち早く着目した東京在住の3人の女性が，自主制作した冊子をカモ井に郵送してマスキングテープをラッピングやコラージュに使うアイデアを披露し，「もっとこうした色やデザインのマスキングテープを作って欲しい」と要望したことをきっかけに，同社ではプロジェクト・チームを組んで商品化を進めることになりました。

　カモ井では，彼女たちの意見を積極的に取り入れながら，日本の伝統色など繊

細な色合いを実現し，2008年に文具・雑貨向けマスキングテープ「mt」20色を発売しました。mtはその年のグッドデザイン賞を受賞し，評判は口コミやSNSで一気に広がり，4年間で20億円を超える売上げを記録しました。和紙特有の透け具合や風合いも支持され，最近ではその市場が海外にまで広がっています。

　この事例のように，当初想定されていたのとはまったく違う使い方をして楽しむような人たちが，ここでいう用途面でのリードユーザーです。こうした用途面でのリードユーザーは，技術そのものにはさほど興味がなく，その技術を用いることによって自らにどのようなベネフィットがもたらされるのかに興味を持っているタイプの人たちです。それゆえに，初期少数採用者のカテゴリーに該当する人が多いと考えられます。

　このようにリードユーザーには，技術面でのリードユーザーと用途面でのリードユーザーの2タイプがいるのですが，企業にとってはどちらも重要です。前者は技術面での「将来のメシの種」をもたらしてくれる存在であり，後者は用途面でその技術の使い道を広げ，「将来の豊かな収穫」をもたらしてくれる存在です。

　両者とも，革新的な製品を創出していくにあたって重要なヒントをもたらしてくれる存在であり，こうした人たちを開発プロセスのなかに巻き込んでいくことが，革新的な製品の開発の成功率を高めるために重要となるのです。

## 11.6　革新的新製品開発の組織マネジメント[4]

### ○ 革新的新製品開発の特徴

　次にこの節では，革新的新製品を開発するにあたっての組織マネジメントについて説明していきます。以下では，この問題を考えるにあたって有益な2つのフレームワークを紹介します。

---

4 本節で紹介するクリステンセンとゴビンダラジャンのモデルは，新製品と新規事業の両方を想定した組織マネジメントのモデルです。ただし，この章の議論は新製品開発のマネジメントを対象としているので，以下では，新しい製品・サービスも，新しい事業も，すべて「新製品」と表記しています。

## ◯ クリステンセン・モデル

まずはクリステンセン・モデルです。このモデルでは，横軸に「既存製品との隔たりの程度」を，縦軸に「アーキテクチャ転換の必要性」をとります（図11.4）[5]。

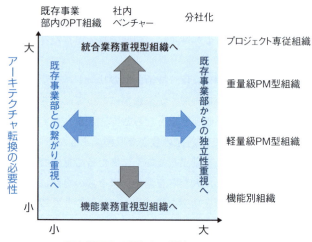

（出所）Christensen, C. M.（1997）*The innovator's dilemma: When new technologies cause great firms to fail*. Boston, MA: Harvard Business School Press.（玉田俊平太監修，伊豆原弓訳『イノベーションのジレンマ：技術革新が巨大企業を滅ぼすとき』，翔泳社，2000年，p.140）の図を大幅修正

**図11.4　クリステンセン・モデル**

---

[5] 正確には，クリステンセンは，横軸に「組織の価値基準との適合性」を，縦軸に「組織のプロセスとの適合性」を，それぞれとっています（Christensen, 1997）。一方，同書の本文中では，概略，「組織の価値基準との適合性」は「既存製品との隔たりの程度」，あるいは「既存事業のコンセプトやビジネスモデルからの転換の必要性」によって規定される，「組織のプロセスとの適合性」は「アーキテクチャ転換の必要性」によって規定されると説明されているので，本書では上記のように表記を改めています。

なお，クリステンセン・モデルに関する以下の記述は，本書の第10章の説明や用語法をもとに，表記を改めています。

横軸の「既存製品との隔たりの程度」とは，対象となる製品がどのくらい既存製品と隔たっているのか，そして当該製品開発プロジェクトを成功させるためにはコンセプトやビジネスモデルを既存製品からどのくらい変えなければならないのか，ということを意味しています。

コンセプトやビジネスモデルがこれまでとは抜本的に異なる革新的製品の開発に既存企業が取り組む場合，開発を担う組織ユニットが，従来からのやり方や考え方，価値観，文化などに「汚染（"contamination"）される」ことを防がなければなりません。そのためには，開発を担う組織ユニットを，組織的，地理的，心理的に，既存組織からできるだけ切り離して，その影響力を断ち切る必要があります。

逆に，既存製品との隔たりの程度が小さい場合には，従来からのやり方や考え方，価値観，文化などをそのまま用いればいいので，開発を担う組織ユニットを既存組織から切り離す必要はありません。

このように，既存製品との隔たりの程度が小さい場合には，既存組織に任せるのが原則です。そして，既存製品との隔たりの程度が大きくなるにつれて，既存組織との関わりがより小さい組織に任せていくことになります。結果として，既存製品との隔たりの程度が小さいほうから順に，「既存事業部内のプロジェクト・チーム（PT）組織」⇒「社内ベンチャー」⇒「分社化」が望ましい，ということになります。

一方，縦軸の「アーキテクチャ転換の必要性」とは，第8章で説明した製品アーキテクチャをどのくらい変える必要があるのか，ということを意味しています。

アーキテクチャが抜本的に変わる場合には，それがインテグラル型からモジュラー型へ変わる場合でも，モジュラー型からインテグラル型へ変わる場合でも，製品全体をどのような部品で構成するのか，どの機能をどの部品に担わせるのか，部品間のインターフェースをどのようにデザインするかといった，製品の根本的な成り立ちの面から設計のあり方を抜本的に変えなければなりません。そのため，さまざまな面で試行錯誤を繰り返して，全体のバランスがとれるように部分の調整を行っていかなければなりません。言い換えると，開発のプロセスで徹底的なすり合わせを行っていくことが必要になります。

また，そうした高度なすり合わせを要する開発プロセスを進めていく上では，統合業務を重視した組織の方がよいということになります。逆に，アーキテクチャがあまり変わらない場合は，機能業務を重視した組織のほうがよいということになります。

結果として，アーキテクチャ転換の必要性の程度が小さいほうから順に，「機

能別組織」⇒「軽量級プロジェクト・マネージャ（PM）型組織」⇒「重量級プロジェクト・マネージャ（PM）型組織」⇒「プロジェクト専従組織」が望ましい，ということになります。

　さらには，この２軸の組み合わせで最適な組織体制が決まってきます。まずは，既存製品との隔たりの程度が小さく，アーキテクチャ転換の必要性の程度も低い場合は，要は通常の派生製品の開発と同じなので，「既存事業部内の機能別組織が適切」，ということになります。一方，既存製品との隔たりの程度が大きく，アーキテクチャ転換の必要性の程度も高い場合は，「プロジェクト専従型の組織を分社化して設立するのが適切」，ということになります。さらには，既存製品との隔たりの程度が中程度で，アーキテクチャ転換の必要性の程度も中程度の場合は，「軽量級ないし重量級プロジェクト・マネージャ型組織を社内ベンチャーとして立ち上げるのが適切」，ということになります。

　たとえば，世界初の量産型ハイブリッド車であるトヨタの初代プリウスの開発の場合，アーキテクチャが抜本的に変換され，まったく新しい技術を導入することになったものの，従来までの車の機能的な価値や情緒的な価値，利用方法や楽しみ方，あるいは車のあり方といったもの——すなわち，車のコア・コンセプト——は維持したままでした。また，既存のガソリン・エンジンも備えており，かなりの程度，既存の技術的蓄積を利用する必要がありました。つまり，技術的な非連続性は高かったものの，既存製品との隔たりの程度は中程度だったと考えられます。そのため，開発プロジェクトはプロジェクト専従型組織の形をとり，社内ベンチャー的な位置づけで運営され，成功を収めました。

## ○ ゴビンダラジャン・モデル

　クリステンセン・モデルが示唆するように，既存製品との隔たりの程度が大きい新製品を開発する場合には，既存組織から切り離した独立型の組織ユニットを作ってそこに任せることが定石になります。以下，こうした独立性の高い開発組織のことを，「独立の開発ユニット」と呼ぶことにします。具体的には，社内ベンチャーか，分社化された子会社をイメージしています。

　繰り返しになりますが，革新的製品を開発するためには，開発ユニットの独立性をできるだけ高める必要があります。ところが，その一方で，革新的製品の開発には，派生製品の開発とは比べ物にならないくらいに多くの資源の投入が必要とされます。そのため，ただ単に独立の開発ユニットに開発を任せきりにしてい

るだけでは，著しい資源不足に陥って立ち往生してしまう恐れが高くなります。

その点，既存組織は，たとえば優秀な技術者を数多く抱えており，特許やノウハウなどの技術や知識も豊富です。優れた製造拠点，優秀なサプライヤーや流通チャネル，良い顧客なども有しています。そのため，そういったものを既存組織から独立の開発ユニットに融通しようとなるのは，ある意味で当然でしょう。

ただ，そうやって資源を融通するとなれば，既存組織による独立の開発ユニットへの介入や，従来からのやり方や考え方，価値観，文化などの流入（「汚染」）が一気に増えてきます。既存組織が開発ユニットを直接的に管理しようとする可能性も高まります。しかも，開発ユニットが既存組織の直接的な管理下に置かれるようになると，カニバリゼーションへの恐れから，既存組織は何かと理由をつけては既存製品の方を優先し，革新的製品の開発プロジェクトは放置されがちになります。こうして開発ユニットの自由度が失われ，勢いも削がれがちになるのです。

では，どうすればそういった事態を防ぐことができるのかというと，ゴビンダラジャンは「分離と借用のバランスをとることが重要だ」と述べています。これを，本書ではゴビンダラジャン・モデル，あるいは「分離と借用のマネジメント」と呼ぶことにします[6]。

ゴビンダラジャンのモデルは，コーディネーター役の上級幹部（上級役員クラス）を任命し，既存組織と独立の開発ユニットとの間の協力関係をモニターし続け，前者から後者への介入や汚染は防ぎつつ，必要な際にだけ前者から後者への資源の借用をサポートし，また場合によっては両者のコンフリクトの解消に向けて調整を図るということを，この人が責任をもって実行していくというマネジメントです（図 11.5）。

ここでのポイントは，既存組織から独立の開発ユニットへの資源の借用は最低限とし，できる限り既存組織と独立の開発ユニットとの間のパイプを細くして，しかも普段はこのパイプを閉じておき，必要なときだけ少し開ける，ということです。

パイプがないと困るし，パイプが細すぎると既存組織がいざというときに貸してくれないということが起こりえます。しかし逆にパイプが太すぎると，独立の開発ユニットが既存組織のやり方や考え方，価値観や文化に汚染されてしまいます。また，介入が増える恐れも高くなります。そのため，コーディネーター役の

---

6 以下の記述は，ゴビンダラジャンらの2つの著作の主張を大胆に意訳したものです（Govindarajan and Trimble, 2005, 2010）。また，原著では，本書で言うところの「分離と借用のマネジメント」に，特に名前はつけられていません。

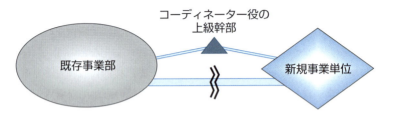

(出所) Govindarajan, V. and C. R. Trimble (2005) *Ten rules for strategic innovators: From idea to execution*. Boston, MA: Harvard Business Review Press. (三谷宏治監修, 酒井泰介訳『ストラテジック・イノベーション：戦略的イノベーターに捧げる10の提言』, 翔泳社, 2013年, p.34) の右下図を大幅修正

**図11.5　ゴビンダラジャン・モデル**

上級幹部（上級役員クラス）を任命し，微妙なバランスを保つようにマネジメントを行っていくわけです。

彼/彼女は，既存組織と独立の開発ユニットとの間のゲートキーパー（門番）的な位置づけになって，開発ユニットが必要なときに必要なだけの資源を既存組織から借りてくる手助けをします。その際には，開発ユニットが必要とする以上を借りすぎないように，また貸す代わりにということで既存組織が開発ユニットへの介入を強化しないように，あるいは意地悪したりしないように，徹底的に監視します。そしてルール違反があればすぐに是正措置をとります。さらには，知らず知らずのうちに開発ユニットが既存組織のやり方や考え方，価値観や文化に汚染されないように監視し，汚染が確認されればすぐに是正措置をとります。

このように既存企業における革新的製品の開発の取り組みでは，コーディネーター役の上級幹部の果たす役割が非常に重要になってきます。彼/彼女らが微妙なバランスを保つためのマネジメントを積み重ね，分離しつつ借用するマネジメントを遂行していくことによってのみ，開発を成功に導くことができるのです。

たとえばアマゾンの電子書籍端末「キンドル（Kindle）」の開発では，アマゾンにとっては電子機器の開発を手がけるのははじめてだったものの，要素技術は世の中で一般的に利用可能なものを援用することが可能だったため，技術的新規性はそれほど高くはありませんでした。

一方，アマゾンがこれまで手がけてきた既存の紙の本の販売からは，コンセプトやビジネスモデルの大転換を図るものでした。つまり，技術的な新規性は高くなかったものの，既存サービスとの隔たりの程度は大きかったのです。

そのため，開発ユニットを社内にとどめておくことは弊害のほうが大きいと判断され，社外に出されました。キンドルの開発組織「Amazon Lab126」が，このプロジェクト用の専門の子会社として設立され，本社のあるシアトルではなく，カリフォルニア州のクパチーノに本拠地が置かれました。また，ほとんどの人材を新たに外部から雇い入れ，本社とは独立に開発を進めました。

ただし，いざ必要となった際には本社から必要な資源が得られるように，アマゾンCEOのジェフ・ベゾスの右腕だったスティーブ・ケッセルという上級幹部の管轄下に置かれました（Stone, 2013）。こうした「分離しつつ借用する」マネジメントで開発が進められた結果，キンドルは電子書籍端末としてはじめて，市場での大成功を収めたのです。

## ○ 新興国対応とゴビンダラジャン・モデル

日本企業においてこうした「分離と借用のマネジメント」が最も必要とされているのが，新興国向けの製品の開発ではないでしょうか。

少子高齢化等によって日本国内の需要が伸び悩むなか，多くの日本企業にとって，経済成長を続ける新興国市場の開拓が喫緊の課題となっています。ただ，実際に多くの日本企業が取り組んではいるものの，必ずしもうまくいってないことが多いようです。それにはさまざまな理由があるのでしょうが，新製品開発組織のマネジメントの観点からは，開発ユニット（ここでの開発には事業化も含んでいます）の独立性が十分ではない点に，大きな問題が潜んでいるように思われます。

新製品開発マネジメントの観点から見ると，日本の既存企業が新興国対応の製品を開発していくにあたっては，次の2つの問題に対処する必要があります。

第1に，既存製品のコンセプトやビジネスモデルからの転換の必要性が大きい，ということです。本国（日本）の既存製品のコンセプトやビジネスモデルをそのまま現地に持ち込んだのでは，現地のニーズや文化・風習，考え方などとコンフ

リクトが生じてしまい，思ったような売上げが上がらないことが多いとされます。

　第2に，アーキテクチャ再編の必要性が大きい，ということです。新興国向けの製品では，機能を必要最小限に抑えた上で，なおかつ価格が劇的に安くないと，なかなか普及しないという面があります。そのため，製品としての成り立ちや，製品設計の根幹部分も，抜本的に変える必要があります。具体的には，複雑だと価格が高くなりがちで，故障もしやすくなるので，モジュラー・オープン型のシンプルな構造にしておく必要があります。

　このように「既存製品のコンセプトやビジネスモデルからの転換の必要性」が大きく，「アーキテクチャ転換の必要性」も大きいので，クリステンセンのモデルに従うと，既存組織との関わりをできる限り断ち切って，開発組織を分社化することが望ましいということになります。また，できる限り統合を重視した組織形態，すなわちプロジェクト専従組織が望ましいということになります。つまり結論として，「プロジェクト専従型の組織を分社化して設立し，そこに開発を任せるのが適切だ」，ということになります。

　具体的には，本国の日本から離れた新興国に，独立した開発ユニットを設置することになります。しかもその独立の開発ユニットでは，統合業務を重視したプロジェクト専従組織を編成し，日本本社のやり方や考え方，知識をあえて捨て，リーン・スタートアップ＋デザイン思考のプロセスに沿って仮説・検証を繰り返しながら，「誰に対して」「どのような製品を提供するのか」という部分を明確化していくことが求められます。

　また，開発を進めていくにあたっては，開発ユニットの組織的，心理的な独立性を十分に保ち続けないと，日本で成功した製品ややり方がそのまま持ち込まれてしまったり，そこまでいかなくても，本社（日本）の価値観や文化に知らず知らずのうちに汚染されてしまい，現地のニーズや文化・風習，考え方などをうまくすくい取って製品に反映させることが難しくなります。

　ただし，製品を開発して市場に投入し，生産体制や流通網を整え，事業を成長軌道に乗せていくためには，どうしても本社（日本）の知識やノウハウ，人材等を借りる必要があります。このように開発ユニットには独立性と依存関係との緊張関係が生じるため，それを解消するためにゴビンダラジャンの「分離と借用のマネジメント」の実行が求められることになります。

　すなわち，コーディネーター役の上級幹部を任命し，本社と新興国の開発ユニットの間の協力関係をモニターし続け，前者から後者への介入や汚染は防ぎつつ，必要な際には前者から後者が資源を借用できるようにサポートし，また場合

によっては両者のコンフリクトの解消に向けて調整を図るということを，この人が責任をもって実行していくことが重要になります。こうした微妙なバランスが求められるマネジメントをうまく成し遂げることができてはじめて，新興国市場の事業は成長軌道に乗ることができるのです。

## ◯ リバース・イノベーション

上の話は，新興国対応の製品開発・事業化で，既存企業がいかにして新興国市場で成長軌道に乗ることができるのか，という話でした。ただし最近では，新興国対応の製品開発・事業化で，新興国市場での成功にとどまらず，新興国市場で人気を博した製品を先進国に投入することで，先進国でも人気を博して大成功を収めるケースが出てきました。

こうした，「新興国や途上国向けに製品やサービス，事業を開発し，その成果を先進国に輸入する」ことを，ゴビンダラジャンは「リバース・イノベーション」と呼んでいます（Govindarajan and Trimble, 2012）。今までであれば，先進国で開発されて新興国に移転されていくのが一般的なイノベーションのパターンだったのが，それが逆になっているので，「リバース」だというわけです。

たとえば米国の GE は，インドの開発拠点にて小型で携帯可能な電池で動く携帯用心電図計（ECG）を開発し，中国の開発拠点では小型で携帯可能な超音波画像診断装置を開発し，それぞれ大成功を収めました。

当時の GE は，米国で開発された製品をインドや中国に持ち込み，都市部の大病院に販売することには成功していたのですが，それ以上は売上げが伸びず，成長の壁に突き当たっていました。同社の診断装置はきわめて機能が高かったのですが，その代わりに大型かつ高額で，新興国国内では電力や通信インフラが未発達だったことなどから，よほどの大病院でないと導入して使いこなすことが難しかったのです。

そこで GE は，新興国向けの製品は新興国で開発する体制へと改め，新興国の地方などインフラ整備が十分でない環境での使用を明確な形で意識し，現場の医師や技師の意見も積極的に取り入れながら開発を進めました。その過程では，既存事業部からの技術サポートは受けつつも，必要最小限の範囲にとどめ，できるだけ過度な介入を許さない形で開発を進めたとされます。

その結果 GE は，機能は従来製品に比べて絞り込んでいるものの，小型で持ち運びがしやすく，故障しにくい，狭い病室内でも使いやすい，そしてとにかく低

価格の装置の開発に成功しました。その装置は，地方の農村部の中小規模の医療機関などでも導入可能になり，インドや中国国内で広く普及しました。

しかし話はそこでとどまらず，同装置の特徴は先進国でも評価され，米国などでも普及するにいたりました。たとえば中国で開発された携帯用の超音波画像診断装置は，米国に逆輸入され，現在では世界 90 ヶ国以上で販売されているそうです。

実は，後から振り返ると，米国など先進国でも，機能的には劣るものの，小型・軽量化されており，耐久性や使い勝手が高く，著しく低価格な診断装置には，中小の医院などを中心に十分なニーズがありました。しかし米国など先進国では，そうしたニーズは見過ごされていました。中小の医院では検査が必要とされる患者が出たら大病院を紹介する慣習が根づいており，それが当たり前だったため，特に不便とも思っていませんでした。また，企業はニーズに気づいていなかったか，あるいは気づいても既存の大型で高額の診断装置とカニバリゼーションを起こしかねないので，そうした装置を積極的に開発し市場に投入したいとは思いませんでした。

ところが，新興国には先進国とは異なるニーズが顕在化していました。そうした環境下だからこそ，地方の診療施設の現状を観察し，現場の医師や技師と意見交換をしながら，彼/彼女らのニーズを真摯にくみ取って製品開発を進めることで，先進国とは異なるイノベーションを引き起こすことが可能になりました。そしてそのイノベーションが，先進国内の，既存のメイン顧客からあまりにもかけ離れ過ぎていたために見過ごされてきた顧客たちのニーズに合致し，先進国での成功にもつながったのです。

## 演 習 問 題

**11.1**　自分たちにとって身近な「課題」を 1 つ取り上げて，リーン・スタートアップ＋デザイン思考で解決策を考えてください。その際には，簡単な試作品（案）を作って想定顧客（想定する対象者）の反応を試してみるというプロセスを，最低一度は行うようにしてください。


**11.2**　11.5 節で紹介したカモ井の文具・雑貨向けマスキングテープのように，当初想定されていたのとは異なる新しい使い方（用途）が考案され，普及していった事例を調べてください。また，そうした事例で，「用途面でのリードユーザー」と言えるような人たちが存在したのかどうかについても調べてください。

# 第12章

# 企業間関係の
# マネジメント

　どれだけ巨大な企業であっても，イノベーションを実現し，そこからの経済的成果を獲得するために必要な活動のすべてを自社で手がけることはできません。研究・技術開発，製品開発，購買，生産，販売，物流，アフターサービスといった各段階のどこかで，企業外部のさまざまな企業や組織に一部の活動を任せたり，あるいは彼らと協力したりすることが不可避になります。

　本章では，イノベーションを実現し，その経済的成果を獲得していくにあたって必要とされる企業間関係のマネジメントについて，①企業間の分業構造のマネジメント，②境界線決定のマネジメント，③企業間連携のマネジメント，の３つに焦点を当てて，それぞれ詳しく説明していきたいと思います。

○*KEY WORDS*○
アウトソーシング，アライアンス，
垂直統合／垂直非統合，水平統合／水平非統合，
Make or Buy decision,
業務提携，ライセンシング，資本提携，ジョイント・ベンチャー，
信頼，組織間信頼，距離を保った取引関係／協調的な取引関係，
ゼロサム・ゲーム／プラスサム・ゲーム，Win-Win 関係

# 12.1　企業間関係のマネジメントとは

## ○　はじめに

　私たちは毎日，何気なくさまざまな製品を購入していますが，私たちがそれらを手に入れ，消費し，そこから何らかのベネフィットを享受するまでには，研究・技術開発を行い，製品を開発し，生産し，運搬し，必要とする顧客に販売し，顧客の使用をサポートするといった，無数の活動から成り立つ一連のプロセスを経る必要があります。

　こうした多様な活動を単一の企業ですべて行うことは，理論的には可能ですが，そのような例はまったくといってよいほど存在しません。それは，単独の企業がこうした活動のすべてを自社内でカバーするとなると，あまりにも企業規模が巨大になってしまうからです。つまり，現在のように分業が進み，さまざまな形で他企業の活動をサポートする企業や組織が存在する世の中では，一部の活動については外部に任せたり，あるいは協力したりするほうが効率的なのです。

　実際，イノベーションを実現し，そこからの経済的成果を獲得していこうとする場合にも，研究・技術開発，製品開発，購買，生産，販売，物流，アフターサービスといった各段階のうち，自社のみで手がける活動は競争優位を有した一部分にとどめ，それ以外は外部の企業や組織に任せたり，あるいは協力していくことが不可欠となります。

　では，イノベーションを実現し，その経済的成果を獲得していくためには，外部のさまざまな企業や組織と関わり合いをどのようにマネジメントしていけばよいのでしょうか。

　先行研究はこの点について，特に3つの側面が重要だとしています。その第1は，「垂直方向・水平方向に，どのような分業構造を築くのか」ということで，ここでは「企業間の分業構造のマネジメント」と呼ぶことにします。

　第2は，「どのような活動を自社で手がけるのか，どのような活動を他社に任せるのか」ということで，ここでは「境界線決定のマネジメント」と呼ぶことにします。

　第3は，こうして決定された分業関係のもとで，「社外のさまざまな取引相手との間にどのような関係を築くのか」ということで，ここでは「企業間連携のマ

ネジメント」と呼ぶことにします。

上記の第1と第2の点は企業間関係の「形」の部分に焦点を当てており，主に「アウトソーシングのマネジメント」として研究されてきました。一方，第3の点は企業間関係の「中身」や「質」の部分に焦点を当てており，「アライアンスのマネジメント」として研究されてきました。

そこで本章では，まずは「企業間の分業構造のマネジメント」と「境界線決定のマネジメント」について説明するなかでアウトソーシングのマネジメントについて説明し，次に「企業間連携のマネジメント」について説明するなかでアライアンスのマネジメントについて説明していきたいと思います。

## ◯ アウトソーシングとアライアンスの関係

企業間関係には，取引−非（無）取引関係，敵対的−協調的関係，支配−従属関係，依存−被依存関係，先行−追随関係など，多種多様なものが存在しています。そのなかでも本書が取り上げるのは，イノベーションのプロセスにおいて何らかの相互関係を有した活動を手がけている複数企業間の関係です。

本章では，イノベーションのプロセスにおいて何らかの相互関係にある活動を手がけている企業間の関係のうち，特に「アウトソーシング」と「アライアンス（提携）」の2つについて説明していきます。

なお，ここでのイノベーション・プロセスとは，第2章の図2.1のような，研究・技術開発，製品開発，事業化という，相互に連関し合ったプロセスのことを指しています。また，何らかの相互関係としては，大きくは補完関係と代替（競争）関係を想定しています。

まずアウトソーシング（outsourcing）とは，「競争優位の確立や向上を目指して，ある製品を構成する部品や，あるビジネスを遂行する上で必要となる業務を，外部企業に任せること」を意味します。簡単には，「一部の部品や業務を外部企業に任せること」，と言い換えることができます。

次にアライアンス（alliance）とは，「競争優位の確立や向上を目指して，何らかの相互関係を有した活動を手がけている2つ以上の独立の企業が，お互いに協力し合うこと」を意味します。簡単には，「複数の企業がお互いに協力し合うこと」，と言い換えることができます。ほぼ同じ意味で，「コラボレーション（collaboration）」や「パートナーシップ（partnership）」，あるいは「戦略的提携

（strategic alliance）」が用いられることもあります。

では，この二者はどのような関係にあるのでしょうか。

まず，アウトソーシングを行った場合，つまり，ある製品を構成する一部の部品や，ビジネスを遂行する上で必要となる業務の一部を外部の企業や組織に任せる場合に，アウトソーシングする側（「アウトソーサー」と呼ばれる）とそのアウトソーシング先（「アウトソーシー」と呼ばれる）との間で競争優位の確立や向上を目指して協力し合うことは，ごく普通に行われています。この場合のアウトソーサーとアウトソーシーの関係は，アウトソーシングかつアライアンスの関係，ということになります。

一方，たとえば社内清掃や給与計算のような比較的定型的な業務の委託で，入札を行って一番安い企業をアウトソーシーに決め，その後の取引は契約にしたがって淡々と処理し，時期が来たらまた入札を行って，もっと条件のいい企業が現れたらアウトソーシーを変えてしまうということであれば，競争優位の確立や向上を目指して2社間で協力し合うことがないので，そうした取引関係はアウトソーシングであってもアライアンスではありません。

次に，競争優位の確立や向上を目指してアライアンスを組んだ結果として，ある製品を構成する一部の部品や，ビジネスを遂行する上で必要となる業務の一部を，相手方の企業や組織に任せることはよくあります。この場合には，アライアンス，かつアウトソーシングの関係，ということになります。

一方，たとえば競合する企業との間で，（独占禁止法などに触れない範囲で）市場や製品を棲み分けるなどの協力は行うものの，両社の間で部品共通化や業務面での連携などは行わないという場合には，アライアンス関係にはあるのですが，アウトソーシング関係ではないということになります。

このように，アウトソーシングとアライアンスは，一部に重なり合う部分を持ちながらも，別々の概念だと言えます。こうした関係を図示したものが，図12.1になります。

ただし本章では，アウトソーシングとアライアンスとで重なり合わない領域については，アライアンスだがアウトソーシングではない領域も，アウトソーシングだがアライアンスではない領域も，どちらもほとんど取り上げないことにします。

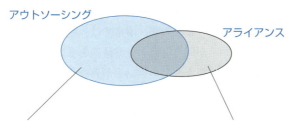

図 12.1 アウトソーシング，アライアンスの関係

## 12.2 分業構造のマネジメント

### ○ 垂直統合，垂直非統合

企業間分業の方向性は，大きく分けて2つあります。

メーカーをイメージしながら説明すると，一つは，完成品およびそれらを構成する部品の担い手が，異なっているのか，それとも同じなのか，ということです。

本章では，完成品の担い手と，それを構成する部品の担い手が同じ場合の分業構造を「垂直統合（vertical integration）」と呼び，完成品の担い手と，それを構成する部品の担い手が異なる場合の分業構造を「垂直非統合（vertical disintegration）」と呼ぶことにします[1]。

実際には，完成品を構成する部品は数多い（たとえばガソリン自動車の場合，

---

[1] 実務の世界では一般に，完成品の担い手と，それを構成する部品の担い手が同じ場合の分業構造を「垂直統合」と呼び，完成品の担い手と，それを構成する部品の担い手が異なる場合の分業構造を「水平分業」と呼びます。ところがその一方で，いわゆる「川上から川下」にいたるビジネスプロセスの各段階の担い手が同じ場合の分業構造を「水平統合」と呼び，これが異なる場合の分業構造を「水平分業」と呼ぶ分類も，上の用法ほど一般的ではないにせよ浸透しています。そうなると，「水平」と「垂直」の各々の軸が何を意味しているのか分からなくなり，読者の混乱を招きかねないので，本章ではこのような用法に統一しました。

細かく数えると 3 万点を超える）ので，それらすべての部品の担い手が完成品の担い手と同じということは稀であり，垂直統合や垂直非統合と言っても程度問題になります。明確な基準はありませんが，本章では，完成品の担い手と，それを構成する主要な部品の担い手が同じ場合の分業構造を垂直統合と呼び，完成品の担い手と，それを構成する主要な部品の担い手が異なる場合の分業構造を垂直非統合と呼ぶことにします。

たとえば PC（パソコン）業界では，ヒューレット・パッカード（HP）やデル，NEC，富士通，パナソニックなどが完成品を手がける一方で，CPU はインテルや AMD（アドバンスト・マイクロ・デバイセズ），OS（オペレーション・システム）はマイクロソフト，HDD（ハードディスク・ドライブ）はシーゲート・テクノロジーやウェスタン・デジタルなど，主要な部品のほとんどを専門企業が担っているので，この業界は垂直非統合モデルが一般的だと言えます。

一方，デジタル一眼レフやミラーレスカメラの業界では，キヤノンやニコン，ソニー，OM デジタルソリューションズ（旧オリンパス）などの主要メーカーの多くが，イメージセンサ（CCD センサーと CMOS センサー），画像処理エンジン，レンズ，筐体など，主要部品のほとんどを自社で手がけているので，垂直統合モデルが一般的だと言えます[2]。

## ◯ 水平統合，水平非統合

分業のもう一つの方向性は，研究・技術開発，製品開発，購買，生産，物流，販売，アフターサービスといった，ビジネスプロセスの各段階の担い手が，異なっているのか，それとも同じなのか，ということです。

本章では，ビジネスプロセスの各段階の担い手が同じ場合の分業構造を「水平統合（horizontal integration）」と呼び，これが異なる場合の分業構造を「水平非統合（horizontal disintegration）」と呼ぶことにします。

もちろん，実際にはビジネスプロセスのすべての段階を完全に自社だけで手がけている企業というのは稀で，水平統合や水平非統合と言っても程度問題になります。明確な基準はありませんが，本章では，メーカーの場合，研究・技術開発から製品開発，生産までを手がけていれば，水平統合モデルと呼ぶことにします。

その逆が水平非統合モデルであり，ここでは，研究・技術開発や製品開発，生

---

2 一方，コンパクトデジタルカメラの分野では，世界的に，2000 年代半ば頃から急速に垂直非統合モデルへの移行が進みました。

産といった，ある製品が顧客によって消費され，ベネフィット（便益）が享受されるまでのビジネスプロセスの主要な各段階が，それぞれ別の企業によって担われています。

## さまざまな水平非統合モデル

近年では，企業経営の基本戦略として，自社が競争力を有する一部のビジネスプロセスだけに選択と集中をする傾向が強まってきたことから，一口に水平非統合モデルと言っても，以下のような多様な形態が現れるようになってきました。

〈製造委託〉

製造委託とは，研究・技術開発，製品開発，生産のうち，基本的には生産だけを外部の企業に委ねるアウトソーシング形態です。

たとえばエレクトロニクス業界においては，1990年代後半以降，自社ブランドを持たずに複数の企業から同種の電子機器などの生産を一括して受託する，EMS（Electric Manufacturing Service）と呼ばれる業態の企業が急速に成長を遂げました。

台湾のホンハイ（鴻海精密工業）やペガトロン（和碩聯合科技），米国のジェイビル（Jabil Circuit）といった大手のEMS企業は，アップル，HP，IBM，シスコシステムズなどをはじめとする世界中の企業を顧客とし，スマートフォン，タブレット端末，PC，プリンター，ルーターなどの多種多様な電子機器の生産を請け負っています。

半導体産業では，台湾のTSMC（Taiwan Semiconductor Manufacturing Company，台湾積体電路製造）や米国のグローバルファウンドリーズといったファウンドリ企業（foundry：半導体の請負生産に特化した企業）が，先進国の代表的な半導体メーカーを顧客としています。特にTSMCは，生産機能のみを請け負う企業でありながら，世界最先端の回路線幅の半導体を製造する能力を有し，半導体産業のなかでも最も安定的に高い業績を持続している企業のうちの一つです。

また半導体産業では，ファウンドリに生産を完全に任せることで，工場を持たず，設計に特化しているファブレス企業（fabless）が多数存在しており，ファウンドリ企業との間で補完的な関係を作り上げています。主にGPU（Graphics Processing Unit：画像処理半導体）やAI半導体を手がけ，2023年度通期の売上

高で世界首位の半導体メーカーとなった米国のエヌビディア（NVIDIA）や，主にモバイル機器用半導体を手がける米国のクアルコム（Qualcomm），主にモバイル機器用やデジタル家電用の半導体を手がける台湾のメディアテック（Mediatek：聯發科技），主に CPU や GPU，AI 半導体を手がける米国の AMD，主に無線および通信インフラ向けの半導体を手がける米国のブロードコム（Broadcom）など，世界の半導体メーカー・ランキングの上位には，生産を手がけないファブレス企業が顔を揃えています。

さらに，製薬業界には，医薬品製造受託機関（CMO：Contract Manufacturing Organization）と呼ばれる，製薬企業を顧客とし，医薬品の製造を請け負う専門企業が存在しています。

## 〈開発委託〉

開発委託とは，研究・技術開発，製品開発，生産のうち，基本的には製品開発だけを外部の企業に委ねるアウトソーシング形態です。

半導体産業界には，IC デザインハウスと呼ばれる，半導体メーカーを顧客とし，半導体の回路設計だけを行い，製造は手がけない専門企業が数多く存在しています。この IC デザインハウスの多くは比較的規模の小さい企業ですが，中には台湾のリアルテック（Realtek Semiconductor: 瑞昱半導體股份）のような大企業もあります。

また，IP プロバイダと呼ばれる，自社が開発した回路の設計（半導体の回路の一部分の設計図）を複数の半導体メーカーに販売する専門企業も多数存在しています。代表的な企業としては，英国に本社を置くアーム（ARM）や，米国のラムバス（Rambus）などがあります。特にアームは，2016 年にソフトバンクグループによって買収された（2023 年に一部株式が売却されて，同社は米国ナスダック市場に上場しました）ことによって日本でも知られるようになりましたが，スマートフォン用 CPU の低消費電力回路（ARM アーキテクチャ）ではほぼ独占状態にあるなど，半導体業界の超優良企業です。

また，PC やデジタルカメラなどの IT 製品やデジタル家電についても，デザインハウスと呼ばれる，完成品メーカーを顧客とし，製品開発機能だけを請け負う専門企業が数多く存在しています。

たとえば携帯電話では，2005 年前後の中国の多くの携帯電話メーカーが，中国国内や台湾のデザインハウスに設計のほとんどすべてを任せ，EMS 企業に生産を委託することによって，市場に携帯電話を投入していたとされます。つまり，

商品企画とマーケティング，販売だけに特化した，製品開発も生産も行わない「携帯電話メーカー」が多数存在していたのです[3]。

さらに，製薬業界には，医薬品開発業務受託機関（CRO：Contract Research Organization）と呼ばれる，製薬企業を顧客とし，医薬品開発のうちで臨床試験の実施に関わる業務だけを請け負っている専門企業が存在しています。

### 〈開発・製造委託〉

エレクトロニクス業界では，開発と生産の両方を受託する企業が多く，こうした企業は一般に ODM（Original Design Manufacturing）と呼ばれます[4]。

たとえば，PC やタブレット端末，サーバーなど IT 製品分野の ODM では，特に台湾企業の活躍が目立ちます。クオンタ（Quanta Computer：広達電脳）やコンパル（Compal Electronics：仁宝電脳），ウィストロン（Wistron Corporation：緯創資通股份）などが代表的企業です。たとえばノート PC では，2019 年度に，世界で生産されるノート PC の約 8 割を台湾の ODM 企業が開発・生産していたとされます。

さらに，製薬業界では，医薬品開発・製造受託機関（CDMO：Contract Development & Manufacturing Organization）と呼ばれる，製薬企業を顧客とし，医薬品の製剤開発および製造を請け負う専門企業が存在しています。

### 〈研究委託，研究・技術開発委託〉

欧米の医薬品業界では，大手の製薬企業と小規模なバイオベンチャー企業や，大学や公的研究機関との分業が盛んに行われています（桑嶋，2006；木川，2021）。

このうち大学や公的研究機関は，一般に，新たな薬効を持つと思われる物質

---

3 2006 年段階で，中国国内に 50 〜 60 社くらい携帯電話のデザインハウスがあったと推定され，最大手の TechFaith（徳信無線）は 2,000 人近い技術者を擁していたとされます（今井，2006）。しかし，ファーウェイ（華為技術，HUAWEI），オッポ（欧珀，OPPO），シャオミ（小米科技，Xiaomi）といった中国の携帯電話 / スマートフォンメーカーが台頭するのに伴い，急速に存在感を失っていきました。

4 比較的古くから使用されている似たような言葉として，OEM（Original Equipment Manufacturing：相手先ブランド製造）があります。一般に，ODM は受託専門メーカーが顧客の要望に沿って商品を設計・生産して提供するのに対し，OEM は通常は受託先企業が自社の商品をそのまま相手先企業へ提供します。しかも多くの場合に，完成品メーカーが，ライバルの完成品メーカーに製品を供給します。とはいえ，EMS や ODM，OEM といった用語は，必ずしも正確に用語が定義されているわけではなく，慣例的にもかなりアバウトに使用されることが多いので，注意が必要です。

（リード化合物）を発見するまでの段階である，基礎的な研究を担っています。

　一方のバイオベンチャー企業は，一般に，リード化合物をもとに多様な化合物を作り，より活性が強かったり，安全性や生物の体内における吸収・分布・代謝・排泄が高いと思われるような物質を探索していく段階である，応用的な研究を担っています。

　そして最適だと思われる物質が特定されれば，今度は開発段階に入ります。ここでは，動物を対象とした前臨床試験と，人間の患者を対象とした臨床試験の2段階を経て，規制当局へ申請し，承認を受けることが必要とされます。この段階を担うのは，バイオベンチャー企業か，あるいは製薬企業です。

　この段階をクリアーすれば，後は生産，および医療機関への販売・サービスなどを行うのですが，この段階を担うのは，主として大手の製薬企業です。

　こうした分業関係のなかで，バイオベンチャー企業や大手製薬企業は，大学や公的研究機関の有力な研究者との結びつきを維持・強化するため，多くの場合に彼らに研究を委託し，その代わりに多額の研究費や研究者，その他（各種実験機器，実験用の消耗品，知識やノウハウなど）を提供しています。つまり，バイオベンチャー企業や大手製薬企業が，大学や公的研究機関の研究者に対して研究委託を行うことが多いのです。

　また，一部の製薬系バイオベンチャー企業では，開発した化合物の生産や販売に関する権利をライセンス供与することを条件に，大手製薬企業から多額の資金を調達し，基礎研究から応用研究・技術開発までを手がける場合があります。このように，大手製薬企業が，製薬系バイオベンチャー企業に対して研究・技術開発委託を行うことも多いのです。

## ○　さまざまな分業関係

　企業間の分業は，基本的に，以上説明してきた2つの異なった軸で展開されます。図12.2 は，これを概念的にまとめたものです。この2つの軸で見ると，分業のあり方は，業界によっても，同じ業界内の異なる企業間においても，時代によっても，さまざまに異なっています[次頁5]。

　たとえば，同じ自動車産業であっても，国によって，時代によって，分業のあり方は大きく異なっています。

　1980年ごろ，日本の自動車メーカーは，おおむね70％程度の部品の生産を外部の部品メーカーに任せていたのに対し，米国自動車産業においては，フォード

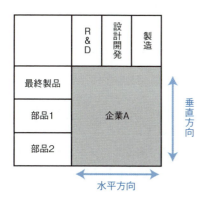
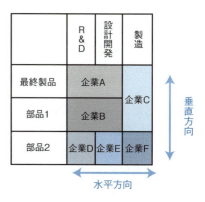

(出所) 延岡健太郎 (2006)『MOT [技術経営] 入門』, 日本経済新聞出版, p.269 を一部修正

図 12.2　企業間の分業形態のタイプ

が約 50％, GM にいたっては約 30％しか外部の部品メーカーに任せていませんでした (松井, 1988)。つまり, 日本では垂直非統合型の取引構造が, 米国では垂直統合型の取引構造が, それぞれ発達していたのです。

　また, 日本の自動車メーカーは, 1980 年代後半, 外部の部品メーカーに生産を任せている部品は約 70％程度で, それら部品の開発業務のうちの少なくとも一部を当該部品メーカーに任せていました。一方, 米国の自動車メーカーは, 外部の部品メーカーに生産を任せている部品がそもそも少ない上に, その部品の開発業務のうちの少なくとも一部を当該部品メーカーに任せている割合は, 約 20％程度に過ぎませんでした (Clark and Fujimoto, 1991)。つまり, 日本では各部品の開発業務の水平統合が進んでいましたが, 米国ではそうではなかったので

---

5 この 2 軸を用いた分類方法は, 基本的には製造業以外の業界でも使用することが可能です。ただし, 業界ごとにビジネスプロセスが大きく異なるので, どのように軸を定義すればよいのかが異なります。小売業を例にとれば, 売り場全体の構成だけでなく, たとえば食品, 衣類, 雑貨, 家具, 家電製品など, 取り扱う商品カテゴリーのほとんどすべてを自社で手がけているのか, それとも他社に委ねているのかが縦軸に, そのうちの, 商品企画, 生産, 販売といったビジネスプロセス上の各段階を自社で手がけているのか, それとも他社に委ねているのかが横軸に, それぞれ該当することになります。

す。

　とはいえ，このような，かつて日本と米国の自動車メーカーの間に存在していた分業構造の違いは，1980年代半ば以降，急激に減少しました。それは，米国の自動車メーカーが日本のやり方の優位性を認め，その急速な導入を図ったためでした（Helper and Sako，1995）。つまり，分業構造のあり方は，時代によって大きく変化しうるのです。

　一方，同じ日本の自動車業界内であっても，企業が異なったり，製品が異なったりすると，分業のあり方はさまざまに異なっています。

　たとえばガソリン車を例にとると，最重要部品であるエンジンとボディ（車体）の開発と生産は，どのメーカーも自社で手がけています（内製）。一方，ハイブリッド車（HEV）や電気自動車（EV）の最重要部品の一つであるモーターでは，様相が異なります。

　HEV用モーターでは，2022年時点で，トヨタは70％が内製，30％をデンソー（トヨタのグループ会社）から調達，日産とホンダは100％内製，マツダとスバルはもともと100％内製だったのがトヨタからの調達へ切り替え，スズキはデンソーから100％調達，ダイハツはトヨタから調達しています。また，EV用モーターでは，トヨタはアイシン（トヨタのグループ会社）とBluE Nexus（アイシン，デンソー，トヨタの合弁会社）から調達（比率は不明），日産は内製のみ，三菱は明電舎から調達，マツダは安川電機から調達という具合に，生産量が小さいこともあってほとんどの企業が外部の部品メーカーから調達しています。また，開発については，内製の場合はもちろん自社で行っていますが，トヨタでは外部に任せる場合であっても調達先企業と基本的に共同で開発しており，他のメーカーは外部の調達先企業に任せているようです[6]。

　このように，HEVやEVでは，ガソリン車に比べて相対的に垂直統合度が低い取引構造になっています。またそうしたなかで，トヨタは外部から調達する場合であっても，なるべく子会社・グループ会社に任せ，さらにはそうした企業に開発を任せきりにせず，共同開発を志向する傾向が強いと言えます。

---

6　以上の記述は，主に総合技研『主要自動車部品255品目の国内における納入マトリックスの現状分析』（2016年版，2019年版，2022年版）のデータ，および自動車メーカー各社の共同出願特許データからの推測に依っています。

## 12.3　企業間分業の境界線決定のマネジメント（Make or Buy decision）

　以上見てきたように多様な分業構造がありうるとするならば，企業はどのような活動を自社で手がけ，どのような活動を他社に任せればよいのでしょうか。

　こうした企業間分業の境界線をどこに引くのかという問題は，「"Make or Buy decision"（内外製区分の決定）のマネジメント」と呼ばれ，研究が進められてきました。

　ここでは，一橋大学イノベーション研究センター編（2001，2017）や石井（2003）などを参考に，外部化（ある特定の部品や業務を企業の外部に任せること）のメリット・デメリットについて検討し，その後，判断基準の概略を示すことにします。

### ◯ 外部化のメリット

　外部化のメリットとしては，主として以下の点があげられます。

#### 〈専門企業の資源や能力の利用〉

　部品や業務の一部を外部の専門企業に任せることで，自社に不足している資源や能力を補完することができます。

　たとえば，ある新しい事業に進出する場合，あるいは新しい地域に事業を展開する場合に，外部の資源や能力を活用することができれば，必要とされる資源や能力（特に知識やノウハウ）の蓄積に要する時間を短縮できます。このことは，早期に事業を立ち上げたり，事業の収益性を高めたりすることにつながります。

　また，周辺的な部品や業務を外部に任せることで，自社は本来力を入れるべき分野へ重点的に投資することができるようになります。外部化をうまく利用すれば，自社の競争優位の源泉となるような核となる強みの強化に集中することが可能になるため，結果的に自社の総合的な競争力を向上させることにもつながるのです。

　たとえば製薬業界の場合，臨床試験（治験）の実施計画（「治験プロトコル」と呼ばれる）の作成には，臨床試験を行う対象（症例数，年齢，性別，外来・入

院の別など）や方法（観察期間，投与期間，投与法，評価法など）を，治験薬の作用が明確に測定できるように適切に設定するための相当なノウハウの蓄積が必要とされます。

　また，臨床試験を迅速に行うためには，条件の揃った被験者を，できるだけ早く十分な数だけ集める必要があるのですが，そのためには，当該疾患を専門とする有力な臨床医師との強固なネットワークを確立していることが求められます。

　こうした部分で十分なノウハウやネットワークを有していないベンチャー企業や中小規模の製薬企業では，医薬品開発業務受託機関（CRO）や大手の製薬企業に臨床試験の実施に関わる業務を委託することで，開発プロセスの大幅な短縮を図ることができるのです。

### 〈固定費負担やリスクの削減〉

　部品や業務の一部を外部の専門企業に任せることで，固定費負担やリスクを削減することが可能になります。

　すべての部品の開発や生産を自社で行う，あるいは完成品の開発や生産，物流，販売といった業務をすべて自社で行うとなれば，土地や設備などの固定費負担が増大し，大きなリスクを抱えることになります。

　しかし，外部の専門企業にそうした部品や業務をアウトソーシングすれば，巨額の固定費負担を避け，生産量などに応じて委託する量を変えていけばよいことになります。つまり，外部の専門企業を必要なときに必要なだけ利用することで，スリムでリスクをおさえた経営を行うことが可能になるのです。

　新しい製品を世の中に出していこうとする場合には特に，不確実性が高く，大きなリスクを伴うので，このように一部の部品や業務を他の企業に任せることによって，投資負担やリスクを軽減することがしばしば重要となります。

　たとえば，携帯用デジタル音楽プレーヤーの新市場を切り開いたアップルのiPod は，当初から生産をホンハイなどの台湾の EMS 企業にアウトソーシングし，工場設備への固定費負担を避けながら生産を拡大していきました。

### 〈規模の経済や経験曲線効果のメリット享受〉

　部品や業務の一部を専門の企業に任せる場合，そうした専門企業は一般に多数の相手先企業（アウトソーサー）のためにそのような部品や業務を請け負っているので，自社内でそうした活動を行う場合に比べて，規模の経済や経験曲線効果のメリットを享受できる可能性が高くなります。

たとえば，先に例にあげたエレクトロニクス産業のEMS企業は，製品の組立工程という一般に利益率の低い業務に特化している一方で，複数の企業に対して製品の部品共通化を進めて部品を大量購買することで，規模の経済を享受し，コスト競争力を得ています。また，激しい生産量の変動に対しても，顧客基盤を拡大することで繁閑の差を吸収し，工場の稼働率を維持しています。

あるいは，実力を蓄えた一部のEMS企業は，生産しやすいように主要部品の設計・試作を自分たちの手で行い，顧客企業に提案するなどの方法で，よりコストを低減する工夫をしています。ODM企業も同様です。

こうしたEMS企業やODM企業に生産や開発を委託すれば，少なくとも短期的には，自社で同じ業務を行うよりも，規模の経済や経験曲線効果のメリットを享受し，その分だけコストを低減することが可能なのです。

### 〈競争圧力の増加〉

自社内部の業務は，一般に直に市場競争にさらされることがないので，担当部門の努力へのインセンティブが弱まりかねません。

たとえば，かつてのGMやフォードの内製部品部門は，他の部品メーカーとの競争にさらされることがほとんどなかったため，仕事が保証されるなかで，結果的に融通の利かない官僚的な組織になってしまったとされます。

外部化は，こうした事態を避け，競争圧力を増加させて規律を保つ上で有効であり，特に，複数の外部企業を競わせるようにすれば，競争圧力を有効にかけることが可能になるのです。

### 〈内部管理コストの節減〉

企業内で手がける範囲が拡大すればするほど，一般に企業内部の部門間調整にかかる管理コストは増大します。

機械部品や電子部品，ソフトウェアなどのさまざまな部品や，研究・技術開発，生産，販売，物流，アフターサービスなどのさまざまな業務を1つの企業の内部に取り込みすぎてしまうと，どうしても管理が難しくなります。しかし，外部化によって企業をスリムに保てば，こうした内部管理コストを節減することが可能になります。

ただしその一方で，外部の専門企業にアウトソーシングするとなると，取引コストが増大することになります。すなわち，適切な相手先（委託先）を探し出し，交渉し，契約を交わし，委託している間は内容に契約違反がないかどうかを適宜

モニタリング（監視）し，仮に契約違反があったとすれば，契約通りに履行させるために交渉したり，あるいは裁判を起こしたりといった，実にさまざまなコストが発生する可能性があるのです。

そのため，外部化による内部管理コストの節減効果は，それによる取引コストの増大効果を差し引いて考えなければなりません。

## ○ 外部化のデメリット

一方，外部化のデメリットとしては，主として以下の点があげられます。

### 〈知識やノウハウがスピルオーバーする恐れ〉

たとえば技術開発を外部に委託する場合には，技術の詳しい内容を相手に説明する必要があります。ところが，いったん詳しい内容を明かしてしまうと，今度は相手先（委託先）が別の目的で利用するのを防ぐことが難しく，ライバル企業へ知識やノウハウが流出する（スピルオーバーする）ことをくい止めることも難しくなります。こうしたスピルオーバーを防ぎ，貴重な知識やノウハウをコントロールするには，できる限り自社内で技術開発を行うことが望ましいのです。

たとえば，80年代半ば以降に本格的に半導体業界に参入した韓国や台湾の後発メーカーが短期間で欧米日の先進メーカーをキャッチアップすることができた背景には，日本の半導体メーカーと二人三脚で半導体製造装置の開発を行ってきた日本の半導体製造装置メーカーが，日本の半導体メーカーの生産ノウハウが詰まった製造装置を，国内市場の不況を補うためもあって韓国や台湾の半導体メーカーに積極的に売り出していたという事情があったとされます（新宅，2009）。

結果論になりますが，日本の半導体メーカーが半導体製造装置の開発をアウトソーシングしなければ，あるいは，それは無理だったにしても，アウトソーシングする際に半導体製造装置メーカーからの重要情報の流出を防ぐための手立てをもっと手厚く施していれば，これほどまでの急速なキャッチアップは防げたかもしれません。

### 〈「技術の空洞化」「ブラックボックス化」の恐れ〉

自社の競争力の源泉となるような重要技術に関わる部品や業務を外部の企業に任せてしまった場合，「技術の空洞化」が生じ，長期的に自社の競争力が失われる恐れが大きいという問題があります。

技術を蓄積していくためには，実際に自ら研究・技術開発や製品開発，生産を行い，試行錯誤や失敗の経験を積み重ねていくこと，いわゆる「実践による学習（learning by doing）」が重要になります。特に，イノベーションに決定的に重要となるような新しい技術の知識やノウハウは，単に外部に委託しただけでは得られない場合がほとんどです。

　また，自社の内部で蓄積された知識は，外部の最新の技術の動向や競合企業の新製品などを評価し，吸収する上でも重要です（Cohen and Levinthal, 1990）。

　そのため，たとえばある特定の部品を外部の企業に任せる場合に，単にすべてを部品メーカーに丸投げしてしまうと，中・長期的にはその部品を開発・生産する能力が失われてしまい，当該部品メーカーに対するバーゲニング・パワーが著しく低下する事態を招きかねないのです。

　甚だしい場合には，技術の「ブラックボックス化」が生じてしまい，部品メーカーから提示された部品のコストが妥当か否か，あるいは開発・生産された部品が当初契約通りの仕様になっているか否かなどを，適切に評価することすら難しくなってしまう恐れがあります。

　ここで「ブラックボックス化」とは，ある特定の部品や業務について，中身がどうなっているのか分からない状況に陥ってしまうことを意味します。このように，ブラックボックス化によって「技術の勘所」が分からなくなってしまうと，いくらでも相手に付け入る隙を与えてしまうことになります。

　こうした事態を防ぐため，たとえばトヨタでは，特定の部品や材料がブラックボックス化してしまわないように，少量であっても一部を内製化しているとされます（武石，2003）。

### 〈コア技術がコントロールできなくなる恐れ〉

　また，自社のコア技術（中核的技術）の部分を外部の企業に任せてしまった場合，そうしたコア技術が外部企業によって競合他社を含めた多くの企業に販売されて希少性が薄れてしまい，長期的に自社の競争力が失われてしまう恐れが大きくなります。

　たとえば，第7章でも若干触れたように，1981年に発売されたIBMの最初のPCは，当時市場を制していたアップルに対抗するために1年内で開発を完了するというミッションを帯びていたため，ほとんどの部品やソフトウェアの開発を社外に委託していました。すなわち，OSはマイクロソフト，CPUはインテルに委託し，アプリケーション・ソフトの開発を社外で促すために，主要な技術情報

も公開されたのです。

外部企業に頼ったこうした事業展開は，急速な事業の立ち上げに大いに貢献しましたが，IBM のもとに独自の技術や能力をほとんど残さなかったために，マイクロソフトやインテルを通じて競合他社も PC のコア技術を容易に入手できるようになり，ほどなくして「IBM クローン（互換機)」が多数出現するという状況を招いてしまいました。

IBM がこのリスクに気づき，独自仕様の PC である「PS/2」を 1987 年に発売したときには，すでに同社は PC 業界全体の方向性をコントロールする能力を失っていました。これまでのアプリケーション・ソフトの資産が使えない PS/2 は，消費者から完全にそっぽを向かれて，すぐに市場からの撤退を余儀なくされました。そしてこれをきっかけに，PC 業界の覇権は，IBM からウィンテル（マイクロソフトの Windows とインテルの CPU）へと移ってしまったのです（相田・大墻，1996a)。

### 〈シナジー効果の喪失〉

企業が複数の部品や業務を手がけているときに，そうした複数の部品や業務を一緒に手がけていることによって生まれるプラスアルファの結合効果のことを，一般にシナジー効果と呼びます。外部化すると，このシナジー効果が得られなくなります。

単に新しい製品を開発・生産するだけではイノベーションの経済的成果を獲得することが難しく，その製品で使用される部品を開発・生産したり，あるいはその製品の販売サービスなど補完的な業務を自ら手がけることによって利益を上げたりできる場合がありますが，こうしたシナジー効果が大きい場合には，関連し合った複数の部品や業務を企業内部にとどめておくことが重要になります。

### 〈雇 用 の 減 少〉

どんな活動であっても，自社で手がければ，それによって一定の雇用を確保することができます。外部化すると，この雇用が失われてしまうことになります。

ただ，日本ではこうした消極的な理由によって複数の事業や業務を自社で抱えるケースが多かったのですが，競争力がなく，将来的にも競争力が高まる見込みがないような業務を自社で抱えていると，かえってコストがかかってしまうことになります。

## ○ 企業間分業の境界線決定の難しさ

企業間分業の境界線決定は，以上を踏まえた上で，外部化のデメリットよりメリットが大きければ外部の企業に任せればいいし，逆であれば企業内部で手がければいい，ということになります。

このようにロジックとしては簡単ですが，実際の判断は一筋縄ではいきません。たとえば，取引コストや内部管理のコストなどは，企業の能力によって異なってきます。また，シナジー効果も同様で，これがどれだけ享受できるのかは企業のマネジメントによって左右される面があり，決して一義的に決まるわけではありません。その上，技術空洞化のデメリットなどは事後的に発生するものであり，境界線を決める際に事前に判断することは困難です。

あるいは，外部の専門企業を活用しようとしても，任せるに足る企業の数が限られていると，相手のバーゲニング・パワーが強くなりすぎてしまい，かえってコストが高くついてしまう恐れもあります。

そもそも判断の基準が多いので，互いに相矛盾する結論が出た場合に，どのような優先順位で判断すべきなのか，という問題もあります。この問題に対する回答は，単純に言えば「コアの部品や業務の場合には自社で手がけ，そうでない場合には他社に任せる」ということに尽きます。ただし，ある特定の部品や業務がコアなのか非コアなのかを判断することが難しいという，別の問題もあります。

この点で，企業間分業の境界線の決定作業は，自社のコア・非コアが何であるのか，そして自社の向かうべき方向性がどこにあるのかを見つめ直す，またとない機会です。そのため，このプロセスを人任せにせず，腰を据えてじっくりと取り組む必要があります。

なお，これまでは企業の内と外ということを比較的簡単に議論してきましたが，実際には，企業の境界線をはっきりと決めることは困難です。

資本を入れた会社（子会社，持分法適用会社，関連会社など），役員派遣を行っている会社，フランチャイズ契約を結んだ会社など，「明らかに内である」「明らかに外である」ということが言えない，グレーゾーンの場合も多いからです。

さらには，境界線の設定の仕方も，内か外かの二者択一ではなく，たとえば，「ある技術の研究・技術開発を外部の専門企業に任せると同時に，自社内でも取り組む」「量産段階になったら生産をEMSに任すが，そこにいたるまでの初期少量生産（パイロット生産）は自社に残す」といった具合に，部分的に統合する

といった形の中間的な手段を用いることもしばしばです。

それから最近では，業務の大部分は外部企業に任せつつ，一部分は社内に残し，社内部門と委託先を比較して両者にプレッシャーを与え，なおかつ必要なノウハウは自社内に残す，という取り組みを行っている企業も増えています。

このように，一口に企業間分業の境界線の決定と言っても，実際には膨大なグレーゾーンが存在し，簡単には割り切れません。また，そのための基準についても，いまだ定量的・客観的な手法が開発・提案されているとは言いがたいのです。

## 12.4　企業間連携のマネジメント

分業関係が決定されると，今度は「社外のさまざまな取引相手との間にどのような関係を築くのか」という「企業間連携のマネジメント」が問題となります。以下ではこの点に焦点を当てて，アライアンスのマネジメントについて説明していきます。

### ◯ アライアンスの形態

すでに述べたように，アライアンスとは，「競争優位の確立や向上を目指して，何らかの相互関係を有した活動を手がけている2つ以上の独立の企業が，お互いに協力し合うこと」を意味しています。しかし，一口にアライアンスと言っても，その取引形態はさまざまです。

アライアンスの取引形態は，大きくは次の3つに区分することができます（Barney，1997）。

第1が，「業務提携（non-equity alliances）」です。この業務提携とは，企業同士が製品の開発，生産，販売などの業務を共同で行うにあたって，（法的な拘束力を持たない）約束や，（法的な拘束力を持つ）契約を通じて企業間の協力を遂行していく取引形態です。商標や技術，ノウハウ，特許，生産プロセスなどの一部または全部を契約によって取引するライセンシング（licensing agreements）は，業務提携の典型例です。

ほかにも，研究・技術開発，製品開発，生産，販売やアフターサービス，物流，部品や原材料等の購買など，顧客に製品やサービスを提供するためのプロセスを

構成するありとあらゆる業務が，業務提携の対象となりえます。また，特定の技術や規格についての業界標準の獲得を目指したアライアンスも，この業務提携の範疇に入ります。

アライアンス形態の第2は，「資本提携（equity alliances）」です。この資本提携とは，企業同士が製品の開発，生産，販売などの業務を共同で行うにあたって，協力関係を補強するために，一方が他方の株式を保有するか，あるいは相互に株式を保有し合う取引形態で，出資を伴う業務提携と言い換えることもできます。

アライアンス形態の第3は，「ジョイント・ベンチャー（joint ventures）」です。このジョイント・ベンチャーとは，パートナー企業同士が共同で出資して，新たに法的に独立した企業を設立し，その企業の共同運営を通じて協力し合って，なおかつ利益も両社間で共有し合う取引形態です。

資本提携もジョイント・ベンチャーも，顧客に製品やサービスを提供するためのプロセスを構成するありとあらゆる業務が対象となりうる点では業務提携と同様ですが，出資を行ったり，共同出資で新たに独立企業を設立したりするという点でリスクがより高く，業務提携よりも深くコミットしたアライアンス形態だと言えるでしょう。

とはいえ，こうしたアライアンスの形態の違いは，企業間連携のあり方と一対一に対応しているわけではありません。マネジメントのあり方によって，資本提携やジョイント・ベンチャーであっても協力関係がうまく築けなかったり，資本出資を伴わない業務提携であっても，あたかも同じ会社であるかのような一心同体の協力的な関係が築ける場合がありうるのです。

## ◯ アライアンスのメリット・デメリット

アライアンスのメリットとデメリットは，基本的にアウトソーシングのそれと同様です。ただしアライアンスでは，独立の企業同士でお互いに協力し合うことになるので，いくつか特有な要因も生じることになります。

### 〈能力構築のための学習〉

アライアンスのメリットとして特に重要なのは，能力構築のための学習です（浅川，2003）。

アライアンスは，多くの場合に，相手のパートナーからの学習を期待して組まれます。アウトソーシングの場合も，こうした意図がまったくないわけではあり

ませんが，そのウエイトはさほど大きくありません。

　知識やノウハウは，事業活動を通じた試行錯誤のなかで創造されるものであり，社内で蓄積しようとするとかなりの時間を要する場合が少なくありません。その点，もし仮に自社が必要とする知識やノウハウを有するパートナー企業とアライアンスを組むことができれば，当該知識やノウハウへのアクセス権を手に入れることができ，それらの蓄積に要する時間を大幅に短縮することができます。

　また，外部の知識やノウハウは，単にマニュアルの形で買ってきただけでは，すでに十分な能力が自社に蓄積されていない限り，それをうまく使いこなすことは困難です。しかし，アライアンスを通じて，当該知識やノウハウを実際に利用したり使いこなすための能力を早急に向上することができれば，学習のスピードを飛躍的に速めることが可能になり，それによって，早期に事業を立ち上げたり，事業の収益性を高めたりすることも可能になります。

　一方，アライアンスのデメリットも，基本的にアウトソーシングのデメリットと同様です。ただし，企業間連携のマネジメントがより難しくなり，知識やノウハウがスピルオーバーする恐れもより大きくなるという特徴を有しています。

### 〈異質なパートナー企業との連携〉

　企業というものは，多かれ少なかれ，それぞれ独自の組織構造（たとえば分業のあり方や権限と責任の配分のあり方など）や業務プロセス，企業文化などを持っており，これらの組織特性の違いによって，自社と相手のパートナー企業との間の協働が非効率になる場合があります。特に，異業種企業や海外企業など，自社と異質なパートナー企業とのアライアンスはマネジメントが困難です。

　また，パートナー企業を自社が直接コントロールできないということも，企業間連携のマネジメントを困難にします。アライアンスで発生する諸問題のほとんどは自社単独では解決することができないので，パートナー企業と交渉を行い，解決案の相互調整を図った上で，共同で問題に対処しなければなりません。しかしそれは，自社単独で解決を図る場合に比べてはるかに手間がかかり，実行も不徹底なものになりやすいのです。

　さらには，アライアンスを組むことによって，かえって自社の事業活動の自由が制限されるという側面もあります。アライアンスで進める事業活動については，自社だけで方針を決めることはできません。パートナー企業との間で方針の相違が大きいと，相手との調整や交渉に費やす労力や時間が膨大になる恐れも大きく

なります。その上，自社とパートナー企業とはお互いが独立した経済主体なので，事業の進め方や，利益配分やコスト分担をめぐって対立が生じやすいのです。

### 〈知識やノウハウのスピルオーバーへの対処〉

　アライアンスを組むと，パートナー企業との間での知識やノウハウの共有について，細心の注意を払って管理を行わなければならなくなります。アウトソーシングの場合も，知識やノウハウのスピルオーバーは問題になるのですが，一般的にアライアンスではさらに高度な知識やノウハウがやり取りされることになるので，スピルオーバーによるリスクははるかに大きくなります。

　実際，アライアンスは，自社にとっての学習機会であると同時に，パートナー企業にとっての学習機会でもあります。そのため，パートナー企業が自社の優れた知識やノウハウを学んだ結果，将来的には自社の有力な競合相手になってしまう恐れがあります。

　最悪の場合，はじめから裏切ることを意図した相手とアライアンスを組んでしまい，自社の貴重な知識やノウハウをさんざん教えたあげくにアライアンスを解消され，いまや手強いライバルへと育った当該企業とまともに競争する羽目に陥ってしまうことさえありうるのです（Hamel, 1991）。

　このような理由から，コスト削減や事業展開のスピードアップのために実施したアライアンスが，自社単独で手がけた場合よりもむしろ高コストになり，時間的なロスを招き，最悪の場合には，自社の長期的な競争力をかえって削いでしまうことにもなりかねません。

　そのため，アライアンスのデメリットをなるべくおさえ，メリットを最大限享受するためには，企業間連携のマネジメントのあり方が重要になるのです。

## 12.5　企業間連携のマネジメントのあり方とアライアンスの成果

### ◯ 企業間連携のマネジメントのあり方とアライアンスの成果

　こうした企業間連携のマネジメントのあり方としては，①連携における分業関

係のあり方，②コスト-ベネフィットの配分のあり方，③知識・ノウハウの共有のあり方の，3つの側面が特に重要となります（石井，2003）。

第1の連携における分業関係のあり方とは，アライアンス事業を遂行していくにあたってのパートナー間の役割分担と責任・権限関係のあり方，および各業務の標準的な進め方（ルーティン）のことを意味しています。

たとえば，研究・技術開発や製品開発はどちらの企業が担い，生産はどちらが担うのか。また，「製品開発」を共同で行うとなった場合に，アライアンスの対象となる「製品開発」業務とは，商品企画の段階を含むのか，工程設計や生産準備の段階を含むのか。

あるいは，機能設計と詳細設計だけを共同で行うとなった場合（商品企画，工程設計，生産準備の段階は含まないとなった場合）に，どのようなやり方に従って遂行し，そのプロセスを遂行するにあたっての責任・権限関係はどうするのか。開発のメンバーにどちらがどれだけの人数を出し，開発のリーダーはどちらの企業出身の人間が務めるのか。両社出身のメンバーの間で意見の相違が生じ，当事者同士では解決がつかなかった場合，こうした問題をどのように処理するのか。

こうした点についてあらかじめ両社間で合意し，大枠のルールを設定しておかないと，アライアンス事業を効率的・効果的に遂行することは難しいのです。

第2のコスト-ベネフィットの配分のあり方とは，自社とパートナーとの間での，アライアンス事業の遂行に必要とされる投資の分担や，利益の配分をいかに行うかということを意味しています。

先ほど述べたように，自社もパートナー企業も独立した経済主体であるため，アライアンスではどうしても利害対立が生じやすくなります。そのため，こうした利害対立がなるべく生じないようにする，あるいは仮に生じたとしても迅速に解決するためには，あらかじめお互いに納得できるようなコスト-ベネフィットの配分ルールについて合意しておくことが重要なのです。

第3の知識・ノウハウの共有のあり方とは，自社とパートナー企業との間で知識やノウハウをいかに共有するかということを意味しています。

パートナー企業が最も欲しがるタイプの知識やノウハウは，それを所有している自社にとっては，まさに最も手渡したくないタイプの知識やノウハウです。そのため，放っておいたのでは，特に貴重な知識やノウハウほど相手企業に開示されず，したがってアライアンスがうまく機能しなくなってしまいます。

自社とパートナー企業との間での知識やノウハウの共有を有効に機能させるためには，全体の利益のためにお互いが自らの大切な知識やノウハウを開示し合う

という点について，あらかじめ合意し，ルールを定めておくことが重要なのです。

　とはいえ，①・②・③の側面とも，単にあらかじめお互いが合意し，ルールを定め，契約を交わしておけば十分だというわけではありません。

　たとえば，アライアンス事業を取り巻く環境は絶えず変化していくので，お互いの役割分担や責任・権限関係のあり方について，あるいは各業務の進め方について，仮にあらかじめ合意し，契約を交わしていたとしても，変化に応じて随時見直していかざるをえません。しかし，こうした契約後の（事後的な）交渉では，お互いにとっての利害得失が絡むため，コンフリクトが生じることはある程度避けられません。

　また，たとえば先端技術の研究・開発を共同で行うとなった場合，そのプロセスを契約のみでコントロールすることは，さらに困難です。

　こうした先端技術の共同研究や共同開発のプロジェクトの不確実性はきわめて高いので，双方が何をどれだけ行えばよいのか，どれだけの資源を負担すればよいのか，成功の確率はどのくらいなのかといったことを，事前に正確に見積もることは困難です。

　また，こうしたプロジェクトでは，お互いの貴重な知識やノウハウが相手先に移転し，融合し，新たな知識やノウハウが創造されることによって，はじめて有益な成果が得られることになります。とはいえ，こうしたプロセスは，双方向的かつ非常に複雑で目に見えないため，仮に新しい知識やノウハウが生み出されて大きな成果をあげることができたとしても，それに対して双方がどれだけの貢献を果たしたのか，あるいは成果を双方にどれだけの割合で帰属させるべきなのかを決めることは，きわめて難しいのです。

　そのため，契約ではコントロールできないグレーゾーンがどうしても大きくなってしまい，事後的なコンフリクトが生じることは，ある程度避けられません。

　さらには，挑戦的な目標の達成を意図した，戦略的意義の大きいアライアンスであればあるほど，自社の貴重な知識やノウハウがパートナー企業から漏れてしまった場合の痛手が大きくなります。

　むろん，機密保持契約（NDA：Non Disclosure Agreement）を交わすことによって，ある程度は有益な知識やノウハウのスピルオーバーを防ぐことが可能です。しかしながら，仮に入念な機密保持契約を結んだとしても，相手方が機密保持契約に違反する行為に走っているのかどうかをモニタリング（監視）することは容易ではありません。

しかも，仮に相手方が機密保持契約に違反する行為に走っていることが分かったとしても，相手方がそれを否定した場合には，たとえば裁判などを通じて立証を行い，違約金を支払わせることは容易ではありません。

以上述べてきた理由から，アライアンス事業のマネジメントは，契約ですべてをコントロールすることは著しく困難です。とはいえ，こうした契約ではコントロールし難い取引の場合であっても，両者の間に十分な信頼関係が確立されていれば，たとえ不測の事態が生じたとしても，お互いに協力し合って最善の解決策を探っていくことが可能になります（真鍋，2002；若林，2006）。

すなわち，アライアンスを成功させるためには，そのための前提条件として，両者の間で高度な信頼関係を築き上げ，濃密なコミュニケーションを重ねながらお互いの調整を図り，事業を進めていくことが必要となるのです。

## ○ 企業間の取引関係のあり方と企業間信頼

このように，アライアンスを実質的に機能させることができるか否かを分ける最大の要因は，お互いの間の「信頼（trust）」のレベルです。

ここでいう信頼とは，ある取引の当事者である一方が，もう一方について，予測可能で，互いに受容可能な方法において対応，もしくは行動するであろうと考える，その期待のことを意味しています（Sako，1992）。こう書くと難しいようですが，「彼/彼女なら大丈夫だ」といった，一般用語として用いられる「信頼」の意味と大差ありません。

こうした信頼は，個人間だけでなく，企業間（組織間）にも存在しています。歴史的経緯の伝承や組織内の評判，引継ぎなどを通じて，単なる経営者や営業担当者間の相互信頼や，個々人の信頼の総和を超えた，組織間での集合的な信頼関係というものが形成されうるのです（若林，2006）。これを，本書では「組織間信頼」と呼ぶことにします。

こうした信頼は，取引当事者が「機会主義（opportunism）」に走ることを防ぎ，取引関係の成立を支えるインフラとして機能します。

ここでいう機会主義とは，経済主体（人や企業）が，何かチャンスがあれば相手を出し抜いてでも自分の得になる行動に走ってしまうことを意味しています（Williamson，1975）。取引関係の成立を支えるインフラが整っていない市場（たとえば，1990年代前半の旧ソ連諸国のように社会主義経済から資本主義経済に転換したばかりの混乱期にあった国や地域，アフリカのソマリアや中東のイエメ

ンのように内戦が続いていた（る）国や地域）では，こうした機会主義の発生が付きものです。

　しかしその一方で，先進国をはじめとする多くの国や地域における市場取引では，さまざまな法や慣習といった制度や，お互いの信頼が取引関係の成立を支えるインフラとして機能しており，それゆえに機会主義発生の脅威はかなりの程度おさえられているのです（Dyer，1996）。

　一方，一口に信頼と言っても，実際にはさまざまなタイプやレベルのものが存在しており，数多くの論者がさまざまな分類を提示しています。たとえば真鍋・延岡（2002）は，信頼のタイプを「能力への信頼」と「意図への信頼」に2区分し，それぞれについて低次のものから高次のものへと，さまざまなレベルに区分されるとしています。

　ここで能力への信頼とは，取引相手が，「事前に想定された役割を十分に果たすだけの能力を持っているか否か」という点に関する期待のことです（Sako，1992）。一般に，ここでは，技術面での能力や経営管理面での能力が問題にされます。

　一方の意図への信頼とは，取引相手が，「事前に想定された役割を果たす意図を持っているか否か」という点に関する期待のことです（山岸，1998）。そして，こうした意図への信頼のうちで，最も高次のレベルの信頼である，「満たされることが期待される明白な約束以上の役割を果たす意図を持っている」という点に関する期待のことを，特に「善意への信頼（goodwill trust）」と呼びます（Sako，1992）。

　相手に事前に想定された役割を果たす意図があったとしても，それを遂行する能力がなければ，実現を期待することはできません。逆に，相手がいくら事前に想定された役割を果たす能力を有していたとしても，それを実行する意図がなければ，やはり実現を期待することはできません。このように，信頼は，少なくとも能力と意図の2次元に分けて考えなければならないのです（山岸，1998）。

　具体例として，トヨタの『サプライヤーズ・ガイド』に明記されたサプライヤー選定基準を掲載しました（表12.1）。この基準から見てとれるように，トヨタは，単純に目先の価格（コスト）が高いか低いかではサプライヤーを決めていません。品質・コスト・納期（QCD）のバランス，さらにQCDの改善能力，設計・開発能力，そして企業やトップの経営姿勢にいたるまでを，多面的に評価しています（藤本，2001b）。

## 表12.1 トヨタのサプライヤー選定基準

| 項目 | サプライヤー選定基準（例） | | 評価手段 |
|---|---|---|---|
| 品 質 | 製品の品質レベル<br>品質保証体制（工程内・会社全体）<br><br>生産工程 | 評価・検査体制<br>不良品の処置方法<br>工程・設備<br>作業標準 | サンプル評価<br>サプライヤー訪問 |
| 原 価 | 見積もり価格<br>原価企画能力<br>原価管理・改善能力 | | 見積もり評価<br>サンプル評価<br>サプライヤー訪問 |
| 納入・生産 | 生産<br><br>量産準備<br><br>生産現場<br><br>設備管理体制<br><br>生産管理・納入 | 生産量・生産能力<br>工程・設備<br>量産準備リードタイム<br>外注品量産準備管理方法<br>工程レイアウト<br>作業標準<br>保全体制<br>異状処置体制 | サプライヤー訪問 |
| 技 術 | 製品の技術レベル<br><br>技術開発力 | トヨタスペックへの適合<br>競合他社との比較<br>先進性・付加価値<br>設計能力・承認図経験<br>試験・研究設備<br>試作リードタイム | サンプル評価<br>サプライヤー訪問 |
| 経 営 | 経営姿勢<br><br><br>経営の健全性<br>労使関係<br>2次仕入先に対する管理体制 | トップのリーダーシップ<br>経営資源の有効活用<br>トップのコミットメント<br>コミュニケーション<br><br><br>開発・納入・品質・原価・経営 | サプライヤー訪問<br>日常業務でのコミュニケーション |

（出所）藤本隆宏（2001）『生産マネジメント入門：（Ⅱ）生産資源・技術管理編』，日本経済新聞出版，p.145

　言い換えると，結果としての成果のみならず，背後にある組織能力や，共同利益への貢献姿勢などの意図の部分についても，信頼に値する相手なのかどうかを評価しているのです。

## ○ 企業間の取引関係のあり方と企業間信頼

こうした能力への信頼と意図への信頼のレベルに応じて，アライアンスにおける企業間連携のあり方，言い換えると，企業間の取引関係のあり方は，概念的に「距離を保った取引関係（arm's-length relationship）[7]」と「協調的な取引関係（cooperative relationship）」の２つを両極とする直線上に位置づけることができます（Nishiguchi, 1994；延岡，1996b）。

このうち距離を保った取引関係とは，アライアンスを組む企業同士の間で，能力への信頼か意図への信頼のどちらかが十分ではない，あるいは両方とも十分ではないために，組織間信頼が土台として確立していない取引関係として位置づけることができます。

一方，協調的な取引関係とは，アライアンスを組む企業同士の間で，能力への信頼と意図への信頼が高度に両立した，揺るぎない組織間信頼が土台として確立している取引関係として位置づけることができます（図12.3）。

また，距離を保った取引関係とは，取引相手を，基本的に自社との間で付加価値の取り分を巡るライバルと見なす，「ゼロサム・ゲーム」の状況を想定した取引関係だと言うこともできます。ここでゼロサム・ゲームとは，参加者全員の得点と失点を足し合わせるとゼロになってしまう，言い換えれば，ある参加者のプラスが別の参加者のマイナスに直接に結びつくので勝者と敗者がくっきりと分かれる，というタイプのゲームのことを意味しています。

一方の協調的な取引関係とは，取引相手を，基本的に顧客にとっての新たな価値を自社と共同で生み出し，付加価値の総額を増やすパートナーだと見なす，「プラスサム・ゲーム」の状況を想定した取引関係だと言うこともできます。ここでプラスサム・ゲームとは，ある参加者の得点が別の参加者の失点に直接には結びつかない，場合によっては全員がプラスになって（程度の差こそあれ）全員が勝者になりうる，というタイプのゲームのことを意味します。そのためよく，「Win-Win関係」とも呼ばれます。

距離を保った取引関係では，ゼロサム・ゲーム的な状況を前提に，限られたパ

---

7 "arm's-length relationship" は，日本語に訳すのが難しい用語です。「距離を置いた」「ドライな」「よそよそしい」取引関係と訳されることもあり，必ずしも間違っているとは言えませんが，英語では通常，そこまで「冷えきった取引関係」のニュアンスを含んでいません。ここでは「距離を保った取引関係」と訳しましたが，要は，付き合いはあっても「親密になりすぎない」「ベタベタではない」「自分の懐に入らせない」取引関係のことを意味しており，文脈によっては「通常の市場取引関係」と訳すのが適当な場合もあります。

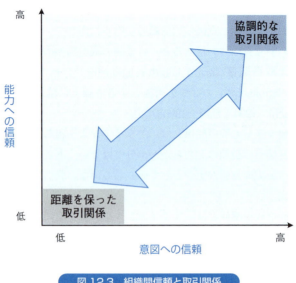

図12.3 組織間信頼と取引関係

イのなかの取り分を増やすため，取引相手との間の駆け引きに勝つことが志向されます。こうした状況のもとでは，参加者同士の信頼を築くことは当然難しくなります。

一方の協調的な取引関係では，プラスサム・ゲーム的な状況を前提に，小さなパイのなかの取り分を増やすことよりも，自らの取り分を一時的に減らしてでもパイ全体を大きくすることによって，結果としての自らの取り分を大きくすることが志向されます。

もちろん，増えたパイを切り分ける時点では利害の対立もありえますが，「一緒に組むことによって顧客にとっての新たな付加価値が生み出されるようになり，市場が広がれば全体の取り分が増えるので，自社だけではなく組んだ相手もハッピーになることができる」というわけです。こうした状況のもとでは，参加者同士の信頼を築くことが相対的に容易になります。

以上をまとめると，組織間の高度な信頼がベースにあり，お互いが手を組み合って Win-Win を目指して活動するのが協調的な取引関係です。一方，こうした組織間の高度な信頼がベースになく，お互いを付加価値の取り分を巡るライバルと見なして，自分の懐に入らせないで活動するのが距離を保った取引関係，と

いうことになります。

　こうした区分を前提にすると，同じく外部企業に任せる場合であっても，よりコアに近い部品や業務は，信頼関係に裏打ちされた「協調的な取引関係にある相手」（パートナー）に任せる必要があります。一方，より非コアな部品や業務は，信頼関係が必ずしも強くない「距離を保った取引関係にある相手」に任せれば十分であり，したがって，そのときそのときに最適な条件を備えた相手と市場で取引すればよいということになります。

　つまり，真にコアの部分は自社で手がけ，それ以外の他社に任せる部品や業務についても，そのコアの度合いに応じて適切な企業間関係を選択し，構築していくことが重要となるのです（図12.4）。

　たとえばトヨタでは，製品開発段階（たとえば2018年発売の新型「クラウン」といった，特定の車種モデルの製品開発プロジェクトが進められる段階）における部品メーカーとの共同作業はもちろんのこと，それに先立つ要素技術の研究・技術開発段階から，他の日本の自動車メーカーをはるかに凌駕するレベルで，部品メーカーとの共同作業を進めています。

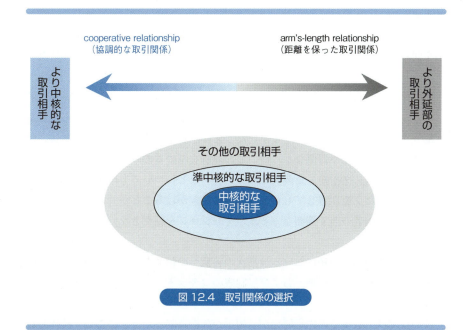

図12.4　取引関係の選択

ただし，こうした研究・技術開発段階で共同作業を進める相手先の部品メーカーの数は，製品開発段階で共同作業を進める相手先の部品メーカーの数と比べるとずっと少数です。というのも，よりコアに近い部品の，よりコアに近い業務であるだけに，任せる相手を，高いレベルの信頼に裏付けられた協調的な取引関係を築くことのできる部品メーカーのみに絞り込んでいるからなのです（近能，2007a；近能，2007b）。

## ○ 信頼関係構築のマネジメント

最後に，どうすれば協調的な取引関係を築いていくことができるのか，という点について簡単に述べておきましょう。

先にも述べたように，協調的な取引関係の土台を支えるのはお互いに対する高度な信頼であり，したがって，協調的な取引関係を築くためには，それに先だって高度な信頼関係を築き上げておかなければなりません。

この点についても数多くの先行研究がありますが，単純化すると，まずは低次の信頼を満たしうる相手なのだという確信をお互いに抱かせることからはじめて，徐々にレベルを高め，最終的には高次の信頼関係を構築していくことが重要だと言えます。

そのためには，まずは約束を順守する能力と意図があるということを，事の大小を問わず，自らの行動によって相手に示し続けることが最初のスタートになります。

その後，より高次の信頼関係を築いていくプロセスにおいては，お互いを理解し合うこと，すなわち，相手を理解すること，相手に自らを理解してもらえるよう働きかけることが重要になります。たとえば，相手企業が属する国（あるいは地方や業界）の文化や習慣などについての理解を深めるのみならず，相手企業の能力，ビジネススタイル，企業文化，ビジョンなどについても理解し，同時に，自社のそうした点を理解してもらえるように働きかけることが大切です。また，その際には，両者の間で適切なコミュニケーションを絶やさないようにすることも重要です。

さらに，意図への信頼における最高次の善意への信頼を構築していくためには，相手に対する利他的な行動，および無制限のコミットメントを示すことが重要になります。

この点では，数多くの先行研究が，相手が危機に陥ったときにこそ，具体的な

行動で相手を助け支援するといった利他的な行動を示すことが重要だ，と指摘しています。逆に，相手が危機に陥ったときに利己的な行動に走れば，今まで築かれてきた信頼が根こそぎ破壊されるということも，繰り返し主張される点です。

いずれにせよ，信頼関係の構築とは，徐々にレベルアップを図っていく必要のある時間と手間のかかるステップ・バイ・ステップのプロセスであって，信頼関係をお手軽に築ける方法というものは存在しません。

また，こうしたお互いの間で強い信頼関係を構築していくプロセスと並行して，取引関係をより強固で協調的なものへと発展させていくためには，お互いがお互いから学び合い，継続的にお互いに高め合っていけるような関係を築き上げていくことが重要になります。

その意味で，アライアンスとは，単なる資源や能力の交換取引ではなく，本質的に，パートナー企業間の相互の学習を通じて，将来にわたってお互いが競争優位性を高め合っていく営みだと言えます。つまり，アライアンスのマネジメントには，未来に向けての発展志向のマネジメントが求められるのです。

## 演 習 問 題

**12.1**　いくつかの製品（サービスを含む）を取り上げて，本章 12.2 節の「分業構造のマネジメント」の記述を参考に，垂直方向（垂直統合・垂直非統合）および水平方向（水平統合・水平非統合）のどのような分業構造を通じて，それぞれの製品が最終的な顧客に提供されているのかを調べてください。

**12.2**　いくつかのアライアンスの事例を調べた上で，なぜ各アライアンスが成功したのか，あるいは失敗したのか，その要因を考えてください。

# 第 13 章

# オープン・イノベーションの
# マネジメント

　グローバル競争が激化し，市場や社会の変化のスピードも速まっ
ている現代においては，どれだけ巨大な企業であっても，自社の技
術や知識だけに頼って市場ニーズを満たす技術や製品を短期間で開
発し，市場に投入し，長期的に収益をあげ続けることは困難です。
　そうしたなか，自社内で，あるいは少数の限定された親密な企業
だけと組んでイノベーションを進めていく従来のクローズド・イノ
ベーションに代わり，外部の幅広い企業と組んでイノベーションを
進めていくオープン・イノベーションへの注目は高まる一方です。
　本章では，このオープン・イノベーションについて，定義や事例，
興隆の背景，促進要因や阻害要因，実践などについて，詳しく説明
していきたいと思います。

○*KEY WORDS*○
オープン・イノベーション，クローズド・イノベーション，
コーポレート・ベンチャー・キャピタル（CVC），オープンソース開発，
知的財産権（知財），情報の粘着性，NIH 症候群／NSH 症候群

## 13.1 オープン・イノベーションとは何か

### ○ オープン・イノベーションの定義

　ここではまず，オープン・イノベーション（以下「OI」）を定義しておきます。
　提唱者であるヘンリー・チェスブロウは，OI を，「知識の流入と流出を自社の目的にかなうように利用して，社内のイノベーションを加速するとともに，イノベーションの社外活用を促すような市場を拡大すること」と定義しています（Chesbrough, 2006）。この定義は非常に有名である一方，OI をかなり広く捉えています（真鍋・安本，2017）。そのため本書では，この定義を，「広義の OI」と呼ぶことにします。

　OI で重要な点は，OI がクローズド・イノベーションの考え方やものの見方に対するアンチテーゼとして提唱されたということ，言い換えると OI がクローズド・イノベーションの対極にあるイノベーションである，ということです（Chesbrough, 2003；真鍋・安本，2010）。

　上の広義の定義では，社内で進められるイノベーションのプロセスのみがクローズドで，社外の企業や組織と組んで進められるイノベーションのプロセスはすべてオープンということになります（真鍋・安本，2017）。つまり，R&D 分野のアウトソーシングやアライアンスは，すべて OI に分類されることになります。また，たとえば日本のソフトウェア産業の多層的下請け関係のように，限定された数の，長期継続的な取引関係にある下請け業者にプログラミング作業の一部を任せるようなやり方も，（流入・流出する知識の定義や，イノベーションの定義次第ではありますが）OI ということになります。もちろんそうした解釈もありえますし，日本のソフトウェア産業の多層的下請け関係にも（特に上位階層での取引関係には）OI 的な要素があることは否定しませんが，少なくとも日本における世間一般の OI の捉え方とは，やや距離があるように思います。

　また，上の広義の定義では，戦略性のない，世間の流行の単なる後追いにすぎない「戦略なき R&D 活動のオープン化」も，（イノベーションの定義次第ではありますが）OI ということになります（真鍋・安本，2017）。これも，世間一般の OI の捉え方とは，やや距離があるように思います。

　そこで本書では，「競争優位の確立や向上を目指して，オープンな企業間関係

のもとで，知識の流入と流出を自社の目的にかなうように利用して，社内のイノベーションを加速するとともに，イノベーションの社外活用を促すこと」と，OI をもっと狭く定義したいと思います。本書では，この定義を，「狭義の OI」と呼ぶことにします[1]。

　狭義には，イノベーションのプロセスを，クローズドな企業間関係のもとで——すなわち自社内だけで，あるいは限定された少数の親密な関係にある企業だけと組んで——進めていくのではなく，オープンな企業間関係のもとで——これまでまったく接点がなかったような幅広い企業とも組んで——進めていくことが OI である，と捉えています[2]。簡単に言うと，狭義の OI は，「オープンな企業間関係のもとでイノベーションのプロセスを進めていくこと」を意味します。本書では以下，特に断りのない限り，この狭義の OI について述べていくことにします。

## ◯ OI の概念図

　図 13.1 は，OI の概念図です。じょうろのような形の黒枠が，企業の境界線です。この枠線の内側が企業の中，この外側が企業の外になります。

　従来型のクローズド・イノベーションでは，技術や知識，アイデアなどが，基本的には企業の境界線の内側ないし近傍で左から右へと移動していきます。イノベーション・プロセスでは，技術や知識が創出され，次第に選別され，残ったものが製品化され，マーケットに出て行くことになるのですが，そうしたプロセスをすべて自社のなか，あるいは自社および自社と親密な関係にある少数の企業だけと組んで進めていく。こうした内部や準内部で完結するタイプのイノベーション・プロセスが，クローズド・イノベーションの特徴です。

　一方，OI では，技術や知識，アイデアや開発プロジェクトなどが，企業の境界線の内側と外側を行き来しながら，左から右へと移動していきます。企業外の技術や知識が企業内に取り入れられたり，企業内の技術や知識が企業外に出ていったりします。また，そうした企業の境界線を越えた行き来を通じて，企業内外の技術や知識が有機的に結合し，製品化され，マーケットに出て，価値を生んでいくことになります。さらに，企業外の相手先には，これまでまったく接点が

---

1 この狭義の OI の定義は，基本的に真鍋・安本（2017）の「オープン化戦略」と同じです。
2 こうした「オープン」と「クローズド」の 2 区分は，あくまでも理念的なものです。実際の企業間関係は，完全なオープン型と完全なクローズド型を両端とするスペクトル上のどこかに位置づけられることになります。

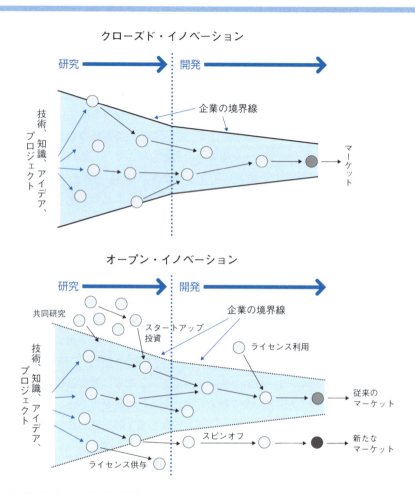

(出所) Chesbrough, H. W. (2003) *Open innovation: The new imperative for creating and profiting from technology.* Boston, MA: Harvard Business School Press. (大前恵一朗訳『OPEN INNOVATION：ハーバード流イノベーション戦略のすべて』, 産業能率大学出版部, 2004 年, p.6, p.9) を大幅修正

図 13.1 オープン・イノベーションの概念図

なかったような幅広い企業が含まれます。こうした内部や準内部で完結しない，境界越境型のイノベーション・プロセスが，OI の特徴です。

## 3種類のOI

OIには，3種類があります（Enkel, Gassmann, and Chesbrough, 2009；真鍋・安本，2010）。第1のタイプは，「インバウンド型」です。これは，外部から技術や知識，アイデアなどを導入し，イノベーションのプロセスに乗せる，というタイプのOIです。このタイプのOIを，「技術探索型」と呼ぶこともあります。OIと聞いてほとんどの人がイメージするのは，恐らくこのタイプでしょう。

具体的には，すでに世の中にある特許や実用新案などの知的財産権を外から買ってきたり，ライセンス料を支払って使わせてもらうのが，一般的な方法です。また，アイデアや技術を公募して，その権利を買い取ったり，ライセンス料を支払う場合もあります。それから，OIを仲介する企業（たとえば次の節で紹介するナインシグマなど）を介して，匿名で公募するという方法もあります。

第2のタイプは，「アウトバウンド型」です。これは，自社の技術や知識，アイデアなどを外部に提供して，自社外のイノベーション・プロセスに乗せる，というタイプのOIです。このタイプのOIを，「技術提供型」と呼ぶこともあります。

具体的には，自社が開発した技術の特許やノウハウなどを売却したり，ライセンス料をとって利用を許諾するのが，一般的な方法です。その対象先を見つけるために，見本市や展示会などに出展したり，自社技術・製品の展示室（ショールーム）などを作って関心のある企業や個人を幅広く呼び込んだり，見込み客をリストアップして技術営業をかけるなどの方法が，よく用いられます。

第3のタイプは，インバウンド型とアウトバウンド型を組み合わせた「カップルド型」です。これは，外部の技術や知識，アイデアなどを自社に積極的に取り入れると同時に，自社の有する技術や知識，アイデアなどを積極的に外部に提供するといった形で，自社内と外部企業の間で双方向の流れを生み出しながらイノベーションのプロセスを進めていく，というタイプのOIです。このタイプのOIを，「ハイブリッド型」と呼ぶこともあります。

具体的には，アライアンスやジョイント・ベンチャー，コンソーシアムなどを組み，参加者がお互いに濃密な相互コミュニケーションをとっていくなかで，さまざまな技術や知識，アイデアなどをやりとりしていく，というケースが多いようです（安本，2023）。

また，企業がコーポレート・ベンチャー・キャピタル（Corporate Venture Capital：CVC）を設立して，潜在的能力の高いベンチャー企業に投資し，中長期的な技術開発を支援するというやり方もあります[次頁3]。この場合，将来的に有

望な技術が開発されればその企業と共同開発を行うことを視野に入れている点が，ベンチャー企業への単なる投資とは異なっています。もちろん，開発された技術が自社に必要なければ，その技術を売却したり，外部にライセンスしたり，あるいは IPO（Initial Public Offering：新規株式公開）をしたり，企業自体を売却したりすることになります。

　それから，企業が主体となってインキュベーション施設を作り，潜在的能力の高いベンチャー企業を選定して入居させるというやり方もあります。入居しているベンチャー企業の成長プロセスを確認しながら，投資したり，中長期的な技術開発を支援し，将来的に有望な技術が開発されればその企業と共同開発を行うわけです。また，OI の拠点を設けて，幅広い企業との間で技術や知識，アイデアを交換していくというやり方もあります。

　さらには，オープンソース開発コミュニティに企業が参加するというやり方もあります。オープンソース開発とは，一般に，開発成果物の利用・改良・配布を自由に行うことができるように一定のルールをライセンスで定め，幅広いメンバーによる共同開発を促進するというやり方です。

　もともとはソフトウェアの世界で発展した，すべてのソースコードを公開し，利用・改良・配布が自由で，世界中の誰もが開発に参加できるタイプのソフトウェア（Open Source Software: OSS）の開発方式のことを指していました。OSS の有名な例としては，コンピュータ OS の「Linux」や Web ブラウザの「Firefox」などがあります。この OSS では，開発の成果物は，ルールに従う限りにおいて，誰でも無料で使えます。開発のプロセスも，すべてが公開されます。しかも，開発メンバーは基本的に無給で（ボランタリーに）開発に参加することになります。

　このオープンソース開発方式が，最近ではソフトウェア開発だけにとどまらず，電気自動車や自動運転，ロボット，AI（Artificial Intelligence: 人工知能）などといったものの開発にまで応用されるようになっています。そして，こうしたオープンソースの開発コミュニティに企業が参加し，業務として自社社員を開発に参加させたり，資金や法的サポートなどを提供するということが，近年になって増えています。

---

3 コーポレート・ベンチャー・キャピタルとは，事業会社が自己資金でファンドを組み，主に未上場の新興企業（ベンチャー企業）に出資や支援を行う活動のことを意味します。自社の事業内容と関連性のある企業に投資し，本業との相乗効果を得ることを目的として運営されることが多いとされます。

これによって、自社がオープンソースの開発成果を利用するだけでなく（インバウンド型 OI）、自社社員の手がけた開発の成果を他者に自由に使用させることになり（アウトバウンド型 OI）、さらには共同開発の過程で自社社員が幅広い参加者との間で知識やアイデアを交換していくことになるので、カップルド型 OI の典型的な手法の一つとなっています[4]。

このように OI には、外から内、内から外、およびそのミックスという、3つのルートがあります。また、次々と新しい方法が生み出されており、その進歩はとどまるところを知りません。今現在、猛スピードで世の中が変わりつつあるということは、気にとめておいていただきたいと思います。

## ◯ アウトソーシング、アライアンス、OI の関係

本書で扱う企業間関係は、アウトソーシング、アライアンス（提携）、OI の3つです。ここでは、この3つのタイプの企業間関係について整理しておきたいと思います。

第12章の復習になりますが、アウトソーシングとは、簡単には「一部の部品や業務を外部企業に任せること」を意味します。またアライアンスとは、簡単には「複数の企業がお互いに協力し合うこと」を意味します。一方、OI（狭義）は、簡単には、「イノベーション・プロセスにおける企業間関係のうちで、クローズドではない、オープンな関係のこと」を意味しています。

では、アウトソーシングやアライアンスと、OI との間には、どのような関係

---

4 企業は、オープンソースの開発コミュニティに参加しなくても、ルールに従う限りにおいて、開発の成果を無料で利用することが可能です。

ただし、かつて Linux の開発において、開発コミュニティに参加する個人のボランティアのプログラマーたちは、社会的に意義があったり、技術的に高度だったりして、注目を浴びる可能性の高い機能（カーネル）やモジュールの開発には関心が高かったのですが、一般ユーザーが使いやすいユーザー・インターフェイスの開発や、分かりやすいマニュアルの整備、単純なバグ取り、サポートやメインテナンスのサービスなどには関心が低い傾向がありました。そのため、そうした業務は誰も手がけず、ユーザーから改善要請があっても誰も対応しないといった事態がしばしば生じました。IBM や Red Hat といった、Linux を組み込んだシステムを開発し販売する企業は、これでは Linux の信頼性を担保できないということで、上で書いたような作業や法的なサポートなど、地味で注目は集めないが重要な業務に、企業として深く関わるようになっていきました。

こうした分業関係が他の OSS の開発や、ソフトウェア以外のオープンソース開発にも浸透していったため、今ではオープンソース開発プロジェクトの多くを企業が支えるようになっています。また、企業がこうしたオープンソースの開発コミュニティを OI の場として活用することも、ごく当たり前のこととなっています。

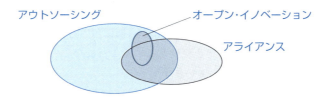

図 13.2 アウトソーシング，アライアンス，OI の関係

があるのでしょうか。

　たとえば，2社以上が関わり合ってイノベーション・プロセスを進めていくには，多くの場合に，お互いの技術や知識，ノウハウといったものを出し合い，それらを有機的に結合して新たな技術や知識を生み出していかなければなりません。第12章で説明した通り，そのためには，お互いの間で信頼関係に基づいた協業関係を確立することが必要になります。つまり，OI の企業間関係は，多くの場合に，アライアンス関係の成立が前提条件になっています。この場合の OI は，「(広い意味での) R&D 分野でのアライアンスのうちでオープンなもの」を意味しており，アライアンスの特殊形態だと言えます。

　ただし，同じく OI とはいっても，たとえば技術コンテストを開催し，優勝した企業や個人から事前に提示した条件に沿って知識やアイデアを購入するだけ，という場合があります。また，自社の技術や知識を条件の合う外部企業に売却したり，ライセンス料をとって使用を許可したりするだけで，その相手とのその後の関係は特に必要とされないような形でイノベーション・プロセスを進める場合もあります。これらの場合は，オープンな企業間関係で，なおかつアウトソーシング関係ではあるものの，アライアンス関係にあるとは言えません。イノベーション・プロセスの活動の一部を外部の企業に任せてはいるものの，相手先と協力し合ってはいないからです。つまりこの場合の OI は，「(広い意味での) R&D 分野でのアウトソーシングのうちでオープンなもの」を意味しており，アウトソーシングの特殊形態だと言えます。

　以上の関係を図示したものが，図 13.2 になります。OI は，アウトソーシン

グとアライアンスの領域に包含されています。上でも書いた通り，OI はアウトソーシングとアライアンスの特殊形態なのです。

## ◯ OI の何が新しいのか

このように OI がアウトソーシングとアライアンスの特殊形態なのであれば，OI のどこがどう新しいのか，という疑問が湧いてくるのではないでしょうか。

この点についてはさまざまな議論がありますが，一言で言うと，「理論的には画期的に新しいところはない」と言えます。実際，OI と同じような概念を提唱した人は，チェスブロウ以前にもいました。

ただしもちろん，新しいところがまったく何もない，というわけではありません[5]。では何が新しかったのかというと，一番大きな点は，前提となるものの見方や考え方，常識のようなものをガラッと変えた，ということです。

すでに述べたように，OI という概念は，クローズド・イノベーションの対極に位置づけられます。「これまでのイノベーション・プロセスはクローズドが当たり前であったが，これからの時代はそれではもう駄目だ。オープンなイノベーション・プロセスを前提に考えなければならないのだ」と，世の中にパラダイム（共有されたものの見方や考え方，規範）のシフトを迫りました[6]。しかもその

---

5 たとえば米山・渡部・山内・真鍋・岩田（2017）では，OI の議論が含んでいる新しい要素として，以下の4点をあげています。
　第1に，従来の他企業・組織との連携は，提携先の競合企業や大学・公的研究機関，取引関係にある顧客・サプライヤー企業など，特定の企業・組織との関係が多かったのに対して，最近のOI は，時として広く不特定多数の候補のなかからポテンシャルのある相手を探索し，連携していく点に特徴がある。
　第2に，従来は自社固有の技術・ノウハウの開発が基本であり，外部との連携はそれを補完するための活動と位置づけられることが多かった。一方，OI においては，社外からの知識に，社内で開発・蓄積された知識と同等の重要性を認めている。
　第3に，OI の視点には，従来の他企業・組織との連携の議論ではあまり取り上げてこなかった自社の技術・ノウハウ等の外部化（アウトバウンド型の OI）が明示的に取り上げられている。
　第4に，上記に関連して，最近の OI は自社が保有する知的財産（知財）に，製品・事業展開における防衛的役割だけではなく，外部活用を通じた市場形成やイノベーションの推進という積極的な役割を付与している。
6 チェスブロウ自身も，OI に関する初の著書である『OPEN INNOVATION──ハーバード流イノベーション戦略のすべて』（邦訳）では，OI を，「企業が技術を進歩させるために，社内のアイデアだけでなく，社外のアイデアも利用することができる，また社外と社内のアイデアを利用することが望ましい，とするパラダイムである」と定義するなど（下線は筆者），パラダイムの転換であるという点を強調していました（Chesbrough, 2003）。

メッセージを，分かりやすいネーミングで伝えました。さらには，その登場が，世の中の流れにジャストのタイミングではまりました。こうしたことが，OI 概念の世界的な流行をもたらしたのです。これが，OI とチェスブロウの最大の貢献だと言えます。

## 日本における OI 実施の現状

本節の最後に，OI 活動の国際比較を行った数少ない研究として，米山・渡部・山内・真鍋・岩田（2017）の結果を紹介します。この調査は，米国のチェスブロウ教授，ドイツのブランズウィッケル教授，日本の米山教授らのグループが共同で，同一フォーマットによる質問票を作成し，日米欧で実施されました[次頁7]。

図 13.3 は，質問票調査の結果に基づいて，日本および欧米の企業間で OI の実施率を比較したものです。この図から見てとれるように，OI を実施したことのある欧米企業は，回答企業のうち 78％を占めていました。一方，日本企業ではその割合が 47％でした。このように，欧米企業と比べて日本企業の OI への取り組みは，相対的に活発ではありませんでした。

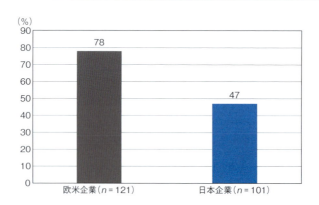

（出所）米山茂美・渡部俊也・山内勇・真鍋誠司・岩田智（2017）「日米欧企業におけるオープン・イノベーション活動の比較研究」，『学習院大学 経済論集』，第 54 巻第 1 号，p.41

図 13.3　OI 活動の実施率

なお米山らの調査では，OIを，「社内でのイノベーション・プロセスの加速化や，社内シーズの社外での利用等を目的として，社外の知識や能力，社外にある市場化の方法や経路を意図的に活用していくイノベーション活動」と，チェスブロウの（広義の）定義に沿う形で定義し，その実施の有無を尋ねています。そのため，限定された少数の，長期継続的な取引関係にある親密な企業と組んでイノベーション・プロセスを進めるような，本書の狭義の定義ではクローズド・イノベーションに属するような企業間関係やイノベーション・プロセスも，OIに含まれていることには注意が必要です。もし仮に，旧来型のクローズドな企業間関係のもとでのR&D活動を除いた，狭義のOIだけに対象を絞るとすれば，日本のOI実施率は，47％よりもかなり低くなったと考えられます。

## 13.2 ＯＩの事例

この節では，OIがどのような活動であり，どのような成果を生むのかについてイメージを持っていただくため，いくつかの具体例を紹介します。

### ○（1）P&Gのプリングルズ[8]

米国のP&Gは，早い時期からOIに積極的に取り組んでおり，最も先進的な企業の例としてよく紹介されます。

2000年当時，業績の悪化により4ヶ月で株価が半減するという危機的な状況にあったP&Gでは，新たにCEOに就任したアラン・G・ラフリーが，外部との協働によってイノベーションを創出する「コネクト＆デベロップ戦略（C＋D）」を打ち出し，「外部イノベーション担当役員」を任命しました。これが同社のOI

---

7 この調査では，欧米企業については欧州，アメリカ，カナダに本拠を置く売上高2億5千ドル以上の企業，日本企業もほぼ同規模にあたる売上高250億円以上の企業を対象に実施しています（ただし日本企業については，一部に，売上高がこの基準に満たない企業が含まれています）。質問票の送付と回収は，欧米企業は2014年12月～2015年8月に，日本企業は2015年5月～7月および2015年10月～11月に実施されました。分析対象となった最終的な回答企業数は，欧米企業が121社，日本企業が101社でした。
8 以下の記述は，JOIC・NEDO編（2016）『オープンイノベーション白書　初版』，Huston and Sakkab（2006），Brown and Anthony（2011）などを再構成したものです。

*349*

戦略のはじまりです。

　P&G では，自社のウェブサイト「コネクト＆デベロップ」を開設し，探索している開発テーマを公開し，広く技術や知識，アイデアを募集するようになりました。また，「テクノロジー・アントレプレナー」と呼ばれる技術探索の担当者が世界中で技術シーズの探索を行うようになりました。

　こうした P&G の OI の取り組みで成功した初期の事例として，非常に有名なのが「プリングルズ プリントチップス」です。プリングルズは，ひげに蝶ネクタイのおじさんのキャラクターで有名な，筒に入った成形型のポテトチップスのブランドです。現在はケロッグが発売していますが，もともとは P&G が手がけていました。

　2002 年，P&G のプリングルズの商品企画チームの議論のなかで，パーティーシーズンの企画物として，チップスの表面に文字や図柄を印刷したら面白いのではないかとのアイデアが出ました。このアイデアは高く評価されたのですが，しかしポテトチップスに文字や図柄を印刷する技術は同社にはありませんでした。また，それをゼロから自前で開発するとなるとあまりにも時間がかかってしまい，パーティーシーズンに間に合わなくなってしまうことは確実でした。

　そこで P&G は，同社の「コネクト＆デベロップ」で，食品に文字を印刷する技術を募集しました。するとたちまち世界中から応募が寄せられたのですが，その中に，イタリアのベーカリーから，クッキーにメッセージを印刷できる食用インクジェット技術があるとの情報が寄せられました。

　それを読んだ P&G の商品企画チームは，さっそく教えてもらった印刷技術を有する会社と交渉し，その技術を採用して課題を解決し，キャラクターデザインが描かれたプリングルズの発売にこぎ着けました。この商品シリーズは大ヒットし，2 桁の売上げ増を記録するまでになったそうです。

　同社では他にも，OI の取り組みの成果として，液体成分を水溶性のフィルム状のタブレットのなかに入れた従来にない形状の衣料用洗剤（「Tide PODS」）や，香料成分を均一の量で長期的に発散するシートを用いた芳香剤（「ファブリーズ アロマ」）などを開発しています。このような OI の取り組みの結果として，2010 年時点における P&G のイノベーションの 50% 以上が，外部との協業によって生まれたとされます。

　また，P&G はアウトバウンド型の OI にも力を入れています。たとえば，2009 年に P&G は骨粗鬆症治療剤に関する特許・商標を味の素にライセンスし，約 210 億円の契約を締結しています。

## ○（2）大阪ガスの小型水素製造装置[9]

OIで最も有名な日本企業は，恐らく大阪ガスでしょう。大阪ガスでは，2008年に技術戦略部オープン・イノベーション担当室を設置し，本格的にOIの取り組みをはじめました。

大阪ガスでは，OI室のメンバーがグループ会社も含めた同社の技術開発部門に出向いて，今何に困っているのか，それはどのような技術や知識があれば解決できるのかをヒアリングして回ります。また，同社では「キャラバン」と呼ばれる組織横断型の会合を定期的に開催し，探索すべき課題（ニーズ）候補を抽出しています。

次に，そうして収集した課題を，「技術マッチング会」にかけます。技術マッチング会は年20回程度，東京と大阪を中心に開催されます。そこでは，技術の目利き役となってもらう外部の技術コーディネーターや，外部の企業，大学，公的研究機関などに勤務する研究者やエンジニアに集まってもらいます。そして，抽出された同社グループの課題を発表し，目利き役や参加者に相手先候補を紹介してもらいます。

またそれ以外にも，OI室が独自に特許や文献等を調べ，あるいは既存の人的ネットワークを使い，適切な技術や研究成果を保有していそうな企業や大学，研究機関などを探し出します。さらには，各年度ごとに自社サイトで「オープンイノベーションパートナー募集テーマ一覧」を公開し，幅広く技術や知識，アイデアを募集しています。

次に，そうやって得られたシーズ（技術や知識）をOI室が精査し，有望なものを技術開発部門に知らせます。そして，技術開発部門が興味を示せば，引き合わせをして共同研究や共同開発がスタートします。

この仕組がスタートした2009年から2020年までの12年間で，815件のニーズが社外に公開され，それに対して外部から7,457件の提案があったとされます。それらをOI室が精査し，3,374件の面談を行い，1,606件を社内に紹介し，うち586件で何らかの協業につながっているということです[次頁10]。

こうした同社のOIによる商品化の代表例が，新たな小型水素製造装置の開発です。当時，大阪ガスでは自社のコア技術である触媒技術を活かした「HYSERVE

---

[9] 以下の記述は，川合（2012），真鍋（2017），経済産業省 産業構造審議会 産業技術環境分科会 研究開発イノベーション小委員会（第2回）大阪ガス株式会社 松本毅氏講演資料などを再構成したものです。

（ハイサーブ）」という水素製造装置を製品化していました。同社では，この装置をコンパクト化して大幅なコストダウンを図るためのプロジェクトを立ち上げたのですが，なかなかうまくいきませんでした。そこで，OI室に打診がありました。

OI室のメンバーが担当部署に出向いてヒアリングを行ったところ，熱交換器の小型化が鍵を握っているらしいということが分かりました。そこで，熱交換器の画期的な小型化というニーズを社外に公開したところ，それに対してある中小企業が手をあげたそうです。OI室が精査した上でマッチングを行い，共同開発がはじまりました。その結果，大きさが従来の70％減，コストが60％減の水素製造装置の製品化に成功しました。新製品は「HYSERVE-300」と名付けられて2013年10月から販売され，売れ行きは好調で，2023年には後継機も発売されました。

この他にも，OIの取り組みの結果，家庭用コージェネレーションシステムや，メタンガス濃縮方法など，自社内では手がけることが難しかった技術や製品の開発に成功しているとのことです。

## ○（3）森下仁丹のシームレスカプセル[11]

次に，アウトバウンド型のOIの事例として，森下仁丹の取り組みを紹介します。

森下仁丹は，主に医薬品，医薬部外品，医療機器ならびに食品等の製造および販売を行う，1893年（明治26年）創業の老舗企業です。同社は銀粒の「仁丹」で年配者を中心に高い知名度を誇っているものの，2022年度の連結の売上高は約114億円，従業員数が328名と，大企業ではなく中堅企業です。

同社では，銀粒の仁丹で培った，生薬の表面を純銀でコーティングする技術に源流を持つ「シームレスカプセル技術」を，社内で活用するだけでなく，アウトバウンド型OIで社外に積極的に展開しています。

シームレスカプセルとは継ぎ目がない（シームレスな）カプセルであり，髪の毛（0.05mm）よりも薄い膜を，現在最大4層まで重ねて形成することができ，

---

10 STARTUP ECOSYSTEM KANSAI ホームページ。https://www.starecokansai.com/keihanshin/osaka-osakagas/（2024年2月24日アクセス確認）。

11 以下の記述は，真鍋・米山（2017），森下仁丹統合報告書，同社ホームページ，「老舗を『先端企業』に：森下仁丹」（『日経ビジネス』2011年1月17日号，pp.50-54）などを再構成したものです。

固体だけでなく，液体から微生物まであらゆるものを充填することが可能です。また，それぞれの膜に耐酸性や耐熱性，親油性と疎水性といった別々の被膜特性を付与することができるので，たとえば薬効成分を一番内側の膜に入れておき，服用後，患部に届いた段階で溶け出して効果を発揮させる，といったことが可能になります。さらには，0.8mm から 8mm にいたるまでのさまざまな大きさのカプセルを作り出すことも可能です。

同社では，シームレスカプセルの受託事業を，1980 年から行っていました。しかし，仁丹のブランドイメージを守るため，用途を食品や医薬品に限定していたことから，事業はなかなか拡大しませんでした。

これを，シームレスカプセルの用途を他の業界にも広げるとともに，その技術を積極的に外部で活用してもらう方針に転換したのは，2006 年に森下仁丹の社長に就任した駒村純一氏（現会長）でした。駒村氏は，「囲い込むのではなく，最初から世界に広げることを狙う」をモットーに，シームレスカプセルの用途拡大を目指し，社員に積極的に情報の収集と発信を行うよう促しました。

まず情報の収集では，社員が社会全体に広く関心を向けて，世の中で今何が起きていて何が求められているかを知るように促しました。具体的には，書籍や雑誌，研究論文を集めて読み，アイデアを考え，社内の勉強会などで発表するように求めました。

次に，情報の発信では，それまでも見込み客への技術営業は当然行っていたのですが，加えて 2007～2008 年頃からは，広告やニュースリリースを積極的に打ち，「我々はこういう技術を持っています」という情報を外部にアピールするようにしました。

さらには，国内外の展示会への出展をそれまで以上に積極的に行うようにしました。また展示会では，それまでは自社商品の PR が中心だったのを，シームレスカプセルなど自社技術を中心に PR するよう改めました。加えて，たとえば他のカプセルと比較した場合のシームレスカプセルの技術的特性や優位性などを，技術に詳しくない人にも伝わるように，分かりやすく伝える工夫をこらしました。出展する展示会も，従来からの領域である食品・医薬品に加え，環境分野や，自動車産業，電機産業などに広げました。

こうした活動を通じてシームレスカプセル技術に関心を示した相手には，個別に接触し，相手の技術的課題をヒアリングした上で，シームレスカプセル技術を活用してその課題を解決する提案を行い，両者にとってメリットがあるということであれば共同研究・開発に進みました。この際に迅速な意思決定を行うため，

同社では研究テーマ会議の開催頻度を増やし，2週間に1回開催するようにしました。

さらに同社は，食品や医薬品以外の新分野では特に，大学や公的研究機関，ベンチャー企業などとの共同研究にも積極的に取り組むようにしました。たとえば，「シロアリ駆除カプセル」では京都大学の研究室と，「レアメタル回収カプセル」では大阪府立大学の研究室と組んで，共同開発を進めました。この2例では，情報収集していた際に，両大学の研究室が課題を抱えており，共同研究のパートナーを探しているとの記事を見つけて，同社からアプローチをかけて共同研究を開始し，両事例とも特許を取得しました。残念ながらまだ実用化段階にはいたらず，製品は上市されていませんが，環境分野の企業や組織へのPR効果は非常に大きかったようです。

こうした活動の結果，同社では今や他社からの受託生産を行うカプセル事業が売上げの約3割を占め，経営の大きな柱となっています。

## ◯ （4）ナインシグマ，イノセンティブ[12]

最後に，ナインシグマ（NineSigma）とイノセンティブ（InnoCentive）の事例を紹介します[13]。この両社は，OIで技術や知識，アイデア等をやり取りするのを仲介する，知識仲介企業としての役割を果たしている代表的企業です。

両社は米国企業であり，前者は2000年設立，後者は2001年設立の，比較的若い会社です。両社とも，数十万人から数百万人もの世界中の研究者のデータベースを有しており，依頼元の企業が抱える課題（ニーズ情報）を，賞金つきのコンテスト形式でこれら研究者に提示し，解決策となる技術や知識，アイデア（シーズ情報）を応募してもらいます。そして，依頼元企業とともに審査を行い，最も優れた提案に賞金を渡すという形で，研究・技術開発のニーズ情報とシーズ情報の仲介を行います。

---

12 以下のナインシグマに関する記述は，法政大学イノベーション・マネジメント研究センター創設25周年記念講演会（2011年9月15日）における株式会社ナインシグマ・ジャパン 諏訪暁彦氏 講演録，経済産業省 産業構造審議会 産業技術環境分科会 研究開発イノベーション小委員会（第2回，2015年12月14日）同氏講演資料，同社ホームページなどを再構成したものです。一方，イノセンティブに関する記述は，主にChesbrough（2006）とLakhani（2009），同社ホームページなどに依っています。

13 イノセンティブは，2020年7月に「Wazoku」（イギリスのSaaS企業）に買収され，「Wazoku CROWD」と名称変更していますが，本書ではイノセンティブの表記のままとします。

もちろん，こうしたことを各社が自社のサイトで行うことは可能で，実際に行っている企業も多いのですが，ナインシグマやイノセンティブといった専門の仲介企業に頼むと，分野別に世界の一流研究者の名簿のデータベースを揃えており，そうした人たちから解決案を募るので，良い解決策がすぐに返ってくる可能性が高くなります。

また，こうした仲介企業は，「○○という技術課題を解決したい」というニーズ情報を，魅力的に定義して提案募集書（Request for Proposal: RFP）に落とし込むノウハウに長けています。提案募集書では，専門外の人でもすぐ分かるくらいに技術課題をうまく定義して，しかも魅力的に提示しないと，回答率が下がるとされます。優秀な人ほど忙しいので，そういう人に時間を割いてもらうためには，見た瞬間に「面白そうだ」と思ってもらう必要があるからです。ところが多くの企業は，これまでは社内や狭い専門分野のつながりのなかで課題の解決を図ってきたので，それがなかなかうまくできないことが多いのです。

さらに，こうした仲介企業は，発注先企業や真の狙いが分からないような形に課題を改変するノウハウにも長けています。外部に広く技術や知識を求めるとなると，見る人が見れば，どの企業がどのような方向性で研究開発を進めており，現状どのあたりまで到達しているのかが，だいたい明らかになってしまいます。その点，ナインシグマやイノセンティブといった専門の仲介企業を利用すれば，RFPを送付する相手を限定したり（たとえば競合他社の研究者を外すなど），発注先企業や真の狙いが分からないような形に課題を改変することが可能になるわけです。

ナインシグマは，2022年までに世界105ヶ国で6,300件，日本国内では1,630件以上のOI支援実績があるとのことです。

## 13.3　OIの促進要因と阻害要因

### ◯ OIへの世の中の流れ

19世紀後半から20世紀前半にかけての米国では，大企業が完成品だけでなく主要部品も自ら手がけるとともに（垂直統合化），生産や販売，購買，研究・技術開発など，ビジネスプロセスの各段階も自ら手がけるようになり（水平統合

化），こうした垂直・水平方向での統合（内部化）を進めることで効率化を図りました。さらに 1920 年代頃からは，「事業部制」というマネジメント手法が開発され，普及するのに伴い，一企業が異なる産業に属する多様な事業を手がけるようになり，企業の巨大化はさらに一層進みました。こうした巨大企業は，次々に中央研究所を設立し，製品化には直接結びつかない基礎研究の分野まで自社で手がけるようになりました（Rosenbloom and Spencer, 1996）。

こうした，経営資源を次々に内部化し，それらを効率的に管理すると同時に，組み合わせながら新たな価値をつくっていく大企業のマネジメントを，経営史の泰斗であるアルフレッド・D・チャンドラー Jr. は，市場メカニズムを指すアダム・スミスの「見えざる手（the invisible hand）」に対比して，「見える手（the visible hand）」と呼びました（Chandler, 1977, 1990）。

ところが，70〜80 年代くらいを境に，こうした「なるべく多くの経営資源を内部に抱え込む方が有利」という大企業優位のパターンが崩れはじめました。この時期，多くの産業において，技術が複雑化・高度化技術革新のスピードが加速するとともに，市場がグローバル化し世界的規模での競争が激化しました。また，市場の変化のスピードも加速し，発売されて一時は人気を博した新製品でもすぐに飽きられて市場から消えていくようになったため，新製品開発のスピードをそれまでよりも格段に速めなければならなくなりました。さらには，情報通信技術が発達し，国際的な交通・輸送機能も充実したため，世界的な分業体制が急速に拡大していきました。

その結果，企業があらゆる活動を自社で手がけることはもはや現実的ではなくなり，競争に勝ち残っていくためには他企業との国際的な分業体制の構築や連携を進めていくことが当然だと意識されるようになり，巨大企業の垂直的・水平的な解体（非統合化）が進むことになったのです（Langlois, 2007）。

実際，80 年代前半，急激なドル高を背景に，米国企業は製造拠点を海外に移転し，本国での活動を研究・技術開発や製品開発といった R&D の分野に集中する動きを強めました。そうした動きはドル高がおさまった後もとどまらず，米国企業は，90 年代に入ると製造拠点を外部の EMS 企業などに売却する動きを強め，2000 年代に入ると R&D の分野の一部も外部企業に任せる動きを強めました。

OI の概念は，こうした世の中の潮流にジャストのタイミングで登場したのです。

## ◯ OI の促進要因

次に，OI の促進要因について見ていくことにしましょう。

### 〈1. 必要とされる技術や知識の増大〉

第1に，何度も言及している通り，企業が必要とする技術や知識の基盤が広く・深くなる一方であり，もはや自社だけで賄うことはできなくなったという点があげられます。

たとえば自動車を例にとると，鉄鋼やアルミニウムをはじめとする金属材料の他，プラスチック，ガラス，ゴム，化学繊維，皮革，セラミックス，塗料などのさまざまな材料を使い，プレス，鋳造，鍛造，溶接，切削，金属成型，樹脂成型，塗装，組み立てなど，さまざまな生産技術を駆使して，ようやく完成車を作り上げることが可能になります。

また，かつては自動車の主要部品のほとんどすべてがメカニカルな部品でしたが，現在ではエレクトロニクス部品の比率が急速に高まっており，そうしたエレクトロニクス部品を制御する「頭脳」であるマイコン（「ECU」と呼ばれる）の数や，そこで使用される制御プログラムの行数も飛躍的に増大しています。しかも多くの自動車メーカーでは，ガソリン車以外にも，ハイブリッド車（HV），電気自動車（EV），燃料電池車（FCV）など，多様な動力源の車を手がける必要があります。

このように，一口に自動車を開発すると言っても，カバーすべき技術分野はかつてとは比較にならないくらいに広がっています。そのため，たとえばトヨタのようにグループ全体で世界に 35 万人以上の従業員数を有する巨大な企業であっても，研究・技術開発に関わるすべての分野を自社（グループ）で手がけることはできず，自社のみで手がける活動は競争優位を有したごく一部の分野だけに限り，それ以外の分野は外部の企業や組織に任せることが不可避となっているのです。

また，外部の企業や組織に任せるとなった場合に，第6章で解説した両利き（ambidexterity）の観点からは，これまでほとんど付き合いのなかったような「遠い」相手との取引関係を積極的に開拓していくことに重要な意味があります。

企業の長期的な発展のためには，強みとなる既存分野での技術や知識をさらに深掘りする（知の活用）とともに，それとは遠く離れた分野の新しい技術や知識を探索していく（知の探索）ことが求められます。ただし，この2つのタイプの

学習はトレード・オフ関係にあり，両方を1つの組織で同時に追求することは困難です。多くの場合に，既存の分野の範囲内での技術や知識の活用に偏りがちになってしまうのです（第4章で解説したコンピテンシー・トラップです）。

OIは，こうしたトレード・オフを克服する上で有益です。一般に，知の活用には「狭い範囲で強く結びつき合ったクローズドな企業間ネットワーク」（組織論では「強い紐帯／結束型のネットワーク」と言います）が有利である一方，知の探索には「広い範囲で弱く結びつき合ったオープンな企業間ネットワーク」（組織論では「弱い紐帯／橋渡し型のネットワーク」と言います）が有利だとされます（近能，2002；入山，2012）。インバウンド型のOIは，まさに後者の広い範囲で弱く結びつき合ったオープンな企業間ネットワークを築き，外部からまったく新しい技術や知識，アイデアを内部に取り込んでいこうとする取り組みであり，知の活用に偏りがちな企業のR&D活動の焦点を知の探索にも向かせることになるという意味で，知の活用と探索の「両利き」の実現にも寄与しうるのです。

## 〈2．短期化へのプレッシャー〉

第2に，短期的な業績向上へのプレッシャーから，企業外部の「出来合い」の技術や知識を活用する傾向が強まったという点があげられます。

たとえば製薬業界を例にとると，1つの新薬を開発するのに，開発期間が9年から17年，開発費用は数百億円〜1千億円以上（平均で約500億円），1つの新薬候補が新薬として発売される確率は約3万分の1とされています。このように非常に大きなコストがかかるハイリスクな開発活動を，すべての新薬候補について，薬効成分の探索・スクリーニングから，前臨床試験，臨床試験までのあらゆる段階を自社で担うのは，もはやあまりにもハードルが高すぎます。そのため，有望な新薬候補を外部に求め，開発期間を大幅に短縮しようとする傾向が強まっているのです。

こうした傾向は，製薬業界に限りません。多くの業界や企業で，研究・技術開発からすべてを自前で行い，20〜30年もかけて実用化にこぎ着けるといった息の長い取り組みを許容するような風潮は薄れています。その代わりに，ごく狭い範囲の，中核的な部分だけを自前で研究・技術開発し，あとは外部の技術や知識を使うことで，製品を市場に投入するまでのスピードを大幅に向上させようという流れが顕著になっています。

実際に，外部の企業や組織の経営資源や能力も合わせて使うことによって，製

品を市場に投入するまでのスピードを大幅に向上させることが可能になります。たとえば大河内賞受賞プロジェクトを対象とした Shimizu and Hoshino（2015）の調査では，外部の，企業グループが異なる相手の資源を活用すると，自社の資源のみに依存した場合に比べて，研究開発の開始から成果をあげるまでの期間をおよそ 2〜3 割程度短くすることができるとの結果が得られています。

### 〈3．技術や知識の入手容易性の向上〉

第3に，特に先進国において知的財産権制度の整備が進み，また技術や知識の流通をサポートする技術調査会社や法律事務所，前節で紹介したナインシグマやイノセンティブのような知識仲介企業などが充実したことにより，必要とする技術や知識を，外部から入手しやすくなったという点があげられます。

関連して，人材の流動性が高まり，必要とする技術や知識を有した人材を，外部から入手しやすくなったという点もあげられます。米国のシリコンバレーではこうした傾向が 1970 年代頃から顕著でしたが，日本でも人材の流動性は高まりつつあり，人に体化する暗黙知的な技術や知識が，そうした人材の移転とともに容易に移転するようになってきました。また，これも米国のシリコンバレーで顕著ですが，研究者やエンジニアが大企業の外にスピンアウトすることが増え，こうした企業を買収したりアライアンスを組むことでも，間接的に元大企業の人材やその技術・知識を入手することが可能になってきました。

### 〈4．ベンチャー企業の増加〉

第4に，ベンチャー企業が活躍する世の中になったという点があげられます。ベンチャー企業はあらゆる面で慢性的に経営資源が不足しているため，R&D 分野でもすべてを自前で手がけることは難しく，そのため OI への志向が非常に強い傾向にあります。

日本では，最近でこそベンチャー企業が増えてきましたが，経済や社会における位置づけや存在感は，まだまだ小さいと言えます。どちらが原因でどちらが結果なのかは不明ですが，そのことが，OI の取り組みで日本企業が立ち遅れ気味な原因の一つになっている可能性があります。

## ○ OI の阻害要因

13.1 節で述べたように，OI（狭義）は，「R&D 分野でのアウトソーシングや

アライアンスのうちでオープンなもの」を意味しています。そのため OI の阻害要因は，基本的にアウトソーシングやアライアンスのデメリットと同じになります。

ただし OI では，技術や知識，アイデアといったものを，限定された少数の親密な企業だけにとどまらない，それまで縁がなかったような相手先企業との間でもやり取りすることが求められることになるので，いくつか特有な阻害要因も生じることになります。

### 〈1. 技術や知識を取引することの困難〉

OI がなかなか進まなかった（今もなかなか進まない）最大の理由は，技術や知識を市場で取引することが難しいからです。これが，1番目の OI の阻害要因になります。前章でも触れていますが，重要な点なので，ここでもう一度整理しておきます。

技術や知識の取引においては，売り手がいったんその内容を詳しく明らかにしてしまうと，買い手はもはや対価を支払ってまで当該技術や知識を入手するインセンティブ（誘因）を失ってしまいます。それでは困るので，売り手は買い手に対する内容の開示を最小限にとどめようとするわけですが，その結果として今度は，適切な値づけが難しくなるという問題が生じることになります。経済学では，買い手と売り手の間の製品・サービスに関する情報格差（「情報の非対称性」と言います）が原因となって市場メカニズムが適切に働かなくなる（「市場の失敗」と言います）ことを提唱者にちなんで「アカロフのレモン」と呼びますが，技術や知識の取引においてはこの「アカロフのレモン」が典型的に働くことになります。

こうした問題を解決する手段の一つが，知的財産権制度の整備です。知的財産権とは，人間の知的創造活動の成果に対して与えられる一定の権利（財産権）の総称です。具体的には「特許」，「実用新案」，「意匠」，「著作権」，「商標」といったものが該当し，なかでも特に重要なものが「特許」です。特許制度では，①内容が新規なものであり，②それが進歩的であり，なおかつ③一定の様式に従って公開されることを要件として，企業や個人は，その知識を独占的に利用する権利を行使できる（すなわち他社や他の人によるその知識の利用を排除することができる）と定められています。

こうした知的財産権が整備されたことによって，言語化・コード化しやすい形式知の取引は容易になりました。しかし言語化・コード化が難しい暗黙知は，内

容を開示した後の法的保護が弱いため，依然として取引は困難です。

　また，独自の経験やノウハウの積み重ねとして人や組織のなかに蓄積されていくタイプの技術や知識は暗黙知的要素が強く，そもそも移転が困難です（これを「情報の粘着性が高い」と言います）。こうした暗黙知的な技術や知識を他の企業に移転して利用するには相当の時間や労力を要するので，やはり取引が成立しにくくなります。

　さらに，技術や知識というものは，一般に相互に密接に関係しあって1つの集合体を構成しており，それぞれを別個に扱うことが難しいことが多いのですが，それゆえに技術や知識の集合体をワンセット丸ごとでないと取引ができないという性質があります。これを「技術知識の分割困難性」（Arora et al., 2001）と言います。

　こうした技術や知識を無理矢理に分割して取引し，たとえばここまでが契約の範囲内だからということで一部だけを相手に引き渡しても，「ここはどういうことか？」「ここはどうしてこうなるのか？」などといった問い合わせが相次ぎ，それらに答えているうちに秘匿しておきたかった部分まで含めてすべて流出してしまうといった事態が生じがちです。そうならないように，最初から全部をワンセット丸ごとで取引しようとしても，今度は価格が上がってしまったり，技術流出リスクが大きくなってしまい，取引が成立しにくくなってしまいます。

　加えて，いったん技術や知識を外部に出すと，それらがさらに別の先に流出してしまう（スピルオーバーする）のを防ぐことが難しくなります。もちろん，機密保持契約を交わすことによって，ある程度はスピルオーバーを防ぐことが可能です。しかしながら，仮に機密保持契約を結んだとしても，相手方が違反する行為を行っているのかどうかをモニタリング（監視）することは容易ではありません。しかも，仮に相手方の違反行為が分かったとしても，相手方がそれを否定する場合には，たとえば裁判などを通じて立証を行い，違約金を支払わせるまでには長い時間と多大な労力が必要とされます。こうしたスピルオーバーへの恐れが強いと，やはり取引は成立しにくくなります。

　このように，技術や知識を取引することには困難が伴います。それゆえに，1980年代以降，製造や物流，販売など，さまざまな業務で外部化が進むなかでもR&D分野の外部化はなかなか進まず，そのことがOIの最大の障害となっていた（る）のです。

## 〈2．NIH症候群〉

2番目は，「NIH（Not Invented Here）症候群」です（Katz and Allen，1982）。日本語で「自前主義」と呼ばれることもありますが，これはインバウンド型OIの最大の阻害要因だとされます。

NIH症候群とは，第三者が生み出した製品や，技術や知識，あるいはアイデアなどを，「自分たちが考えたり発明したりしたものではないから」という理由で，無視したり，低く見たり，採用したがらない傾向のことを意味します。

こうした傾向は，多かれ少なかれ何にでも見られるのですが，OIでは特にそうした傾向が強くなりがちだとされます。企業の研究者やエンジニアにとってみれば，外部の企業で生み出された技術や知識，製品などが急に持って来られて，「これを使って新製品を開発してください」と言われると，それらがどれだけ良いものであっても，何となく割り切れなさを感じてしまいがちです。

ただし，こうした傾向が強くなりすぎてしまうと，外部の技術や知識の活用がなかなか進まなくなってしまいます。そのためインバウンド型OIを進めるにあたっては，従業員のマインドセットを大きく転換し，NIH症候群を払拭することが何よりも大切となります。

## 〈3．NSH症候群〉

3番目は，「NSH（Not Sold Here）症候群」です（Chesbrough，2006）。このNSH症候群というのは，上のNIH症候群の逆で，ある企業が自ら開発した技術や知識，製品などを，「わざわざ外部の誰かに使わせる筋合いはない」と，自社内に抱え込んでしまう傾向のことを意味します。これは，アウトバウンド型OIの阻害要因です。

自社の研究開発部門から生み出された技術や知識には，それなりの資源が投入されているので，当面は役に立たなくても，「いつかは役に立つかもしれない」という未練の思いが募りがちです。

またそうした自社で生み出された技術や知識は，外部に公開しなければ，自社でいつでも独占的に利用することが可能です。ところが，企業がそれをいったん社外に出してしまえば，このような特権を手放すことになってしまいます。たとえば，自社が放出した技術をもとに他社が研究・技術開発や製品開発を進めて優れた技術や製品を上市し，後で「自分たちもああしておけばよかった」と悔しい思いをしたり，あるいは相手先企業がその技術や知識をもとに自社の手強いライバルに成長する可能性も，ゼロではありません。

こうした，「自分たちには特に何か使い道があるわけではないが，外に売らなければ他社も使えない。外に売って，後で後悔する羽目に陥るのは嫌だ」との意識が先立ち，せっかくの技術や知識，製品などを，社内で死蔵させてしまうことがありえるのです。

## 〈4. 知財リスク〉

4番目は，「知財リスク」です。知財というのは，先に述べた知的財産権の略です。知財リスクには大きくは2つがあり，一つは他社の知的財産権を知らないうちに侵してしまうリスクで，もう一つは自社の知的財産権を他人に無断で侵害されてしまうリスクです。OIに関連しては，前者が重要です。

たとえば，十分な調査なしに外部技術を採用すると，後でその技術が他社の特許権を侵害していることが判明し，巨額の賠償金を支払わなければならなくなるケースがありえます。自社開発した技術でこうしたリスクが生じるのは当然なのですが，外部の技術を対価を支払って利用していただけでも同様のリスクに晒されることがありうるので，注意が必要です。

このように阻害要因はいくつもありますが，現代では，どのような企業であれ，程度の差はあっても，強い意志を持ってOIに取り組んでいかなければならない状況となっています。実際に，強固な系列関係を有し，クローズド・イノベーションへのこだわりの強かった（現在も強い）トヨタでも，これまでよりも速いペースでOIの取り組みを進めています。

具体的には，ナインシグマやイノセンティブを利用したり，あるいは "Toyota Ideas for Good" という自社サイトを通じて，技術や知識を世界中から募集していました。また，たとえばコネクティッド・カーの車載情報機器向けのOS開発では，オープンソースプロジェクトの「Automotive Grade Linux（AGL）」を推進しています。さらに，オープンイノベーションプログラム『TOYOTA NEXT』を立ち上げ，これまで接点のなかったような企業と組んで消費者向けの新しいサービスを共同開発する取り組みを行ったりもしています。加えて，2015年には燃料電池車の特許すべてを無償開放したり，2019年にはハイブリッド車関連の2万件以上の特許も無償開放する（"Toyota IP Solutions"）など，アウトバウンド型OIも手がけるようになっています。

むろん同社は，現在でも，コアな部分については基本的にクローズドで，自社やグループ企業，および長期継続的な取引関係があって付き合いの深いサプライ

ヤーとの協業で，イノベーションを進めています。しかし，トヨタでさえもそれ
では十分にカバーできない領域があり，特に電気自動車や自動運転，コネク
ティッド・カー，モビリティサービス関連など，そういった自社のこれまでのコ
アとは言えないような部分になってくると，やはりすべてをクローズドでやって
いくというわけにはいかず，OI をかなり意識したマネジメントを行うようになっ
てきているのです。

## 13.4　O I の 実 践

　最後にこの節では，OI を実践する上でどういった点に気をつけなければなら
ないのかについて，主に米倉・清水（2015）に依拠して説明していきます。

### ◯ 減点主義でなく加点主義で評価する

　1つ目は，OI のマネジメントの難しさを認識し，OI の実践を，減点主義では
なく加点主義で評価する，ということです。

　OI に取り組んでそこから一定の成果を得るまでには，いくつもの困難が立ち
はだかります（長内他，2021）。第1に，求める技術や知識を有している企業を
探し出す（インバウンド型），あるいは自社の技術や知識を必要とする企業を探
し出す（アウトバウンド型）のに，相当の手間や時間がかかります。

　第2に，自社が必要とする技術や知識を有している相手先候補や，あるいは自
社の技術や知識を必要とする相手先候補を探し出すことに成功しても，その候補
が果たして適切なのか否かを精査（デューデリジェンス）したり，条件を詰めた
りする必要があり，実際に取引を開始するまでのやりとりに相当の手間や時間が
かかります。

　第3に，実際に取引を開始して共同研究や共同開発を行うとなった場合，相手
先から自社の重要な技術や知識が流出してしまう恐れがあります。あるいは，相
手先が機会主義的行動に走ったり，フリーライド（タダ乗り）してくる可能性も
あります。少しでもそうした兆候が見えた場合には迅速に対応しつつ，新しく探
し出した相手先との関係性や信頼を一から構築するためには，相当の手間や時間
がかかります。

第4に，共同研究や共同開発を行う場合，実際にプロセスを進めるうちに，お互いの考え方や進め方の違いが問題になることも少なくありません。また，OIの取り組みにおいてはお互いの貢献度を測定することが難しいので，成果や利益配分をめぐって関係性がこじれることも少なくありません。そうしたコンフリクトが生じるのは日常茶飯事なので，これらに対処しつつ，お互いの理解を深め，問題が生じた際のコミュニケーションのとり方や共同解決のルーティンを構築していくことが求められます。こうした企業間連携のマネジメントは非常に困難であり，しかもその実行には相当の時間や手間がかかります。

以上のように，実際にOIを進めて一定の成果を得るまでには大きな困難があり，時間も手間もかかります。また，経験の蓄積が乏しい最初のうちは特に，失敗がつきものです。そのため経営トップは，短期に成果を求めることなく，失敗には寛容な態度を示し，推進者を減点主義ではなく加点主義で評価することが重要なのです。

## ◯ 専門組織の設置

2つ目は，専門組織を設置するということです。

OIは，片手間で進めることは困難です。たとえばインバウンド型OIの場合，自社が必要とする技術や知識を有した企業を探し出し，購入するのか，ライセンスを受けるのか，共同研究・開発をするのかなど，細かい条件を詰めた上で契約を交わし，その後も契約がきちんと履行されているのかどうかをモニタリングし，不適切であれば再交渉を行う必要があります。またアウトバウンド型OIの場合には，自社の技術や知識を必要とする企業を探し出し，以降のプロセスを進める必要があります。こうした作業は，一件一件条件が細かく違う上に，技術や知識の出し手と受け手の間ですり合わせを丁寧に行っていく必要があるため，非常に手間がかかります。

また，外部の技術や知識を探索する作業は，異なる部署の人たちがバラバラに行うよりは，集約して行った方が効率がよくなります。さらには，中の情報を外に出す前に，あるいは外の情報を中に取り込んだ後に，部門をまたがった調整を行う必要があることも多いので，そのための専門組織がないと手間がかかります。

こうしたことから，OIの業務を本業と兼務で行うという形にすると，どうしても本業優先になってしまい，なかなか進展しなくなってしまいがちです。そのため，専任のスタッフを備えた専門組織を作ることが非常に重要になります。

また，組織のメンバーには，「ネットワーカー」（他の人よりも顕著に人的ネットワークを幅広く張り巡らせている人）を就けることが望ましいとされます。というのも，まずは社内のさまざまな部署と関係を持ち，技術的な困りごとの相談が絶えず寄せられるようにしたり，あるいは外部から何か打診があったら的確な部署や関係者をすぐに紹介できるようにしておく必要があるからです。

　加えて，いざニーズを把握したら，世界中のどこにいるのか事前には明らかではない相手（技術や知識の売り手や買い手）を探し出す必要があります。この際には，外部のさまざまなネットワークのハブ（中核）となる人物や企業との関係を構築しておき，そうしたネットワークからの伝手をたどって相手を探したり，紹介してもらうのが効率的だとされます。このような理由から，OI の組織のメンバーには，企業の内外に幅広い人的ネットワークを築くことのできる人を充てる必要があるのです。

　ただし，組織自体は小さくても構いません。機動的に動くことが可能で，情報の共有も図りやすいので，むしろ必要最小限の規模の組織のほうが望ましいようです。

## ○ 目標の設定，技術の棚卸，Make or Buy/Sell or Not Sell の決定

　3つ目は，OI を実践する前の段階で，研究・技術戦略の目標設定と技術の棚卸しを行った上で，適切な OI の目標を設定し，何をオープンにして何をクローズドにしておくかについて決めておく（Make or Buy/Sell or Not Sell の決定），ということです。

　OI とは，企業の R&D 活動を何もかもすべて外部に対してオープンにすることではありません。コア技術は自社で手がけ，このコア技術を最大限に活かすために外部の企業とイノベーションに取り組むことが重要になります。つまり OI は，研究・技術戦略の（重要ではあるものの）一構成要素であり，コア技術戦略を補完する役割を担うわけです。

　OI を実践していくためには，まずはそもそも前提となる研究・技術戦略の目標設定を行った上で，自社がどのような技術や知識を有しているのか棚卸を行い，目標に比して何が足りないのか，あるいは何が余っているのか，正確に見極めなければなりません。

　次に，OI を通じて何を実現したいのか，適切な OI の目標を設定しなければな

りません。その上で，12.3節の企業間分業の境界線決定のマネジメントでも説明した通り，何をオープンにして何をクローズドにしておくかについて整理を行って，大まかな見取り図のようなものを描いておかなければなりません。

　当たり前のことですが，OIは企業の競争力を最大限に高めるための手段の一つであり，取り組みそのものが目的なわけではありません。一貫性のない，行き当たりばったりのオープン化にとどまってしまったり，OIの取り組みそのものが目的になるといった本末転倒の事態に陥らないようにするためには，OIはあくまでも手段なのだということを肝に銘じた上で，事前準備をきちんと行っておくことが求められるのです。

## ◉ トップのコミットメント

　OIを実践する上で気をつけるべき点の4つ目は，経営トップの関与が大切だということです。OIを本気で推進するならば，専門組織を作り，経営トップ直轄にして大きな権限を与えると同時に，経営トップ自らがOIに深くコミットメントする姿勢を示すことが大切となります。

　すでに述べたように，企業にはNIH症候群やNSH症候群と言われるような傾向があり，外から技術や知識を取り入れたり，あるいは逆に自社技術を外に出すことには，拒否反応が生じがちです。しかし，この傾向をそのままに放置しておいたのではOIが進まなくなってしまいます。だからこそ経営トップは，本気でOIに取り組む覚悟を見せるとともに，口を酸っぱくしてOIの意義や重要性について繰り返し繰り返し強調し，全従業員に対して意識改革を図るように迫らなければならないのです。

　さらに経営トップならびにOI専門組織のリーダーには，小さくてもよいので，OIをはじめてからできるだけ早いタイミングで成功事例を積み重ねていくことが求められます。この成功体験が呼び水となって，OIに対する企業内の理解が深まり，取り組みに勢いがつくことが期待できるからです。

## ◉ ビジネスモデル，ビジネスエコシステム

　最後に，OIを実践する上では，利益を確保するための仕組みづくりにも気を配らなければなりません（真鍋・安本，2017；武石，2012）。この点で特に重要となるのが，ビジネスモデルとビジネスエコシステムです。これについては，次

章で説明したいと思います。

## 演 習 問 題

13.1　いくつかのオープン・イノベーションの事例を調べた上で，オープン・イノベーションを実践する上で何が障害になるのか，またそうした障害を乗り越えるためにはどのようなマネジメントが必要とされるのかについて，考えてください。

# 第14章

# ビジネスモデルの
# マネジメント

　仮に研究・技術開発と製品開発の段階（フェーズ）を無事に乗り切ることに成功し，新製品の市場が順調に立ち上がり，急ピッチで拡大しはじめたとしても，その後に参入してくる競合他社との競争に勝ち残ることに失敗したり，収益を確保することに失敗してしまうと，最終的な経済的成果を獲得することはできません。

　こうした，イノベーション・プロセスの最後に位置する事業化段階（フェーズ）の困難を克服していくためには，優れたビジネスモデルの構築が重要となります。

　そこで本章では，このビジネスモデルのマネジメントについて，①ビジネスプロセスの工夫と，②収益モデルの工夫，という大きく2つの切り口から，具体例を交えながら説明していきます。また，補論として，プラットフォームのビジネスモデルについても説明していきます。

○ *KEY WORDS* ○

ビジネスモデル，ビジネスプロセス，収益モデル，
バリューチェーン，
コスト優位，差別化優位，
プラットフォーム，プラットフォーム・ビジネス，
プラットフォーマー，両面市場，ビジネスエコシステム

# 14.1 はじめに

　第6章から第11章では，イノベーション・プロセスのマネジメントのうち，研究・技術開発活動と製品開発活動について説明し，第12章と第13章では，イノベーション・プロセスにおける外部の企業や組織との関わり合いのマネジメントについて述べてきました。最終章である本章では，全体の締めくくりとして，いよいよイノベーション・プロセスの最後に位置する事業化活動について述べていくことにします。

　第2章の繰り返しになりますが，事業化活動とは，新しい製品の市場を開拓し拡大すると同時に，収益を安定的に確保するための仕組みづくりを行っていく活動です。

　この段階まで来ると，新製品の市場が順調に立ち上がり，急ピッチで拡大しはじめますが，一方では，続々と競合他社が参入し，生き残りを賭けた厳しい生存競争が繰り広げられることになります。新製品の開発や市場の開拓に成功した企業であっても，競争に勝ち残り，そのなかで収益を確保することは難しく，これが本書が「ダーウィンの海」と呼ぶ障壁に他なりません。

　この「ダーウィンの海」を越えてイノベーションの成果を獲得するためには，優れた「ビジネスモデル」の構築が重要となります。あとで詳しく説明しますが，ここでのビジネスモデルとは，顧客に製品を提供し，そこから収益を得るまでに必要とされる一連の活動の，全体としての「体系」や「仕組み」のことを意味しています。

　第2章で紹介したゼロックスの普通紙コピー機の事例で典型的に見られるように，画期的なイノベーションの背後には，多くの場合にビジネスモデルのイノベーションが伴っています。それは，ビジネスモデルが優れていないと，そもそも新しい製品の市場を開拓・拡大することが困難ですし，また仮に新製品の市場開拓に成功したとしても，他社との厳しい競争に生き残り，安定した収益を確保することが難しいからです。

　そこで本章では，イノベーション・プロセスの最後に位置する困難な障壁である「ダーウィンの海」を越えるための方策として，ビジネスモデルのマネジメントについて論じることにしたいと思います。

## 14.2 ビジネスモデルとは何か

### ビジネスモデルの定義

ビジネスモデルという言葉は，最近ではビジネス分野でごく普通に用いられるようになっていますが，必ずしも定義が共有されているわけではありません。

代表的な定義をいくつか紹介すると，たとえば國領（1999）は，ビジネスモデルを，①誰にどのような価値を提供するのか，②そのために経営資源をどのように組み合わせ，その経営資源をどのように調達し，③パートナーや顧客とのコミュニケーションをどのように行い，④いかなる流通経路と価格体系のもとで届けるのか，というビジネスの基本デザインについての設計思想のことだと定義しています。

また根来・木村（1999）は，ビジネスモデルを，どのような事業活動をしているかを示す，あるいはどのような事業構想の実現を目指すのかを示すモデルであり，それを表現するためには，①顧客に対して自社が提供するものは何であるのかを表現する「戦略モデル」，②戦略を支えるためのオペレーションの基本構造とその前提を表現する「オペレーションモデル」，③事業活動の対価を誰からどのようにして得るのかとその前提を表現する「収益モデル」の，以上3つのモデルが少なくとも必要だとしています。

一方，マグレッタは，ビジネスモデルとは端的に言えば「物語」である，すなわち「どうすれば企業がうまくいくのかを語る筋書き」であり，「顧客は誰か」，「顧客価値は何か」，「どのようにしてこの事業で儲けるのか」，「どのような論理に基づいて適切なコストで顧客に価値を提供するのか」といった質問に答えるものである，と述べています（Magretta, 2002）。

また，ジョンソンらはビジネスモデルを，①顧客に提供する価値（「顧客価値の提供」），②価値の創造と提供のやり方（「利益方程式」），③顧客価値を提供するにあたって必要となる経営資源（「カギとなる経営資源」），④顧客価値を提供するにあたって必要となるプロセス（「カギとなるプロセス」），という互いに関連し合う4つの構成要素から成り立つとしています（Johnson et al., 2008）。

さらにオスターワルダーとピニュールは，ビジネスモデルを，「企業がどのように価値を創造し，顧客に提供し，事業で収益をあげるかの仕組み」と定義した

上で，ビジネスモデルの複雑な要素を分かりやすく可視化するための手法として「ビジネスモデルキャンバス」を提案しました（Osterwalder & Pigneur, 2010）。彼らはビジネスモデルの構成要素を，①顧客層を定める，②どのような価値を届けるのかを決定する，③顧客との関係を築く，④流通チャネルを通じて価値を顧客に届ける，⑤収益を獲得する，⑥必要な資源を準備してそれを利用する，⑦主要な活動を行う，⑧パートナーと協力する，⑨コスト構造を改善する，の9つとしています。

　これらの定義は，それぞれビジネスモデルの重要な側面を捉えており有用ですが，やや対象とする範囲が広すぎるきらいがあります。具体的には，「誰に対してどのような価値を提供するのか」，「競争相手に対してどのような優位性を築くのか」，「どの活動にどのような資源をどれだけ配分するのか」といった点についての決定は，まさに戦略そのものだと言えます。

　そのため，この部分をビジネスモデルの定義に含めてしまうと，たとえば事業の成功要因を考察する際に，成功の鍵が戦略の内容にあるのか，それとも戦略を実現するにあたってのビジネスモデルにあるのかを，明確に区別しにくくなってしまいます。

　本書では，そうした事態を避けるため，基本的に西野（2006）の定義をもとにして，「ビジネスモデルとは，策定された戦略に基づいて製品を顧客に提供し，事業として収益をあげるための，一連の業務の仕組みのことである」と，やや狭く定義することにしたいと思います。

　この定義では，ビジネスモデルを，あくまでも事業の仕組みとして捉えています。つまり，戦略によって示された基本構想を実現し，なおかつ収益基盤を持った事業として成立させるために作り上げる仕組みこそが，この章で対象とする狭義のビジネスモデルなのです。

## ○　ビジネスモデルの2つの構成要素

　このように定義されるビジネスモデルは，2つの要素から構成されています。
　1つ目が，「研究・技術開発，製品開発，購買，生産，販売，アフターサービスなど，製品を生み出し，それを顧客にまで届け，使用を通じて価値を実現してもらうために必要とされる一連の業務の仕組み」を意味する「ビジネスプロセス」です。2つ目は，「顧客価値提供からの対価を確保するための仕組み」を意味する「収益モデル」です。

両者は，必ずしもキレイに２つに切り分けられるわけではなく，重なり合う部分も多いのですが，基本的には別個のものだと考えられます。すなわち，図式的に言えば，

「ビジネスモデル」＝「ビジネスプロセス」＋「収益モデル」

ということになります（西野，2006；伊丹，2009）。

これら２つの要素は，それぞれ単独でも競争優位の獲得や収益の確保に貢献しうるのですが，両者が一体になることによって，その効果が非常に高まり，競争優位の持続可能性や確保しうる収益のレベルがより一層向上することになります。

実際，独創的で優れたビジネスモデルとして取り上げられるような企業や事業の場合，これらビジネスプロセスと収益モデルの双方が，既存の他社のビジネスモデルと比較して，より独創的で優れていることがほとんどです。

そこで以下では，ビジネスプロセスの工夫と収益モデルの工夫について，それぞれ順に説明していくことにしたいと思います。

## 14.3 ビジネスプロセスの工夫

### ◯ ビジネスプロセスとバリューチェーン

すでに述べたように，ビジネスプロセスとは，製品を生み出し，それを顧客まで届け，使用を通じて価値を実現してもらうために必要とされる一連の業務の仕組みのことを意味します[1]。

企業が顧客に価値を届けるために必要とされる無数の業務活動は，たとえば，ある業務活動のやり方が別の業務活動のコストや効率に影響を及ぼすといった具合に，強弱の差はあっても，それぞれ互いに関連し合い，何らかのリンケージ（連結）によってつながっています。

こうしたリンケージには，補完関係もあればトレードオフ関係もあります。たとえば，製品設計や原材料にもっとコストを注ぎ込めば，品質が向上し，修理に要するコストを削減することができるかもしれません。あるいは逆に，マーケットで売れる価格が決まっているにもかかわらず，開発コストが増大してしまえば，

---

[1] ここでのビジネスプロセスは，加護野（1999）や加護野・井上（2004）の「ビジネスシステム」と同じ意味で用いています。

原材料や生産のコストを大幅に切り詰めなければならなくなってしまうかもしれません。

こうした企業内での業務活動の一連のつながりは,「バリューチェーン（価値連鎖）」と呼ばれます（Porter, 1985）。

企業は,こうしたバリューチェーンを構成する無数の業務活動の間のリンケージを調整することによって,顧客に対するより大きな価値を生み出すことが可能になります。たとえば,生産と出荷物流の業務の間の調整を密にすることで,在庫の維持に多額のコストをかけることなく,ジャスト・イン・タイムでの配送を実現することが可能になり,ひいては低価格の製品の提供という形で顧客に価値を届けることが可能になるかもしれません。

さらに,顧客に価値を届けるために必要とされるこうした無数の業務活動間のリンケージは,一般に,企業の枠を越えて,業界の川上から川下までつながりあっています。たとえば,製品を生産しているメーカーのバリューチェーンには,原材料や部品を供給する業者のバリューチェーンや,あるいは自社の製品を最終的な顧客に販売する流通業者のバリューチェーンなどがつながりあっています。こうした,業界全体で相互につながりあったバリューチェーンこそが,事業の仕組みとしてのビジネスプロセスなのです[2]（図 14.1）。

こうしたビジネスプロセスを構成する一連のバリューチェーンのリンケージ（および,それぞれのバリューチェーンを構成する各業務間のリンケージ）を全体として調整することによって,顧客に対するさらに大きな価値を生み出すことも可能です。たとえば,供給業者からのジャスト・イン・タイム方式の部品納入は,自社における生産と出荷物流間の密なリンケージと結びつくことによって,在庫コストの極小化をもたらし,ひいては,さらなる低価格の製品の提供という形で顧客に価値を届けることが可能になるかもしれません。

ただし,外部企業との関わり合いのマネジメントについては,すでに第12章で説明しました。そこでこの章では,外部企業との調整の問題については,明示的には触れないようにしたいと思います。

さて,こうしたビジネスプロセスは,顧客が実際に購入する製品とは違って,それを提供するための裏方（バックヤード）であり,外からは見えにくいという性質を持っています。

---

[2] こうした,企業の枠を越えた,業界の川上から川下にまでいたるバリューチェーンのつながりは,「バリューシステム」や「バリューネットワーク」,「サプライチェーン」,「事業連鎖」などと呼ばれることもあります。

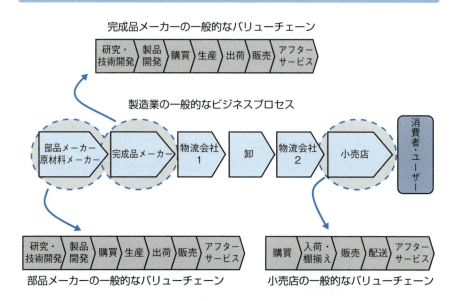

図 14.1　ビジネスプロセスとバリューチェーン

　また，ビジネスプロセスは，相互に関連し合った多岐にわたる活動によって構成されるため，部分だけを真似してもうまくいかず，さらには，他社が後になってから追いつこうとしても，ビジネスプロセス全体を真似するには時間やコストがかかりすぎるという場合がほとんどです。

　あるいは，ビジネスプロセスというものは，当該企業やそのアウトソーシング先・アラインアンス先の企業を含めた総合力を反映しているため，企業文化や従業員の意識，企業間の信頼関係といった，分かっていてもなかなか真似できない要素がカギとなっていることもしばしばです。

　以上のような理由から，ビジネスプロセスは他社から模倣されにくいので，この部分でひとたび優位性の確立に成功すれば，その競争優位は持続させやすいのです（加護野・井上，2004）。

## ○ ビジネスプロセスによる2つの競争優位：
## 「コスト優位」と「差別化優位」

ビジネスプロセスを構成するバリューチェーンのリンケージ（および，それぞれのバリューチェーンを構成する各業務間のリンケージ）の調整によって生み出される顧客価値は，上で述べたような低価格製品の提供だけではありません。差別化された，より顧客満足度の高い製品の提供もまた，顧客価値を高めることになります。

この2つは，ポーターが唱える，企業にとっての2つの競争優位の源泉に対応しています（Porter, 1980）。すなわち，一つが競合他社と同等の製品を競合他社よりも低いコストで提供することによって利益を生み出すというやり方で，これは「コスト優位」と呼ばれます。もう一つは，自社の製品を競合他社のそれと差別化することによって，顧客の支払い意思額（Willingness to Pay：WTP）を増やし，ひいては収入のレベルを上げて利益を生み出すというやり方で，これは「差別化優位」と呼ばれます。

ビジネスプロセスのマネジメントでは，こうしたコスト優位や差別化優位を独自のビジネスプロセスによって確立し，持続的な競争優位を築き上げることが最大の目標になります。

そこで以下では，コスト優位と差別化優位の確立を目指したビジネスプロセスの具体例について，それぞれデルとGEを例にあげて詳しく説明することにしたいと思います。

## ○ コスト優位の確立を目指したビジネスプロセス：
## デルの事例

デル・コンピュータ（以下「デル」）は，「ダイレクト・モデル」と称される独創的なビジネスプロセスによって，非常に競争の激しいPC（パソコン）業界において，1990年代半ば頃から10年以上にわたって高業績を維持し続けました。以下，コスト優位のビジネスプロセスの典型例として，同社のビジネスプロセスについて紹介していきます[3]。

デルのダイレクト・モデルの第1の特徴は，「直接販売」です。

---

[3] 以下の記述は，Dell（1999），Rangan and Bell（1998）などを再構成したものです。

従来の PC 業界では，卸売業者や小売店などの流通チャネルを通じて最終顧客への販売を行っていました。これに対してデルは，自社が最終顧客から直接注文を受け，直接に販売するという方式を採用しました。従来のやり方では，中間の流通業者の利ざやが小売価格の約 1/4 にも達していたのですが，デルは直接販売によって彼らを中抜きし，支払っていた利ざやを排除することで，その分だけ小売価格を下げることに成功しました。

　また，従来のやり方では，流通チャネルに中間の流通業者が数多く介在していたので，その分，PC メーカーが市場の動向（たとえば売れ筋商品の変化や顧客の値ごろ感の変化など）を迅速かつ正確に把握することが難しいという問題がありました。しかしデルでは，直接販売方式を採用することによって，どの顧客が，いつ，どのような仕様の製品を，何個注文したのかを直接に把握し，そうした「鮮度の高い情報」（PC 市場でリアルタイムに起こっている動き）を次の製品開発や販売促進活動に反映させることができるようになりました。

　さらにデルは，サポート・サービスも基本的に自社で直接に提供するようにしました。24 時間いつでも対応できるテクニカル・サポートスタッフを大量に配置して，製品出荷の後で顧客がトラブルのために e メールや電話で問い合わせてきたときには，1 次サポートをそのまま e メールや電話で提供するといった具合に対応した結果，問い合わせのうちの 9 割は，この方法によって問題解決できるようになりました。さらに加えて，それでもトラブルが解決しないときのために，サポート・サービスを提供する外部企業と契約を結び，そのスタッフを顧客のもとに派遣して対応させる体制を組みました。

　このように，故障などの情報が直接にデルのもとに届くような仕組みを作り上げることを通じて，壊れやすい部品は何か，どうすれば壊れにくくなるのか，顧客のもとで現在問題になっていることは何であるのかといったことを直接に把握できるようになり，そうした情報を次の製品開発や販売促進活動に反映させることができるようになったのです。

　デルのダイレクト・モデルの第 2 の特徴は，「受注生産（Build to Order：BTO）」です。

　従来の PC 業界では，事前に需要を予測して見込み生産を行っていましたが，デルでは，顧客の注文を受けてから PC 本体の生産にとりかかる方式を採用しました。2000 年頃の実際の生産プロセスは，おおむね次のようなものでした。

　デルから購入する場合，顧客は，自らのニーズに合わせて PC の主要部品の組み合わせをカスタマイズすることができました。顧客の注文は，電話や FAX，

インターネットを通じて，デルの営業部門に送られました。顧客からの注文を受けとると，デルの営業部門はすぐさま注文内容を適切な生産拠点に電子的に転送しました。

生産拠点ではその注文に合わせた部品リストを自動的に作成し，PC1台分の部品をピッキングし，すべて1つの箱にまとめました。箱にはバーコードが取りつけられ，組み立てられるPCはこのバーコードによって注文番号とリンクづけされました。

組み立ては5人1組のチームで，セル生産方式で行われました。組み立てが完了すると，今度は顧客が指定したソフトウェアがインストールされ，最終検査が行われました。それが終わると，キーボード，マウスなどの周辺機器や，マニュアル類などとともに梱包され，ただちに出荷エリアに送られて，フェデラル・エクスプレスなどの配送業者によって顧客のもとへと順次発送されました。この間，受注から発送にいたるまでに要した時間はわずか36時間でした。

第3の特徴は，「部品のジャスト・イン・タイム（Just-in-Time：JIT）調達」です。

従来のPC業界では，上で述べたように事前に需要を予測して見込み生産を行っていたのですが，部品の調達もこれに合わせて見込みで行っていました。これに対してデルは，部品の調達も，基本的には顧客の注文を受けてから行う方式を採用したのです。

たとえば，同社のオースティン工場を例にとると，1992年には204社の部品メーカーと取引していたのを，1990年代の後半には47社にまで絞り込み，1社当たりの部品購入量を増やした上で，この残った47社に対して自社の組立工場から15分以内のところに工場や倉庫を設置するように要請しました。

さらにデルは，部品メーカーとの間に情報ネットワークを構築し，納入すべき部品の情報をオンラインで1時間ごとに伝えるだけでなく，将来的な需要見通しや部品調達計画についても随時開示するようにしました。

部品メーカーとしては，デルの部品調達量が非常に大きく，また直接販売を行うデルだからこそ持っている鮮度の高い情報が，自社部品の需要予測を行うにあたって非常に価値あるものであったため，デルの厳しい要請を受け入れました。その結果，一般的なPC企業の部品在庫が75日から100日分だったのに対して，デルでは13日分にまで圧縮することに成功したのです。

デルのダイレクト・モデルの第4の，そして最も重要な特徴は，「無在庫」です。

PC 業界においては，3ヶ月ごとに新製品が発売され，そのたびに旧モデルの製品の価格は大幅に下落するため，在庫リスクが非常に大きく，さらには，部品業界では技術革新が旺盛で競争がきわめて激しかったため，部品の価格が猛烈なスピードで下落していました。たとえば，1998年8月とその1年後の99年8月の価格を比べると，インテルの「ペンティアムII」400MHZのプロセッサの価格は約1/9に，そして4GBのハードディスクやDRAMの価格はほぼ半分に，それぞれ値下がりしていました。

しかし，従来のPC業界では見込み生産を行い，部品の調達も見込みで行い，中間の流通業者を数多く介在させて販売していたため，全体ではどうしてもかなり大きな製品在庫と部品在庫を抱えざるをえなくなっていました。

これに対してデルは，実際に注文を受けてから組み立てるので，PCの最終製品在庫は基本的に一切持たずに済みました。また，中間の流通業者を中抜きすることで流通在庫も排除し，さらには，他社と違って見込みで部品を調達する必要もなく，その分だけ価格が落ちたタイミングで，他社よりも安く部品を調達することができました。

そしてデルは，こうした在庫費用や部品調達費用の節約分をそのまま製品販売価格の低下に反映させることで，さらにシェアを伸ばすことに成功したのです。

こうした独自のビジネスプロセスが持続的な競争優位に結びつくためには，その前提となる戦略との整合性が重要となります。

この点について，デルでは第1に，「誰をターゲットにするのか」という部分で，メインのターゲットを，自社内にシステム管理の部署を備えていたり，そうでなくてもPCに詳しい人材を豊富に抱えているような中・大口の法人顧客に絞り込み，小口の法人顧客や個人顧客を基本的には避けることにしました。

中・大口の法人顧客であれば，PCにちょっとしたトラブルを抱えたとしても，デルのサポートセンターに電話をする前に，自社内で大半のトラブルを解決してしまいます。このようにターゲットを絞り込むことによって，自社の顧客に提供するサポート・サービスの総量を減らし，それでもサポートセンターに電話がかかってくるようなトラブルについては，大量のテクニカル・サポートスタッフや契約企業のサポート・エンジニアが手厚く対応する体制を整えることで，質の高いサービスを提供することができるようになったのです。

デルは，第2に，「どのような価値を提供するのか」，「競争相手に対してどのような優位性を築くのか」，「どの活動にどのような資源をどれだけ配分するの

か」という部分で，「最先端の技術を追いかけるのではなく，コモディティ化した PC という製品を，他社よりも低コストで提供する」，「中・大口の法人顧客に対する手厚いカスタマー・サポートを，他社よりも低コストで提供する」という方針のもとに，受注，部品納入，完成品組み立て，物流，サポート・サービスの業務の大半，およびそれらの業務間のリンケージの調整に力を入れ，それ以外の部分（たとえば研究・技術開発の業務）には力を入れないという具合に，メリハリをつけた資源配分を行いました。

このようにデルでは，顧客に製品の使用を通じて価値を実現してもらうために必要とされるあらゆる業務活動が，前提となる戦略の実現に向けて，一貫性を持って調整されていました。それゆえに，きわめて競争の激しい PC 業界において，10 年以上にわたって高業績を維持し続けることができたと考えられるのです[4]。

## ◯ 差別化優位の確立を目指したビジネスプロセス：GE の事例

次に，差別化優位の確立を目指したビジネスプロセスの典型例として，GE の事例を紹介します。

差別化の源泉となる変数はほとんど無限にありますが，そのなかでも重要なものとして近年特に注目を集めているのが，製品に付随する補助的・付加的なサービスで競合他社と差別化を図る「付随サービスの差別化」です。

とはいえ，付随サービスと一口に言っても，詳しく見ていくとその中身は多様です。たとえば，メーカーが法人顧客に製品を販売する場合の一般的な業務の流れを考えると，潜在顧客に対して営業活動を行い，顧客が購買することを決めたら顧客の注文を受領し，内容確認の作業を行い，必要であればファイナンスを行い，支払いを確認し，製品を配送し，組み立てや据え付けを行い，顧客が当該製品を使用した後は保守や点検を行い，必要であれば修理や返品，取り替えを行い，最終的には廃棄作業を行う，というステップを踏むことになります。メーカーは，このすべてのステップで差別化を図ることが可能ですし，またこうしたステップ間のリンケージを新たに調整し直すことによっても差別化を図ることが可能です。

---

4 デルの業績は 2000 年代半ばから低迷しました。その理由の一つは，PC 市場における中・大口の法人顧客の需要の伸びが鈍化し，同社が小口の法人顧客や個人顧客にも手を伸ばすようになったため，戦略とビジネスモデルの適合性が薄れてしまったことにあると考えられます。

こうした付随サービスの差別化で先端を走り，高収益を確保し続けるための仕組みを最初に確立した企業として有名なのが GE です[5]。

GE は，遠隔モニタリング（監視）・システムを開発し，自社製品を四六時中，同社の集中モニタリング・センターから遠隔で保守・点検するサービスを展開することで，他社製品との差別化を図り，高収益を確保することに成功しました。

同社のこうした取り組みは，1995 年に高額の医療機器の保守・点検サービスではじまり，その後 1990 年代末頃までには，航空機エンジンや発電所のタービン，機関車など，他の多くの製品分野に展開されていきました。

たとえば，CT スキャナーや MRI といった高額の医療機器を例にとると，従来は，トラブルが起きると顧客である医療機関（病院）が GE に連絡し，同社から現場にメンテナンスのエンジニアが派遣されていました。

しかしこのやり方では，エンジニアが現場に到着するまでに時間がかかり，その後の修理にもかなりの時間がかかっていました。トラブルの原因次第では，現場に派遣されたエンジニアの手に余ったり，あるいは，持参した部品や工具では修理できず，二度手間になってしまったりといった事態も生じていました。このように，修理に時間がかかればかかるほど，その間は当該医療機器の稼働がストップしたままとなるため，病院に相当な機会ロスが生じていました。

しかし，遠隔モニタリング・システムを介した新しいやり方では，GE のコンピュータやオペレーターは，1 年 365 日，1 日 24 時間無休で，取り付けられたセンサーなどから送られてくる情報を通じて，当該医療機器のモニタリングを行うようになりました。

GE の集中モニタリング・センターは，将来のトラブルに結びつきそうな兆候が見られた段階で，機器自身が自動的に保守を行うような信号を送ったり，顧客に対して保守・点検を促すアラームを発しました。また，万が一トラブルが生じた際には，集中モニタリング・センターにいる GE のオペレーターが，顧客が現場で見ているのと同じ画面を見ながら，復旧のための方法を教えました。そして，こうした遠隔誘導では対応できない場合に限り，GE から現場にメンテナンスのエンジニアが派遣されたのです。

このような遠隔モニタリングのサービスによって，病院は高額な医療機器の稼働ストップ時間を最小化することができたので，そのメリットには非常に大きいものがありました。

---

[5] 以下の記述は，Tichy and Sherman（1993），Bartlet and Wozny（1999），Welch（2001），寺本・岩崎（2000）などを再構成したものです。

さらに GE は，自らの低い資金調達コストを活かせる金融リース業と組み合わせ，病院がこうした高額な医療機器を導入するにあたってのファイナンスのサービスも提供しました。病院にとっては，GE のグループ会社が低コストで資金を提供してくれるのであれば，銀行やリース会社とわざわざ交渉するための面倒な手間を省くことができて便利でした。

こうして GE は，顧客である病院に対して，「医療機器メーカー，保守アウトソーシング先，ファイナンス提供先」という 3 つの役割を 1 社ですべて提供するという独自のビジネスプロセスを作り上げ，付随サービスで他社と差別化を図りました。これによって顧客である病院は，多額の初期投資を負担せずに，毎月のリース費用を支払うだけで，メンテナンスについても心配することなく，高額な医療機器を利用することが可能になったのです。

一方の GE の側では，医療機器というモノを売った収入だけでなく，これまで他のプレーヤーの手にわたっていた保守メンテナンスの収入やリース金融の収入も得ることができるようになりました。

また，保守サービスを通じて医療機器の故障に関するデータを入手し，これを活かして故障率の低い製品の開発につなげることもできるようになり，この結果，保守サービス事業の利益率がますます高くなるという好循環が実現されました。

さらにまた，保守サービスを通じて得た当該医療機器の稼働状況についての情報や，リース申請の際に得た当該病院の経営状況についての情報を活かし，効果的な販売促進活動に結びつけていくことも可能になったのです。

こうした GE 独自のビジネスプロセスは，その前提となる戦略とも整合的なものでした。

1981 年から 20 年間にわたって同社の CEO であったジャック・ウェルチは，「誰をターゲットにするのか」という部分で，グローバルに多数の顧客企業が存在するけれども，一つ一つの顧客企業は特定することが可能であり（不特定多数ではないので「顧客の顔が見える」），しかも先導的な主要顧客が米国内に存在し，そうした特定顧客との取引が繰り返し行われる性質を有した製品の市場に事業を絞り込みました（三品，2005）。

CT スキャナーや MRI といった高額の医療機器であれば，先端的医療を担う米国内の大規模な病院が，上の条件を満たすメインのターゲットでした。こうした大規模な病院は，多くの場合に専門の経営スタッフを抱えており，医療機器などの設備の稼動状況や投資効率，人員効率などについても厳しいチェックの目を光

らせていました。そのため，遠隔モニタリングのサービスによって高額な医療機器の稼働ストップ時間を最小化することができて，自前の機器メンテナンス要員を置かなくても済み，銀行やリース会社と改めて医療機器導入のためのファイナンスの交渉を行う必要がないといったメリット訴求は，たちまち彼らから歓迎されたのです。

またGEは，第2の，「どのような価値を提供するのか」，「競争相手に対してどのような優位性を築くのか」，「どの活動にどのような資源をどれだけ配分するのか」という部分では，「単に製品を販売して終わりではなく，サービスも合わせて提供することによって，その製品を利用する顧客の総合的な生産性を向上させる手助けをする」「製品と付随サービスの両面で他社との差別化を図る」という方針のもとに，製品サービス事業の強化に向けて経営資源を集中的に投入しました。

具体的には，社内の各事業部門のマネージャたちを競わせてサービス事業の強化に取り組ませると同時に，ある事業での成功した取り組みを他の事業部門に展開していくための仕組みとして，全社レベルのサービス協議会を設置し，この場で定期的に成功事例の詳細を報告させました。

さらに，サービス事業の強化を図るための買収も積極的に行いました。こうした取り組みがピークを迎えた1997年には，GEは20件ものサービス関連の買収と合弁事業を実施したとされています。

この結果，GEの売上高に占めるサービスの比率は，1990年の45％から2000年の75％まで急成長し，こうしたサービス事業は，それまでの製品事業のほぼ倍の利益率を確保することができたとされます。

このようにGEは，ビジネスプロセスを構成する複数の業務活動間のリンケージを新たに調整し直すことで，持続的な競争優位と高い収益力を確立することができたのです。

## 14.4　収益モデルの工夫

### ◯ 対価を支払ってくれる相手についての工夫

さて，ビジネスモデルを構成するもう一つの大きな柱が収益モデルです。これ

は，単なるコスト優位や差別化の範疇にとどまらないような，収益の増加を図るためのビジネスの仕組みの工夫のことを意味しています。

ここでは，大きく分けて2種類の工夫が重要になります。その1つ目は「事業活動の対価を支払ってくれる相手についての工夫」であり，2つ目は「対価の対象についての工夫」です（西野，2006）。

対価を支払ってくれる相手についての工夫というのは，これまでその事業で製品を提供していた相手である顧客層とは別の主体が対価を支払うようにできないか，という工夫です。その典型的なやり方としては，製品のユーザーから対価を得るのではなく，ユーザーに対して広告を提供する企業から対価を受け取るという方法があげられます。

たとえば日本最大のポータルサイトである「Yahoo! JAPAN（ヤフー・ジャパン）」は，サービスを利用している一般のユーザーから対価を受け取るわけではありません。Yahoo! JAPAN は，各種の新聞や雑誌などと提携してさまざまなニュースを配信する「Yahoo! ニュース」，各地の天気予報や気象に関するさまざまな情報を配信する「Yahoo! 天気」，全国の路線の運行情報を配信し，また全国の鉄道や航空路線などのルート・運賃を検索することができる「Yahoo! 路線情報」，PC やスマートフォンなどからアクセスし，インターネット上のカレンダーでスケジュール管理ができる「Yahoo! カレンダー」，電子掲示板上で参加者同士が知識や知恵を教え合う「Yahoo! 知恵袋」，メールサービスの「Yahoo! メール」など，さまざまなサービスを無料で一般ユーザーに提供しています。

その代わりに Yahoo! JAPAN は，ユーザーに広告を提供する企業から対価を受け取っています。その意味で Yahoo! JAPAN は，視聴者が喜ぶコンテンツを無料で提供し，そのコストを広告収入でまかなっている地上波テレビ局と同じ収益モデルを，ネット上で実現していると言えます[6]。

## ○ 対価の対象についての工夫：付随サービスや補完財の販売

一方，2つ目の対価の対象についての工夫とは，それまである製品を顧客に提

---

[6] ネットビジネスでは他にもさまざまな収益モデルの工夫が見られますが，紙幅の関係で本書ではこれ以上論じません。詳しくは，ヘーゲルとアームストロング（Hagel and Armstrong, 1997），栗木（2006），根来（2007），野島（2008），アンダーソン（Anderson, 2009）などを参照してください。

供し，それについての対価を得ていたのとは異なった対価の対象物を作り出すことによって，新たな対価の獲得方法を工夫するということです。

その典型的なやり方としては，製品そのものの販売によって対価を得るのではなく，付随サービスや補完財（特に消耗品）の販売によって対価を得るという方法があげられます。

付随サービスの販売によって対価を得るやり方としては，第2章で紹介したゼロックスの普通紙コピー機の事例や，本章の14.3節で紹介したGEの遠隔モニタリング・サービスの事例が有名です。一方，補完財（特に消耗品）の販売によって対価を得るやり方としては，次に述べるキヤノンの小型コピー機事業の事例が有名です。

1982年，キヤノンは世界に先駆けて，小口の法人顧客や個人顧客を主たるターゲット顧客とした小型コピー機「PC-10」を開発しました。このPC-10は市場導入直後から爆発的なヒット商品となり，キヤノンの成長に大きく貢献しました[7]。

この製品の画期的な点は，「カートリッジ方式」と呼ばれるキヤノンが当時独自に開発した技術を採用することで，メンテナンス・フリーを実現したことにありました。ここで言うカートリッジ方式とは，コピー機の心臓部と言える感光ドラムおよび関連部品と，消耗品であるトナーおよび関連部品を，それぞれ交換可能なカートリッジ型のユニット部品へと一体化することを意味しています。

PC-10登場以前のコピー機には，メンテナンスのサービスがつきものでした。感光ドラムは寿命がきたら交換しなければなりませんし，感光ドラムを帯電させるためのワイヤーには集塵作用があってよく汚れ，定期的に清掃しなければなりませんでした。また，クリーナーの定期的な交換も必要で，用紙の給紙・搬送機構を中心とする不具合なども頻繁に発生し，さらに，トナーの入れ替えや廃棄も必要でした。

要するに，定期点検や保守，消耗品の取り替え，修理などへの迅速な対応を可能とする充実したサービス網の整備は，コピー機ビジネスを展開する上で欠かせない条件でした。そのため，当時のコピー機は，そうした手厚いサポート・サービスの料金を負担できる資金力を有した，中・大口の法人顧客だけがもっぱら利用する代物だったのです。

---

[7] 以下の記述は，寺本（1998），榊原（2005）などを再構成したものです。

一方，キヤノンは，小口の法人顧客や個人顧客を新たに開拓することを目的に小型コピー機の開発に着手したのですが，ここで問題になったのは，全国に散在する小口の法人顧客や個人をカバーする充実したサービス網をつくることは難しく，仮にできたとしても経済的に引き合わない，という厳しい現実でした。

　それに対してキヤノンは，ユーザー自らが，寿命がきたドラムユニットやトナーユニットのカートリッジを簡単に取り外して新品と交換できるような構造にすることで，サポート・エンジニアによる定期点検やトナーの補給がそもそも不要となるコピー機を開発して，この問題を解決したのです。

　こうしたカートリッジ技術の採用によるメンテナンス・フリーの実現は，収益モデルの観点からすると，サポート・サービスで儲ける仕組みから，ドラムやトナーのカートリッジという消耗品で儲ける仕組みへの転換を意味していました。

　当時のコピー機業界の収益モデルは，すでに第2章で説明したゼロックスの「カウンター課金」のモデルをそのまま踏襲したもので，コピー機本体は比較的安い価格でリースする代わりに，一定枚数を超えるコピーについては枚数に応じた従量料金を徴収する（そのなかには，トナーなどの消耗品の補給，スペアパーツの交換，保守・点検や修理など，顧客がコピー機を使用していく上で必要とされるサポート・サービスの費用がすべて含まれている）というものであり，主たる収益の源泉はサポート・サービスの費用でした。

　それに対してキヤノンは，メンテナンス・フリーのカートリッジ方式のコピー機の開発によって，別売の感光ドラムカートリッジとトナーカートリッジという消耗品で儲ける収益モデルを新たに展開したのです[8]。

　この結果，小口の法人顧客や個人顧客を新たに取り込むことに成功し，国内のコピー機生産台数の半分近くが小型機となり，その小型コピー機の市場で同社は一時期約80％のシェアを占めるまでになりました。また，ここでの成功体験は，その後のレーザー・プリンター事業やインクジェット・プリンター事業でも活か

---

[8]「消耗品で儲ける収益モデル」自体は，古くから存在していました。古典的事例として有名なのが，「ジレットの髭剃り」です。ジレットは，髭剃りの柄はきわめて安い価格で提供しながら，消耗品である替刃の価格を若干高めに設定することで，継続的に利益をあげ続けることに成功しました。ジレットの髭剃りの柄は他社製の替刃を取り付けることはできず，安い価格にひかれて顧客がいったん同社の髭剃りの柄を購入してくれれば，その後は定期的に専用の替刃を買い続けてくれたのです。この戦略は，「抱き合わせ戦略（tying strategy）」と呼ばれます（Scherer, 1992）。
　キヤノンの優れた点は，カートリッジ方式を技術的に実現することで，この収益モデルをコピー機ビジネスの世界に持ち込み，メンテナンス・フリーという顧客にとっての新たな価値の創造に結びつけた点にありました。

されていくことになったのです（榊原，2005）。

## 14.5　常識にとらわれない柔軟な発想を

### ○ 求められる柔軟な発想：iPod と iTunes Store の事例

　このように，対価の対象についての工夫では，付随サービスや補完財の販売によって対価を得るやり方が一般的です。特に，第 7 章でも紹介した通り，デファクト・スタンダードの確立が重要となるようなネットワーク外部性の間接効果が強い製品の場合には，このやり方は「定石」だと言っても過言ではありません。

　たとえば，Switch や PS5 などのゲーム機の場合，ゲーム機の本体価格はできる限り低く設定した上で，補完財であるソフトウェアの販売代金（他社が開発したソフトウェアの場合はライセンス料金）から収益をあげています（山田，2004b）。

　ただし，定石はあくまでも現在までの支配的なやり方にすぎず，杓子定規に適用すべきものではありません。収益モデルのあり方は多種多様であり，状況に応じて柔軟に発想していくことが重要です。

　たとえば，ネットワーク外部性の間接効果が強い製品の場合であっても，補完財の販売代金・ライセンス料金はできる限り低く設定し，ネットワーク外部性の間接効果を通じて製品自体の魅力を高め，その分だけ増大した製品の売上から収益を確保する，という方法もありうるのです。

　このやり方で成功した有名な事例が，アップルの「iPod」と「iTunes Store」（当初は「iTunes Music Store」でしたが，以下 iTunes Store で統一）です。

　第 9 章でも紹介したとおり，2001 年にアップルから発売された携帯用デジタル音楽プレーヤーの iPod は，若者たちに支持されて当初からよく売れました。しかし，他社の類似製品を圧倒的に引き離し，爆発的に普及するようになったきっかけは，2003 年に同じアップルが iTunes Store というデジタル音楽の有料配信サービスを米国で開始し，好きな曲をネット上で購入して，そのまま iPod に簡単にダウンロードできるようにしたことにありました（Eisenmann et al., 2006）。

　2003 年当時，世の中では「Napster」をはじめとする違法の音楽ファイル共有

ソフトが蔓延し，インターネットに詳しい音楽愛好家たちが，法律に違反しているにもかかわらず，国境を越えて思いのままに音楽ファイルの共有を行っていました。レコード業界は，音楽 CD の販売が脅かされるのを防ごうと法的措置に訴えていましたが，違法ダウンロードは後を絶たず，2003 年には月間 20 億を超す音楽ファイルが違法に交換されていたとされます。

すでに iPod で一定の成功を収めていたアップル CEO のスティーブ・ジョブスは，こうした状況に着目し，「無料でデジタル音楽をダウンロードできる技術が一般に利用可能となってしまった以上，法的な措置をいくら講じても，この流れを阻止することはできない。むしろ，逆にオンライン音楽配信を積極的に手がけ，違法ダウンロードを防いで著作権収入を確保するべきだ」と大手レコード会社首脳を説得して引き込み，2003 年 4 月に iTunes Store を開設しました。

当時，無料で——つまりは違法で——音楽をダウンロードするためには，まず楽曲，アルバム，アーティストなどを検索しなくてはなりませんでした。自分の好みのアーティストのお目当てのすべての曲を丸ごとダウンロードできるようなサイトはまず存在しなかったし，サイトから目的のファイルが削除されていることも多かったため，この検索作業は相当に面倒でした。

しかも，たいていの無料ダウンロード・サイトは，データ量をおさえるためにファイル・サイズを大幅に圧縮していたため，音質があまり良くありませんでした。加えて，しばしばウィルスのソフトが紛れ込んでいたためリスクも高く，無料ダウンロードはあくまでも違法行為であるため，罪に問われる危険性さえありました。

これに対してアップルの iTunes Store は，楽曲の探しやすさやダウンロードのしやすさなど，サイトの使いやすさが段違いに優れていました。買い手は 20 万（当時）ものタイトルのなかから自由に楽曲を選び，30 秒のサンプルを試聴することができました。ダウンロード価格は 1 曲当たり 99 セント，アルバム単位であれば 9.99 ドルと格安でした。しかも，iTunes Store は「AAC」というフォーマットで音声を圧縮していたため，音質が非常に優れていました。

そのため音楽ファンは，わざわざ手間をかけて，危険を承知で音質のあまり良くない音楽ファイルを違法にダウンロードする代わりに，iTunes Store を訪れて，簡単な操作で音質の良い音楽ファイルを安価にダウンロードする方を選ぶようになったのです。

実際，iTunes Store は初年度だけで延べ 7,000 万曲を売り上げました（米国）が，これは単純計算で週平均 250 万回のダウンロードに相当する数字でした。ま

た，調査会社ニールセン・ネットレーティングスによると，2006年9月の時点で，iTunes Store は合法的な音楽ダウンロード全体の70％を占めるまでになりました[9]。

一方，これに合わせて iPod の売上げも急拡大しました。それというのも，iTunes Store で販売される音楽ファイルは iPod 以外のデジタル音楽プレーヤーでは再生できないようになっていたため，iTunes Store を利用したい顧客は iPod を買わざるをえなかったからです[10]。

調査会社 NPD グループの推計によると，2005年の iPod の米国での市場シェアは台数ベースで72％，売上高ベースで83％にも達しました。また，2007年4月には，全世界での iPod の累計販売が1億台を突破しました。

この iPod と iTunes Store の成功事例の興味深い点は，収益モデルの観点から見た場合に，無料の違法ダウンロードに対抗するという当初の目的から，音楽配信の料金をきわめて低く設定したため，音楽配信事業そのものからはほとんど収益があがらなかったことにあります（非公開ではありますが，配信手数料も，少なくとも大手レコードメーカー向けのものは相当に低く設定されていたとされます）。

つまりアップルは，「ハードを安く売ってソフトで儲ける」という一般的な収益モデルとは逆に，きわめて低い音楽配信の料金を設定し，「ソフトを安く売ってハードで儲ける」という収益モデルで勝負したのです（寺本他，2007）。

このやり方を採用したことが，結局は，デジタル音楽配信に尻込みする音楽業界を説き伏せ，大手レコードメーカーを軒並み引き込み，無料ダウンロードに慣れた顧客をひきつける上での鍵になりました。その意味で，アップルによる常識とは逆の収益モデルの採用が，デジタル音楽のオンライン有料配信事業という新市場の立ち上げを成功に導いたのです。

## ○ 常識からの逸脱

以上，ビジネスモデルのマネジメントについて，ビジネスプロセスと収益モデ

---

9 iTunes Store は，その後，音楽だけに限らず，ミュージック・ビデオ，映画，テレビ番組，Podcast, iPod 向けゲームなど，さまざまなソフトの配信を行うようになりました。また，日本版の iTunes Store も2005年8月にサービスを開始し，大きな成功を収めました。

10 2009年からは，iTunes Store で販売される音楽ファイルの大半（「iTunes Plus」の音楽ファイル）が，iPod 以外のデジタル音楽プレーヤーでも再生できるようになりました。

ルの2つに分けた上で説明してきました。しかし，本当に重要な点は，前項で若干触れたように，「常識にとらわれずに柔軟に発想する」ということです。

　ビジネスプロセスにしても，収益モデルにしても，どれか1つのやり方が「正解」だというものではなく，多種多様なやり方がありえます。それゆえに，ビジネスモデルのやり方には，その相乗効果で無限とも言えるほどの可能性が秘められているのだということを，決して忘れてはなりません。

　実際に，キヤノンは，「コピー機ビジネスはサポート・サービスで儲けるのが常識」とされていた時代に，「消耗品で儲ける収益モデル」を実現し，これまで見過ごされてきた小口法人顧客や個人向けの小型コピー機という新たな市場を生み出しました。また，アップルは，「ネットワーク外部性の間接効果が強い製品の場合には補完財で儲けるのが常識」だとされていた時代に，「補完財の価格は安くする代わりに，製品自体の販売で儲ける収益モデル」を実現し，デジタル音楽のオンライン有料配信市場を急拡大させることに成功しました。

　このように，本当に優れた，時代を画するような新しいビジネスモデルを考え出していく上では，「常識からの逸脱」が必要とされます。すなわち，世の中で誰もが当たり前のように思っている常識であっても，「本当にそうなのか？」と疑い，本質にまで立ち返って深く考え直してみることが大切なのです。

　本章で述べた考え方や事例は，すべてがすでに過去のものであり，ビジネスの最前線で活躍している人たちにとっては，もはや「常識」の範疇に属する事柄ばかりです。

　読者の方々には，本書に書かれた内容をきちんと押さえた上で，しかし，そうした「常識」を疑い，ぜひとも自らオリジナルのビジネスモデルを構想し，実現して欲しいと願っています。

## 補論　プラットフォーム・ビジネスのビジネスモデル

　ビジネスモデルのあり方の一つとして，2000年代に入って非常に注目されるようになったのがプラットフォーム・ビジネスです。以下では補論として，このプラットフォーム・ビジネスのビジネスモデルについて，根来（2017），生稲・

高井・野島（2021），沼上（2023）などを参考に，少し詳しく説明していきたいと思います。

## プラットフォーム・ビジネスとは何か

プラットフォームとは，「多様な人々や企業を互いに結びつける『取引の場』や『ネットワーキングの場』を提供することを通じて，経済的な価値を創出するビジネス基盤のこと」を意味します。簡単には，「取引の場」や「出会いやネットワーキングの場」といったものを提供するビジネス基盤のこと，と言い換えることができます。

一方，プラットフォーム・ビジネスとは，そうした「プラットフォームによって提供されるビジネスのこと」を意味しています。また，こうしたプラットフォーム・ビジネスを提供する企業を，プラットフォーマーと呼びます。

たとえば「楽天市場」のような電子商取引業者は，出店者と購入者を結びつけて取引を行ってもらうことをビジネスにしています。「メルカリ」や「Yahoo! オークション（ヤフオク）」のような電子オークション業者は，自分が所有している商品を売りたい出品者とそれを買いたい人を結びつけ，取引を行ってもらうことをビジネスにしています。こういった取引の場がプラットフォームであり，こういったプラットフォームを提供するビジネスがプラットフォーム・ビジネス，運営会社がプラットフォーマーということになります。

## プラットフォーム・ビジネスの2種類の顧客グループ

こうしたプラットフォーム・ビジネスでは，「売り手」と「買い手」という2種類の顧客グループが存在し，それらを結びつけて取引や交流を行ってもらうという点が重要です。プラットフォーム・ビジネスのこうした性質を，両面市場（"two-sided market"）」と言います。

たとえば楽天市場では，出店している企業や店舗が売り手（サプライヤー）で，一般ユーザーが買い手です。楽天市場にとっては，売り手も買い手も大切なお客さんであり，この2つのタイプのお客さんの間を取り持って，盛んに取引を行ってもらう必要があります。

こうした売り手と買い手を互いに結びつけるという部分は，他のプラットフォーム・ビジネスでも同様です。たとえば世の中には，「自宅でいま一部屋空

いてるから誰かに泊まらせてお金を稼ぎたい」という人がいる一方で，「○○の地域に旅をするのだが，ホテルは高いのでもっと安く泊まりたい」，あるいは「せっかくなので地元の人と触れ合いたい」といったニーズを持った人もいます。第11章で取り上げたAirbnbは，かつてだったらそう簡単には結びつかなかったようなこうした貸し手と借り手を結びつけて，部屋の貸し借りを仲介することでビジネスが成り立っています。

　こうしたプラットフォームやプラットフォーム・ビジネスというものは，昔からありました。しかし，マッチング作業を人力に頼っている限りでは，なかなか規模を大きくすることができませんでした。ところが，ITが発展することによって，膨大な量のマッチングを瞬時に処理することが可能になりました。こうした最近のIT技術の進歩と，1人1台誰もがPCやスマートフォン，タブレット端末を持っており，いつでもどこでもネットにつながることのできる時代が到来したことによって，2000年代に入ってインターネットを介したプラットフォーム・ビジネスが爆発的に普及するようになったのです。

## ○　プラットフォーム・ビジネスとネットワーク外部性

　こうしたプラットフォーム・ビジネスでは，4つのネットワーク外部性が働くことになります。

　1つ目は，売り手が多いほど買い手が増えるという効果です。メルカリやヤフオクの例で言うと，出品者が多いほど，ユーザーは気に入ったものを希望の価格で購入できる可能性が高まります。そうなると，当然，買い手であるユーザーの数も増えます。

　2つ目はその逆で，買い手が多いほど売り手が増えるという効果です。メルカリやヤフオクの例で言うと，買い手が多いほど，売り手の側では，自分が出した商品が購入される，しかも有利な条件で購入される可能性が高まります。そうなると，当然，さらに売り手である出品者の数も増えることになります。

　この1番目と2番目のネットワーク外部性は，両面市場の両側にまたがり，売り手から買い手へ，買い手から売り手へと，相互に作用しながら働くため，「クロス・サイドのネットワーク外部性」と呼ばれます。また，このクロス・サイドのネットワーク外部性は非常に強力なので，「主効果（メインエフェクト）」と呼ばれることもあります。

　3つ目は，売り手が増えると，さらに売り手が増えるという効果です。メルカ

リやヤフオクの例で言うと，ある分野，たとえば中古の本やゲームソフトなどの出品数があまりにも少ないと，他の売り手は「このサイトに情報を掲載しても買い手が見てくれないかもしれない」と不安に思い，出品を渋ってしまいます。つまり，ある程度は競合する売り手の数が増えないと，「これではサイトの魅力が乏しい」「このサイトに情報を掲載する価値はない」と思われてしまうのです。

　このような理由から，特に最初のうちは，売り手が増えれば増えるほど，さらに新しい売り手が増えるというネットワーク外部性が働くことになります。

　むろん，競合が増えすぎてしまうと，かえって自分が出品した品が売れない可能性が高まります。そのため，際限もなく売り手の数が増えるほどいいというわけではありません。

　最後の4つ目は，買い手が増えると，さらに買い手が増えるという効果です。メルカリやヤフオクの例で言うと，買い手が増えるにしたがって，「これだけ多くの人が使っているのならこのサイトは信用できるだろう」ということになり，必要なものをこのサイトで購入しようとする買い手の数が増えます。あるいは，買い手が増えるほど出品者に対する口コミ情報なども増えるので，それらを参考にして「この出品者なら安心だろう」と考え，このサイトで購入する買い手も増えます。逆に言うと，買い手がある程度増えないと，「これだけ利用者数が少ないサイトを信用できるのか？」「そもそも口コミ情報がほとんどないのに，この口コミ情報は信用できるのか？」という懸念が生じて，このサイトの利用を避ける買い手が増えてしまうことになるのです。

　このような理由から，特に最初のうちは，買い手が増えれば増えるほど，さらに新しい買い手が増えるというネットワーク外部性が働くことになります。

　むろん，買い手が増えすぎてしまうと，かえって人気の品の価格が吊り上がってしまったり，出品された瞬間に売れてしまって手に入らなくなってしまう可能性が高まります。あるいは，アクセスの混雑がひどくなり，サイトが重くなってしまい，買い手が逃げ出すこともありえます。このように，際限もなく買い手の数が増えるほどいいというわけではありません。

　この3番目と4番目のネットワーク外部性は，両面市場の売り手と買い手の片側だけで働くため，「セイム・サイドのネットワーク外部性」とも呼ばれます。また，このセイム・サイドのネットワーク外部性は，初期段階では強く，ある段階を超えると弱くなります。しかも，クロス・サイドのネットワーク外部性に比べると効果が強くないので，「副次効果（サイドエフェクト）」と呼ばれることもあります。

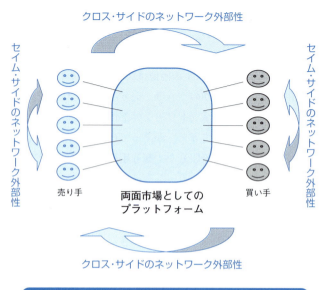

図14.2 プラットフォームと4つのネットワーク外部性

　以上の4つのネットワーク外部性を図示したものが，図14.2になります。一見して分かるように，プラットフォーム・ビジネスでは4つのネットワーク外部性が相互補完的，循環的に働くので，きわめて強力なポジティブ・フィードバックやネガティブ・フィードバックが働きやすく，勝ち負けがはっきりと決まってしまい，他のビジネス以上に「一人勝ち」も生じやすいと言えます。

## ◯ フリー・ビジネスモデル

　また，プラットフォーム・ビジネスで興味深い点は，フリーの（無料の）ビジネスモデルがよく使われるということです。これは，両面市場の片側を余計に支払いをする側に設定し，反対側を優遇される側に設定し，帳尻を合わせるというやり方で，14.4節の「対価を支払ってくれる相手についての工夫」の応用なのですが，プラットフォーム・ビジネスではこの方法が多用される傾向にあります。

　たとえばGoogleのユーザーは，Googleの検索機能はもちろん，「Google Map」，「Google Drive」，「Google Form」，「Google Calendar」，「Google 翻訳」

といった，かつては高いお金を支払わなければ利用できなかったようなサービスを，無料で使うことができます。つまりユーザーの側が，優遇される側です。

一方，サービスの提供者は Google ですが，Google は決して慈善事業をやっているわけではなく，検索に連動した広告を出す権利を企業に売って利益を得ています。その意味で，広告を出す企業が支払いをする側であり，彼らがお金を払ってくれるので，それによって一般のユーザーは優遇され，無料で使えるのです。

こうしてプラットフォーム・ビジネスでは，両面市場の片側の利用代金を無料とし，もう片側を費用の出し手に設定することで，無料の側の利用者の数を急激に増やし，ネットワーク外部性をできるだけ早く，できるだけ大きくすることが勝利の定石となります。その結果，世の中に無料ビジネスがあふれかえることになりました。

このように無料で利用できるサービスが増えてしまったため，ネットビジネスの世界では，ユーザーがなかなかお金を支払ってくれなくなってしまいました。かつては，一定期間無料にしてユーザーを増やしたら，後は有料に戻して儲けを出すというやり方が一般的だったのですが，現在では，有料に戻したらユーザーがみな別の無料のサービスにすぐに移ってしまうので，なかなか有料に切り替えることができなくなっています。

そのため，Google のような「広告型」のビジネスモデルや，無料版と有料版を組み合わせる「フリーミアム」のビジネスモデル，基本サービスは無料で有料オプションを充実させてその販売で収益を得る「オプション販売型」のビジネスモデル（オンラインゲームでよく見られるので「アイテム課金型」のビジネスモデルなどと呼ばれることもある）など，さまざまな収益モデルが考案され，急速に普及していきました。

しかしいずれにしても，ネットビジネスの世界では，「価格は無料を目指して急速に低下する」という傾向が強く見られます。こうした世界でいかに収益を確保していくのかという問題（「マネタイズ」と呼ばれます）は，非常に難しい問題だと言えます。


## ○ プラットフォーマーとデータ

ところが巨大なプラットフォーマーは，このマネタイズで有利な立場にあります。こうしたプラットフォーマーには，プラットフォーム上での取引を仲介することを通じて，大量のデータが入ってくるからです。

まずはプラットフォームに登録する時点で，それぞれのユーザーの属性データが入ってきます。その上で，買い手と売り手が取引をするたびに関係する取引データが入ってきますし，たとえばGoogleやインスタグラムなどでは，検索や閲覧をするたびにそのデータも次々に入ってきます。

このような，一つ一つは大したことがないデータでも，個人に紐付けられて大量に溜まってくると，そのユーザーのことを「丸裸」にすることができます。実際，検索や閲覧の履歴データがある程度溜まってくると，その人がどの地域に住み，どのような職業に就き，どの程度の収入を得ているのか，家族構成や交友関係，よく使うお店，趣味や好みなども見えてきます。そうなれば，たとえばそうして明らかになったプロフィールに合わせて，「ターゲット広告」と呼ばれる，狙いを絞った効果の高い広告を打つことができます。

このようにして，さまざまなサービスを無料にして，なるべく多くの人になるべく多く自社のプラットフォームを使ってもらって，その対価としてユーザーが残していった膨大なデータを集積し，組み合わせたり，多重利用することによって，利益を得ることができるような仕組みになっているのです。

こうしたプラットフォーマーのなかには，一社で多種多様なプラットフォーム・ビジネスを提供する巨大な企業があり，「メガプラットフォーマー」と呼ばれることもあります。その代表格が「GAFA（ガーファ）」で，グーグル，アップル，フェイスブック（現在のメタ），アマゾンという，米国の巨大なプラットフォーマー4社の頭文字を並べた呼称です。また，ここに米国のマイクロソフトを入れて「GAFAM（ガーファム）」と呼ぶ場合もあります。

## ○ プラットフォーム・ビジネスとビジネスエコシステム

プラットフォーム・ビジネスでは，プラットフォーマーが，自らのビジネスを核とした「ビジネスエコシステム（ビジネス生態系）」の形成を意識することも重要になります。

ビジネスエコシステムは，単にエコシステムと呼ばれることも多いのですが（以下エコシステムに統一します），「あるビジネスに関係するさまざまな主体と，それらを取り巻く環境からなる，相互に結びつきあった緩やかな体系のこと」（Moore，1991；Iansiti and Levien，2004；武石・李，2005）を意味します。また，エコシステムで想定されるさまざまな主体とは，顧客，流通業者，サプライヤー，補完的製品・サービスの提供企業，競合他社，資金提供者（出資者や融資元），

技術のライセンス元，関連する他業界など，幅広く想定されています。

エコシステムは，もともとは生物学の「エコシステム（ecosystem：生態系）」の概念を，メタファー（比喩）としてビジネスの世界に援用したものです。生物や植物は，ある一定の領域内，たとえば「森」「ステップ（草原）」「サンゴ礁」といった非常に多様で複雑な関係の網が張り巡らされた生態系のなかで，お互いに関わり合いながら生きています。こうした生物の生態系と同様な小世界がビジネスの世界にもあり，業種や業界といった垣根を越え，数多くの企業が広く関わり合い，影響を与え合って形成されていると考え，その姿をエコシステムと呼ぶわけです。

エコシステムの概念では，直接的な取引関係のある企業はもちろん，補完関係にある企業や，場合によっては関係がもっと間接的かつ迂遠な企業まで含めて，多様な関係で結びつき合っている企業間の緩やかなネットワーク全体の繁栄が，エコシステムを構成する個々の企業や産業の繁栄にも大きな影響を与えると考えます。こうした巨視的な（マクロ的な）視点は，エコシステムの一つの新しい特徴だと言えます。

ここで，アップルのケースで，エコシステムとはどういうもので，なぜ重要なのかを説明したいと思います。

アップルは，スマートフォンの「iPhone」，タブレット端末の「iPad」，デスクトップPCの「iMac」，ノートPCの「MacBook」，スマートウォッチの「Apple Watch」，スマートテレビの「AppleTV」といった多様な電子デバイスを揃えています。そして，Apple IDにサインインしていれば容易に連携を図ることが可能になっています。たとえば，1つのデバイスで行った設定は連携している他のデバイスで取り込むことが可能です。また，App StoreやiTunesで購入したアプリやコンテンツは，連携しているすべてのデバイスで横断的に利用することが可能です。Airdrop機能を用いれば，他のアップルのデバイスのユーザーと，有線でつながなくても大容量のデータファイルをきわめて迅速にやり取りすることも可能です。

これらのデバイスとサービスはすべてアップルが手がけているのですが，App StoreやiTunesで販売されるさまざまなアプリやコンテンツは，それぞれアプリ開発企業やコンテンツ・プロバイダと呼ばれる企業群が手がけています。また，iPhoneなどの電子デバイスの企画や設計，デザインなどはアップルが手がけていますが，製造は台湾のEMS企業のホンハイやペガトロンが行っています。部

品の開発・製造には，韓国のサムスン，日本の村田製作所など，多国籍の企業が関わっています。それから，iPhone などにはさまざまな専用アクセサリーが販売されていますが，これらのほとんどもアップル以外の企業が手がけています。

　ここでは，アップル関連のビジネスに，アップルとは直接的な取引関係がない企業群も大量に関わっている点が重要です。言い換えると，アップルが自ら手がけている領域，直接的な取引企業群が手がけている領域，それ以外の間接的にしか関わり合っていない企業群が手がけている領域とがあり，全体としては非常に数多くの企業群がアップル関連のビジネスに関わっており，それによって一定の売上げや利益を得ているわけです。その全体が，まさにアップルのエコシステムということになります。

　そして，こうしたエコシステムが出来上がって，ユーザーがいったんそのエコシステムにはまると，そう簡単には他社の製品やサービスに移れなくなってしまいます。たとえば，アップルの iPhone と iPad，MacBook Air を所有し，お気に入りのアプリや音楽・動画ファイル，これまで撮りだめした写真などをすべて iCloud に保存しているユーザーが，新しいスマートフォンの購入で Android 携帯に乗り換えるかというと，そう簡単には乗り換えられません。Android 携帯のほうが少しくらい安くても，アプリや音楽・動画ファイルを購入し直さないといけなかったり，これまで撮りだめした写真を楽しむためにはわざわざファイル移管作業を行わないといけなかったりといった具合に，いろいろと使用に不便が生じてしまうからです。そのため多くのユーザーが，少々無理をしてでも iPhone に買い換えるわけです。

　このようにエコシステムこそが，アップルの電子デバイスや App Store などのサービスが選ばれる理由であり，同社の競争優位の源泉なのです。


　このアップルの事例のように，エコシステムを繁栄させるためには，プラットフォーマーは自らのプラットフォームを共有財産として提供して，多数のプレーヤーを自らのエコシステムに呼び込み，彼らが経済的利益を享受できるように配慮する必要があります（Iansiti and Levien, 2004）。これは決して利他主義ということではなく，彼らを呼び込むことが，自らのエコシステムの，そしてひいてはプラットフォーマー自らの，存続と繁栄をもたらすのです。

　プラットフォーマーは，エコシステム内のプレーヤーの活動を妨害せず，むしろ促進することで，エコシステムに持続的な成長や繁栄をもたらすことができます。逆に，プラットフォーマーがありとあらゆる領域を自分で手がけようとした

り，利益の独占を図ろうとすると，他のプレーヤーが逃げ出してしまい，そのエコシステムはどんどん痩せ細ってしまうので注意が必要です。

## 演 習 問 題

14.1　あなたが特にイノベーティブで興味深いと思ったビジネスモデルはどのようなものですか。いくつでもあげた上で，それらのビジネスモデルの優れた点を，①ビジネスプロセスの部分でどのような工夫が見られるのか（あるいは見られないのか），②収益モデルの部分でどのような工夫が見られるのか（あるいは見られないのか），という観点から説明してください。

14.2　あなたが名前を知っているプラットフォーマーを取り上げて，①そこがユーザーに対してどのようなサービスを提供しているのか，②どのようにして収益を確保しているのかを，調べてください。

# 参考文献

## 外国文献

Abernathy, W. J.（1978）*The productivity dilemma: Roadblock to innovation in automotive industry.* Baltimore, MD: John Hopkins University Press.

Abernathy, W. J. and J. M. Utterback（1978）"Patterns of industrial innovation," *Technology Review,* Vol. 80(7), pp. 40-47.

Abernathy, W. J., K. Clark, and A. Kantrow（1983）*Industrial renaissance.* New York: Basic Books.（望月嘉幸監訳『インダストリアルルネサンス』，TBS ブリタニカ，1984 年）

Abernathy, W. J. and K. B. Clark（1985）"Innovation: Mapping the winds of creative destruction," *Research Policy,* Vol. 14, pp. 3-22.

Anderson, C.（2009）*Free: The future of a radical price.* New York: Hyperion.（小林弘人監修・高橋則明訳『フリー：〈無料〉からお金を生みだす新戦略』，日本放送出版協会，2009 年）

Arora, A., A. Fosfuri, and A. Gambardella（2001）*Markets for technology: The economics of innovation and corporate strategy.* Cambridge, MA: MIT Press.

Baldwin, C. Y. and K. B. Clark（2000）*Design rule: The power of modularity（Vol. 1）.* Cambridge, MA: MIT Press.（安藤晴彦訳『デザイン・ルール：モジュール化パワー』，東洋経済新報社，2004 年）

Barney, J. B.（1997）*Gaining and sustaining competitive advantage.* New York: Addison-Wesley Publishing Company.（岡田正大訳『企業戦略論：競争優位の構築と持続（上）（中）（下）』，ダイヤモンド社，2003 年）

Bartlett, C. A. and M. Wozny（1999）"GE's two-decade transformation: Jack Welch's leadership," Harvard Business School Case 399-150, April 1999.（Revised May 2005.）

Brandenburger, A. M. and B. J. Nalebuff（1997）*Co-opetition.* London: Harper Collins Business.（嶋津祐一・東田啓作訳『コーペティション経営：ゲーム論がビジネスを変える』，日本経済新聞出版，1997 年）

Branscomb, L. M.（1993）"Science and technology advice to the U.S.A. government: Deficiencies and alternatives," *Science and Public Policy,* Vol. 20(2), pp. 67-78.

Branscomb, L. M.（2004）"Where do high commercial innovations come from?" *Duke Law & Technology Review,* No. 5.

Brown, T. with B. Katz（2009）*Change by design: How design thinking transforms organizations and inspires innovation.*（千葉敏生訳『デザイン思考が世界を変える：イノベーションを導く新しい考え方』，早川書房，2010 年）

Brown, B. and S. D. Anthony（2011）"How P&G tripled its innovation success rate," *Harvard Business Review,* 89(6), pp. 64-72.

Burgelman, R. A.（2002）*Strategy is destiny: How strategy-making shapes a company's future.* New York: Free Press.（石橋善一郎・宇田理監訳『インテルの戦略：企業変貌を実現した戦略形成プロセス』，ダイヤモンド社，2006 年）

Burgelman, R. A., C. M. Christensen, and S. C. Wheelwright（2004）*Strategic management of technology and innovation（4th ed.）.* Boston, MA: McGraw-Hill/Irwin.（青島矢一・黒田光太郎・志賀敏宏・田辺孝二・出川通・和賀三和子監修，岡真由美・斉藤祐一・櫻井祐子・中川泉・

山本章子訳『技術とイノベーションの戦略的マネジメント（上）（下）』，翔泳社，2007年）。

Chandler Jr., A. D.（1977）*The visible hand: The managerial revolution in American business.* Cambridge, MA: Belknap Press.（鳥羽欽一郎・小林裟裟治訳『経営者の時代（上）（下）』，東洋経済新報社，1979年）

Chandler Jr., A. D.（1990）*Scale and scope.* Cambridge, MA: Belknap Press.（安部悦生・川辺信雄・工藤章・西牟田祐二・日高千景・山口一臣訳『スケール・アンド・スコープ：経営力発展の国際比較』，有斐閣，1993年）

Chesbrough, H. W.（2003）*Open innovation: The new imperative for creating and profiting from technology.* Boston, MA: Harvard Business School Press.（大前恵一朗訳『OPEN INNOVATION：ハーバード流イノベーション戦略のすべて』，産業能率大学出版部，2004年）

Chesbrough, H. W.（2006）*Open business model: How to thrive in the new innovative landscape.* Boston, MA: Harvard Business School Press.（栗原潔訳『オープンビジネスモデル：知財競争時代のイノベーション』，翔泳社，2007年）

Chesbrough, H.W., W. Vanhaverbeke, and J. West（2006）*Open innovation: Researching a new paradigm.* Oxford: Oxford University Press.（PRTM監訳，長尾高弘訳『オープンイノベーション：組織を越えたネットワークが成長を加速する』，英治出版，2008年）

Christensen, C. M.（1997）*The innovator's dilemma: When new technologies cause great firms to fail.* Boston, MA: Harvard Business School Press.（玉田俊平太監修，伊豆原弓訳『イノベーションのジレンマ：技術革新が巨大企業を滅ぼすとき』，翔泳社，2000年）

Christensen, C. M., F. F. Suarez, and J. Utterback（1998）"Strategies for survival in fast-changing industries," *Management Science,* Vol. 44(12), pp. 207-220.

Christensen, C. M. and M. E. Raynor（2003）*The innovator's solution: Creating and sustaining successful growth.* Boston, MA: Harvard Business School Press.（玉田俊平太監修，櫻井祐子訳『イノベーションへの解：利益ある成長に向けて』，翔泳社，2003年）

Clark, K. B. and T. Fujimoto（1990）"The power of product integrity," *Harvard Business Review,* Vol. 68(6), pp. 107-118.

Clark, K. B. and T. Fujimoto（1991）*Product development performance: Strategy, organization, and management in the world auto industry.* Boston, MA: Harvard Business School Press.（田村明比古訳『製品開発力』，ダイヤモンド社，1993年）

Cohen, W. M. and D. A. Levinthal（1990）"Absorptive capacity: A new perspective on learning and innovation," *Administrative Science Quarterly,* Vol. 35, pp. 128-152.

Coombs, R., P. Saviotti and V. Walsh（1985）*Economics and technological change.* London, UK: Macmillan.（竹内啓・廣松毅監訳『技術革新の経済学』，新世社，1989年）

Cooper, A. C. and D. Schendel（1976）"Strategic responses to technological threats," *Business Horizons,* Vol. 19(1), pp. 61-69.

Cooper, A. C. and C. G. Smith（1992）"How established firms respond to threatening technologies," *Academy of Management Journal,* Vol. 6(2), pp. 55-70.

Dell, M. with C. Fredman（1999）*Direct from Dell: Strategies that revolutionized an industry.* New York: HarperBusiness.（吉川明希訳『デルの革命：「ダイレクト」戦略で産業を変える』，日本経済新聞出版，1999年）

Drucker, P. F.（1954）*The practice of management*（1st ed.）. London, UK: Heinemann.（上田惇生訳『現代の経営〔新訳〕』，ダイヤモンド社，1996年）

Drucker, P. F.（1985）*Innovation and entrepreneurship: Practice and principles.* New York: Harper&Row.（上田惇生訳『イノベーションと起業家精神：その原理と方法〔新訳〕』，ダイヤモ

ンド社，1997 年）

Dyer, J. H.（1996）"Specialized supplier networks as a source of competitive advantage: Evidence from the auto industry," *Strategic Management Journal*, Vol. 17(4)，pp. 271-291.

Eisenhardt, K. M. and B. N. Tabrizi（1995）"Accelerating adaptive processes: Product innovation in global computer industry," *Administrative Science Quarterly*, Vol. 40，pp. 84-110.

Eisenmann, T., G. Parker, and M. V. Alstyne（2006）"Strategies for two-sided markets," *Harvard Business Review*, Vol. 84(10)，pp. 96-101.

Enkel, E., O. Gassmann, and H. Chesbrough（2009）"Open R&D and open innovation : Exploring the phenomenon," *R&D Management*, Vol. 39, No. 4, pp. 311-316.

Farrell, J. and G. Saloner（1986）"Installed base and compatibility: Innovation, product preannouncements, and predation," *American Economic Review*, Vol. 76(5)，pp. 940-955.

Foster, R. N.（1986）*Innovation: The attacker's advantage.* New York: Summit Books.（大前研一訳『イノベーション：限界突破の経営戦略』，TBS ブリタニカ，1987 年）

Freeman, C.（1982）*The economics of industrial innovation（2nd ed.）.* London, UK: Frances Pinter.

Gallagher, L.（2017）*The Airbnb story : How three ordinary guys disrupted an industry, made billions… and created plenty of controversy.* Houghton Mifflin Harcourt.（関美和訳『Airbnb Story：大胆なアイデアを生み，困難を乗り越え，超人気サービスをつくる方法』，日経 BP 社，2022 年）

Gallo, C.（2010）*The presentation secrets of Steve Jobs: How to be insanely great in front of any audience.* McGraw-Hill education.（井口耕二訳『スティーブ・ジョブズ驚異のプレゼン：人々を惹きつける 18 の法則』，日経 BP 社，2010 年）

Gallo, C.（2011）*The innovation secrets of Steve Jobs : Insanely different : Principles for breakthrough success.* McGraw-Hill education.（井口耕二訳『スティーブ・ジョブズ驚異のイノベーション：人生・仕事・世界を変える 7 つの法則』，日経 BP 社，2011 年）

Gawer, A. and M. Cusumano（2002）*Platform leadership: How Intel, Microsoft, and Cisco drive industry innovation.* Boston, MA: Harvard Business School Press.（小林敏男監訳『プラットフォーム・リーダーシップ：イノベーションを導く新しい経営戦略』，有斐閣，2005 年）

Govindarajan, V. and C. R. Trimble（2005）*Ten rules for strategic innovators: From idea to execution.* Boston, MA: Harvard Business Review Press.（三谷宏治監修，酒井泰介訳『ストラテジック・イノベーション：戦略的イノベーターに捧げる 10 の提言』，翔泳社，2013 年）

Govindarajan, V. and C. R. Trimble（2010）*The other side of innovation: Solving the execution challenge.* Boston, MA: Harvard Business Review Press.（吉田利子訳『イノベーションを実行する：挑戦的アイデアを実現するマネジメント』，NTT 出版，2012 年）

Govindarajan, V. and C. R. Trimble（2012）*Reverse innovation: Create far from home, win everywhere.* Boston, MA: Harvard Business Review Press.（渡部典子訳『リバース・イノベーション：新興国の名もない企業が世界市場を支配するとき』，ダイヤモンド社，2012 年）

Griffin, A., R. L. Price, and B. A. Vojak（2012）*Serial innovators: How individuals create and deliver breakthrough innovations in mature firms.* Stanford, CA: Stanford Business Books.（東方雅美訳『シリアル・イノベーター：「非シリコンバレー型」イノベーションの流儀』，プレジデント社，2014 年）

Hagel, J. and A. Armstrong（1997）*Net gain: Expanding markets through virtual communities.* Boston, MA: Harvard Business School Press.（マッキンゼージャパンバーチャルコミュニティーチーム訳，南場智子編『ネットで儲けろ』，日経 BP 社，1997 年）

Hamel, G.（1991）"Competition for competence and inter-partner learning within international strategic alliances," *Strategic Management Journal*, Vol. 12，Summer Special Issue, pp. 83-103.

Hammer, M. and J. Champy（1993）*Reengineering the corporation: A manifesto for business revolution*. New York: HarperBusiness.（野中郁次郎監訳『リエンジニアリング革命：企業を根本から変える業務革新』，日本経済新聞社，1993 年）

Helper, S. and M. Sako（1995）"Supplier relations in Japan and the United States: Are they converging?" *Sloan Management Review*, Vol. 36（4），pp. 77-84.

Henderson, R. M. and K. B. Clark（1990）"Architectural innovation: The reconfiguration of existing product technologies and the failure of established firms," *Administrative Science Quarterly*, Vol. 35（1），pp. 9-30.

Henderson, R. M.（1995）"Of life cycles real and imaginary: The unexpectedly long old age of optimal lithography," *Research Policy*, Vol. 24（4），pp. 631-643.

Huston, L. and N. Skkab（2006）"Connect and develop: Inside Procter & Gamble's new model for innovation," *Harvard Business Review*, 84（3），pp. 58-67.

Iansiti, M. and R. Levien（2004）*The keystone advantage: What the new dynamics of business ecosystem mean for strategy, innovation, and sustainability*. Boston, MA: Harvard Business School Press.（杉本幸太郎訳『キーストーン戦略：イノベーションを持続させるビジネス・エコシステム』，翔泳社，2007 年）

Johnson, M. W., C. M. Christensen, and H. Kagermann（2008）"Reinventing your business model," *Harvard Business Review*, Vol. 86（12），pp. 50-59.

Kasturi, R. V. and M. Bell（1999）"Dell Online," Harvard Business School Case 598-116, March 1998.（Revised March 1999.）

Katz, R. and T. J. Allen（1982）"Investigating the Not Invented Here（NIH）syndrome: A look at the performance, tenure, and communication patterns of 50 R&D project groups," *R&D Management*, Vol. 12（1），pp. 7-19.

Katz, M. L. and C. Shapiro（1985）"Network externalities, competition, and compatibility," *American Economic Review*, Vol. 75（3），pp. 424-440.

Katz, M. L. and C. Shapiro（1994）"Systems competition and network effects," *Journal of Economic Perspectives*, Vol. 8（2），pp. 93-115.

Kelley, T. with J. Littman（2001）*The art of innovation : Lessons in creativity from IDEO, America's leading design firm*. Currency/Doubleday.（鈴木主税・秀岡尚子訳『発想する会社！：世界最高のデザイン・ファーム IDEO に学ぶイノベーションの技法』，早川書房，2002 年）

Klepper, S. and E. Graddy（1990）"The evolution of new industries and the determinants of market structure," *Rand Journal of Economics*, Vol. 21（1），pp. 27-44.

Klepper, S.（1996）"Entry, exit, growth and innovation in the product life cycle," *American Economic Review*, Vol. 79，pp. 562-583.

Klepper, S. and K. L. Simons（1997）"Technological extinctions of industrial firms: An inquiry into their nature and causes," *Industrial and Corporate Change*, Vol. 6（2），pp. 379-460.

Kline, S. J. and N. Rosenberg（1986）"An overview of innovation," in Landau, R. and N. Rosenberg（eds.），*The positive sum strategy*. Washington, D.C.: National Academy Press.

Koestler, A.（1964）*The act of creation*. New York: Macmillan.（大久保直幹・松本俊・中村未喜訳『創造活動の理論』，ラティス，1966 年）

Kogut, B. and E. H. Bowman（1995）"Modularity and permeability as principles of design," In Bowman, E. H. and B. Kogut（eds.），*Redesigning the Firm*. New York: Oxford University Press.

Kostoff, R. N. and R. R. Schaller（2001）"Science and technology roadmaps," *IEEE Transactions on Engineering Management*, Vol. 48（2），pp. 132-143.

Kotler, P. (2000) *Marketing management* (*10th ed.*). New Jersey: Prentice Hall. (恩藏直人監修, 月谷真紀訳『コトラーのマーケティング・マネジメント：ミレニアム版』, ピアソン・エデュケーション, 2001 年)

Kotler, P., H. Kartajaya, and I. Setiawan (2021) *Marketing 5.0 : Technology for humanity.* Wiley. (藤井清美訳『コトラーのマーケティング 5.0：デジタル・テクノロジー時代の革新戦略』, 朝日新聞出版, 2022 年)

Lakhani, K. R. (2009) "InnoCentive.com (A)," Harvard Business School Case 608-170, June 2008. (Revised October 2009.)

Langlois, R. N. (2007) *The dynamics of industrial capitalism: Schumpeter, Chandler, and the new economy.* Routledge. (谷口和弘訳『消えゆく手：株式会社と資本主義のダイナミクス』, 慶應義塾大学出版会, 2011 年)

Lassiter, J. B. III and E. W. Richardson (2014) "Airbnb," Harvard Business School Case 812-046, September 2011. (Revised March 2014.)

Lavie, D., U. Stettner and M. L. Tushman (2010) "Exploration and exploitation within and across organizations," *The Academy of Management Annals*, Vol. 4(1), pp. 109-155.

Levinthal, D. A. and J. G. March (1993) "The myopia of learning," *Strategic Management Journal*, Vol. 14, Winter Special Issue, pp. 95-112.

Levitt, B. and J. G. March (1988) "Organizational learning," *Annual Review of Sociology*, Vol. 14, pp. 319-340.

Magretta, J. (2002) "Why business models matter," *Harvard Business Review*, 80(5), pp. 86-92.

Mansfield, E. and S. Wagner (1975) "Organizational and strategic factors associated with probabilities of success in industrial R&D," *Journal of Business*, April, pp. 179-198.

Markham, S. K. and H. Lee (2013) "Product Development and Management Association's 2012 comparative performance assessment study," *Journal of Product Innovation Management*, Vol. 30(3), pp. 408-429.

Moore, G. A. (1991) *Crossing the chasm: Marketing and selling technology products to main stream customers.* New York: Harper Business. (川又政治訳『キャズム：ハイテクをブレイクさせる「超」マーケティング理論』, 翔泳社, 2002 年)

Morgan, J. M. and J. K. Liker (2006) *The Toyota product development system: Integrating people, process, and technology.* New York: Productivity Press. (稲垣公夫訳『トヨタ製品開発システム』, 日経 BP 社, 2007 年)

Mowery, D. and N. Rosenberg (1979) "The influence of market demand upon innovation: A critical review of some recent empirical studies," *Research Policy*, Vol. 8(2), pp. 102-153.

Newhouse, J. (1982) *The sporty game.* New York: Knopf. (航空機産業研究グループ訳, 石川島播磨重工業㈱広報部監修『スポーティゲーム：国際ビジネス戦争の内幕』, 学生社, 1988 年)

Nishiguchi, T. (1994) *Strategic industrial sourcing: The Japanese advantage.* New York: Oxford University Press. (西口敏宏『戦略的アウトソーシングの進化』, 東京大学出版会, 2000 年)

Nonaka, I. and H. Takeuchi (1995) *The knowledge-creating company: How Japanese companies create the dynamics of innovation.* New York: Oxford University Press. (梅本勝博訳『知識創造企業』, 東洋経済新報社, 1995 年)

O'Reilly III, C. A. and M. L. Tushman (2013) "Organizational ambidexterity: Past, present, and future," *Academy of Management Perspectives*, Vol. 27, No. 4, pp. 324-338.

O'Reilly III, C. A. and M. L. Tushman (2016) *Lead and disrupt: How to solve the innovator's dilemma.* Stanford University Press. (入山章栄監訳, 渡部典子訳『両利きの経営：「二兎を追う」戦略

が未来を切り拓く』，東洋経済新報社，2019 年）

Osborn, A. F. (1953) *Applied imagination: Principles and procedure of creative thinking.* New York: Charles Scribner. (上野一郎訳『独創力をのばせ〔新装版〕』，ダイヤモンド社，1982 年)。

Osterwalder, A. and Y. Pigneur (2010) *Business model generation: A handbook for visionaries, game changers, and challengers.* Hoboken, NJ: John Wiley and Sons. (小山龍介訳『ビジネスモデル・ジェネレーション：ビジネスモデル設計書』，翔泳社，2012 年)

Phaal, R., C. Farrukh, and D. Probert (2010) *Roadmapping for strategy and innovation: Aligning technology and markets in a dynamic world.* University of Cambridge, Institute for Manufacturing.

Porter, M. E. (1980) *Competitive strategy.* New York: Free Press. (土岐坤・中辻萬治・服部照夫訳『競争の戦略』，ダイヤモンド社，1982 年)

Porter, M. E. (1985) *Competitive advantage: Creating and sustaining superior performance.* New York: Free Press. (土岐坤・中辻萬治・小野寺武夫訳『競争優位の戦略：いかに高業績を持続させるか』，ダイヤモンド社，1985 年)

Praharad, C. K. and G. Hamel. (1990) "The core competence of the corporation," *Harvard Business Review*, Vol. 68(3)，pp. 79-91.

Ries, E. (2011) *The lean startup: How today's entrepreneurs use continuous innovation to create radically successful businesses.* New York: Crown Business. (井口耕二訳『リーン・スタートアップ：ムダのない起業プロセスでイノベーションを生みだす』，日経 BP 社，2012 年)

Rogers, E. M. (1982) *Diffusion of innovations* (3rd ed.). New York: Free Press. (青池愼一・宇野善康監訳『イノベーション普及学』，産業能率大学出版部，1990 年)

Rosenbloom, R. S. and W. J. Spencer (eds.) (1996) *Engines of innovation. U.S. industrial research at the end of an era.* Boston, MA: Harvard Business School Press. (西村吉雄訳『中央研究所の時代の終焉：研究開発の未来』，日経 BP 社，1998 年)

Rothwell, R. (1992) "Successful industrial innovation: Critical success factors for the 1990s," *R&D Management*, Vol. 22(3)，pp. 221-239.

Rothwell, R. (1994) "Towards the fifth-generation innovation process," *International Marketing Review*, Vol. 11(1)，pp. 7-31.

Sako, M. (1992) *Prices, quality and trust: Inter-firm relations in Britain and Japan.* Cambridge, UK: Cambridge University Press.

Scherer, F. M. (1992) *International high-technology competition.* Cambridge, MA: Harvard University Press.

Schmookler, J. (1966) *Invention and economic growth.* Cambridge, MA: Harvard University Press.

Schumpeter, J. A. (1934) *The Theory of Economic Development: An inquiry into profits, capital, credit, interest, and the business cycle.* Cambridge, MA: Harvard University Press. (塩野谷祐一・中山伊知郎・東畑清一訳『経済発展の理論：企業者利潤・資本・信用・利子および景気の回転に関する一研究』，岩波書店，1977 年)

Shimizu, H. and Y. Hoshino (2015) "Collaboration and innovation speed: Evidence from a prize data -Set, 1955-2010," IIR Working Paper WP#15-04, Institute of Innovation Research, Hitotsubashi University.

Stone, B. (2013) *The everything store: Jeff Bezos and the age of Amazon.* New York: Little, Brown and Company. (井口耕二訳『ジェフ・ベゾス 果てなき野望：アマゾンを創った無敵の奇才経営者』，日経 BP 社，2014 年)

Suarez, F. F. and J. M. Utterback (1995) "Dominant designs and the survival of firms," *Strategic*

*Management Journal*, Vol. 16(6), pp. 415-430.

Tichy, N. M. and S. Sherman (1993) *Control your destiny or someone else will: How Jack Welch is making General Electric the world's most competitive corporation*. New York: Doubleday. (小林規一訳『ジャック・ウェルチの GE 革命：世界最強企業への選択』，東洋経済新報社，1994年)

Tushman, M. L. and P. Anderson (1986) "Technological discotinuities and organizational environments," *Administrative Science Quarterly*, Vol. 31, pp. 439-465.

Tushman, M. L. and C. A. O'Reilly III (1997) *Winning through innovation: A practical guide to leading organizational change and renewal*. Boston, MA: Harvard Business School Press. (平野和子訳『競争優位のイノベーション：組織変革と再生への実践ガイド』，ダイヤモンド社，1997年)

Ulrich, K. (1995) "The role of product architecture in the manufacturing firm," *Research Policy*, Vol. 24, pp. 419-440.

Urban, G. L., R. Hauser, and N. Dholakia (1987) *Essentials of new product management*. New Jersey: Prentice Hall. (林廣茂・中島望・小川孔輔・山中正彦訳『プロダクト・マネジメント』，プレジデント社，1989年)

Utterback, J. M. and F. F. Suarez (1993) "Innovation: Competition and industry structure," *Research Policy*, Vol. 22(1), pp. 1-21.

Utterback, J. M. (1994) *Mastering the dynamics of innovation: How companies can seize opportunities in the face of technological change*. Boston, MA: Harvard Business School Press. (大津正和・小川進監訳『イノベーション・ダイナミクス：事例から学ぶ技術戦略』，有斐閣，1998年)

von Hippel, E. (2005) *Democratizing Innovation*. Cambridge, MA: MIT Press. (サイコム・インターナショナル訳『民主化するイノベーションの時代：メーカー主導からの脱皮』，ファーストプレス，2005年)

Welch, J. with J. A. Byrne (2001) *Jack: Straight from the gut*. New York: Warner Books. (宮本喜一訳『ジャック・ウェルチ：わが経営』，日本経済新聞出版，2001年)

Williamson, O. E. (1975) *Market and hierarchies: Analysis and antitrust implications*. New York: Free Press. (浅沼萬里・岩崎晃訳『市場と組織』，日本評論社，1980年)

Yoffie, D. B. and P. Rossano (2012) "Apple Inc. in 2012," Harvard Business School Case 712-490, May 2012. (Revised August 2012.)


## 日本文献

相田洋 (1992)『NHK 電子立国日本の自叙伝（上）・（中）・（下）・（完結）』，日本放送出版協会。

相田洋・大墻敦 (1996a)『新・電子立国 (1)：ソフトウェア帝国の誕生』，日本放送出版協会。

相田洋・大墻敦 (1996b)『新・電子立国 (3)：世界を変えた実用ソフト』，日本放送出版協会。

青木幸弘 (2004)「製品・ブランド戦略と価値創造」，青木幸弘・恩蔵直人編著『製品・ブランド戦略：現代のマーケティング戦略①』（有斐閣）。

青島矢一・武石彰 (2001)「アーキテクチャという考え方」，藤本隆宏・武石彰・青島矢一編著『ビジネス・アーキテクチャ』（有斐閣）。

青島矢一・加藤俊彦 (2003)『競争戦略論』，東洋経済新報社。

青島矢一・河西壮夫 (2005)「東レ：炭素繊維の技術開発と事業戦略」，『一橋ビジネスレビュー』，第 52 巻 4 号。

青島矢一・武石彰・M. A. クスマノ編著 (2010)『メイド・イン・ジャパンは終わるのか：「奇

跡」と「終焉」の先にあるもの』，東洋経済新報社。

浅川和宏（2003）『グローバル経営入門』，日本経済新聞出版。

淺羽茂（1995）『競争と協力の戦略』，有斐閣。

淺羽茂・新宅純二郎（2002）「業界標準をめぐる競争戦略」，『赤門マネジメント・レビュー』，第1巻2号。

安部義彦・池上重輔（2008）『日本のブルー・オーシャン戦略：10年続く優位性を築く』，ファーストプレス。

網倉久永・新宅純二郎（2011）『経営戦略入門』，日本経済新聞出版。

安藤晴彦・元橋一之（2002）『日本経済競争力の構想：スピード時代に挑むモジュール化戦略』，日本経済新聞出版。

生稲史彦（2012）『開発生産性のディレンマ：デジタル化時代のイノベーション・パターン』，有斐閣。

生稲史彦・高井文子・野島美保（2021）『コア・テキスト経営情報論』，新世社。

石井真一（2003）「企業連携の戦略論」，加護野忠男編著『企業の戦略』（八千代出版）。

石井淳蔵・栗木契・嶋口充輝・余田拓郎（2004）『ゼミナールマーケティング入門』，日本経済新聞出版。

伊丹敬之（2009）『イノベーションを興す』，日本経済新聞出版。

伊藤宗彦（2005）『製品戦略マネジメントの構築：デジタル機器企業の競争戦略』，有斐閣。

井上理（2009）『任天堂"驚き"を生む方程式』，日本経済新聞出版。

今井健一（2006）「中国地場系携帯電話端末デザインハウスの興隆：産業内分業の新たな担い手」，今井健一・川上桃子編『東アジアのIT機器産業：分業・競争・棲み分けのダイナミクス』（アジア経済研究所）。

入山章栄（2012）『世界の経営学者はいま何を考えているのか』，英治出版。

入山章栄（2015）『ビジネススクールでは学べない世界最先端の経営学』，日経BP社。

入山章栄（2019）『世界標準の経営理論』，ダイヤモンド社。

江藤学（2008）「コンセンサス標準とは」，新宅純二郎・江藤学編著『コンセンサス標準戦略』（日本経済新聞出版）。

小川紘一（2009）『国際標準化と事業戦略：日本型イノベーションとしての標準化ビジネスモデル』，白桃書房。

長内厚・水野由香里・中本龍市・鈴木信貴（2021）『イノベーション・マネジメント』，中央経済社。

小野高宏（2008）「デジュール標準の価値とは」，新宅純二郎・江藤学編著『コンセンサス標準戦略』（日本経済新聞出版）。

恩蔵直人（2007）『コモディティ化市場のマーケティング論理』，有斐閣。

加護野忠男（1988）『組織認識論』，千倉書房。

加護野忠男（1999）『〈競争優位〉のシステム：事業戦略の静かな革命』，PHP新書。

加護野忠男・井上達彦（2004）『事業システム戦略：事業の仕組みと競争優位』，有斐閣。

片岡史郎編（2005）『JKA10周年記念誌』，全国カラオケ事業者協会。

片平秀貴（1987）『マーケティング・サイエンス』，東京大学出版会。

加藤俊彦（2004）「シャープ：戦略が資源を蓄積し，利用する」，伊丹敬之・西野和美編著『ケースブック経営戦略の論理』（日本経済新聞出版）。

加藤俊彦（2011）『技術システムの構造と革新：方法論的視座に基づく経営学の探究』，白桃書房。

軽部大（2017）『関与と越境：日本企業再生の論理』，有斐閣。

河合篤男・伊藤博之・山路直人（2017）『100年成長企業のマネジメント：3Mに学ぶ戦略駆動力

の経営』，日本経済新聞出版。

川合一央（2012）「社内企業家と技術市場の内部化：大阪ガスにおけるオープン・イノベーションの事例から」，『一橋ビジネスレビュー』，第60巻2号。

川上智子（2005）『顧客志向の新製品開発：マーケティングと技術のインタフェイス』，有斐閣。

木川大輔（2021）『医薬品研究開発のエコシステム』，中央経済社。

楠木建（1995）「製品開発の連続性と競争優位：ファクシミリ産業の事例」，野中郁次郎・永田晃也編著『日本型イノベーション・システム：成長の奇跡と変革への挑戦』（白桃書房）。

楠木建・永田勝也・野中郁次郎（1995）「日本企業の製品開発における組織能力」，『組織科学』，Vol. 29(1)。

栗木契（2006）「仮想経験が拡充するネット・コミュニティのビジネス・モデル」，石井淳蔵・水越康介編著『仮想経験のデザイン』（有斐閣）。

桑嶋健一（2006）『不確実性のマネジメント：新薬創出のR&Dの「解」』，日経BP社。

具承桓（2008）『製品アーキテクチャのダイナミズム：モジュール化・知識統合・企業間連携』，ミネルヴァ書房。

具承桓・森永泰史（2021）『イノベーション入門：基礎から実践まで』，新世社。

河野英子（2009）『ゲストエンジニア：企業間ネットワーク・人材形成・組織能力の連鎖』，白桃書房。

河野豊弘（1987）『新製品開発戦略：市場・技術・社内の壁をどう破るか』，ダイヤモンド社。

河野豊弘編著（2003）『新製品開発マネジメント：会社を変革する戦略と実行』，ダイヤモンド社。

國領二郎（1999）『オープン・アーキテクチャ戦略：ネットワーク時代の協働モデル』，ダイヤモンド社。

小橋麗香（2003）「競争戦略とデファクト・スタンダード」，加護野忠男編著『企業の戦略』（八千代出版）。

近能善範（2002）「『戦略論』及び『企業間関係論』と『構造的埋め込み理論』(2)」，『赤門マネジメント・レビュー』，Vol. 1(6)。

近能善範（2007a）「日本自動車産業における関係的技能の高度化と先端技術開発の深化」，『一橋ビジネスレビュー』，第55巻1号。

近能善範（2007b）「日本自動車産業における先端技術開発協業の動向分析：自動車メーカー共同特許データのパテントマップ分析」，『経営志林』，第44巻3号。

後藤晃（2000）『イノベーションと日本経済』，岩波書店。

榊原清則（1995）『日本企業の研究開発マネジメント："組織内同形化"とその超克』，千倉書房。

榊原清則（2005）『イノベーションの収益化：技術経営の課題と分析』，有斐閣。

榊原清則・松本陽一・辻本将晴（2011）『イノベーションの相互浸透モデル：企業は科学といかに関係するか』，白桃書房。

坂本和一（1992）『コンピュータ産業：ガリヴァ支配の終焉』，有斐閣。

佐久間昭光（1989）「世界のコンピュータ産業における支配的企業と競争企業の互換・非互換戦略」，『ビジネスレビュー』，Vol. 36(4)。

柴田高（2000）「デファクト・スタンダード化と新製品開発戦略」，『東京経済大学会誌（経営系）』，第216号。

柴田友厚（2015）『イノベーションの法則性：成功体験の過剰適応を超えて』，中央経済社。

島本実（2014）『計画の創発：サンシャイン計画と太陽光発電』，有斐閣。

清水洋（2016）『ジェネラル・パーパス・テクノロジーのイノベーション：半導体レーザーの技術進化の日米比較』，有斐閣。

清水洋（2022）『イノベーション』，有斐閣。

新宅純二郎（1994）『日本企業の競争戦略：成熟産業の技術転換と企業行動』，有斐閣。

新宅純二郎・小川紘一・善本哲夫（2006）「光ディスク産業の競争と国際的協業モデル：擦り合わせ要素のカプセル化によるモジュラー化の進展」，榊原清則・香山晋編著『イノベーションと競争優位：コモディティ化するデジタル機器』（NTT出版）。

新宅純二郎（2009）「東アジアにおける製造業ネットワーク：アーキテクチャから見た分業と協業」，新宅純二郎・天野倫文編著『ものづくりの国際経営戦略：アジアの産業地理学』（有斐閣）。

鈴木八十二（2005）『トコトンやさしい液晶ディスプレイ用語集』，日刊工業新聞社。

妹尾堅一郎（2009）『技術力で勝る日本が，なぜ事業で負けるのか：画期的な新製品が惨敗する理由』，ダイヤモンド社。

高井紳二・宮崎洋（2009）『技術ブランド戦略：コアテクノロジーの分析・選択・展開・管理』，日本経済新聞出版。

高井文子（2004）「オンライン証券業界における黎明期の企業間競争」，『赤門マネジメントレビュー』，第3巻7号。

高井文子（2006）「『支配的な通念』による競争と企業間差異形成：オンライン証券業界の事例」，『日本経営学会誌』，vol. 16。

高井文子（2018）『インターネットビジネスの競争戦略：オンライン証券の独自性の構築メカニズムと模倣の二面性』，有斐閣。

高橋伸夫編・東京大学ものづくり経営研究センター（2005）『170のKeywordによるものづくり経営講義』，日経BP社。

武石彰（2003）『分業と競争』，有斐閣。

武石彰・李京柱（2005）「日本と韓国のモバイル音楽ビジネス：その発展の過程とメカニズム」，『一橋ビジネスレビュー』，第53巻3号，pp.70-87。

武石彰・青島矢一・軽部大（2012）『イノベーションの理由：資源動員の創造的正当化』，有斐閣。

武石彰（2012）「オープン・イノベーション：成功のメカニズムと課題」，『一橋ビジネスレビュー』，第60巻2号。

田路則子（2005）『アーキテクチュラルイノベーション：ハイテク企業のジレンマ克服』，白桃書房。

立本博文・高梨千賀子（2008）「コンセンサス標準を巡る競争戦略」，新宅純二郎・江藤学編著『コンセンサス標準戦略』（日本経済新聞出版）。

立本博文（2017）『プラットフォーム企業のグローバル戦略：オープン標準の戦略的活用とビジネス・エコシステム』，有斐閣。

田中辰雄（2003）「ハード・ソフト間のネットワーク外部性の実証」，新宅純二郎・田中辰雄・柳川範之編著『ゲーム産業の経済分析：コンテンツ産業発展の構造と戦略』（東洋経済新報社）。

土屋守章（1994）『現代経営学入門』，新世社。

寺本義也（1998）「事業の多角化と製品開発：キヤノンの躍進」，伊丹敬之・加護野忠男・宮本又郎・米倉誠一郎編『ケースブック日本企業の経営行動2：企業家精神と戦略』（有斐閣）。

寺本義也・岩崎尚人（2000）『ビジネスモデル革命：競争優位のドメイン転換』，生産性出版。

寺本義也・岩崎尚人・近藤正浩（2007）『ビジネスモデル革命〔第2版〕：競争優位から共創優位へ』，生産性出版。

出川通（2004）『技術経営の考え方：MOTと開発ベンチャーの現場から』，光文社。

出川洋（2001）「自動車：『キューブ』はどのようにして生まれたか」，早稲田大学商学部編『ヒット商品のマーケティング：現場からの報告』（同文舘出版）。

中村修二（2001）『怒りのブレイクスルー：常識に背を向けたとき「青い光」が見えてきた』，

ホーム社。

長沢伸也・木野龍太郎（2004）『日産らしさ，ホンダらしさ：製品開発を担うプロダクト・マネジャーたち』，同友館。

名和小太郎（1990）『技術標準対知的所有権：技術開発と市場競争を支えるもの』，中央公論社。

西野和美（2004）「花王：市場を創造する商品開発」，伊丹敬之・西野和美編著『ケースブック経営戦略の論理』（日本経済新聞出版）。

西野和美（2006）「技術が生み出すビジネスモデル」，伊丹敬之・森健一編著『技術者のためのマネジメント入門：生きたMOTのすべて』（日本経済新聞出版）。

丹羽清（2006）『技術経営論』，東京大学出版会。

沼上幹・淺羽茂・新宅純二郎・網倉久永（1992）「対話としての競争：電卓産業における競争行動の再解釈」，『組織科学』，Vol.26(2)。

沼上幹（1999）『液晶ディスプレイの技術革新史：行為連鎖システムとしての技術』，白桃書房。

沼上幹・加藤俊彦・田中一弘・島本実・軽部大（2007）『組織の"重さ"：日本的企業組織の再点検』，日本経済新聞出版。

沼上幹（2008）『わかりやすいマーケティング戦略〔新版〕』，有斐閣。

沼上幹（2009）『経営戦略の思考法：時間展開・相互作用・ダイナミクス』，日本経済新聞出版。

沼上幹（2023）『わかりやすいマーケティング戦略〔第3版〕』，有斐閣。

根来龍之・木村誠（1999）『ネットビジネスの経営戦略：知識交換とバリューチェーン』，日科技連出版社。

根来龍之（2007）「ネットビジネスの歴史的構造：情報民主化と市場経済圧力の均衡点としての発展」，『組織科学』，Vol.41(1)。

根来龍之（2017）『プラットフォームの教科書：超速成長ネットワーク効果の基本と応用』，日経BP。

野口恒編著（2005）『カラオケ文化産業論：21世紀の「生きがい社会」をつくる』，PHP研究所。

野島美保（2008）『人はなぜ形のないものを買うのか：仮想世界のビジネスモデル』，NTT出版。

延岡健太郎（1996a）『マルチプロジェクト戦略：ポストリーンの製品開発マネジメント』，有斐閣。

延岡健太郎（1996b）「顧客範囲の経済：自動車部品サプライヤーの顧客ネットワーク戦略と企業成果」，『国民経済雑誌』，第173巻第6号。

延岡健太郎（2002）『製品開発の知識』，日本経済新聞出版。

延岡健太郎・藤本隆宏（2004）「製品開発の組織能力：日本自動車企業の国際競争力」，東京大学ものづくり経営研究センター（MMRC）ディスカッションペーパー，2004-MMRC-9。

延岡健太郎・伊藤宗彦・森田弘一（2006）「コモディティ化による価値獲得の失敗：デジタル家電の事例」，榊原清則・香山晋編著『イノベーションと競争優位：コモディティ化するデジタル機器』（NTT出版）。

延岡健太郎（2006）『MOT〔技術経営〕入門』，日本経済新聞出版。

延岡健太郎（2011）『価値づくり経営の論理：日本製造業の生きる道』，日本経済新聞出版。

濱岡豊（2021）「製品開発に関する調査2019：13年間の変化傾向と単純集計の結果」，『三田商学研究』，63(3)。

原拓志・宮尾学編著（2017）『技術経営』，中央経済社。

一橋大学イノベーション研究センター編（2001）『イノベーション・マネジメント入門』，日本経済新聞出版。

一橋大学イノベーション研究センター編（2017）『イノベーション・マネジメント入門〔第2版〕』，日本経済新聞出版。

平井敏彦他著，小早川隆治編（2003）『マツダ／ユーノスロードスター：日本製ライトウェイト

スポーツカーの開発物語』，三樹書房。

藤末健三（2005）『技術経営論』，生産性出版。

藤本隆宏・安本雅典編著（2000）『成功する製品開発：産業間比較の視点』，有斐閣。

藤本隆宏（2001a）「アーキテクチャの産業論」，藤本隆宏・武石彰・青島矢一編『ビジネス・アーキテクチャ』（有斐閣）。

藤本隆宏（2001b）『生産マネジメント入門：（Ⅰ）生産システム編，（Ⅱ）生産資源・技術管理編』，日本経済新聞出版。

藤本隆宏（2004）『日本のもの造り哲学』，日本経済新聞出版。

藤原雅俊・青島矢一（2019）『イノベーションの長期メカニズム：逆浸透膜の技術開発史』，東洋経済新報社。

古川光（1989）『標準化』，日本規格協会。

堀口悟史（2015）「『頼みもしないアイデア』の事業化：ユーザーによる用途革新の事例をもとに」，『流通研究』，17(3)。

松井幹雄（1988）『自動車部品』，日本経済新聞出版。

松島茂・尾高煌之助編（2008）『和田明弘オーラル・ヒストリー』，東京理科大学専門職大学院MOT専攻研究叢書，2008年。

真鍋誠司（2002）「企業間協調における信頼とパワーの効果：日本自動車産業の事例」，『組織科学』，Vol.36(1)。

真鍋誠司・延岡健太郎（2002）「ネットワーク信頼の構築：トヨタ自動車の組織間学習システム」，『一橋ビジネスレビュー』，Vol.50(3)。

真鍋誠司・安本雅典（2010）「オープン・イノベーションの諸相：文献サーベイ」，『研究・技術・計画』，Vol.25(1)。

真鍋誠司・安本雅典（2017）「オープン化の背景と分類」，安本雅典・真鍋誠司編『オープン化戦略：境界を越えるイノベーション』（有斐閣）。

真鍋誠司（2017）「ショートケース 大阪ガスのオープン化戦略」，安本雅典・真鍋誠司編『オープン化戦略：境界を越えるイノベーション』（有斐閣）。

真鍋誠司・米山茂美（2017）「アウトバウンド型オープン・イノベーションの促進要因：森下仁丹株式会社におけるシームレスカプセル技術の事例」，『日本知財学会誌』，14(1)。

丸川知雄（2007）『現代中国の産業：勃興する中国企業の強さと脆さ』，中央公論新社。

三品和広（2005）「GE：ジャック・ウェルチを育んだ100年のヘリテッジ」，三品和広編著『経営は十年にして成らず』（東洋経済新報社）。

水野由香里（2015）『小規模組織の特性を活かすイノベーションのマネジメント』，碩学舎。

安本雅典・真鍋誠司（2017）「オープン化戦略を促す環境」，安本雅典・真鍋誠司編『オープン化戦略：境界を越えるイノベーション』（有斐閣）。

安本雅典（2023）『オープン技術のガバナンス戦略：知識のマネジメントの視点からのアプローチ』，有斐閣。

柳川範之（2003）「ビジネスモデルの変遷」，新宅純二郎・田中辰雄・柳川範之編著『ゲーム産業の経済分析：コンテンツ産業発展の構造と戦略』（東洋経済新報社）。

山岸俊男（1998）『信頼の構造：こころと社会の進化ゲーム』，東京大学出版会。

山田英夫（1997）『デファクト・スタンダード：市場を制覇する規格戦略』，日本経済新聞出版。

山田英夫（2004a）『新版 逆転の競争戦略：リーダー企業の「強み」を「弱み」に変える』，生産性出版。

山田英夫（2004b）『デファクト・スタンダードの競争戦略』，白桃書房。

山田肇（2005）『技術経営：未来をイノベートする』，NTT出版。

山田肇（2007）『標準化戦争への理論武装』，税務経理協会。

吉川洋（2016）『人口と日本経済：長寿，イノベーション，経済成長』，中央公論新社。

米倉誠一郎・清水洋（2015）『オープン・イノベーションのマネジメント：高い経営成果を生む仕組みづくり』，有斐閣。

米山茂美・渡部俊也・山内勇・真鍋誠司・岩田智（2017）「日米欧企業におけるオープン・イノベーション活動の比較研究」，『学習院大学 経済論集』，第 54 巻第 1 号。

和田充夫・恩蔵直人・三浦俊彦（2006）『マーケティング戦略〔第 3 版〕』，有斐閣。

若林直樹（2006）『日本企業のネットワークと信頼：企業間関係の新しい経済社会学的分析』，有斐閣。

鷲田祐一（2015）『イノベーションの誤解』，日本経済新聞出版。

# 索 引

## 人名索引

アーバン（Urban, G. L.） 222
青島矢一 148
アッターバック（Utterback, J. M.） 59, 70, 82, 105
アバナシー（Abernathy, W. J.） 59
アンダーソン（Anderson, P.） 105
出井伸之 88
伊藤進 241
伊藤博之 140
井上達彦 373
ウェルチ（Welch, J.） 382
ウォズニャック（Wozniak, S. G.） 31
エラーズ（Ehlers, V.） 24
オーライリー（O'Reilly III, C. A.） 134
オスターワルダー（Osterwalder, A.） 371

カールソン（Carlson, C. F.） 40
加護野忠男 278, 373
河西壮夫 148
加藤俊彦 151
河合篤男 140
木野龍太郎 267
木村誠 371
クーパー（Cooper, A. C.） 82
クラーク（Clark, J. K.） 112, 267
グラディ（Graddy, E.） 68
クリステンセン（Christensen, C. M.） 114, 115, 119, 120, 296
クレッパー（Klepper, S.） 68
ケストラー（Koestler, A.） 84
ケッセル（Kessel, S.） 301

ゲッビア（Gebbia, J.） 290
ケリー（Kelley, D.） 285, 286
ケリー（Kelley, T.） 285
河野豊弘 220, 250
國領二郎 371
コストフ（Kostoff, R. N.） 146
コトラー（Kotler, P.） 222
ゴビンダラジャン（Govindarajan, V.） 299, 303

シェンデル（Schendel, D.） 82
シャラー（Schaller, R. R.） 146
シュムクラー（Schmookler, J.） 26
シュンペーター（Schumpeter, J. A.） 2, 11, 26, 80
ジョブズ（Jobs, S.） 31, 69, 215
ジョンソン（Johnson, M. W.） 371
鈴木八十二 152
スミス（Smith, A.） 356
スミス（Smith, C. G.） 82
スローン（Sloan, A.） 66

ダイムラー（Daimler, G. W.） 63
タッシュマン（Tushman, M. L.） 105, 134
チェスキー（Chesky, B.） 290
チェスブロウ（Chesbrough, H. W.） 340, 347, 348
チャンドラー Jr.（Chandler, Jr., A. D.） 356
出川通 24
出川洋 241
デル（Dell, M.） 95

414

ドラッカー（Drucker, P. F.） 4

長沢伸也 267
中村修二 85
西野和美 372
沼上幹 152
根来龍介 371
延岡健太郎 133, 140, 151, 202, 212, 253

濱岡豊 220, 221
ヒッペル（von Hippel, E.） 294
ピニュール（Pigneur, Y.） 371
平井敏彦 240
フォード（Ford, H.） 65
フォスター（Foster, R. N.） 57, 73, 82
藤本隆宏 195, 267
プラットナー（Plattner, H.） 286
ブランズウィッケル（Brunswicher, S.）
　348
ブランスコム（Branscomb, L.） 24, 146
フリーマン（Freeman, C.） 81

ベゾス（Bezos, J.） 301
ヘンダーソン（Henderson, R.） 112
ベンツ（Benz, K. F.） 63
ポーター（Porter, M. E.） 376

マークハム（Markham, S. K.） 220
マグレッタ（Magretta, J.） 371
マスク（Musk, E. R.） 107
マンスフィールド（Mansfield, E.） 219,
　250
ムーア（Moore, G.） 94, 159
モグリッジ（Moggridge, B.） 285

山路直人 140
米山茂美 348

ラフリー（Lafley, A. G.） 349
リース（Ries, E.） 279
ロジャーズ（Rogers, E. M.） 51

ワグナー（Wagner, S.） 219, 250

# 企業・団体名など索引

アーサー・ディー・リトル 40
アーム 312
アイシン 316
アサヒ飲料 225
味の素 131
アップル 7, 8, 32, 69, 80, 94, 177, 214, 245,
　311, 318, 321, 387, 396, 397
アドビ 32
アドビ・システムズ 32
アマゾン 301, 396
アメリカ製品開発管理協会 219, 220, 250
イー・ウイング証券 97
イー・トレード証券 97
イノセンティブ 354, 359
インテル 80, 94, 159, 177, 181, 203, 210,
　212, 310, 321

ウィストロン 313
ウェスタン・デジタル 310
英国規格協会 167
エクシング 122, 125
エニックス 187
エヌビディア 312
欧州電気標準化委員会 167
欧州標準化委員会 167
大阪ガス 351
オッポ 313
オリムピック釣具 148

花王 131, 230
カブドットコム証券 97
カモ井加工紙 294
キヤノン 310, 385, 390

京セラ　213
クアルコム　181, 212, 312
グーグル　80, 396
クオンタ　210, 313
クライスラー　257
グローバルファウンドリーズ　311
ケンウッド　164
ケンブリッジ大学技術経営センター　147
国際電気通信連合　166
国際電気標準会議　166
国際標準化機構　166
コダック　40
コモドール　94
コンパック　96
コンパル　210, 313

サムスン電子　93, 153, 398
サントリー　225
シーゲート・テクノロジー　310
ジェイビル　311
シスコシステムズ　203, 311
ジニアス・マイクロチップ　210
シャープ　38, 56, 87, 151, 189
シャオミ　313
ジャパンディスプレイ　153
ジレット　386
スクウェア　187
スズキ　198, 316
スバル　316
スリーコム　32
ゼネラル・モーターズ　67
ゼロックス　31, 40, 370, 385
ソニー　37, 87, 100, 163, 180, 186, 189, 233, 241, 310
ソニー・コンピュータエンタテインメント　186

第一興商　125
ダイキン工業　131
タイトー　122

ダイハツ　316
大和証券　97
タンディ　94
ディー・エヌ・エー　284
テスラ　106, 107
テスラ・モーターズ　107
デル・コンピュータ（デル）　95, 204, 310, 376
電気・電子技術者協会　167
デンソー　316
ドイツ規格協会　167
東芝　164, 189
東レ　148, 150
トヨタ　106, 198, 261, 275, 316, 321, 331, 335, 357, 363

ナインシグマ　343, 354, 359
ナナオ　153
ナムコ　187
ニコン　310
日経BP　147
日興証券　97
日産　198, 241, 316
日本オンライン証券　97
日本産業標準調査会　167
日本総合研究所　32
日本ビクター　163
任天堂　100, 152, 180, 186, 233, 247
野村證券　97

パイオニア　122, 124, 189
パナソニック　87, 310
パロアルト・リサーチ・センター　31
半導体共同研究コンソーシアム　154
ピクセルワークス　210
日立　163, 189
一橋大学　91
ヒューレット・パッカード　32, 310
ファーウェイ　313
フィリップス　181, 189

フェイスブック　80, 284, 396
フォード　314, 319
富士通　310
富士フイルム　131
ブラザー工業　122
ブロードコム　312
米国国防総省　154
米国国家規格協会　167
ペガトロン　311, 397
ベンツ　65
ボーイング　150
ホンダ　198, 316
ホンハイ（鴻海精密工業）　154, 311, 318,
　397

マイクロソフト　32, 80, 149, 177, 182, 203,
　310, 321, 396
松井証券　97
松下電器　189
マツダ　234, 240, 316
マネックス証券　97
マミヤ・オーピー　148
三菱　316
村田製作所　398
明電舎　316
メタ　80, 284, 396
メディアテック　210, 312
モトローラ　154
森下仁丹　352
森永乳業　225

安川電機　316

楽天証券　97
ラムバス　312
リアルテック　312
ロールスロイス　35

3M　131, 140
ADL　40

Airbnb　290, 392
Amazon Lab126　301
AMD　310, 312
ANSI　167
AT & T　170
au カブコム証券　97
BluE Nexus　316
BSI　167
BYD（比亜迪）　108
BYD オート（比亜迪汽車）　106, 108
CEN　167
CENELEC　167
DEC　94
DIN　167
DLJ ディレクト SFG 証券　97
GE　40, 303, 380, 385
GM　67, 315, 319
HP　311
IBM　32, 40, 94, 96, 169, 175, 311, 321, 345
IBM サンノゼ研究所　120
IDEO　285
IEC　166
IEEE　167
IMVU　279
ISO　166
ITU　166
JISC　167
LG 電子　93, 153
Li Auto（理想汽車）　108
NEC　189, 310
NIO（上海蔚来汽車）　108
OM デジタルソリューションズ　310
P&G　349
PARC　31
Red Hat　345
SAP　285
SBI 証券　97
SCE　186
SEMATECH　154
SEMATECH International　155

SMBC 日興証券　97
TechFaith　313
TSMC　311

Wazoku　354
Xpeng（小鵬汽車）　108

# 事項索引

## あ 行

アーキテクチャ　109
アーキテクチャル・イノベーション　109
アイデア・スクリーニング　231
アイデアの開発とスクリーニング　224
アウトソーサー　308
アウトソーシー　308
アウトソーシング　307
アウトバウンド型　343
アカロフのレモン　360
アジャイル開発　281
アライアンス　307
アントルプレヌール　81

移行期　61
意図への信頼　331
イノベーション　2
　　──の普及　51
　　──のプロセス　5
イノベーターのジレンマ　120
医薬品開発業務受託機関　313
医薬品開発・製造受託機関　313
医薬品製造受託機関　312
インクリメンタル・イノベーション　71
インストールド・ベース　173
インターフェイス　194
インテグラル化　195
インテグラル型　194
インテグラル・クローズド型　197
インバウンド型　343
インフルエンサー　53

応用研究　129

オーバーシュート　99
オープン・イノベーション　340
オープン化　196
　　──特性　194
オープン型　196
オープンソース開発　344
オープン・ポリシー　175
大部屋（co-location）方式　257
オピニオン・リーダー　53

## か 行

カーボンニュートラル　17
外的統合　266
開発委託　312
開発現場のレベル　203
開発生産性　251, 273
開発リードタイム　251, 271
外部化　317
各業務の標準的な進め方　328
革新的採用者　52
過去の購買状況　228
カスタマー・ジャーニーマップ　287
価値連鎖　374
カップルド型　343
活用　134
カニバリゼーション　96
間接的効果　170
管理コスト　319

機会主義　330
機会の窓　69
規格　165
規格間競争　165

企業家　81
企業間の分業構造のマネジメント　306
企業間連携のマネジメント　306
企業の境界線　323
企業の競争力　13
技術開発　129
技術革新　3
技術進歩のＳ字曲線　57
技術知識の分割困難性　361
技術の勘所　321
技術の空洞化　320
技術ロードマップ　145
基礎研究　129
既存大企業　80
機能業務　253
機能設計　239, 240
機能的価値　214
機能部門長　258
機能部門別組織　253
規模の経済　318
機密保持契約　329
キャズム　55
境界線決定のマネジメント　306
業界標準　165
　　　──の世代交代　182
競争圧力　319
協調的な取引関係　333
業務提携　324
距離を保った取引関係　333
キラー・アプリケーション　177

組み合わせ型　195
グリーントランスフォーメーション　17
クリステンセン・モデル　296
クリティカル・マス　173
クロ　ズド・イノベーション　340
クローズド化　196
クローズド型　196
クローズド・ポリシー　174

経験曲線効果　318
経済産業省　156
経済成長の原動力　11
経済のグローバル化　16
軽量級プロジェクト・マネージャ型組織
　　260
ゲスト・エンジニア　275
研究委託　314
研究開発　128
研究・技術開発委託　314
研究・技術開発活動　22

コア技術　131, 321
コア技術戦略　133
後期多数採用者　54
高コスト　327
高精度 CAE　243
工程イノベーション　59
工程設計と生産準備　239, 243
公的標準　166
行動的変数　228
ゴーエラー　232
コーポレート・ベンチャー・キャピタル
　　343
顧客価値　148
　　　──の頭打ち　210
顧客の支払い意思額　376
顧客の創造　4
顧客のベネフィット　148
顧客ロイヤルティ　214
国際標準　166
コスト−ベネフィットの配分のあり方
　　328
コスト優位　376
コスト・リーダーシップ戦略　214
国家標準　167
固定期　61
ゴビンダラジャン・モデル　299
コモディティ化　131
コラボレーション　307

索
引

コンカレント・エンジニアリング 243,
　271
コンセプト・テスト 235
コンピテンシー・トラップ 87

## さ 行

サーキュラーエコノミー 17
サイエンス・リンケージ 129
再成熟化過程 77
サイマルテニアス・エンジニアリング
　243, 271
採用遅滞者 55
サブシステム 193
差別化戦略 214
差別化優位 376
産業レベル 154
サンク・コスト 95
暫定的な製品計画 236

シーズ発想 230
シェイクアウト 68
時間的なロス 327
事業化活動 22
事業活動の対価を支払ってくれる相手につ
　いての工夫 384
事業収益性の評価・検討 222
試作・実験 242
　　──と設計変更 239
事実上の標準 167
市場導入 222, 244, 247
　　──とその後の対応 244
市場の失敗 360
システム 193
システム・イノベーション 3
システム統合部品 202
持続的イノベーション 114
実践による学習 321
シナジー効果 322
死の谷 23

資本提携 325
自前主義 362
社会実装 7
収益性の検討 237
収益モデル 372
集中 317
重量級プロジェクト・マネージャ型組織
　260
受注生産 377
主要購買要因 223
シュンペーター・マークⅠ 81
シュンペーター・マークⅡ 81
ジョイント・ベンチャー 325
詳細設計 239, 242
常識にとらわれずに柔軟に発想する 390
情緒的価値 214
使用頻度 228
使用文脈 228
情報の粘着性 361
情報の非対称性 360
初期少数採用者 53
新旧規格の互換性 182
新結合 3
新興企業 80
人口統計的変数 226
人的ネットワーク構築 268
信頼 330
心理的変数 228

推奨設計 210
衰退期 49
垂直統合 309
垂直非統合 309
スイッチング・コスト 183
水平統合 310
水平非統合 310
スタンダード 165
スピルオーバー 320
すり合わせ型 195

生産性の上昇　15
生産性のジレンマ　62
成熟期　49
製造委託　311
製造現場のレベル　203
成長期　48
正のフィードバック　173
製品アーキテクチャ　193
製品アイデア　230
製品イノベーション　59
製品開発　129
　　　——の QCD　251
（狭義の）製品開発　239
製品開発活動　22
（狭義の）製品開発プロセス　222
製品技術　178
製品コンセプト　232
　　　——の開発　222
　　　——の開発とスクリーニング　224
製品仕様　240
製品進化　203
製品スペック　240
製品ライフサイクル　46
セクショナリズム　90
セグメンテーション　224
　　　——とターゲティング　224
セグメント　224
世代間競争　165
設計変更　243
セル生産方式　378
ゼロサム・ゲーム　333
善意への信頼　331
前期多数採用者　54
専門化の利益　253
戦略的提携　307

総合製品品質　251, 273
組織間信頼　330
組織マネジメント　250
ソフト資産の資産価値　183

## た　行

ダーウィンの海　23
ターゲット広告　396
ターゲティング　224
対価の対象についての工夫　384
対話の共通の土台　156
多国語コミュニケーション　269
他者とのやり取りの必要性　183
多人化　228
脱成熟　77
探索　134
団体標準　167

地域標準　167
地球環境問題　17
知財リスク　363
知識・ノウハウの共有のあり方　328
知的財産権　360
中核的なコンセプト　63
調整担当職　255
直接的効果　170
直接的接触　267
直接販売　376
地理的変数　226

ツーボス・システム　258

ディマンド・プル　26
テクノロジー・プッシュ　25
デザイン思考　285
デザインハウス　210, 312
デザインルール　200
デザインレビュー　275
デジュール　166
デジュリ・スタンダード　166
テスト・マーケティング　244, 246
デファクト・スタンダード　167

当該製品についての知識量　228

索
引

421

統合業務　253
導入期　46
特許　360
ドミナント・デザイン　61
取引コスト　319
ドロップエラー　231

## な 行

内的統合　266
ナショナル・イノベーション・システム
　　18

ニーズの核　223
ニーズ発想　230
日亜化学工業　85

ネットワーク外部性　170

能力増強型イノベーション　105
能力破壊型イノベーション　105
能力への信頼　331

## は 行

バーゲニング・パワー　321
パートナー間の役割分担と責任・権限関係
　　のあり方　328
パートナーシップ　307
バイオベンチャー企業　313
破壊的イノベーション　114
バッファー　206
バリューチェーン　374
バンドル化　185

ビジネスエコシステム　396
ビジネスプロセス　372
ビジネスモデル　39, 370
一人勝ち　172
ピボット　283

標準　165

ファウンドリ企業　311
ファブレス企業　311
ファミリーづくりの戦略　177
フェーズ　22
フォード生産方式　66
フォーラム型スタンダード　167
不確実性　34
普及曲線　51
付随サービスの差別化　380
負のフィードバック　173
部品間特性　194
部品のジャスト・イン・タイム調達　378
プラスサム・ゲーム　333
ブラックボックス化　321
プラットフォーマー　391
プラットフォーム　391
プラットフォーム・ビジネス　391
プラットフォーム・リーダー　181, 203
ブレインストーミング　231
プロジェクト・スクリーニング　237
プロジェクト専従組織　256
プロジェクト・チーム組織　258
プロジェクト・マネージャ　256
　　――のリーダーシップ行動　264
プロセス・イノベーション　3
プロダクト・イノベーション　3
プロダクト・インテグリティ　240
フロントローディング　274

ベネフィット　46
ペルソナ・アプローチ　287

貿易の技術的障害に関する協定　168
ポートフォリオ　150
補完　317
補完財　170
補完財供給　179

## ま 行

マーケット・イノベーション　3
マーケティング・ミックス　244
　　──の選択　244
マーケティング 4P　244
埋没費用　95
マテリアル・イノベーション　3
魔の川　23

ミックス・アンド・マッチ　203

ムーアの法則　159
無在庫　378

モジュール　194
モジュール化　195
モジュラー・オープン型　197
モジュラー化　195
モジュラー型　194
求めるベネフィット　228
モニタリング　320
ものづくりマネジメント　250
問題解決の前倒し　274

## や 行

要素技術　28

## ら 行

ライセンシング　324
ラディカル・イノベーション　71

リードユーザー　293
リーン・スタートアップ　279
リエゾン　255
リバース・イノベーション　303
流動期　60
両利き　134

利用シーン　228
両面市場　391
リンケージ　373

レファレンス・デザイン　210
連携における分業関係のあり方　328
連絡会・委員会　255

ロイヤルティ　228
ロックイン　185

## わ 行

割引キャッシュ・フロー法　88

## 数字・欧字

3 次元 CAD　243
5W1H　232

A/B テスト　282
A–U モデル　60
BTO　377
BTO 方式　204
CE　17, 243, 271
CN　17
CTO　145
EMS　311
FM　258
GX　17
IC デザインハウス　312
IP プロバイダ　312
JIT　378
mix and match　203
MVP　280
NIH 症候群　362
NSH 症候群　362
ODM　313
OEM　313
PM　256

R&D　128
RBV　128
SE　243, 271
S字型の曲線　46
TPO　228

T型フォード　65
Winner takes all　172
Win-Win関係　333
WTO/TBT協定　168
WTP　376

索
引

## 著者紹介

### 近能善範（こんのう　よしのり）

1992 年　東京大学経済学部経営学科卒業
1999 年　東京大学大学院経済学研究科修士課程修了　修士（経済学）
2002 年　東京大学大学院経済学研究科博士課程単位取得退学
2003 年　東京大学大学院経済学研究科より博士（経済学）を取得
1992 年 4 月～1996 年 6 月　地方銀行勤務
2002 年　東京大学大学院経済学研究科助手
2003 年 4 月～2009 年 3 月　法政大学経営学部助（准）教授
2006 年 4 月～2008 年 3 月　東京大学ものづくり経営研究センター特任研究員（兼務）
2009 年 4 月～現　在　法政大学経営学部教授

#### 主要著書・論文

「自動車部品取引のネットワーク構造とサプライヤーのパフォーマンス」（『組織科学』，Vol. 35 （3），2002 年）
「日本自動車産業における関係的技能の高度化と先端技術開発の深化」（『一橋ビジネスレビュー』，第 55 巻 1 号，2007 年）
「顧客との取引関係とサプライヤーの成果：日本自動車部品産業の事例」（『一橋ビジネスレビュー』，第 65 巻 1 号，2017 年）
「サプライヤーの顧客範囲と製品範囲の拡大が取引継続に及ぼす影響」（『日本経営学会誌』，41 号，2018 年）

### 高井文子（たかい　あやこ）

1996 年　東京大学経済学部経営学科卒業
1997 年　東京大学経済学部経済学科卒業
1999 年　東京大学大学院経済学研究科修士課程修了　修士（経済学）
2005 年　東京大学大学院経済学研究科博士課程単位取得退学
2008 年　東京大学大学院経済学研究科より博士（経済学）を取得
1999 年 4 月～2005 年 3 月　㈱三和総合研究所（現在は三菱 UFJ リサーチ＆コンサルティング㈱）勤務
2005 年 4 月～2009 年 3 月　東京理科大学経営学部専任講師
2005 年 9 月～2007 年 3 月，2008 年 8 月～2009 年 3 月　東京大学ものづくり経営研究センター特任研究員（兼務）
2009 年 4 月～2016 年 3 月　東京理科大学経営学部准教授
2016 年 4 月～2019 年 3 月　横浜国立大学大学院国際社会科学研究院・経営学部准教授
2019 年 4 月～現　在　横浜国立大学大学院国際社会科学研究院・経営学部教授

#### 主要著書・論文

「"支配的な通念"による競争と企業間差異形成：オンライン証券業界の事例」（『日本経営学会誌』，Vol. 16，2006 年）（平成 18 年度「日本経営学会賞（論文部門）」受賞）
「模倣・追随の二面性：日本のオンライン証券市場黎明期における企業間競争の実証的分析」（『組織科学』，Vol. 51（1），2017 年）
『インターネットビジネスの競争戦略：オンライン証券の独自性の構築メカニズムと模倣の二面性』（有斐閣，2018 年）（平成 30 年度「日本経営学会賞（著書部門）」受賞）
『コア・テキスト 経営情報論』（共著，新世社，2021 年）

ライブラリ 経営学コア・テキスト=12
コア・テキスト イノベーション・マネジメント　新訂版

| 2010 年 12 月 25 日© | 初 版 発 行 |
|---|---|
| 2024 年 9 月 25 日© | 新 訂 版 発 行 |

| 著　者 | 近　能　善　範 | 発行者 | 森　平　敏　孝 |
|---|---|---|---|
| | 高　井　文　子 | 印刷者 | 加　藤　文　男 |

**【発行】**　　　　　　　　株式会社　**新世社**
〒151-0051　東京都渋谷区千駄ヶ谷 1 丁目 3 番 25 号
☎(03)5474-8818(代)　　　　　サイエンスビル

**【発売】**　　　　　　　　株式会社　**サイエンス社**
〒151-0051　東京都渋谷区千駄ヶ谷 1 丁目 3 番 25 号
営業☎(03)5474-8500(代)　　　振替 00170-7-2387
FAX☎(03)5474-8900

印刷・製本　㈱加藤文明社
《検印省略》

本書の内容を無断で複写複製することは，著作者および出版者の権利を侵害することがありますので，その場合にはあらかじめ小社あて許諾をお求め下さい.

サイエンス社・新世社のホームページのご案内
https://www.saiensu.co.jp
ご意見・ご要望は
shin@saiensu.co.jp まで.

ISBN 978-4-88384-386-2
PRINTED IN JAPAN